NO ENTANTO, ELA SE MOVE

COLEÇÃO

Mundo do Trabalho
Coordenação **Ricardo Antunes**

Conselho editorial **Graça Druck, Luci Praun, Marco Aurélio Santana, Murillo van der Laan, Ricardo Festi, Ruy Braga**

ALÉM DA FÁBRICA
Marco Aurélio Santana e
José Ricardo Ramalho (orgs.)

O ARDIL DA FLEXIBILIDADE
Sadi Dal Rosso

ATUALIDADE HISTÓRICA DA
OFENSIVA SOCIALISTA
István Mészáros

A CÂMARA ESCURA
Jesus Ranieri

O CARACOL E SUA CONCHA
Ricardo Antunes

A CLASSE TRABALHADORA
Marcelo Badaró Mattos

O CONCEITO DE DIALÉTICA
EM LUKÁCS
István Mészáros

O CONTINENTE DO LABOR
Ricardo Antunes

A CRISE ESTRUTURAL DO CAPITAL
István Mészáros

CRÍTICA À RAZÃO INFORMAL
Manoel Luiz Malaguti

DA GRANDE NOITE À
ALTERNATIVA
Alain Bihr

DA MISÉRIA IDEOLÓGICA À CRISE
DO CAPITAL
Maria Orlanda Pinassi

A DÉCADA NEOLIBERAL E A CRISE
DOS SINDICATOS NO BRASIL
Adalberto Moreira Cardoso

A DESMEDIDA DO CAPITAL
Danièle Linhart

O DESAFIO E O FARDO DO
TEMPO HISTÓRICO
István Mészáros

DO CORPORATIVISMO AO
NEOLIBERALISMO
Angela Araújo (org.)

A EDUCAÇÃO PARA ALÉM
DO CAPITAL
István Mészáros

O EMPREGO NA GLOBALIZAÇÃO
Marcio Pochmann

O EMPREGO NO
DESENVOLVIMENTO DA NAÇÃO
Marcio Pochmann

ESTRUTURA SOCIAL E FORMAS DE
CONSCIÊNCIA, 2v
István Mészáros

FILOSOFIA, IDEOLOGIA E
CIÊNCIA SOCIAL
István Mészáros

FORÇAS DO TRABALHO
Beverly J. Silver

FORDISMO E TOYOTISMO
Thomas Gounet

GÊNERO E TRABALHO
NO BRASIL E NA FRANÇA
Alice Rangel de Paiva Abreu, Helena
Hirata e Maria Rosa Lombardi (orgs.)

HOMENS PARTIDOS
Marco Aurélio Santana

INFOPROLETÁRIOS
Ricardo Antunes e Ruy Braga (orgs.)

LINHAS DE MONTAGEM
Antonio Luigi Negro

A MÁQUINA AUTOMOTIVA
EM SUAS PARTES
Geraldo Augusto Pinto

MAIS TRABALHO!
Sadi Dal Rosso

O MISTER DE FAZER DINHEIRO
Nise Jinkings

O MITO DA GRANDE CLASSE
MÉDIA
Marcio Pochmann

A MONTANHA QUE DEVEMOS
CONQUISTAR
István Mészáros

NEOLIBERALISMO, TRABALHO
E SINDICATOS
Huw Beynon, José Ricardo Ramalho,
John McIlroy e Ricardo Antunes (orgs.)

NOVA DIVISÃO SEXUAL
DO TRABALHO?
Helena Hirata

NOVA CLASSE MÉDIA
Marcio Pochmann

O NOVO (E PRECÁRIO) MUNDO
DO TRABALHO
Giovanni Alves

A OBRA DE SARTRE
István Mészáros

PARA ALÉM DO CAPITAL
István Mészáros

A PERDA DA RAZÃO SOCIAL
DO TRABALHO
Maria da Graça Druck e Tânia Franco
(orgs.)

POBREZA E EXPLORAÇÃO DO
TRABALHO NA AMÉRICA LATINA
Pierre Salama

O PODER DA IDEOLOGIA
István Mészáros

A POLÍTICA DO PRECARIADO
Ruy Braga

O PRIVILÉGIO DA SERVIDÃO
Ricardo Antunes

A REBELDIA DO PRECARIADO
Ruy Braga

RETORNO À CONDIÇÃO OPERÁRIA
Stéphane Beaud e Michel Pialoux

RIQUEZA E MISÉRIA DO TRABALHO
NO BRASIL, 4v
Ricardo Antunes (org.)

O ROUBO DA FALA
Adalberto Paranhos

O SÉCULO XXI
István Mészáros

SEM MAQUIAGEM
Ludmila Costhek Abílio

OS SENTIDOS DO TRABALHO
Ricardo Antunes

SHOPPING CENTER
Valquíria Padilha

A SITUAÇÃO DA CLASSE
TRABALHADORA NA INGLATERRA
Friedrich Engels

A TEORIA DA ALIENAÇÃO EM MARX
István Mészáros

TERCEIRIZAÇÃO: (DES)
FORDIZANDO A FÁBRICA
Maria da Graça Druck

TRABALHO E DIALÉTICA
Jesus Ranieri

TRABALHO E SUBJETIVIDADE
Giovanni Alves

TRANSNACIONALIZAÇÃO DO
CAPITAL E FRAGMENTAÇÃO DOS
TRABALHADORES
João Bernardo

UBERIZAÇÃO, TRABALHO
DIGITAL E INDÚSTRIA 4.0
Ricardo Antunes (org.)

Iuri Tonelo

NO ENTANTO, ELA SE MOVE

A crise de 2008 e a nova
dinâmica do capitalismo

© Boitempo, 2021

Boitempo

Direção-geral: Ivana Jinkings
Coordenação de produção: Livia Campos
Assistência editorial: Carolina Mercês
Equipe de apoio: Artur Renzo, Camila Nakazone, Débora Rodrigues, Elaine Ramos, Frederico Indiani, Heleni Andrade, Higor Alves, Ivam Oliveira, Jéssica Soares, Kim Doria, Luciana Capelli, Marcos Duarte, Marina Valeriano, Marissol Robles, Marlene Baptista, Maurício Barbosa, Pedro Davoglio, Raí Alves, Thais Rimkus, Tulio Candiotto

BOITEMPO
Jinkings Editores Associados Ltda.
Rua Pereira Leite, 373, 05442-000, São Paulo-SP
Tel.: (11) 3875-7250 / 3875-7285
editor@boitempoeditorial.com.br
boitempoeditorial.com.br | blogdaboitempo.com.br
facebook.com/boitempo | twitter.com/editoraboitempo
youtube.com/tvboitempo | instagram.com/boitempo

Edições Iskra

Coordenação editorial: Natália Angyalossy e Danilo Paris
Editor-assistente: Edison Urbano

ISKRA
Praça Américo Jacobino, 49
05437-010 São Paulo SP
vendasiskra@gmail.com
www.iskra.com.br
facebook.com/EdicoesISKRA
instagram.com/editora_iskra/
twitter.com/EdicoesIskra

Preparação: Iaci Maria Teixeira
Revisão: Carolina Mercês
Capa e ilustrações: Bruno Amorim
Pesquisa de Imagens: Thais Oyola
Diagramação: Gabriel Fardin
Cotejo das citações em inglês: Seiji Seron

CIP-BRASIL. CATALOGAÇÃO NA PUBLICAÇÃO
SINDICATO NACIONAL DOS EDITORES DE LIVROS, RJ

T626n

Tonelo, Iuri
No entanto, ela se move : a crise de 2008 e a nova dinâmica do capitalismo / Iuri Tonelo. - 1. ed. - São Paulo : Boitempo / Iskra, 2021.
(Mundo do trabalho)

Inclui bibliografia
Inclui posfácio
ISBN 978-65-5717-072-4

1. Capitalismo. 2. Economia política. 3. Crise Financeira Global, 2008-2009. I. Título. II. Série.

21-70448   CDD: 330.122
       CDU: 338.124.4

Meri Gleice Rodrigues de Souza - Bibliotecária - CRB-7/6439

É vedada a reprodução de qualquer parte deste livro sem a expressa autorização das editoras.

1ª edição: maio de 2021

SUMÁRIO

PREFÁCIO 9

I. A DINÂMICA INTERNACIONAL PÓS-2008 17
    A estrutura da crise dos *subprimes* 19
    As etapas da crise no interior da década (2008-2018) 25
    A virada de 2016: do interregno a uma nova dinâmica 52

II. OS FUNDAMENTOS DA CRISE 61
    A propósito do equilíbrio instável do capitalismo 61
    A crise e a recessão dos anos 1970 65
    A crise e o problema da hegemonia norte-americana 75
    O neoliberalismo 80
    Sintomas da enfermidade 88

III. REESTRUTURAÇÃO DO MUNDO DO TRABALHO E RESISTÊNCIA OPERÁRIA 97
    O proletariado hoje: uma introdução ao debate 97
    As novas faces do proletariado e a teoria do valor 104
    Uma nova reestruturação produtiva pós-crise? 110
    A reestruturação do capital e a resistência operária 124

IV. CONFLITOS, MOVIMENTOS SOCIAIS E FENÔMENOS POLÍTICOS ... 143
    A Primavera Árabe 147
    As mobilizações internacionais da juventude 157
    Primavera Feminista 175
    Black Lives Matter 185
    O fenômeno da crise orgânica 195

V. A CRISE DAS IDEIAS E AS IDEIAS DA CRISE 209
    Do apogeu do americanismo à decadência neoliberal 209
    As três noites de trinta anos 214
    O significado de uma inflexão: crises, guerras e revoluções 221
    Hegel e o fim do "fim da história" 228
    Theodor Adorno: crítica ao capitalismo e à cultura de massas 238
    Leon Trótski: revolução social e "grande estratégia" 251
    No entanto, ela se move 258

POSFÁCIO – Edison Urbano 265

Bibliografia 271

Não é difícil ver que nosso tempo é um tempo de nascimento e trânsito para uma nova época. [...] O espírito que se forma lentamente, tranquilamente, em direção à sua nova figura, vai desmanchando tijolo por tijolo o edifício do mundo anterior. Seu abalo se revela apenas por sintomas isolados; a frivolidade e o tédio invadem o que ainda subsiste, o pressentimento vago de um desconhecido são os sinais precursores de algo diverso que se avizinha. Esse desmoronar-se gradual, que não alterava a fisionomia do todo, é interrompido pelo sol nascente, que revela num clarão a imagem do mundo novo.

G. W. F. Hegel, *Fenomenologia do Espírito*

Estou cansada disso, eu não vou ficar parada. Se eu tiver que morrer por causa da minha cor, eu vou morrer. Mas as crianças que vierem depois de mim vão andar por aí livremente. Eu sou negra, tenho orgulho disso e sou forte.
Sem justiça, sem paz.

Manifestante negra do Black Lives Matter, 2020

PREFÁCIO

A crise econômica internacional de setembro de 2008 atingiu em cheio o coração do sistema financeiro e representou uma inflexão histórica. A imagem mais marcante de seu estopim foi a bancarrota do quarto maior banco de investimentos dos Estados Unidos, o Lehman Brothers. Dada sua dimensão, as consequências de sua falência não se restringiram à esfera das finanças, mas afetaram toda a economia mundial. Contudo, tanto o alcance dessa inflexão quanto o significado dessa crise não podem ser definidos recorrendo apenas à análise econômica, pois as determinações dessa transformação percorrem as diversas esferas da sociedade, entrelaçando a economia com a política, as disputas geopolíticas e as distintas formas de conflito entre o capital e o trabalho, bem como a dimensão cultural nas mais variadas formas de sentir e pensar. É nesse sentido que o estudo aqui apresentado não se restringe à área econômica, ou seja, não se trata de um estudo sistemático sobre as determinações econômicas da crise, mas centra-se nas transformações que vêm ocorrendo no capitalismo internacional a partir desta e, especialmente, nos *saltos de qualidade em sua dinâmica* nesta última década, a saber, a inflexão de 2008 e os aspectos de sua consolidação em 2016.

O primeiro impacto, no ano de 2008, foi, sem dúvida, o momento deflagrador do sentido "inflexivo" na dinâmica internacional que queremos abordar ao longo destas páginas. Para oferecer uma primeira dimensão desse processo, começamos por citar uma passagem de *O capital*, de Karl Marx, mais precisamente de seu livro terceiro, visto que, no pós-Lehman Brothers, o seguinte trecho sobre as razões da crise ganhou certa notoriedade entre os estudiosos da obra:

> Num sistema de produção em que toda a rede de conexões do processo de reprodução se baseia no crédito, quando este cessa de repente e só se admitem pagamentos à vista, tem de se produzir evidentemente uma crise, uma demanda violenta de meios de pagamento. À primeira vista, a crise se apresenta como uma simples crise de crédito e crise monetária. E, com efeito, trata-se apenas da conversibilidade das letras de câmbio em dinheiro. Mas a maioria dessas letras representa compras e vendas reais, cuja extensão, que vai muito além das necessidades sociais, acaba servindo de base a toda a crise. Ao mesmo tempo, há uma massa enorme dessas letras que representa apenas negócios fraudulentos, que agora vêm à

luz e estouram como bolhas de sabão; além disso, há especulações feitas com capital alheio, porém malogradas; e, por fim, capitais-mercadorias desvalorizados, ou até mesmo invendáveis, ou refluxos de capitais que jamais se realizam. Esse sistema artificial inteiro de expansão forçada do processo de reprodução não pode naturalmente ser remediado fazendo com que um banco, por exemplo, o Banco da Inglaterra, conceda a todos os especuladores, com suas cédulas, o capital que lhes falta e compre todas as mercadorias depreciadas a seus antigos valores nominais. Além disso, aqui tudo aparece distorcido, pois nesse mundo de papel jamais se manifestam o preço real e seus fatores reais; o que se vê são apenas barras, dinheiro metálico, cédulas bancárias, letras de câmbio e títulos.[1]

Essa destacável conclusão sobre a crise do capital se tratava, na realidade, de uma anotação do manuscrito que o pensador alemão não conseguiu publicar em vida e que coube a Friedrich Engels, seu grande amigo e cofundador das bases do materialismo histórico, elaborar na forma de livro. Pareceu chocante a muitos leitores do século XXI a atualidade que os escritos de Marx ganharam à luz dos impactos da corrente crise. A chamada crise financeira, nascida no coração do capitalismo mundial, a "demanda violenta de meios de pagamento", significou a falência de poderosas instituições financeiras, bancos de investimento e seguradoras, choque entre capitais, intervenções colossais dos Estados, disputas entre monopólios, embates entre países, tensões e conflitos entre classes. Na essência do processo, estava o que está na "base de toda crise", mas com as dimensões da hiperfinanceirização, que atingiram um grau inimaginável para economistas do século XIX ou mesmo da primeira metade do século XX.

A crise de 2008 não poderia se dar de maneira diferente: a própria natureza econômica de toda crise, "a conversibilidade de letras de câmbio em dinheiro", ou de títulos hipotecários em juros mensais, como na crise dos *subprimes*, implica uma quebra abrupta do esquema de reprodução do capital, que tende a reorganizar de forma repentina o seu funcionamento. Isso significa que, no interior da crise, expressa-se com força a violenta passagem da redistribuição do lucro entre os capitais para a *concorrência* abrupta, canibalesca e destruidora do capital financeiro. Por isso, focar a própria dinâmica do capital é crucial para entender o desenrolar da crise, já que esse típico desenvolvimento interno dos choques de capitais é um dos motores que libera a energia da "bomba" que vemos no mundo dos fenômenos, ou seja, nos jornais, nas mídias, nas redes sociais, sobre o tamanho da crise e os impactos econômicos e sociais.

Nesse ponto, consideramos importante assinalar uma primeira consideração metodológica: ainda que, do ponto de vista da exposição, a abordagem da dinâmica do capital possa ser feita separadamente, é preciso partir de que, no *movimento real*, ela está integrada e multideterminada por fatores econômicos e extraeconômicos. Além disso, se temos em mente que a produção e a reprodução são determinantes, torna-se fundamental incorporar a ideia de que o conjunto dos outros fatores (políticos,

---

[1] Karl Marx, *O capital: crítica da economia política*, Livro 3: *O processo global da produção capitalista* (trad. Rubens Enderle, São Paulo, Boitempo, 2017, coleção Marx-Engels), p. 547.

sociais, ideológicos) também influencia decisivamente a dinâmica do capital. Dessa maneira, nosso desafio será conectar o que *aparece* separado na realidade, uma vez que "o todo", dizia Aristóteles, "é necessariamente anterior à parte"[2].

A complexidade da clivagem de 2008 está precisamente nesta tensão: a combinação de elementos clássicos da crise econômica, que fizeram *O capital* de Karl Marx se tornar, de certa forma, mais atual do que nunca, complementada pelo fato de esses elementos se darem num tabuleiro histórico "não clássico", ou seja, em um cenário internacional advindo de um longo período de relativa estabilidade do capital, entendida em termos econômicos, políticos e mesmo sociais. Em outras palavras, os desdobramentos econômicos da crise atual vão se conectar com o conjunto dos fatores subjetivos (políticos e ideológicos) de modo bastante distinto da crise de 1929, por exemplo, e essa é uma das chaves para se entender o processo que tem início em 2008.

Embora hoje não restem dúvidas de que se tratou de uma crise de dimensões históricas, desvelar a conexão das contradições econômicas (que levaram à crise) com o conjunto dos fatores políticos e sociais em nível internacional se revela como um dos grandes desafios da última década. Além disso, essa conexão não deve ser tomada apenas do ponto de vista do desenvolvimento futuro, mas também por meio de um olhar que mire o passado. As heranças das décadas neoliberais marcaram decisivamente a crise de 2008 em seus aspectos objetivos (sobretudo, econômicos), mas também subjetivos. Esses últimos podem ser sintetizados na observação de que a classe trabalhadora chegou despreparada política e organizativamente para imprimir uma resistência substancial às "soluções do capital", fato que se atesta desde os inícios da crise, particularmente no período dos planos de austeridade. Ou seja, avivou-se como poucas vezes na história a máxima de Marx em *O 18 de brumário de Luís Bonaparte*, segundo a qual "a tradição de todas as gerações passadas é como um pesadelo que comprime o cérebro dos vivos"[3].

Daqui se depreende uma segunda consideração metodológica que também se refere ao coração deste livro e à forma como foi pensado: o fato de almejarmos investigar a conexão entre os fatores econômicos e extraeconômicos está longe de nos dar uma compreensão de estudar a *totalidade* entendida como um conjunto infinito e inesgotável de determinações. Na realidade, com o ponto de vista da *totalidade*, podemos abordar as mais distintas formas de ser e seus fenômenos, dos mais simples e imediatos (com determinações de fácil observação) àqueles de dimensão multideterminada nas mais distintas áreas, podendo-se exemplificar tal percurso metodológico, seja por meio do estudo de grandes processos históricos, enigmas e interpretações de obras literárias, seja por meio da reflexão sobre as leis da física quântica na atualidade, para citar algumas possibilidades. Entretanto, nessa forma de pensar a investigação, uma abordagem que Marx faz em uma passagem dos *Grundrisse* nos parece de

---

[2] Aristóteles, *Política* (trad. António Campelo Amaral e Carlos de Carvalho Gomes, Lisboa, Vega, 1998), p. 55.
[3] Karl Marx, *O 18 de brumário de Luís Bonaparte* (trad. Nélio Schneider, São Paulo, Boitempo, 2011, coleção Marx-Engels), p. 25.

fundamental importância: para que o investigador não se desvie nesse caminho dialético da totalidade em uma busca indefinida de informações, o que resultaria em um percurso ineficaz no multifacetado caminho da história, é crucial que se distingam os *momentos predominantes* no interior do conjunto de determinações possíveis a se investigar[4]; do contrário, mesmo uma ciência específica seria inviável, não passando de uma desgovernada navegação no mar inesgotável da realidade.

Por fim, essas considerações levaram a um último aspecto para dar suporte ao nosso estudo da dinâmica do capitalismo internacional a partir da crise econômica de 2008: ter em vista que, na virada do século XIX para o século XX, produziu-se uma das mais valiosas contribuições para o estudo das metamorfoses do capital, quando adentramos na era do capital financeiro. Tal estudo teve no livro *O capital financeiro*, de Rudolf Hilferding, uma base econômica fundamental, mas foi na obra de Lênin, *Imperialismo, fase superior do capitalismo*, que atingiu o ponto alto da reflexão, uma pequena obra que conseguiu concatenar os aspectos econômicos, geopolíticos e políticos[5] para encarar o problema de entender em que dinâmica adentrávamos, então, no capitalismo internacional. A concentração e a exportação de capitais, a formação de monopólios e de associações monopolistas e a partilha do mundo entre potências são alguns dos elementos econômicos que configuraram o sentido da mudança de época do modo de produção capitalista, passando de um capitalismo em que predominava a livre concorrência para um capitalismo em que predominam o capital financeiro e os monopólios, definido em termos, já clássicos nos dias de hoje, como época imperialista. Sem nos prolongarmos muito nessa explicação, partimos de que a base teórica que servirá a este livro está nas elaborações de Marx sobre as formas de capital, presentes no Livro 3 de *O capital*, e as subsequentes transformações, em especial a expansão e predominância do "capital financeiro" (*Finanzkapital*) na nova fase do capitalismo na virada do século XX, chamada de "época imperialista" por Lênin. Tendo isso em vista, no estudo da crise atual e de seu desenvolvimento, buscamos investigar quatro fatores fundamentais: a dinâmica do *capital*; os efeitos da crise no *mundo do trabalho*; os *conflitos* diretos e indiretos entre capital e trabalho – a partir de trabalhadores, mas também em movimentos de massa, movimentos sociais e

---

[4] Conforme Marx escreveu nos *Grundrisse:* "O importante aqui é apenas destacar que, se produção e consumo são considerados como atividades de um sujeito ou de muitos indivíduos, ambos aparecem em todo caso como momentos de um processo no qual a produção é o ponto de partida efetivo, e, por isso, também o momento predominante [*übergreifende Moment*]"; Karl Marx, *Grundrisse: manuscritos econômicos de 1857-1858. Esboços da crítica da economia política* (trad. Mario Duayer e Nélio Schneider, São Paulo/Rio de Janeiro Boitempo/Ed. UFRJ, 2011, coleção Marx-Engels), p. 49. Cabe destacar que István Mészáros foi feliz, a nosso ver, em destacar a importância dessa categoria, em distintas oportunidades, em seu *Para além do capital: rumo a uma teoria da transição* (trad. Paulo Castanheira e Sérgio Lessa, São Paulo, Boitempo, 2002, coleção Mundo do Trabalho).

[5] Não se aborda sistematicamente o movimento operário e os fenômenos de luta de classes na obra, na medida em que foi escrita sob condições de censura. Ainda assim, a reflexão de Lênin sobre a transformação em franjas do proletariado dos países avançados, que ele chamou de "aristocracia operária", não deixou de ser uma contribuição importante para pensar as metamorfoses no mundo do trabalho.

fenômenos políticos –; e, por fim, a crise das ideias do período anterior e as ideias que (res)surgem a partir da crise. Em suma, nossos objetos são, dessa maneira, *capital, trabalho, conflitos, ideias*.

Se com isso podemos ter uma base metodológica a partir da qual pensar a estrutura global da reflexão sobre a dinâmica internacional do capitalismo, o conteúdo concreto só poderia se dar no estudo histórico da *crise de 2008 e seus efeitos*. Analisar o processo da crise em seu desenvolvimento implica partir de um fenômeno atual, além de altamente dinâmico e fluido. Isso significa que existe um componente objetivo, um processo interno da crise, mas também a constante intervenção dos sujeitos (governos, bancos e monopólios de um lado e, de outro, a ação subjetiva da classe trabalhadora nas suas distintas formas), o que dificulta enormemente a apreensão do desenvolvimento da crise em categorias fixas. Tal visão se reafirma com uma consideração feita por Engels ao examinar economicamente um largo período histórico, quando ele escreve o prefácio ao livro *As lutas de classes na França*, em que Marx busca compreender uma importante virada na dinâmica internacional do capitalismo com a Primavera dos Povos em 1848, tendo em vista a história francesa. Comenta Engels:

> Na apreciação de acontecimentos e séries de acontecimentos a partir da história atual, nunca teremos condições de retroceder até a última causa econômica. Mesmo nos dias de hoje, em que a imprensa especializada pertinente fornece material em abundância, ainda é impossível, inclusive na Inglaterra, acompanhar dia após dia o passo da indústria e do comércio no mercado mundial, assim como as mudanças que ocorrem nos métodos de produção, de tal maneira que se possa fazer, a todo momento, a síntese desses fatores sumamente intrincados e em constante mudança, até porque os principais deles geralmente operam por longo tempo ocultos antes de assomar repentina e violentamente à superfície. *A visão panorâmica clara sobre a história econômica de determinado período nunca será simultânea.*[6]

Engels, já no século XIX, alertava contra a visão vulgar de que seria possível fazer uma apreciação completa *simultânea* de um dado curso histórico-econômico, devido às dificuldades de se conhecer o conjunto das determinações para a análise do capitalismo global. Na atualidade, paradoxalmente, se a velocidade das informações alcançou, por um lado, níveis inimagináveis para a época do pensador alemão, por outro, a complexidade das estruturas econômicas industriais, bancárias e financeiras dificulta bastante a análise da crise do capital – isso sem falar da complexidade das estruturas socioeconômicas em geral, bem como políticas, culturais etc., as quais potencializam essa dificuldade. Em outras palavras, embora seja da própria essência do materialismo histórico analisar os fenômenos em sua transitoriedade, o estudo da crise implica uma dialética *radical*, por se tratar, em geral, de um fenômeno de impacto abrupto e consequências internacionais em distintas esferas.

---

[6] Friedrich Engels, "Prefácio", em Karl Marx, *As lutas de classes na França* (trad. Nélio Schneider, São Paulo, Boitempo, 2012, coleção Marx-Engels), p. 38. (Destaque nosso).

Nesse sentido, é bastante difícil para a análise de processos vivos da atualidade definir com clareza – ainda mais que nossa temática é a análise de um grande processo internacional como *a crise econômica e seus efeitos* na dinâmica capitalista em seu conjunto – em que ponto se localizam os *saltos de qualidade*, ou seja, onde residem os pontos de inflexão que marcam grandes linhas divisórias na história, sabendo ainda que, como totalidade orgânica e dinâmica, essas "linhas", essas inflexões, têm algo de analítico e epistemológico, não são só ontológicas. Isso porque, no plano histórico, o que observamos é um todo dinâmico e relativamente indivisível, e o que fazemos é traçar demarcações, isto é, analisar o processo de forma a delinear algumas características marcantes que possam ser parte de um todo orgânico e que, ao mesmo tempo, denotem transformações de qualidade.

Tendo colocado tais considerações, o que sustentamos neste livro pode ser sintetizado na ideia de que o ano de 2008 marca uma inflexão histórica, com "o começo do fim" da configuração neoliberal e "globalizante" do capital, tal como se deu nos anos 1990 e parte da década de 2000. Esse processo de transformação da dinâmica do capitalismo começa com o *crash financeiro* de 2008, mas vai paulatinamente implicando metamorfoses no próprio capital, no mundo do trabalho, em conflitos políticos e sociais e em mudanças ideológicas que marcam o período de *interregno* entre 2008 e 2016. A partir de então, vão se acentuando os determinantes no sentido de que entramos em uma nova dinâmica, ou dito em termos mais simples, em uma nova fase, com feições distintas da neoliberal das décadas anteriores, mas carregando a contradição da impossibilidade de o capital encontrar um padrão de acumulação internacional que ofereça alguma estabilidade e uma marca econômica a esse novo momento. Assim, o período pós-2016 apontou para um desenvolvimento mais conflituoso, com mais elementos de nacionalismo econômico, protecionismo, corrida tecnológica (sendo a última expressão as tecnologias 5G), um novo quadro expresso sobretudo pela ascensão de Donald Trump nos Estados Unidos e o conflito geopolítico – tendo em vista a chamada "guerra comercial" – com a China.

Buscamos aqui abordar as mudanças após 2008 em seus fundamentos mais estruturais de transformação na dinâmica do capital e do trabalho, e não apenas nas conformações políticas internacionais em seu aspecto conjuntural, já que pode haver avanços e retrocessos na influência de forças políticas "globalizantes" e "neoliberalizantes", tendo em vista, por exemplo, a importância das eleições estadunidenses ocorridas nos últimos meses de 2020, nais quais Joe Biden foi eleito presidente. Sendo assim, o que se defende neste livro é que a crise de 2008 significou uma transformação indeclinável a uma nova dinâmica do capitalismo neoliberal dos anos 1990 e suas formas de equilíbrio instável, para além dos fluxos e refluxos das tendências políticas vigentes no capital imperialista internacional.

Resta dizer que o essencial das linhas deste livro foi escrito a partir do estudo do período entre 2008 e 2018[7]. Logo após esse período, caberia destacar 2019, em que

---

[7] As pesquisas específicas em torno do tema se iniciaram em 2015, sendo que a redação definitiva para a tese de doutoramento da qual resulta este livro se deu entre o início de 2017 e julho de 2019.

uma onda marcante da luta de classes tomou distintos países, e 2020, quando estivemos diante de uma nova crise de envergadura aparentemente maior que a Grande Recessão que aqui analisamos, no contexto da pandemia de covid-19. Assim, este estudo buscou contribuir para a compreensão das principais tendências vigentes no tabuleiro do capitalismo internacional até então, analisando o desenvolvimento da economia, as novas configurações geopolíticas e os embates da luta de classes. A importância disso é perceber os limites da estabilidade do capital para além das aparências. Afinal, mesmo que o capitalismo venha reafirmando seu triunfalismo na superfície das últimas décadas, ele não pode impedir as crises que suas contradições periodicamente trazem à tona; dito em outras palavras (como as de Galileu Galilei), "no entanto, ela se move".

I

A DINÂMICA INTERNACIONAL PÓS-2008

A crise econômica que irrompe em 2008, a chamada *Grande Recessão*, é a expressão da falência da dinâmica de acumulação do capital internacional durante quase três décadas, período conhecido como neoliberalismo. As contradições desse modelo, no entanto, não se manifestaram a partir de lutas do mundo do trabalho em prol da transformação radical das sociedades, mas dos próprios limites atingidos pelo capital no interior de seu metabolismo social.

A metamorfose, no que se refere a um padrão de acumulação (tomando isso nos seus mais distintos aspectos), não se deu, e nem poderia se dar, da noite para o dia. "A crise consiste precisamente no fato de que o velho está morrendo e o novo ainda não pode nascer. Nesse interregno, evidenciam-se uma grande variedade de sintomas mórbidos"[1], conforme a célebre expressão de Antonio Gramsci. A virada que ocorre no mundo com a bancarrota do banco de investimentos Lehman Brothers vai muito além de uma "crise financeira" entendida como uma esfera deslocada da economia real; antes, inscreve-se nos limites de toda uma arquitetura na qual se baseia o capital internacional para sua reprodução e dinâmica. Assim, a crise desse modelo não é uma crise financeira isolada ou uma recessão parcial, mas um evento com consequências econômicas, políticas, sociais, geopolíticas e militares em um amplo arco de países, do Ocidente ao Oriente, das potências aos países dependentes. Dessa maneira, o colapso do Lehman Brothers indica mais do que o colapso de um enorme banco de investimentos norte-americano: trata-se de uma clivagem histórica na dinâmica do capitalismo internacional.

---

[1] Versão adaptada de Antonio Gramsci, *Cadernos do cárcere*, v. 3: *Notas sobre o Estado e a política* (trad. Nelson Coutinho, Luiz Sergio Henriques e Marco Aurélio Nogueira, Rio de Janeiro, Civilização Brasileira, 2007), p. 184, baseada também na edição italiana de Antonio Gramsci, *Quaderni del carcere. Edizione critica dell' Istituto Gramsci a cura di Valentino Gerratana* (Turim, Einaudi, 2001).

O que buscaremos particularmente neste primeiro capítulo é apresentar um quadro geral do *crash* de 2008 e da dinâmica da evolução da economia mundial ao longo dessa década. Nesse percurso, apontaremos alguns dos principais marcos que concorreram para configurar, conforme se findava o decênio da crise[2], a transição entre o neoliberalismo e a entrada em cena de uma nova fase na dinâmica do capital. Vale dizer que, para uma maior apreensão do sentido que queremos dar à expressão "nova fase", acompanharemos as transformações ocorridas ano a ano à medida que a crise se desenrolava, a fim de compreender que o verdadeiro sentido de inflexão se inicia em 2008, mas vai se consolidar nos anos seguintes.

Do ponto de vista metodológico, partimos da consideração de Marx nos *Grundrisse*, quando dizia que "a anatomia do ser humano é uma chave para a anatomia do macaco", ou seja, "os indícios de formas superiores nas espécies animais inferiores só podem ser compreendidos quando a própria forma superior já é conhecida"[3]. A passagem indica a pista metodológica segundo a qual, observando no plano histórico, o desenvolvimento da evolução da crise em sua forma mais aprofundada – no plano econômico, o *crash* de 2008, ou a fase da disputa entre Estados Unidos e China, já escancarando as tensões no plano geopolítico – é a chave para compreendermos os próprios fundamentos que conduziram à crise, isto é, a falência do padrão de acumulação neoliberal – entendendo esse padrão como a forma econômica, política e geopolítica de acumulação e hegemonia, tendo como modelo de suas feições a década de 1990.

Com isso em mente, buscaremos primeiro dar uma visão panorâmica do que foi a especulação com os *subprime*, a fim de entender de onde emanou a crise, para, em seguida, avançar nos traços principais de sua dinâmica. Nosso intuito, buscando uma visão sociológica mais ampla dos efeitos da crise, não será a análise detida dos acontecimentos e seus meandros econômicos, ou mesmo as discussões teóricas sobre aspectos mais particulares da crise das hipotecas, que certamente têm sua importância em outros terrenos. O que nos interessa aqui é apresentar as principais determinações da crise imobiliária e a subsequente recessão, já que com elas teremos uma base de análise para enfeixar os demais determinantes deste livro, a saber, a dinâmica da crise no mundo do trabalho, os conflitos entre capital e trabalho advindos da crise, os fenômenos políticos, os movimentos sociais e as transformações ideológicas, como parte da compreensão do conjunto das transformações que abriram uma nova dinâmica do capitalismo na atualidade.

---

[2] Ao longo deste livro, trabalharemos com esse período de *decênio* ou *década da crise*, referindo-nos ao período que se inicia em 2008 e termina em 2018, um marco temporal que elegemos para nossa análise, podendo, na investigação desse período, compreender a crise do capital em seu sentido restrito (o período da recessão) e em seu sentido ampliado (a dinâmica da crise e seus efeitos ao longo dos anos).

[3] Karl Marx, *Grundrisse: manuscritos econômicos de 1857-1858. Esboços da crítica da economia política* (trad. Mario Duayer e Nélio Schneider, São Paulo/Rio de Janeiro, Boitempo/UFRJ, 2011), p. 58.

A estrutura da crise dos *subprimes*

Como apontamos antes, a busca do capital por ramos mais seguros de valorização, como o imobiliário, vem como resposta ao esgotamento ocorrido após uma série de crises ao longo das décadas anteriores, culminando, nos anos 2000, na crise das chamadas empresas *ponto.com*. Alguns dados expressam de forma nítida esse novo nicho de valorização e especulação encontrado na década de 2000: o preço dos imóveis nos Estados Unidos chegou a aumentar 126%; o produto interno bruto (PIB) do país cresceu a taxas que variavam de 1% a 3% entre 2000 e 2008, enquanto o montante envolvido anualmente em novas operações imobiliárias estava na ordem de 3 a 4 trilhões de dólares, chegando a significar 35% do PIB dos Estados Unidos em 2003. Vale citar também que esse processo de concessões de empréstimos e alavancagem financeira foi favorecido pela queda da taxa básica de juros da economia, que esteve em trajetória descendente desde o início da década – situando-se entre 1% e 2% até 2004, quando volta a subir.

O processo de criação da bolha imobiliária possui dois componentes centrais: 1) a expansão sem precedentes de financiamentos imobiliários, desregulamentando o setor de imóveis ao permitir a concessão de créditos para famílias que não tinham capacidade de pagamento comprovada, o que deu origem aos empréstimos conhecidos como *subprimes*; 2) a inovação financeira pela via da securitização dos ativos e de seguros.

Entre os principais mecanismos de expansão da financeirização e das condições para a formação da bolha imobiliária, podemos remarcar como aspecto central a importância da participação dos bancos de investimento para a aceleração das vendas de imóveis a partir de volumosas concessões de crédito. Com isso, permitiu-se o superaquecimento das vendas no setor e foram oferecidas novas "condições" para a criação de hipotecas, por meio de mecanismos financeiros inovadores. Em outras palavras, o que foi visto foi um processo de alavancagem (*leverage*) das vendas imobiliárias a tal nível que criou condições para o hiperendividamento das famílias até a asfixia, levando à inadimplência e à crise generalizada.

Em relação ao primeiro processo, de concessão de empréstimos, podemos dizer didaticamente que as hipotecas funcionavam da seguinte forma: as famílias que tinham condição de um pagamento inicial (*downpayment*) buscavam um corretor (*mortgage broker*) para realizar a compra de um imóvel, segundo uma série de avaliações e critérios dos bancos. Uma vez definido o crédito para a compra da casa num prazo em que o banco e o cliente considerassem possível e viável, era consumada a hipoteca, cujo pagamento se estendia por vários anos.

O que ocorreu no período foi a expansão do mercado imobiliário por meio da incorporação de novos segmentos na concessão desses créditos, combinada com a flexibilização tanto dos critérios de avaliação como da forma de financiamento por parte dos bancos. Sendo assim, foi verificado no período um aumento sem precedentes das chamadas hipotecas *subprime*, ou seja, de créditos imobiliários concedidos a pessoas que não possuíam histórico de crédito ou que estavam inadimplentes, muitas das quais eram chamadas, na linguagem do setor financeiro, de *ninjas* (*no income, no job, no asset* – sem renda, sem trabalho e sem ativos). Os números mostram que entre 2001 e 2006, as hipotecas *subprime* foram de 8,6% das novas hipotecas geradas anualmente para corresponder a 20% destas.

Além disso, como já apontamos antes, houve também mudanças nas formas de pagamento desses financiamentos de longo prazo com condições que eram híbridas e envolviam regimes diferentes. Vejamos um exemplo do que significaram essas modificações: eram recorrentes os financiamentos conhecidos como 2/28 ou 3/27, ou seja, nos quais nos primeiros dois ou três anos as prestações eram baixas e as taxas de juros menores do que as praticadas pelo mercado. No entanto, nos anos restantes, os valores se tornavam flexíveis, aumentando e sendo ajustados periodicamente de acordo com as taxas de juros praticadas no mercado.

Sendo assim, diante da inadimplência e tendo em vista as condições desfavoráveis de financiamento, permitia-se às famílias realizar a rolagem da dívida pela via da renegociação das hipotecas, o que parecia vantajoso já que as taxas de juros estavam em queda e os preços dos imóveis, em ascensão. Ou seja, aqueles que não conseguiam pagar suas prestações podiam renegociar o empréstimo – ainda que agora devendo mais, porque os preços dos imóveis estavam em alta – e voltar a pagar os valores menores das parcelas iniciais.

No entanto, como apontamos, esse processo é apenas uma das partes da alavancagem e de formação da bolha imobiliária. Concomitantemente, desenvolve-se outro processo, que permite aos bancos transformarem esses empréstimos imobiliários, em especial aqueles de alto risco de inadimplência ou *subprimes*, em pacotes vendáveis, que podem ser chamados de *securities*.

A *securitização*[4] era uma forma de agrupar uma série de tipos de passivos financeiros (de diferentes rentabilidades e riscos) e convertê-los em títulos padronizados e negociáveis no mercado. O mais famoso desses pacotes financeiros na crise de 2008 foram os chamados *Collateralized Debt Obligations* (CDO) [obrigações de dívida colateralizada]. Para a conformação desses pacotes, os bancos de investimentos classificavam as hipotecas existentes no mercado segundo o risco de inadimplência e a rentabilidade (quanto maior o risco, maior a rentabilidade). O processo de securitização permitia agrupar num mesmo produto financeiro (por exemplo, o CDO) hipotecas de diferentes riscos ou, então, hipotecas com outros ativos de

---

[4] Segundo a definição de Gérard Duménil e Dominique Lévy: "Originalmente o termo securitização foi criado para se referir à transformação de empréstimos (nos ativos das corporações financeiras) em títulos de securitização, um procedimento que tornava possível a venda dos empréstimos a investidores pelos originadores dos empréstimos. As *securities* assim emitidas são conhecidas como títulos lastreados em ativos (TLAs)". Gérard Duménil e Dominique Lévy, *A crise do neoliberalismo* (trad. Paulo Cezar Castanheira, São Paulo, Boitempo, 2014), p. 116.

dívidas, tais como financiamento de automóveis, empréstimos estudantis, cartão de crédito, entre outros.

O objetivo desse processo de securitização era diluir as hipotecas consideradas de alto risco de inadimplência em outros ativos mais seguros, para que o novo ativo criado – no caso, o CDO – pudesse ser bem avaliado pelas agências de avaliação de risco – como Standard & Poors, Moody's e Fitch – e dessa forma encontrasse mercado. Pela via desse processo, os bancos conseguiam que cerca de 75% das dívidas negociadas se transformassem em novos títulos, mais bem classificados, com *ratings* [avaliações] superiores. Assim, o banco de investimento, ao vender o pacote financeiro para investidores, transferia-lhes o grosso dos rendimentos e dos riscos.

Os bancos de investimento que realizavam esse processo, como o Lehman Brothers, ganhavam uma parte dos juros, ao fornecer o crédito inicial, o que possibilitava sua rentabilidade, e ao vender aos investidores extraindo uma porcentagem menor, mas segura. Em contrapartida, os investidores ganhavam com a maior rentabilidade desses ativos, na medida em que assumiam o contrato junto a todas as famílias alocadas no "pacote-contrato" financeiro que aceitaram comprar do banco. Embora um ou outro pagador se tornasse inadimplente, a maioria do pacote lhe conferia rendimentos que compensavam as perdas. Era um risco, mas que na maioria dos casos, saía rentável. Tendo em vista que o preço das casas crescia exponencialmente, com taxas médias de elevação dos preços dos imóveis de 6,4% ao ano no período de 2000 a 2005, o negócio se tornava muito vantajoso para os investidores.

Acontece que a explosão da bolha financeira se deu justamente devido à política dos bancos de aumentar, ainda mais, quase no limite, a desregulamentação financeira (ou seja, o conjunto de procedimentos para o oferecimento de crédito), de modo a estimular os corretores a praticar a venda hipotecária sem análise de crédito detida, sem pedir às famílias documentos ou meios que comprovassem que dispunham de capacidade para pagar a dívida que adquiriam. Nesse sentido, aceleraram as vendas para os clientes *subprimes*, e o risco nos pacotes financeiros que repassavam aos investidores começou a se tornar cada vez maior.

Esse processo, em geral, já apresenta um limite financeiro, pois são vendidas casas que, por vezes, possuem prazos de pagamento de dez, vinte, trinta ou mesmo quarenta anos, o que atinge quase um limite natural da possibilidade de pagamento pelas famílias. Assim, ocorreu a formação acelerada da bolha. O gráfico a seguir oferece um quadro do aumento desenfreado da dívida hipotecária residencial como porcentagem da renda pessoal após os impostos e uma imagem dos limites de endividamento atingidos nos anos 2000:

Figura 1. Dívida hipotecária residencial como porcentagem da renda pessoal após os impostos

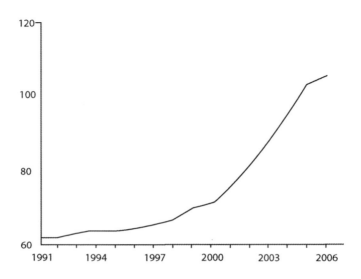

Fonte: Andrew Kliman, "A Crisis for the Centre of the System", *International Socialism: A Quarterly Review of Socialist Theory*, Londres, n. 120, 2008; disponível em <http://isj.org.uk/a-crisis-for-the-centre-of-the-system/>; acesso em: 29 maio 2019.

O endividamento das famílias aumentou progressivamente em função das políticas expansivas no setor de créditos que os bancos praticaram durante o período, como parte da política de manter sua rentabilidade. Foi nesse contexto que os títulos de securitização e de seguro contra a inadimplência, em função da desregulamentação financeira neoliberal, atingiram níveis inimagináveis. Conforme escrevem Gérard Duménil e Dominique Lévy:

> A onda de hipotecas depois de 2000 e sua componente *subprime* tornou possível o *boom* habitacional, mas o aumento dos empréstimos teria sido impossível na ausência do apoio da securitização e do seguro contra a inadimplência, dois instrumentos financeiros cruciais. As duas categorias de mecanismos se expandiram enormemente em paralelo e sofreram transformações significativas ao longo da década.[5]

O aumento do volume de hipotecas *subprime* foi, então, exponencial. Segundo gráfico da *CreditSuisse*:

---

[5] Gérard Duménil e Dominique Lévy, *A crise do neoliberalismo*, cit., p. 198.

Figura 2. Emissões de hipotecas subprime nos Estados Unidos (1994-2006)

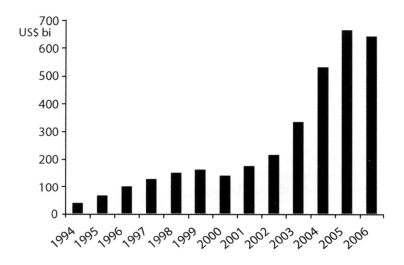

Fonte: Claudio Gontijo, *Raízes da crise financeira dos derivativos subprime* (texto para discussão, n. 342, Belo Horizonte, FACE-UFMG, dez. 2008); disponível em <https://www.academia.edu/27976431/Ra%C3%ADzes_da_crise_financeira_dos_derivativos_subprime>.

Com a imagem, pode-se ter uma dimensão na escala de centenas de bilhões e, somados os anos, em escala de trilhão, a que poderia chegar o montante das vendas de hipotecas *subprime*, ou seja, a dimensão da bolha que estava sendo criada. Claro que esse mecanismo não é uma facilidade maior para as famílias; ao contrário, trata-se de um mecanismo perverso de ampliar cada vez mais a ilusão da compra da casa própria ao mesmo tempo que se asfixia o orçamento das famílias com as condições de juros, formando, assim, uma bolha de capital fictício.

O encadeamento desse ciclo tem, portanto, a seguinte ordem de funcionamento: pagamento inicial → corretor → banco credor[6] → investidores. Nesse sentido, a primeira *alavancagem* de vendas se dá na relação entre o banco credor (*lender*) e os corretores; só então esses pacotes são feitos e repassados aos investidores. No entanto, se o humor dos investidores mudar radicalmente, como fruto dos indícios da bolha, eles podem repentinamente se desfazer de seus contratos antigos e não adquirir novos pacotes financeiros, de modo que a bolha fica concentrada nos bancos de investimento ou nas seguradoras.

---

[6] É o banco de investimento que transforma o pagamento inicial em CDOs.

A situação de 2008 foi desencadeada a partir da inadimplência cada vez maior dos *subprimes*, que, em termos gerais, desenvolveu-se de acordo com o seguinte processo: ao não serem efetuados os pagamentos das hipotecas, o banco retirava a casa das famílias e a colocava à venda. Uma vez que o processo se desencadeava em uma escala crescente, o efeito concreto foi o aumento de casas à venda, o que levou necessariamente à queda cada vez mais abrupta do interesse dos investidores na compra de novas hipotecas.

Vale destacar que o processo de inadimplência que estourou em 2008 se iniciou a partir de 2006 e, em parte, foi alimentado pelo aumento das taxas básicas de juros nos Estados Unidos, que subiu de patamares de 1% para 5% entre 2004 e 2006 e pela queda dos preços dos imóveis a partir de 2006. Esses dois elementos impunham limites ao processo de refinanciamento da dívida pela via da troca de hipotecas. Além disso, também em 2006, começa a ser verificada uma queda vertiginosa nos gastos com materiais de construção residencial, que, em fevereiro de 2006, estava em 683 bilhões de dólares e, em agosto de 2008, havia caído pela metade.

Desse modo, além de os investidores deixarem de receber os juros dos *subprimes* daqueles que não conseguiam pagar, pouco a pouco foram também perdendo o valor de seus títulos (em alguns casos o conjunto dos contratos) pelos bons pagadores, os *safers*. À medida que muitas casas começam a ser colocadas à venda (tomada pelos bancos dos inadimplentes) e o preço delas começa a cair, a família que pagava um valor mais alto em sua hipoteca deixa de ver sentido em continuar a pagá-lo. Para dar um exemplo, seria o mesmo que uma família começar a pagar 300 mil dólares por uma casa com prazo de 23 anos, depois encontrar uma casa similar por 100 mil dólares, posto que os preços despencaram.

É precisamente este o movimento que leva a bolha imobiliária a explodir: as famílias com condições de continuar pagando a hipoteca desistem e buscam imóveis mais baratos, uma quantidade enorme de pacotes financeiros e outros títulos imobiliários perdem seu valor repentinamente e começa uma grande "corrida de conversibilidade de letras de câmbio em dinheiro"[7], para usar os termos de Marx.

O problema, portanto, não se refere apenas aos títulos já vendidos, mas aos que ainda o seriam: no estourar da crise, os bancos e as seguradoras são surpreendidos com um volume imenso de vendas a serem repassadas aos investidores, mas estes, lendo na situação econômica que se tratam de condições extremas de risco (além do que estariam dispostos a aceitar), desistem de novas compras e, com isso, acumula-se nos bancos um imenso volume dos chamados *títulos podres*, o que pode afetar completamente sua saúde financeira e levá-los ao completo colapso. Tal foi a situação do banco de investimentos Lehman Brothers, avaliado em 600

---

[7] Karl Marx, *O capital: crítica da economia política*, Livro 3: *O processo global da produção capitalista* (trad. Rubens Enderle, São Paulo, Boitempo, 2017, coleção Marx-Engels), p. 547.

bilhões de dólares, fundado em 1850, o quarto maior banco de investimentos da maior potência mundial.

Esse seria um quadro inicial para indicar o que conduziu um banco de investimento tão poderoso como o Lehman Brothers ao colapso. Os mecanismos financeiros que envolvem os corretores, os bancos, as seguradoras e os investidores em sua interconexão, evidentemente, são muito mais complexos do que pudemos expor, mas seguem, em termos gerais, a lógica que buscamos apresentar nestas breves linhas. O objetivo aqui é apenas apresentar os principais mecanismos que levaram ao *crash*, pois será a partir deles que poderemos entender as respostas dadas pelo capital em seu percurso.

As etapas da crise no interior da década (2008-2018)

Podemos dizer que a Grande Recessão teve um primeiro período intenso, marcadamente recessivo na economia mundial e nas potências, e um segundo momento em que os impactos da crise se manifestaram de outras formas, com distintas iniciativas do capital diante da crise, em especial o deslocamento da crise (o centro de seus efeitos) para países avançados mais débeis, países emergentes e o Sul do mundo – com um conjunto de planos de austeridade, ajustes fiscais, reformas (trabalhista, previdenciária), subordinação por meio da dívida pública etc. Mas essas ações resultaram em reveses e contrapartidas, com aumento de conflitos, no movimento operário, na juventude ou em movimentos sociais (do ponto de vista das classes) ou consequências geopolíticas (na relação entre Estados), particularmente em seu último capítulo, de disputa pela proeminência tecnológica entre Estados Unidos e China, e a guerra comercial. Esse conjunto de fatores, em que se imbricam a todo momento a economia, a política e as transformações sociais, nos habilita a pensar que vivenciamos uma longa década de crise econômica internacional, especialmente pelo débil crescimento que encontramos depois da recessão.

Dito isso, buscaremos descrever, em traços gerais, alguns dos estágios da crise econômica internacional no período de uma década, de 2008 a 2018, tentando observar, a partir da relação da economia com outros fatores sociais, a dinâmica por meio da qual a crise vai paulatinamente se estabelecendo desde seu início até o fim da década.

2007-2009: a queda abrupta

O período entre 2007 e 2009 foi marcado tanto pelo auge da turbulência na economia mundial quanto pelos efeitos mais expressivos do *crash*, com a quebra de Lehman Brothers, em setembro de 2008, como ponto emblemático do período mais intenso da crise, conforme podemos ver no gráfico a seguir de crescimento mundial do PIB entre 1961 e 2017, a partir dos dados do Banco Mundial.

Figura 3. Crescimento da economia mundial 1961-2017

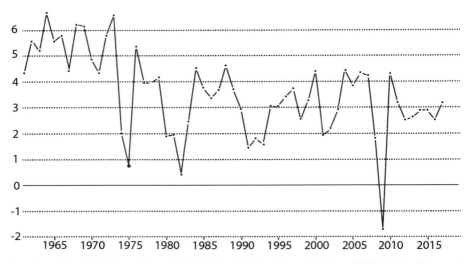

Fonte: Banco Mundial; GDP growth (annual %). *World Bank National Accounts Data, and OECD National Accounts Data Files*. Disponível em: https://data.worldbank.org/indicator/NY.GDP.MKTP.KD.ZG?end=2017&start=1961 >; acesso em: 15 mar. 2021.

Do gráfico podemos extrair algumas conclusões iniciais. Em primeiro lugar, é notável que 2009 apresenta efetivamente a maior queda do PIB mundial desde a Segunda Guerra, uma queda e um fenômeno categoricamente históricos. Mesmo quando analisamos as recessões de 1974-1975 ou de 1981-1982, a rigor, falamos em recessão por se tratar de uma queda coordenada nas potências, embora nessas crises o PIB mundial nunca tenha atingido taxas negativas. Já a crise de 2008-2009 levou a uma queda abrupta da economia mundial, ocasionado o recuo no PIB em termos internacionais de 1,7% em 2009, mas um recuo ainda maior nas potências, que pode ser visualizado nos números dos Estados Unidos, com contração de 2,7%, da União Europeia de conjunto, com contração de 4,3%, em particular a Alemanha com 5,6% negativo, a França com 2,9%, e o Reino Unido com uma queda também expressiva de 4,1%; enquanto o Japão apresentava queda de 5,4%[8]. Para compreender melhor o significado dessa queda ocorrida em 2009, façamos uma breve comparação com a crise de 1929, pensando nas diferenças entre a *Grande Recessão* e uma *Depressão*.

---

[8] Os dados por país foram retirados da plataforma do Banco Mundial: <https://data.worldbank.org/>; acesso em: 5 jan. 2019.

Passada uma década do início da crise, muitos economistas marxistas e do *mainstream* econômico concordam que esta é a crise mais importante desde a de 1929[9]. Mas é evidente que seus desdobramentos efetivamente não se podem comparar com os da década de 1930, posto que o aflorar de processos revolucionários de um lado e a solução reacionária nazifascista de outro foram em termos gerais a tônica do período pós-1929. Além do mais, se quisermos destacar o exemplo da economia norte-americana, epicentro das crises, a título de comparação, poderíamos observar que entre 1929 e 1933 a dimensão catastrófica da queda econômica foi de 28,6%[10], uma realidade relativamente bem distinta da dinâmica de 2008-2010, em que a economia dos Estados Unidos caiu apenas 0,3%[11]. Isaac Johsua deu uma importante contribuição para a análise da crise de 1929, fornecendo bases para as comparações com a crise de 2008, em sua obra *La Crise de 1929 et l'émergence américaine* [A crise de 1929 e a emergência americana], na qual apresenta o seguinte gráfico, que nos ajuda a entender a dimensão da queda.

Figura 4. A evolução da atividade econômica nacional. PIB em volume

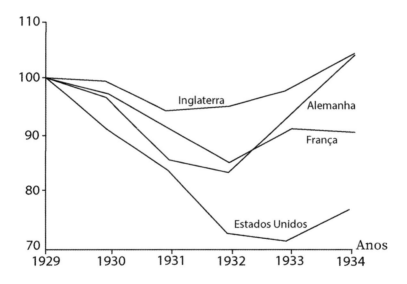

Fonte: Estados Unidos: NIPA, 1993 (em dólares de 1987); França: J-C. Toutain, p. 162 (preços de 1905-13); Inglaterra: C. H. Feinstein, T19, Compromise estimate (em volume); Alemanha: R. Frendling, p. 55 (preços de 1913); (1) Índice do produto interno bruto da Alemanha.[12]

---

[9] Isso pode ser observado nos trabalhos de praticamente todos os citados.
[10] Isaac Johsua, "Desde 1929 a 2009, hablar del capital es hablar de su crisis", em *La Crisis de 1929 y el emerger norteamericano* (trad. Ana Julia Hurtado, Buenos Aires, IPS, 2012), p. 21.
[11] Os dados do PIB anual dos Estados Unidos podem ser acessados em: <https://data.worldbank.org/indicator/NY.GDP.MKTP.KD.ZG?end=2019&locations=US&start=2003>.
[12] Para as referências da fonte, ver, respectivamente: United States Department of Commerce, "National Income and Product Accounts of the United States: volume 1, 1929 – 1958)", *Bureau of Economic*

Por um lado, a queda abrupta da economia mundial em 2009 não pode ser comparada econômica, política e socialmente à crise de 1929; por outro, não foi apenas uma recessão a mais na história do capitalismo, pois significou uma importante queda na economia mundial, sendo, isso sim, uma recessão de trajetória longa e sem perspectivas de retomada do crescimento em nível mundial.

Michael Roberts, por sua vez, apresenta outra interpretação para os eventos da crise de 2008-2009, num sentido um pouco distinto dessa visão. Em seu livro *The Long Depression* [A longa depressão], aponta o momento que estamos vivenciamos como o de uma longa depressão, a qual descreve do seguinte modo:

> Aqui uma depressão é definida quando economias crescem bem abaixo de suas taxas de produtividade prévias (no total e *per capita*) e inferiores à média no longo prazo. Isso também significa que os níveis de emprego e de investimentos estão bem abaixo daqueles picos e inferiores às médias no longo prazo. Acima de tudo, significa que a lucratividade dos segmentos capitalistas da economia permanece, no geral, abaixo dos níveis anteriores ao começo da depressão. Até o presente, houve três depressões (em oposição a quedas econômicas e recessões, regulares e recorrentes) no capitalismo moderno. A primeira foi em fins do século XIX (1873-1897); a segunda foi em meados do século XX (1929-1939); e agora temos uma no começo do século XXI (2008-?). Todas essas começaram com quedas significativas (1973-1976; 1929-1932; e 2008-2009).[13]

Isso significa que, no entender de Michael Roberts, vivenciamos uma depressão a partir de 2008. Ele a diferencia de uma recessão a partir dos ciclos do capitalismo, ocorrendo quando se observa um crescimento econômico menor que as taxas de produtividade prévias, o que implica menores níveis de emprego e investimento e, "acima de tudo", que a lucratividade dos segmentos capitalistas permanece abaixo dos ciclos anteriores da depressão.

Assim, numa depressão, observaríamos uma saturação de um ciclo longo de produção, inovação tecnológica, construção e infraestrutura, e também a um declínio no preço das *commodities*. Em suma, quando um conjunto de fatores que impacta um ciclo de lucratividade atinge seu esgotamento. Dessa forma, distingue a depressão da recessão.

Mais importante, depressões (em oposição a recessões) aparecem quando existe uma conjunção de fases descendentes nos ciclos do capitalismo. Toda depressão surgiu quando o ciclo no aglomerado de inovações amadureceu e se tornou "saturado"; quando a

---

Analysis, fev. 1993; Jean-Claude Toutain, "Le Produit Intérieur Brut de la France de 1789 à 1982", *Economies et Sociétés. Histoire quantitative de léconomie française*, n. 15, 1987; Charles H. Feinstein, *Nation Income, Expenditure and Output of the United Kingdom, 1855-1965* (Cambridge, Cambridge University Press, 1972); Rainer Fremdling, "German National Income, Product and Expenditure, 1986-1939: A review of the evidence", *Economies et Sociétés, Histoire quantitative de l'économie française*, tomo 29, n. 12, dez. 1995, A. F., n. 21.

[13] Michael Roberts, *The Long Depression* (Chicago, Haymarket Books, 2016), p. 5 [Tradução nossa].

produção mundial e o preço das mercadorias entram em uma fase descendente, ou seja, em que a inflação desacelera lentamente e se transforma em deflação; quando o ciclo de investimento em construção e infraestrutura despenca; e, sobretudo, quando o ciclo da lucratividade está na sua fase descendente. A combinação desses diferentes ciclos acontece apenas a cada sessenta ou setenta anos. É por isso que a atual Longa Depressão é tão importante.[14]

Roberts faz essa definição forte e bastante particular da crise econômica como longa depressão já na introdução de sua obra. Não rejeita a expressão "Grande Recessão", mas a vê como complemento à definição de longa depressão, tomando o processo econômico em seu conjunto, e atribui um enorme significado à queda de 2008, pela confluência de diversos fatores, amplos ciclos que se combinam historicamente em uma só crise em um intervalo que abrangeria sessenta ou setenta anos. Quando pensamos na dinâmica da crise e na queda que se anuncia em 2020, vemos que o sentido de continuidade é um aspecto forte dessa abordagem – ainda que tire de cena no conceito de depressão os "pontos culminantes" da crise.

Assim, a nosso ver, um aspecto que fica debilitado na análise de Michael Roberts são os impactos dos demais fatores sociais e políticos na dinâmica da crise econômica. Do ponto de vista objetivo, há na análise muitos pontos enriquecedores quanto à dimensão da queda econômica, inclusive com importantes nomes keynesianos (como veremos na seção a seguir) definindo a crise como "estancamento secular", o que, com metodologias distintas, aponta para o caminho que Roberts propõe. No entanto, o autor peca ao não relacionar a queda econômica com os efeitos subjetivos e objetivos do período anterior, ou seja, com o processo de reestruturação produtiva, o conjunto das transformações no mundo do trabalho e especialmente os impactos subjetivos (fenômenos políticos, movimentos sociais e transformações ideológicas) do período de ofensiva neoliberal. Não se pode diminuir o alcance da restauração capitalista em países como a Rússia e a China nem o impacto de vinte anos de campanha neoliberal afirmando que a alternativa socialista, o marxismo, as classes sociais haviam sido relegados às páginas dos livros de história. Com isso, podemos traçar a hipótese de que a mesma crise econômica, em sua dimensão *quantitativa*, em um contexto político distinto, poderia ter produzido efeitos muito mais "catastróficos" do que a atual recessão – entendendo o catastrófico como uma queda mais acentuada do PIB, como em 1929, e fenômenos políticos e ideológicos mais agudos. A resposta de setores da juventude, dos movimentos de mulheres e negros, mas, sobretudo, da classe trabalhadora esteve, em certo sentido, muito aquém dos impactos da crise.

É por essa razão que acreditamos que a própria definição do significado da depressão, emergente com vigor indiscutível na crise do fim dos 1920 e expressa com força nos anos 1930, não se refere apenas aos dados econômicos da queda, ainda que esses, em nosso entender, tenham um impacto muito importante na

---

[14] Idem.

definição[15]; mas se relaciona também com os alcances sociopolítico (gerando amplos processos de revolução e contrarrevolução) e geopolítico da crise (sobretudo, a competição entre as potências, especialmente os Estados Unidos e a Alemanha). Tanto o *capital*, no caso extremo da conflagração das guerras mundiais, quanto o *trabalho*, no caso da resistência e da passagem à ofensiva com processos revolucionários, são sujeitos decisivos no delineamento do *tom* da crise e do alcance que uma recessão pode ter, levando ou não a quedas ainda mais abruptas e depressões. E justamente por subestimar esses demais fatores em sua análise, Roberts traça combinações econômicas de ciclos que ocorreriam de sessenta em sessenta anos, o que dá um tom objetivista à sua análise. Acontecimentos de grande dimensão, como guerras ou revoluções, não impactariam na evolução? Olhando para o passado, não podemos dizer que impactaram? O economista britânico acaba, de certo modo, um tanto refém da teoria dos grandes ciclos econômicos para sua definição da depressão.

De todo modo, a despeito desse debate em torno da própria categoria de descrição do processo de 2008-2009, Roberts oferece importantes contribuições para pensar esse primeiro período da crise econômica. As raízes desse processo buscaremos analisar no segundo capítulo; fiquemos, por enquanto, com os dados apontados por Roberts para compreender seus impactos. O autor localiza o início da crise em agosto de 2007, quando o banco Paribas Nacional comunica o fechamento de um dos fundos de investimento hipotecário. Esse anúncio implica uma série de perdas, movimento que se segue com outros bancos nos Estados Unidos e culmina em um processo que desencadeia a recessão entre o começo de 2008 e o meio de 2009. Nesse sentido, analisa:

> Essa quebra no capitalismo foi chamada de Grande Recessão porque, de fato, foi "grande". Foi a mais longa e profunda na sua contração do produto que a economia capitalista global, representada pelas trinta nações de capitalismo avançado da Organização para a Cooperação e Desenvolvimento Econômico (OCDE), experimentou desde a Grande Depressão de 1929-1932. Do pico do *boom* anterior de crescimento real no PIB em 2007 até o fundo da Grande Recessão em meados de 2009, as economias da OCDE contraíram oito pontos percentuais no PIB. Se você compara o produto global em 2009 com o quanto deveria ser sem a queda, a perda de renda foi ainda maior que os oito pontos percentuais. No fundo da Grande Recessão, o nível da produção industrial foi 13% abaixo do pico anterior, e o comércio mundial caiu 20% do pico anterior. O mercado de ações mundial caiu uma média de 50% do pico de 2007. A Grande Recessão foi também a mais longa desde a Grande Depressão.[16]

---

[15] Alguns economistas inclusive buscam definir, em termos formais e simplificados, como uma queda expressiva e concentrada da economia, equivalente a mais de 10% do PIB.
[16] Michael Roberts, *The Long Depression*, cit., p. 66.

Essa síntese dos dados é contundente para expressar o impacto econômico: queda de 8% nas economias da OCDE, 13% na produção industrial e 20% no comércio mundial (abaixo dos picos anteriores), o que representa uma retração enorme.

A marca desse primeiro período, portanto, está muito relacionada com a queda econômica. Como podemos ver no gráfico de crescimento mundial e como é comum a todas as crises, o bumerangue econômico que leva a um período de crescimento depois da queda começa a virar em meados de 2009 e se expressa graficamente no crescimento mundial de 2010, quando o PIB mundial passa a um crescimento (ainda muito pequeno) de 1,6%.

Ocorre que, nesse período, a queda não é o único fator a ser considerado: as iniciativas dos governos no sentido de salvar os bancos e as empresas também dão o tom, afinal, o volume empregado em políticas de relaxamento financeiro e injeção de liquidez nos bancos e empresas é quase incomensurável. Como apontamos no tópico anterior, a massa de injeção monetária para livrar o mercado financeiro de títulos tóxicos e gerar liquidez nas empresas ultrapassou a casa dos trilhões.

Apenas para dar uma imagem gráfica desse processo: no fatídico mês de setembro de 2008, um dia depois da bancarrota do Lehman Brothers, o governo norte-americano decidiu injetar o valor de 85 bilhões de dólares para salvar a seguradora American Internacional Global (AIG)[17]. É de se notar, que em uma única medida de injeção para salvar uma grande empresa financeira, foi gasto um montante total, para usarmos uma imagem, equivalente à média do produto interno bruto em 2008 da Líbia (71 bilhões de dólares) e de Bangladesh (103 bilhões de dólares); ou seja, a média da riqueza produzida por esses países em um ano é equivalente ao que se gastou em um só dia para salvar uma única empresa. Poucos dias depois do salvamento da AIG, outra empresa de peso foi beneficiária de um pacto bilionário: a General Motors (GM) recebeu a soma de aproximadamente 50 bilhões de dólares. A sequência de pacotes financeiros foi longa nas distintas potências, incluindo planos de ação mais ou menos coordenados. O maior se deu em 30 de setembro de 2008, quando o Senado americano aprovou um plano de resgate financeiro no valor de 700 bilhões de dólares, o que, seguindo nosso exemplo de comparação com o produto interno bruto de países, seria um valor próximo à soma dos PIBs da Argentina e da Venezuela durante todo o ano de 2008[18]. Esse foi o maior pacote, mas não foi o único nem se deu em apenas um país, fazendo parte de uma política generalizada dos governos das principais potências diante da crise. Sendo assim, se levarmos em conta a atuação incisiva não só do Federal Reserve (FED), mas também do Banco Central Europeu, dos países europeus e do Japão, veremos que o salvamento dos bancos, das seguradoras e das grandes empresas foi um dos componentes

---

[17] Ver o artigo de Edmund L. Andrews, Michael J. de la Merced e Mary Williams Walsh, "Fed's $85 Billion Loan Rescues Insurer", *The New York Times*, Nova York, 16 set. 2008; disponível em <https://www.nytimes.com/2008/09/17/business/17insure.html>; acesso em: 6 jan. 2019.

[18] Segundo dados que pudemos extrair do site do Banco Mundial, no período de 2008 o PIB da Venezuela foi de 315 bilhões de dólares e da Argentina, 361 bilhões de dólares.

decisivos da crise, uma atuação sem a qual suas consequências poderiam ser imprevisíveis.

Outra determinação fundamental nessa etapa é o deslocamento da crise do coração do imperialismo mundial, os Estados Unidos, para a Europa. É preciso dizer que a própria definição de deslocamento pode ser problematizada, porque a interligação do sistema financeiro mundial hoje permite que os impactos da queda de um banco como o Lehman Brothers possam ser sentidos em horas, minutos ou mesmo segundos em todo o mundo. Mas as medidas ágeis do governo norte-americano para salvar Wall Street e a possibilidade de injeções monetárias na dimensão quase incomensurável em que se deram não foram, nem poderiam ser, compartilhadas por todos os países da Europa.

Diferentemente do que muito se escreveu e se propagou sobre a União Europeia ser uma entidade que anularia as contradições entre Estados, sua verdadeira face se revelou durante a crise. Os elos débeis, como Grécia, Portugal, Espanha e Itália sentiram mais intensamente seus efeitos, para não falar de exemplos como Irlanda, Islândia etc. Só para termos uma ideia, é altamente irônico, mas factual, que a política "neoliberal" nos Estados Unidos tenha sido muito distinta do *"laissez-faire"* ["deixe que faça"], em relação aos quatro principais bancos de investimento no fatídico mês de setembro: os dois maiores, Goldman Sachs e JP Morgan foram transformados em bancos comerciais, o terceiro, Merril Lynch, foi comprado pelo Bank of America (evitando uma possível catástrofe) e o quarto, o banco de investimentos Lehman Brothers, esse sim sofreu as consequências da lei do valor e declarou falência. Contudo, mesmo com essa enorme perda, Wall Street conseguiu contornar a crise que atingia seu coração e seus principais pilares, em operações que envolviam algumas dezenas ou centenas de bilhões de dólares, chegando à casa dos trilhões se tomadas em conjunto.

O contágio ou deslocamento para a Europa, impulsionado pelos Estados Unidos, é um dado relevante nessa comparação da capacidade das potências e dos países de capitalismo avançado em lidar com a "crise de confiança"; a rigor, uma pressão avassaladora da lei do valor em restabelecer o equilíbrio, explodindo as bolhas de capital fictício. Para exemplificarmos os impactos interligados da crise entre Estados Unidos e Europa, poderíamos citar que um dos eventos destacáveis da crise, considerado por alguns economistas[19] um ponto de clivagem para seu início, foram as turbulências vividas pelo banco francês *BNP Paribas,* em agosto de 2007. Anunciava-se publicamente que

> a fim de proteger os interesses e garantir o tratamento igualitário de nossos investidores durante estes tempos excepcionais, o BNP Paribas Investment Partners decidiu suspender temporariamente o cálculo do valor líquido de ativos, bem como subscrições/resgates, em estrita conformidade com os regulamentos, para os seguintes fundos: Parvest Dynamic ABS, a partir de 7 de agosto de 2007, 15:00 (horário de Luxemburgo); BNP Paribas

---

[19] Como Michael Roberts, que citamos anteriormente.

ABS Euribor e BNP Paribas ABS Eonia, a partir de 7 de agosto de 2007, 13:00 (horário de Paris).[20]

Para citar mais um exemplo, em fevereiro de 2008, a nacionalização do banco de investimentos Northern Rock, que esteve por um fio de quebrar em meio à especulação imobiliária, no principal centro financeiro europeu, a City of London, indicava o alcance mundial da crise. Nesse sentido, o primeiro período da crise, entre 2007 e 2009, marcou também o seu deslocamento para a União Europeia[21], onde não só a Grande Recessão teria impacto, mas se tornaria também o epicentro dos acontecimentos da segunda etapa da crise, entre 2010 e 2011. Assim, o importante a se destacar aqui é que, do ponto de vista cronológico, esse deslocamento não ocorre em um momento distinto, mas está relacionado à capacidade das potências de buscarem salvar as principais empresas e os principais bancos de seu sistema financeiro e deixarem as explosões para os países com menor capacidade de intervenção. Esse é um fator decisivo no interior da crise, pois, ainda que seu epicentro tenha sido a Europa, não será por acaso que no "centro do centro" estarão Grécia, Espanha, Portugal e Itália, não as principais potências do continente, uma expressão clara das disputas no interior da União Europeia para decidir quem pagaria a conta da recessão econômica internacional – em particular com a Alemanha submetendo os demais países, como a Grécia, em uma relação de subordinação econômica e financeira.

Indo além e analisando os impactos mundiais da crise, é necessário chamar atenção para o fato de que, embora do ponto de vista da exposição abordaremos em momentos distintos o significado da crise no "Sul do mundo" e particularmente nos países emergentes, nosso posicionamento é contrário às teorias da "desacoplagem", segundo as quais a recessão se daria no centro das potências e não afetaria Brasil, Rússia, Índia, China e África do Sul, países conhecidos como BRICS, propondo uma separação no sistema internacional no que se refere aos efeitos da crise. A queda econômica dos emergentes a partir de 2012, na realidade, foi um duro golpe nessas teorias, já que a própria realidade se mostrou completamente contrária a essa dinâmica, e por isso não nos deteremos nelas.

---

[20] Ver o artigo "BNP Paribas Investment Partners Temporaly Suspends the Calculation of the Net Asset Value of the Following Funds : Parvest Dynamic ABS, BNP Paribas ABS EURIBOR and BNP Paribas ABS EONIA", *BNP Paribas*, 9 ago. 2007; disponível em: <https://group.bnpparibas/en/press-release/bnp-paribas-investment-partners-temporaly-suspends-calculation-net-asset-funds-parvest-dynamic-abs-bnp-paribas-abs-euribor-bnp-paribas-abs-eonia>; acesso em: 6 jul. 2020.

[21] Entendendo isso como um salto de qualidade, sem perder de vista que, pela interligação do sistema financeiro, desde o início já havia expressões da crise na Europa em paralelo à crise nos Estados Unidos.

2010-2011: os planos de austeridade

O ano de 2010 inaugura uma ação coordenada entre as potências, particularmente os países da Europa em meio à crise: anunciam-se planos dacronianos de austeridade, o que marca, em traços gerais, um novo momento da crise econômica. Se as primeiras iniciativas foram as "injeções de liquidez" para evitar a quebra de bancos e empresas, o segundo período foi marcado por uma política fiscal de arrocho dos governos, suspendendo em larga escala direitos sociais, "enxugando o Estado", aumentando ainda mais o grau de exploração dos trabalhadores.

Alguns efeitos sentidos desde o primeiro momento da recessão já eram bem evidentes em distintos países: com as medidas de salvamento de bancos e empresas trilionárias por parte dos governos, as dívidas públicas aumentaram a ponto de atingir cifras que ultrapassando a barreira dos 100% do PIB.

Juan Chingo analisou esse processo de "conversão das dívidas privadas em dívidas públicas" com o aumento exponencial das dívidas estatais e o significado dessa "solução" adotada pelas potências durante a crise econômica. Diz ele:

> O risco soberano crescendo com o aumento descomunal do déficit estatal. A crise gerou uma enorme dívida pública como consequência do maior endividamento dos governos. A brutal contração econômica reduziu os ingressos fiscais ao mesmo tempo que os gastos aumentaram – resgates, seguro-desemprego e planos de estímulo. Segundo novos dados dos economistas do FMI, a dívida pública dos dez países mais ricos vai crescer de 78% do PNB [Produto Nacional Bruto] em 2007 para 114% em 2014. Por exemplo, a dívida pública japonesa pode chegar a estratosféricos 270% do PNB em dois anos. Nos Estados Unidos, ainda que por ora a dívida pública seja menor, a soma desta com a dívida privada chega a 350% do PIB. Segundo a Société Générale, a dívida estatal global poderia atingir 45 trilhões de dólares em dois anos, [tornando-se] duas vezes e meia maior que há uma década. Como disse o *The Economist*, "nunca desde a Segunda Guerra Mundial tantos governos se endividaram com essa magnitude e rapidez ou estiveram, de maneira coletiva, tão profundamente penhorados. E, diferentemente dos tempos de guerra, o incremento atual da dívida não será temporário"[22].[23]

De fato, a iniciativa de diferentes governos no mesmo sentido de resgatar o sistema financeiro e evitar uma crise catastrófica, tomando contornos de uma ação coordenada de vários países, acabou, na realidade, por agravar o problema da dívida pública e retirar as margens de interferência dos governos. Conforme o argumento do *The Economist* ora citado, trata-se de um processo tão massivo de intervenção que não se encontra paralelos quanto ao nível e à velocidade de endividamento

---

[22] Brett Ryder, "The Biggest Bill in History", *The Economist*, 13 jun. 2009; disponível em: <https://www.economist.com/leaders/2009/06/11/the-biggest-bill-in-history>; acesso em: 15 mar. 2021.
[23] Juan Chingo, "La difícil vuelta a un nuevo equilibrio capitalista", *Estrategia Internacional*, Buenos Aires, n. 26, 2010, p. 27 [Tradução nossa].

desde a Segunda Guerra Mundial. Os custos desse processo, portanto, foram muito altos.

Assim, depois de olhar para os próprios bancos e empresas, o capital financeiro em 2010 mirou em outro alvo: a classe trabalhadora. O desafio da implementação dos pacotes de austeridade, uma política fiscal agressiva, não era pequeno: não porque a resistência operária se expressasse com força no ano de 2010, mas porque a virulência dos ataques neoliberais ao mundo do trabalho, que levou à retomada das taxas de lucro das empresas em nível internacional, já havia exaurido bastante os direitos e implementado uma dinâmica feroz de exploração. Isso significa que a real solução do capital era reciclar uma "solução" que parecia já ter encontrado alguns limites no pré-crise, haja vista a massa de trabalho precário, desemprego, aumento da desigualdade, endividamento e redução da capacidade de consumo das famílias.

Do ponto de vista das políticas econômicas, em conformidade com as escolas teóricas de economia, a contradição entre essas etapas da crise é gritante: se o plano de salvamento dos bancos e os fortes recursos despendidos pelo Estado iam na contramão de uma política econômica ortodoxa, ou seja, satisfaziam amplos matizes de keynesianos, a política de austeridade era parte do regozijo dos velhos neoliberais, agradando até os apologistas mais ortodoxos da Escola de Chicago.

Alex Callinicos aborda de maneira bem interessante as soluções do capital no período atual e as contrapartidas nos debates históricos, colocando uma questão particularmente relevante no que se refere às conclusões das distintas elites sobre a insistência na solução neoliberal.

> Portanto, é tentador argumentar que a mudança para a austeridade demonstra o quão profundamente arraigado se tornou o neoliberalismo como ideologia, e que as elites políticas, midiáticas e acadêmicas consequentemente são incapazes de pensar além dos horizontes intelectuais colocados pela revolução do livre mercado dos anos 1970 e 1980. Em algum nível, isso é, sem dúvida, verdadeiro, mas apenas desloca o ônus da explicação. Dado que a maioria dos relatos da crise econômica e financeira identifica as desregulamentações motivadas ideologicamente, e uma crença mais geral no caráter autodisciplinador dos mercados como fatores importantes na permissão concedida pelos legisladores políticos ao desenvolvimento da bolha de crédito em meados dos anos 2000, por que as elites não começaram a questionar o neoliberalismo? Afinal, ainda que a situação nos anos 1930 tenha sido consideravelmente mais complicada do que gostaria a simples narrativa keynesiana, a década viu a ideia do controle político dos mercados – seja sob a forma de controle de demanda, seja sob alguma forma de planejamento muito mais abrangente – ganhar mais ampla vigência [...]. Similarmente, foi o aparente fracasso do controle de demanda em superar a estagflação dos 1970 que provocou a contrarrevolução monetarista. Então, por que a situação não forçou um abandono do neoliberalismo depois de 2008?[24]

---

[24] Alex Callinicos, "Contradictions of Austerity", *Cambridge Journal of Economics,* Oxford, v. 36, n. 1, jan. 2012, p. 69 [Tradução nossa].

A questão que coloca Callinicos é importante na medida em que, sob o ângulo estritamente teórico, mesmo para os defensores apaixonados das soluções do capital, parecemos estar diante do "eterno retorno" de uma receita antinômica. Trata-se da doença estrutural do neoliberalismo, que reduziu bruscamente o potencial de consumo da sociedade, diminuindo salários, retirando direitos, em suma, disputando cada centavo de mais-valor produzido, o que gerou uma recuperação das taxas de lucro. Esse movimento aumentou a contradição mais geral da dinâmica do capital na sociedade e desenvolveu contradições ainda maiores com a hiperfinanceirização e a formação de bolhas para manter os níveis de realização das mercadorias e do consumo. Depois do estourar da bolha e do escancarar das contradições, o "antídoto" foi aplicar a mesma toxina.

Mas não se trata de um problema meramente ideológico[25]: a própria lógica "irracionalizante" do capital faz com que as disputas intercapitalistas e a sede incessante por aumentar o grau de exploração de mais-valor levem ao eterno retorno da solução de tipo neoliberal, tanto no sentido da guerra interna capital-trabalho quanto na disputa do capital internacional, colocando o proletariado dos países dependentes em situação mais vulnerável à espoliação imperialista.

Esse recauchutar da "solução neoliberal num neoliberalismo em falência" tem sua maior expressão em 2010, um ano em que os planos se deram de forma concentrada em distintos países, com medidas ofensivas. Sem dúvida, o caso da Grécia foi o mais emblemático no período. Os seguidos planos de austeridade nesse país tiveram um alcance que influenciou decididamente a dinâmica da crise, expuseram o proletariado grego a uma situação de ataques inéditos em décadas, marcaram a ação imperialista da Troika (Banco Central Europeu, Fundo Monetário Internacional e Banco Mundial), que buscou subordinar os governos gregos; em outras palavras, tornaram a Grécia um laboratório de grandes ataques do capital. E esse laboratório também experimentou uma grande resistência do mundo do trabalho, com algumas das mais marcantes demonstrações de luta operária no interior da década da crise[26]. Em um artigo de 2018, refletindo retrospectivamente, o economista grego Costas Lapavitsas fez o seguinte comentário sobre as consequências do plano:

> O acordo de resgate grego em 2010 é possivelmente um dos piores documentos sobre política econômica jamais esboçado. Ele não tinha qualquer relação com a realidade da economia grega, e tampouco com os impactos das políticas propostas. Pois a magnitude do ajuste fiscal aceito foi enorme, o déficit externo era imenso, e a diferença de competitividade, gigantesca – e o ajuste teve de ocorrer dentro da jaula de aço da EMU[27]. Economistas do FMI admitiram oficialmente que suas estimativas dos multiplicadores da economia grega estavam baixas e que, portanto, suas avaliações sobre o efeito contracionista da austeridade eram muito otimistas. Um desastre devidamente se seguiu. A demanda agregada contraiu violentamente e a produção caiu cerca de 7%, tanto em

---

[25] Um fator ao qual Callinicos dá bastante destaque na sua reflexão.
[26] Conforme abordaremos mais detidamente no capítulo 3 deste livro.
[27] Sigla para Economic and Monetary Union, que poderia ser traduzida para União Econômica e Monetária.

2011 quanto em 2012, a contração total excedendo 25% entre 2008 e 2016. A queda mais profunda foi em investimento, à medida que as empresas reagiram ao declínio da demanda, mas as condições de crédito também se tornaram rígidas, com bancos tendo grandes volumes da problemática dívida pública em seus balanços. Igualmente ruim para as empresas, mas muito menos percebido, foi o efetivo desaparecimento do crédito comercial entre elas. O colapso na produção elevou dramaticamente o desemprego, que excedeu 27% em 2013.[28]

Do ponto de vista social, a crise e os planos de austeridade afetaram as famílias gregas de diversas formas, chegando a levar um amplo setor da população a ficar sem energia elétrica em casa, o que a agência *Reuters* noticiou como "A era das trevas grega: como a austeridade apagou as luzes"[29]. Os planos também foram intensos em outras nações, particularmente na Espanha e em Portugal. O primeiro é um dos países onde se evidenciou os impactos na juventude, entre os quais, no contexto da crise, o desemprego, cuja taxa alcançou cerca de 50%[30], levando alguns jornais a chamar a nova geração de "*ni, ni*" ("nem, nem", em referência à expressão "nem estuda, nem trabalha"). Embora esse ponto esteja melhor desenvolvido nos capítulos 3 e 4 deste livro, cabe aqui destacar que essa etapa da crise também é marcada por lutas de resistência. Particularmente, dois eventos devem ser destacados no biênio 2010-2011: as greves gerais gregas que ao longo de todo o período alcançaram a soma de mais de três dezenas no país, constituindo-se em um amplo laboratório de luta dos trabalhadores diante da crise; e o importante movimento 15M, quando, em 2011, os jovens espanhóis ocuparam a Puerta del Sol em Madri, com convocação em 58 cidades, exigindo *democracia real ya*.

A segunda etapa desse processo é marcada pela "descida à terra" do conflito, saindo das esferas financeiras e estatais e passando para a do conflito entre capital e trabalho, com o primeiro dos termos aplicando planos de austeridade e o segundo começando a treinar formas de rechaço e ação em lutas de resistência operária (especialmente na Grécia), processos revolucionários, ainda que derrotados (mundo árabe), e levantes da juventude (15M, Occupy Wall Street, "*Educación gratuita ya*").

À medida que esse conflito se desenrolava em seu palco principal, a Europa, acontecimentos em outras partes impactariam decisivamente na dinâmica da crise: seu deslocamento para os países emergentes abria uma nova fase na dinâmica internacional.

---

[28] Costas Lapavitsas, "Political Economy of the Greek Crisis", *Review of Radical Political Economics*, Londres, set. 2018, p. 20; disponível em <https://eprints.soas.ac.uk/25433/1/Lapavistsas%20-%20 Political%20economy%20of%20the%20Greek%20crisis.pdf>; acesso em: 15 mar. 2021 [Tradução nossa].

[29] Para acessar essa notícia, ver Angeliki Koutantou e Karolina Tagaris, "Greece's Dark Age: How Austerity Turned Off the Lights", *Reuters*, 6 abr. 2017; disponível em: <https://www.reuters.com/article/us-eurozone-greece-poverty-electricity-idUSKBN1781IQ>; acesso: em 6 jul. 2020.

[30] Ver o artigo "Youth Unemployment and Austerity", *Stop Austerity*, 27 jul. 2016; disponível em: <http://stopausterity.eu/en/youth-unemployment-and-austerity/>; acesso em: 6 jul. 2020.

2012-2015: estancamento secular e a crise dos emergentes

Sem perder de vista que tratamos de um processo histórico dinâmico e multideterminado, em que "planos de salvamento", de austeridade, entre outros, seguiram evoluindo em vários países em paralelo aos novos acontecimentos, se fôssemos definir elementos predominantes nessa etapa (de 2012 a 2015) da crise, poderíamos remarcar: por um lado, um estancamento no crescimento internacional e na produtividade, por outro, a chamada "crise dos emergentes", dois dos mais expressivos fenômenos econômicos do período.

Nesse sentido, mesmo tratando de acontecimentos que ocorrem simultaneamente, buscaremos abordar primeiro o debate sobre o baixo crescimento, baixa produtividade e investimentos nas economias centrais, chamado por alguns teóricos keynesianos de "estancamento secular".

Sobre o estancamento secular

Depois da retomada em 2010, resultado da queda abrupta de 2009 a 2012, o PIB mundial cresceu apenas 2,5%, mostrando os primeiros traços de estancamento na economia mundial. Isso fez com que economistas como Lawrence Summers, ex-presidente do Federal Reserve, defendessem a tese do estancamento secular, originalmente formulada por Alvin Hansen, antigo economista keynesiano no contexto da Grande Depressão. Esse é um elemento importante, pois marcou o período que se abre na economia mundial a partir de 2012. Com alguns avanços e retrocessos, a economia mundial manteve um crescimento entre 2,5% e 2,8% no período de 2012-2016, ou seja, pequeno quando levamos em consideração que depois da recuperação econômica do pós-guerra, nos "anos dourados" até 1973, os menores índices de crescimento foram de 4,3%, com a economia mundial crescendo mais de 6% em alguns anos.

Para Paula Bach, economista argentina e uma das grandes intérpretes críticas e debatedoras das teses do estancamento secular,

> a base da tese de Summers – focada nos países capitalistas centrais – consiste na constatação de um fenômeno excepcional. Sob as condições do pós-crise de 2008, o nível da taxa de juros real que permite um desenvolvimento do investimento condizente com o "pleno emprego" (que os economistas consideram como 5% de desemprego e definem como "natural"), se encontra em um nível mais baixo do que os "mercados" ou as intervenções governamentais efetivamente podem alcançar ou sustentar no tempo. Situação que implica uma baixa demanda de investimento – cuja contrapartida é um persistente "excesso de poupança" – e um crescimento econômico extremamente pobre, apesar da permanência durante anos de taxas de juros próximas de zero. As consequências da "histerese", ou seja, a circunstância em que as recessões não somente são custosas como também impedem o crescimento da produção futura parecem, segundo Summers, "muito mais fortes do que se imaginava há alguns anos". Até aqui ele coincide com a tese do "estancamento secular" tal como Hansen a havia formulado nos anos de 1930, embora agregue que, na atualidade, o assunto se agrava devido às tendências à redução da inflação nos Estados Unidos e à

deflação na Europa, que dificultam ainda mais a redução das taxas de juros reais. Dessa forma, a hipótese do estancamento secular que Summers utiliza para definir especificamente o período pós-crise de 2008 e sua provável tendência se apresenta como um problema mais importante para o futuro do que o passado e, se for mantido um nível de emprego alto durante os próximos anos, isso será às custas de uma taxa de juros abaixo dos mínimos históricos, o que traz permanentemente consigo altos riscos financeiros.[31]

Na realidade, conforme sistematiza Bach no artigo citado, alguns determinantes mais estruturais da crise também são analisados mesmo entre os economistas do *mainstream*, e os principais fatores que apontam para a confirmação do caráter dessa análise são:

a) *Envelhecimento populacional*, diferença da realidade atual de muitos países de capitalismo avançado com relação aos "anos dourados" do pós-Segunda Guerra, momento no qual a geração *baby boomer* foi incorporada ao mercado de trabalho. Na atualidade, com crescimento estancado ou negativo nas potências, dificultam-se as inversões em construção de casas e outros bens, o que impacta bastante na dinâmica da economia.

b) *O problema da produtividade;* segundo o economista e colunista do *Financial Times,* Gavyn Davies, a produtividade teria reduzido seu crescimento de 4% a 2,5% no curso dos anos 1970, atingindo apenas 1% nos anos 2000 antes da crise econômica. De fato, existe uma espécie de ciclo vicioso entre as finanças e as mais profundas esferas da produção no seguinte sentido: no neoliberalismo, a explosão hiperfinanceira permitiu absorver grande parte dos capitais ociosos, os quais eram fatores da crise de sobreacumulação anterior; se formos ainda mais longe, antes de aqueles serem alocados no setor financeiro-imobiliário, a crise de sobreacumulação havia sido postergada parcialmente, empregando capitais, primeiro, nos novos Tigres Asiáticos e, em seguida, nas finanças das empresas *ponto.com*, o que desencadeou, no fim da década de 1990 e início dos anos 2000, uma bolha na tecnologia da informação, a qual, além da especulação, também levou ao crescimento muito dinâmico de companhias e impactou na produtividade. A partir do momento em que a bolha estourou, as consequências foram a desarticulação do sistema financeiro, a diminuição do ritmo dos avanços tecnológicos e os impactos mais estruturais na esfera da produção.

Sendo assim, o problema da produtividade marcou esse "estancamento secular" na economia mundial aberto no pós-2012[32], assim como as discussões que derivaram daí entre alguns dos principais nomes de agências e revistas internacionais imperialistas, como Lawrence Summers, Oliver Blanchard, Janet Yellen, Martin Wolf etc.

c) *A escassez de investimentos* também foi parte do ciclo vicioso da crise, uma vez que, com o colapso nas bolhas imobiliárias e a baixa produtividade, desestimulam-se os empreendimentos de investimento, aumenta o "excesso de poupança" (Martin Wolf) e, com isso,

---

[31] Paula Bach, "Estancamiento secular, fundamentos y dinámica de la crisis", *Estratégia Internacional,* ano 24, n. 29, jan. 2016, p. 181-2 [Tradução nossa]. Trata-se de uma abordagem que consideramos muito aprofundada do ponto de vista marxista sobre teses do estancamento secular e na qual nos basearemos para sintetizar os principais aspectos da teoria.

[32] A rigor já no pós-2008, mas as consequências depois da recuperação econômica ficam mais claras a partir de 2012.

se estanca o crescimento da economia, que não pode se dar nem impulsionado pela hiperfinanceirização nem encontra um esquema de estímulos necessários.

d) *O crescimento da desigualdade*, pois os efeitos da crise aumentam a concentração de capital (com a reorganização de bancos e empresas a partir de falências e compras) e descarregam os gastos públicos na massa trabalhadora e juventude a partir dos planos de austeridade, o que faz com que os índices assustadores da desigualdade também atuem como catalisadores do subconsumo nas sociedades; assim, uma baixa na propensão de consumo está relacionada com o aumento das poupanças e a diminuição do investimento, novamente, um ciclo vicioso.

A obra de Thomas Piketty, *O capital no século XXI*, que se tornou um *best-seller* da economia neokeynesiana nesta década da crise, contribui com a tese do estancamento secular ao relacionar o problema da desigualdade com a "desproporção" entre taxa de remuneração do capital e o baixo crescimento[33]. Nos desenvolvimentos teóricos do livro, o economista aborda o baixo crescimento econômico mundial, traçando cenários a partir das possibilidades de crescimento nos anos seguintes, com a concentração de fortunas aumentando de acordo com os prognósticos do PIB.

> Quanto maior o crescimento mundial, mais o salto dos grandes patrimônios permanecerá moderado em termos relativos, no sentido de que suas taxas de progressão não serão desmedidamente mais altas do que o crescimento médio das rendas e das riquezas. Concretamente, com um crescimento mundial da ordem de 3,5% ao ano, como a média observada de 1990 a 2012 – ritmo que poderia se prolongar de 2012 a 2030 –, a decolagem das maiores fortunas mundiais, de certo, será um fenômeno visível, porém menos espetacular do que seria com um crescimento mundial de 1% ou 2% ao ano.[34]

A argumentação de Piketty é interessante no sentido de demonstrar que, mesmo dentro de sua escola econômica, poderia se apontar que um baixo crescimento da economia mundial também implica instabilidade, aumentando a desigualdade, fazendo crescer as grandes fortunas e afetando, em nossos termos, a hegemonia do capital nas democracias.

Esses são elementos significativos da tese do estancamento secular. Ainda que esteja inscrita e produzida de acordo com os interesses do capital, não deixa de ser enriquecedora para o debate sobre a atualidade e demonstra a preocupação que o capital teve na sua falta de solução da crise de 2008. O período analisado neste livro é, sem dúvida, uma etapa em que muitos dos principais debates de caracterização estiveram relacionados à noção de que vivíamos uma era de estancamento secular. Esse fato é de grande importância, porque nos faz perceber que, mesmo para os economistas apologistas do capital, a visão sobre a Grande

---

[33] "Quando a taxa de remuneração do capital ultrapassa a taxa de crescimento da produção e da renda, como ocorreu no século XIX e parece provável que volte a ocorrer no século XXI, o capitalismo produz automaticamente desigualdades insustentáveis, arbitrárias, que ameaçam de maneira radical os valores de meritocracia sobre os quais se fundam nossas sociedades democráticas" (Thomas Piketty, *O capital no século XXI* (trad. Mônica Baumgarten de Bolle, Rio de Janeiro, Intrínseca, 2014), p. 9.

[34] Ibidem, p. 420.

Recessão também apresenta uma dupla dimensão, que consiste em perceber a queda mais forte em 2009, mas também observar que, em certo sentido, a crise continuou durante toda uma década, senão numa recessão imediata, com consequências ligadas a um baixo crescimento e baixas taxas de produtividade do trabalho e de investimentos, ou seja, ao estancamento secular.

A crise dos "emergentes"

Em primeiro lugar é importante ressaltarmos que a própria definição de emergentes tem uma clara conotação ideológica, pois baseia-se em uma visão segundo a qual os BRICS e alguns outros países dependentes com economia minimamente mais forte caminhariam para se tornarem países desenvolvidos, podendo se constituir em futuras potências mundiais. Contudo, com a exceção da China, onde o movimento econômico é *sui generis*, conforme analisaremos a seguir, os demais "emergentes", na realidade, são países com uma estrutura econômica muito dependente: agroexportadores, com indústria de baixa tecnologia e, portanto, muito suscetíveis às pressões econômicas do capital internacional, do comércio mundial e dos preços das *commodities*. Pensando, por exemplo, na economia russa (depois da destruição de forças produtivas com a restauração capitalista), poderíamos dizer que, embora os dados oficiais estimem valores menores, pesquisadores independentes apontam que o setor de petróleo e gás corresponde a 20-25% do PIB; a África do Sul, até a virada para o novo século, tinha o carvão como responsável por 80% das necessidades de energia primária do país e tinha no ouro uma fonte responsável por 40% de todo o seu PIB em seus efeitos diretos e indiretos; ou mesmo o caso do Brasil, onde o "complexo da soja, sozinho, representa cerca de 11% do PIB nacional se levarmos em conta estimativas de faturamento da Esalq/USP[35] para este ramo, e o peso do agronegócio em toda a economia, estimado em 23,5% do PIB, segundo o Instituto Brasileiro de Geografia e Estatística (IBGE)[36].

Tendo isso posto, quando falamos na "crise dos emergentes", nos referimos ao fato de que, embora os efeitos internacionais da crise de 2008 já tivessem, em essência, afetado as economias desses países em nível internacional, sua manifestação e seus efeitos se tornaram patentes em 2012. Ao tomar mais amplamente o período de 2012 a 2015, observa-se três movimentos destacados: um a partir de 2012, com a desaceleração chinesa; uma mudança nos fluxos de capitais, com forte expressão a partir de 2013; e outro a partir de 2014, com o declínio no preço das *commodities*. Os BRICS, que eram parte da grande "moda" desenvolvimentista do pensamento econômico, ou seja, eram considerados como futuras potências, promessas da economia mundial, converteram-se, com especificidades, nos elos débeis da crise.

---

[35] Escola Superior de Agricultura "Luiz de Queiroz", da Universidade de São Paulo.
[36] André Barbieri e Leandro Lanfredi, "O agronegócio na economia e política brasileira em meio à guerra comercial", *Esquerda Diário*, 29 jun. 2018; disponível em <www.esquerdadiario.com.br/O-agronegocio-na-economia-e-politica-brasileira-em-meio-a-guerra-comercial-EUA-China>; acesso em: 30 maio 2019.

Caso emblemático foi o do Brasil. Em 12 de novembro de 2009, a revista britânica *The Economist* publicou em sua capa a imagem do Cristo Redentor alçando voo, com o título "O Brasil decola"[37]. Era um símbolo de como os emergentes apareciam diante do primeiro período da crise. No entanto, a mesma revista, em 27 de setembro de 2013, publicou outra capa com a imagem do mesmo Cristo Redentor, agora mostrando a falha da "decolagem" e perguntando se o Brasil teria estragado tudo[38]. O confronto entre as imagens, portanto, traduz bem a clivagem na economia: da etapa de 2008-2009, em que o então presidente Luiz Inácio Lula da Silva podia dizer que a crise no Brasil era apenas uma "marolinha"[39]; e a partir de 2013, quando o país já está imerso na nova etapa da crise econômica que o levaria pouco tempo depois à recessão, além de ser precisamente o ano em que o Brasil foi marcado pelas Jornadas de Junho, uma das mais expressivas mobilizações em décadas, com a juventude saindo aos milhões nas ruas em protestos contra o aumento da passagem do transporte público.

Vejamos, então, no gráfico a seguir como se manifestou essa crise a partir de 2012 com a contração coordenada das taxas de crescimento dos países dos BRICS.

Figura 5. Gráfico da evolução do PIB de África do Sul, Brasil, China, Índia e Rússia (2006-2016)

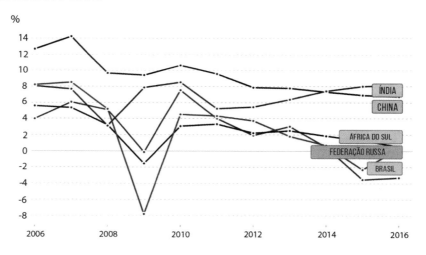

Fonte: Banco Mundial; GDP growth (annual %) - Brazil, China, South Africa, Russian Federation, India -1970-1990. *World Bank National Accounts Data, and OECD National Accounts Data Files*. Disponível em: <https://data.worldbank.org/indicator/NY.GDP.MKTP.KD.ZG?end=2017&locations=BR-CN-ZA-RU-IN&start=2005>; acesso em: 15 mar. 2021.

---

[37] Cf. o artigo "Brazil Takes Off", *The Economist*, 12 nov. 2009; disponível em <www.economist.com/leaders/2009/11/12/brazil-takes-off>; acesso em: 6 jul. 2020.
[38] Ver o artigo "Has Brazil Blown it?", *The Economist*, 27 set. 2013; disponível em <www.economist.com/leaders/2013/09/27/has-brazil-blown-it>; acesso em: 6 jul. 2020.
[39] Ver o artigo de Ricardo Galhardo, "Lula: crise é tsunami nos EUA e, se chegar ao Brasil, será 'marolinha'", *O Globo*, 4 out. 2008; disponível em <https://oglobo.globo.com/economia/lula-crise-tsunami-nos-eua-se-chegar-ao-brasil-sera-marolinha-3827410>; acesso em: 6 jul. 2020.

Na análise do gráfico, podemos perceber que o ano de 2012 foi uma espécie de marco para a crise dos emergentes, na medida em que representa uma queda coordenada das taxas de crescimento dos países dos BRICS (Brasil, Rússia, China e África do Sul – como exceção a Índia). A queda mais importante para a economia mundial foi, sem dúvida, a da China, que passou de 9,5% para 7,8%, o que analisaremos no próximo tópico. A Índia oscilou positivamente 0,2% em relação ao crescimento do ano anterior (praticamente estancada); a Rússia tem uma queda de 4,3% para 4% (e, em 2013, vai para 1,75%); o Brasil com dois percentuais de queda de 3,9% para 1,9% e, por fim, a África do Sul, com 3,2% para 2,2%. Se somarmos as perdas de crescimento desses países, temos um recuo total de 4,8% nos lugares que simbolizavam os futuros países de capitalismo avançado.

No interior dessa queda, consideramos fundamental compreender a particularidade da transformação econômica da economia chinesa, sobre a qual nos deteremos particularmente devido aos efeitos que tem no conjunto da economia mundial.

O "novo normal" na economia chinesa

É bem difícil separar a queda dos emergentes em geral da queda específica da China em particular. Ainda nos anos 1990 e, sobretudo, depois da bolha *ponto.com* nos anos 2000, a China assumiu o papel de "fábrica do mundo", chegando a atingir uma taxa de crescimento de dois dígitos por muitos anos consecutivos, o que teve um papel muito relevante na manutenção do equilíbrio internacional durante o período. Era o modelo de superendividamento norte-americano, de um lado, e exportação, superinvestimento e baixo consumo (atrelado a superexploração) do lado chinês.

O esgotamento desse modelo acontece no pós-crise, quando começa a ser sentida a queda do crescimento da economia chinesa, que vinha no patamar de "dois dígitos", sendo 2010 o último ano nesse nível. Ho-fung Hung explica a gestão desse fenômeno no período do seguinte modo:

> A ascensão da Ásia Oriental e da China como um novo centro de acumulação global do capital não solucionou a crise, mas apenas a aliviou temporariamente. [...] O modelo de desenvolvimento chinês, orientado para exportações, dependia do sobreconsumo americano (e europeu), que por sua vez era financiado pela compra de títulos do tesouro americano pela China (e por outros países da Ásia Oriental). A expansão do gasto dirigido à dívida nos Estados Unidos e outros países ricos criou uma prosperidade passageira no sistema global, mas essa prosperidade agravou o desequilíbrio na economia mundial, caracterizado por um lado pelo sobreconsumo, alto endividamento e financismo excessivo nos Estados Unidos e na Europa, e por outro pelo

subconsumo e sobreinvestimento na China. Tais desequilíbrios foram as origens da crise financeira mundial em 2008.[40]

A China conseguiu alcançar essa posição por meio de uma política econômica de superexploração dos trabalhadores, atrelada a uma arquitetura da exportação manufatureira, com moeda desvalorizada, o que lança a carga no mundo do trabalho, tornando os itens domésticos mais caros e oferecendo também um espaço atrativo para uma enxurrada de investimentos e capitais impulsionados pela rentabilidade das altas taxas de mais-valor do território chinês[41].

Tendo em vista a relação bilateral Estados Unidos-China que vigorou nos anos pré-crise, fica mais fácil visualizar por que, no pós-crise de 2008, tal modelo vai se esgotando gradualmente, levando a uma taxa cada vez menor de crescimento, passando de 14% em 2007 para 6,7% em 2016. A anatomia econômica chinesa (de fábrica do mundo) não poderia se manter da mesma forma, já que os efeitos da crise a afetavam ainda mais, seja com maior propensão a crises de superprodução e recessão mundial (que impacta decisivamente um país com modelo exportador-manufatureiro), seja pela sobreacumulação de capitais (num país onde quase metade do PIB se dá pelos investimentos e com um modelo exportador), efeitos aprofundados pela dependência, até então, do consumo norte-americano.

Em uma entrevista de 2019, Victor Shih expressa o limite do modelo exportador chinês no pós-2008 e a clivagem desse modelo nos anos subsequentes, com destaque para 2012, e afirma que essa transformação teve de ocorrer no modelo econômico para que a China continuasse galgando espaço no cenário econômico internacional. Segundo ele:

---

[40] Ho-fung Hung, *The China Boom: Why China Will Not Rule the World*. (Nova York, Columbia University Press, 2016), p. 146 [Tradução nossa].

[41] Ho-fung Hung escreve novamente, a partir da análise de Michael Pettis: "Pettis assinala que o modelo de crescimento chinês, restritivo ao consumo, não tem nenhuma relação com os hábitos culturais do povo. As altas taxas de poupança e o baixo consumo da China são consequências da política tripartite de: rebaixamento salarial, moeda desvalorizada e restrição financeira, todas as quais redirecionam a renda das famílias para a exportação e os setores estatais. Primeiro, desde os anos 1990, a grande quantidade de trabalhadores rurais migrantes, cujos direitos e serviços nos locais de trabalho foram negados pelo sistema *hukou* (registro domiciliar), [...] assegurou que os salários crescessem muito mais lentamente que a produtividade, logo restringindo o crescimento da renda dos trabalhadores e o consumo relativo ao crescimento da produção. Segundo, o banco central da China seguiu intervindo no mercado de moeda para prevenir o remimbi de se valorizar conforme cresciam os saldos comerciais. A subsequente desvalorização da moeda beneficiou exportadores, mas fez os itens de consumo doméstico mais caros. Esta política cambial é, portanto, um imposto oculto sobre o consumo doméstico que é transferido aos exportadores. Terceiro, a baixa taxa de juros mantida pelos bancos estatais, tanto nos depósitos quanto nos empréstimos, constitui outro imposto oculto sobre os lares. Enquanto os depósitos ordinários têm uma taxa de juros escassa ou até mesmo negativa, as empresas estatais e unidades governamentais podem emprestar com baixa taxa de juros para abastecerem suas orgias imobiliárias e projetos de infraestrutura. Isso é equivalente a um subsídio que os depósitos das famílias pagam aos investimentos excessivos do setor estatal"; ibidem, p. 148-9 [Tradução nossa].

na esteira da crise financeira mundial, o crescimento das exportações chinesas caiu abruptamente e o fato e a forma da crise resultante sugerem que a China atingiu um limite na geração de crescimento via exportações para o mundo capitalista avançado. Durante os anos finais do *boom* chinês, a exportação de bens cresceu de maneira espetacular, ao redor de 20% ao ano em média. Mas, em 2009, as exportações chinesas caíram para 18% negativos. O crescimento das exportações retornou ferozmente, pontuando 25% ao ano, em média, em 2010-2011. Em 2012, no entanto, a lua de mel acabou e o crescimento da exportação de bens colapsou para cerca de 7% ao ano, entre 2012 e 2014, e então *menos* 2% entre 2015 e 2016.[42]

Conforme explica Shih, a mudança da política econômica da China teria de ser de grandes dimensões se quisesse evitar os impactos galopantes da recessão mundial, com a queda de 2009, a recuperação de 2010 e as novas quedas em 2012. Assim, a chave da mudança já no pós-crise estaria no governo chinês utilizar mecanismos estatais, alimentando a demanda interna, como forma de contrabalançar as grandes perdas com as quedas na exportação, o que Shih chama de uma espécie de keynesianismo de tipo especial, mas numa escala histórica sem precedentes:

A resposta inicial do governo à queda das exportações e a subsequente desaceleração econômica foi compensar o colapso da demanda externa alimentando a demanda doméstica. Isso se tornou um keynesianismo de tipo familiar, mas em uma escala sem precedentes na história. Wen Jiabao adotou a combinação de uma política fiscal ativa e uma política monetária frouxa, para implementar um pacote de estímulo de 4 trilhões de yuans (580 bilhões de dólares) para 2009 e 2010.[43]

Ou seja, a economia chinesa parecia ter sido golpeada estrategicamente em seu modelo de crescimento como "fábrica do mundo", mas o governo buscou girar o leme da economia e coordenar, com estímulos estatais de grande porte, essa reorientação em sua estratégia de desenvolvimento

No entanto, os investimentos estatais e a política keynesiana não bastariam para contra-arrestar as perdas com a recessão e o estancamento da economia mundial. A China teria de optar entre "estabilidade política – o que requer crescimento e, portanto, uma desvalorização cambial e endividamento crescente – e estabilidade financeira, o que significa conter a fuga de capitais e, portanto, uma valorização cambial e um crescimento mais lento do crédito"[44].

Aqui se coloca a importância da figura de Xi Jinping à frente do governo chinês desde finais de 2012, precisamente nesse momento de virada, posto que sua decisão

---

[42] Victor Shih, "China's Credit Conundrum", *New Left Review*, n. 115, jan. 2019; disponível em <https://newleftreview.org/issues/II115/articles/victor-shih-china-s-credit-conundrum>; acesso em: 25 jun. 2019 [Tradução nossa].
[43] Idem.
[44] Idem.

diante dessa dicotomia foi categórica: buscar estabilidade financeira, evitar a desvalorização monetária e pressionar por uma desaceleração da expansão da dívida, partindo de que isso levaria a uma queda no crescimento do PIB, o que se expressou no *slogan* político de "novo normal", ou seja, uma mudança no paradigma de crescimento chinês, tratando como normal essa queda de crescimento. O que o governo propôs se baseava na visão de que as taxas de crescimento que a economia chinesa vinha apresentando só poderiam se manter sob uma enorme pressão de desvalorização do renminbi (yuan). Isso, por sua vez, aumentaria a pressão pela fuga de capitais e abriria o caminho para uma forte crise que poderia estrangular a economia chinesa.

O movimento no pós-crise e particularmente em 2012 é determinante, pois a modificação da política econômica não teve apenas o aspecto tático de reverter as potenciais crises, mas buscou estrategicamente renovar as bases para o país disputar se alçar no plano internacional. Nesse sentido, a China buscou mudar sua localização, já que não poderia basear a economia na exportação em um momento de recessão internacional: era necessário modificar o peso de seu mercado interno e atingir os pontos principais de alta tecnologia, uma mudança sem a qual seria impossível enfrentar os assédios do imperialismo, podendo levar a uma queda mais acelerada do crescimento ou mesmo a bolhas e explosões de sobreacumulação e sobrecapacidade. Na realidade, essa perspectiva já estava colocada para as lideranças chinesas há muito mais tempo, mas o ano de 2012 (e a emergência de Xi Jinping) foi um movimento de xadrez decisivo no tabuleiro internacional das potências.

Uma pista que já apontava as intenções chinesas de uma política econômica mais agressiva a partir de 2012-2013 estava na tentativa da China de avançar em sua "rota da seda" rumo ao continente europeu. Trata-se de uma série de acordos de investimento no sentido de facilitar a circulação de capital e mercadorias entre a China e a Europa. Um programa que começou com investimentos na casa de 40 bilhões de dólares e tornou-se uma das "grandes políticas" de Xi Jinping. Além disso, foi se tornando cada vez mais expressivo na estratégia chinesa de aproximação de países europeus, a fim de fugir do isolamento dos Estados Unidos – em seguida com o presidente chinês prometendo em 2017 uma ampliação massiva de investimentos em infraestrutura no valor de 70 bilhões de dólares[45]. Tal política era parte, portanto, desses movimentos de transformação na economia chinesa, rumando de um modelo exportador industrial para a disputa econômica no tabuleiro mundial.

Essa nova realidade da política econômica chinesa levou a transformações decisivas, não apenas internas, mas que estão na base do que significará a última fase da década de efeitos da crise econômica internacional: o período de disputa patente entre Estados Unidos e China.

---

[45] Ver o artigo "China apresenta nova Rota da Seda com investimento bilionário", *G1*, 14 maio 2017; disponível em <https://g1.globo.com/economia/noticia/china-apresenta-nova-rota-da-seda-com-investimento-bilionario.ghtml>; acesso em: 24 set. 2020.

2014: A queda no preço das *commodities*

Como um último componente do quadro de determinações dessa etapa, a queda no preço das *commodities* foi expressão do estancamento do crescimento no pós-crise e, ao mesmo tempo, fator muito influente na dinâmica das economias emergentes e da economia mundial de conjunto. Na realidade, essa queda se localiza na contramão do desenvolvimento anterior, um grande ciclo de alta dos preços, daí as enormes consequências particularmente para os "emergentes", que, no geral, têm a arquitetura econômica ainda bastante montada sobre o modelo agroexportador.

A análise do gráfico do FRED-Economic Data, com dados do FMI, mostra a elevação exponencial dos preços das *commodities* até a crise de 2008, quando verificamos uma primeira queda expressiva dos preços, a retomada a partir do final de 2009 até 2011, quando começa a oscilar com um preço ainda elevado durante os anos de 2012 e 2013, mas com uma clivagem decisiva no ano de 2014, um declínio abrupto puxado especialmente pela queda no preço do petróleo.

Figura 6. Índice de preços globais de todas as commodities (1994-2019)

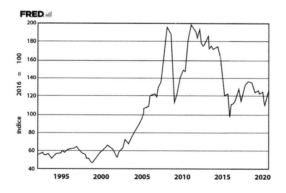

Fonte: FRED Data – Economic Research, Federal Reserve Bank of St. Louis. Disponível em: <https://fred.stlouisfed.org/series/PALLFNFINDEXQ>; acesso em: 15 mar. 2021.

O impacto que isso terá em 2014 é bastante significativo, dado o modelo agroexportador dos emergentes, o que demonstra, na realidade, a imensa fragilidade desses países dependentes em relação ao imperialismo e ao capital estrangeiro.

Os fatores são múltiplos e complexos, mas, fundamentalmente, não podem estar dissociados da Grande Recessão e do estancamento da economia mundial que a sucedeu, em particular a queda do crescimento da China, um dos países em que a redução da demanda por *commodities* impactou diretamente a demanda mundial e, portanto, nos preços.

Mais especificamente, chama atenção o mercado do petróleo, que caiu seguindo a toada das quedas gerais em 2014 e, nesse sentido, os preços internacionais tiveram muita influência nessa dinâmica. Podemos observar no gráfico sobre o petróleo as oscilações de preço do *brent*[46] nos últimos dez anos:

Figura 7. Evolução diária do preço do petróleo brent

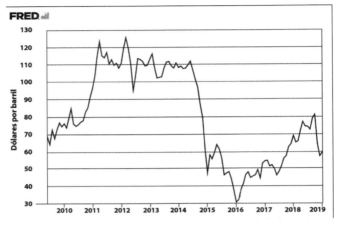

Fonte: Indexmundi; *Petróleo bruto Brent Preço Diário*. dez 2005 - nov 2020. Descrição: Crude Oil (petroleum), Dated Brent, light blend 38 API, for U.K., E.U. dólares por barril. Disponível em: <https://www.indexmundi.com/pt/pre%C3%A7os-de-mercado/?mercadoria=petr%c3%b3leo-bruto-brent&meses=180>; acesso em: 15 mar. 2021.

Alguns dados são chamativos na análise dos preços (ainda que em termos amplos tenham caminhado com semelhanças às *commodities* em geral): em primeiro lugar, depois de uma queda abrupta em 2008, voltamos, a partir de 2009, para um crescimento sucessivo que só se interromperá em 2011, quando começa um período de oscilações com o preço ainda bastante alto, acima dos cem dólares o barril, até que em 2014 vemos uma queda.

Aqui cabe destacar um fenômeno que, além de importante para a reflexão sobre os preços das *commodities*, teve consequências econômicas e geopolíticas: o desenvolvimento de tecnologias de prospecção e refino do petróleo de xisto (*shale oil*). Tal avanço tecnológico está na base de uma das disputas centrais que o imperialismo norte-americano buscava, no sentido de avançar em maior autonomia em relação a essa fonte de energia, o que poderia diminuir suas necessidades de disputa pelo petróleo no Oriente Médio e permitir uma maior concentração da política internacional americana no continente asiático, particularmente na China.

Se analisarmos o conjunto dos fatores econômicos e geopolíticos que a "revolução do óleo de xisto" provoca na economia americana, veremos que o fato de

---

[46] O *brent* é um tipo de petróleo extraído principalmente do Mar do Norte. É utilizado como referência de preços nos mercados europeu e mundial.

essa tecnologia ter assumido viabilidade econômica impactou, ao menos, a estabilidade do preço do petróleo (tomando os preços do *brent*). Conforme escrevem Cristiana Belu Mănescu, da European Commission, e Galo Nuño, do Banco de España,

> nos Estados Unidos, a extração de óleo de xisto cresceu consideravelmente durante os últimos anos, pegando o mercado de surpresa. Em 2013, estima-se que os Estados Unidos produziram 3,5 mb/d[47] de óleo de xisto, três vezes mais que a quantidade produzida em 2010[48]. Para 2020, estima-se que a quantidade de óleo de xisto americano alcançará 4,8 mb/d, representando cerca de um terço do total da oferta americana. Isso gera profundas implicações para a economia dos Estados Unidos, em termos de maior independência energética para o país e em um declínio de seu déficit comercial. Mais em geral, a partir de uma perspectiva global, esse foi o fator de maior sustentação para um crescimento independente do abastecimento da OPEP, contribuindo para a estabilidade relativa dos preços *brent* do óleo até meados de 2014.[49]

Contudo, consideramos importante colocar como hipótese se, em algum nível, levando em consideração o conjunto dos fatores geopolíticos, o óleo de xisto não pode ter influenciado de modo mais significativo também a queda do preço do petróleo[50] a partir de meados de 2014[51].

A mudança nos fluxos de capitais

Os dois determinantes que apontamos no quadro de análise da crise dos emergentes, que foram a transformação na economia chinesa e a queda no preço das

---

[47] Unidade de medida que significa *million barrels per day*, milhões de barris por dia.
[48] Energy Information Administration, *Annual Energy Outlook,* Washington, 2014.
[49] Cristiana Belu Mănescu e Galo Nuño, "Quantitative Effects of the Shale Oil Revolution", *Energy Policy,* v. 86, nov. 2015, p. 859 [Tradução nossa].
[50] Sobre essa queda, Mănescu e Nuño veem menos relação com o petróleo de xisto nos Estados Unidos, defendendo que essa determinação já estava incorporada nos preços, e mais relação com outros determinantes, entre os quais estão, a) aumento de abastecimento repentino, com aumento por diferentes fatores em paralelo em países como Líbia, Iraque, Rússia, Canadá, Noruega e Reino Unido, de modo que "o crescimento total no estoque de petróleo de junho a dezembro para todos os produtores, exceto os Estados Unidos, foi de aproximadamente 1,5 mb/d, em contraste ao crescimento norte-americano de 0,6 mb/d" (ver idem) b) choque na demanda, a partir da desaceleração global e c) reação surpresa da Arábia Saudita, que em geral primava por reduzir a produção e manter os preços, mas teve uma estratégia diferente nesse caso de 2014 (reduziu sua produção apenas em 0,05 mb/d de junho a dezembro).
[51] Em outra pesquisa, Christiane Baumeister e Lutz Kilian também buscam demonstrar o caráter mais previsível dessas quedas no preço do petróleo ligadas às expectativas em relação ao crescimento da economia: tentam mostrar que mais da metade do declínio observado nos preços (de 49 dólares) era previsível durante junho de 2014, refletindo efeitos acumulados da demanda anterior de petróleo e choques de ofertas, e em parte uma queda em função do próprio enfraquecimento da economia mundial, que impacta na demanda da *commodity* em distintas áreas a partir da redução das necessidades industriais.

commodities, também se inter-relacionam com um terceiro fator de análise: a reversão dos fluxos de capitais e a mudança de tendência no pós-2013.

Durante os anos 2000 e no pós-2008, diante da crise nas potências, os BRICS tornaram-se um dos nichos de valorização tanto da esfera financeira em geral quanto dos investimentos estrangeiros diretos em particular. Esse processo durou a primeira metade da década da crise, quando podemos observar uma reversão nessa tendência de "fim do dinheiro fácil"[52], o que se converte em um fator de instabilidade importante para distintas "economias emergentes". Conforme podemos observar no gráfico de investimento estrangeiro diretos (IED) dos BRICS, após 2008 eles somaram quase 20% durante todo o período, até que em 2015 vemos uma queda brusca.

Figura 8. Investimento estrangeiro direto: fluxos de entrada

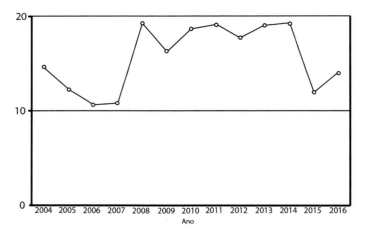

Fonte: UnctadStat. *Foreign Direct Investment: Inward Flows, Annual* (2004-1016). United Nations Conference of Trade and Development. Disponível em: <https://unctadstat.unctad.org/>; acesso em: 15 mar. 2021.

---

[52] Conforme escreveu Juan Chingo: "o fim do dinheiro fácil e as turbulências do motor de crescimento chinês marcam uma mudança brusca de cenário para os países semicoloniais exportadores de matérias-primas. Esse ponto de inflexão sinaliza o fim de uma era na qual uma série de países dependentes e semicoloniais (chamados no jargão financeiro de "países emergentes") experimentaram um crescimento extraordinariamente rápido, impulsionado pela torrente de dinheiro que começou a fluir dos Estados Unidos em 2003 quando o Federal Reserve tentou sustentar a recuperação do país a partir do fim da bolha dos *ponto.com*. Nos quatro anos seguintes, a taxa média de crescimento nos mercados emergentes dobrou para 7,2% e, em todo o mundo, a duração média da expansão econômica aumentou de quatro para oito anos. Posteriormente, a continuação dessa tendência como resposta à crise (as sucessivas ondas de QE [*quantitative easing*] do FED) e o forte crescimento de dois dígitos da China permitiram uma rápida recuperação da queda do fim de 2008 e início de 2009"; Juan Chingo, "El fin de las 'soluciones milagrosas' de 2008 y el aumento de las rivalidades en el sistema mundial", *Estratégia Internacional,* ano 21, n. 28, set. 2012, p. 53 [Tradução nossa].

Analisando os fluxos de capital (particularmente os títulos financeiros), vemos algumas tendências que se relacionaram com a queda nos fluxos para os emergentes (e instabilidade nesses mercados): em primeiro lugar, o "*taper tantrum*", que foi o anúncio do FED de redução gradual da política de *quantitative easing*, deixando de comprar títulos do Tesouro, o que levou a "birra" dos mercados financeiros e subsequente valorização dos títulos – impactando decisivamente nos fluxos de capitais, que saíram dos emergentes em direção a essa maior rentabilidade. Em segundo, a desvalorização do renminbi, moeda chinesa, ligada às transformações econômicas que apresentamos no tópico anterior e que em 2015 tiveram forte impacto também, mais recentemente, já na era Trump, os ajustes do FED e as tensões comerciais com a China. A seguir, apresentamos o gráfico que explicita essas tensões nos fluxos.

Figura 9. Fluxos e refluxos de capital estrangeiro no período pós-crise global de 2008

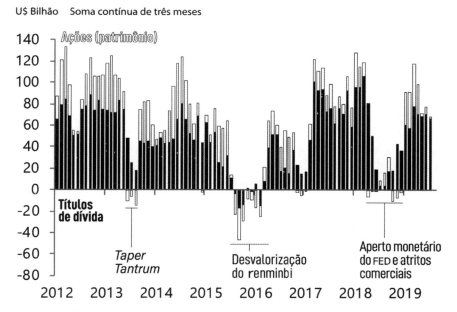

Fonte: Institute of International Finance (IIF); cálculos da equipe do Fundo Monetário Internacional (FMI). Disponível em: <https://www.imf.org/en/Publications/WP/Issues/2019/12/20/Capital-Flows-at-Risk-Taming-the-Ebbs-and-Flows-48878>; acesso em: 15 mar. 2021.

Em síntese, as economias dos países dependentes com modelo agroexportador que se beneficiaram amplamente dessa combinação com a China como "fábrica do mundo" permitiram esse ciclo amplo de *boom* das *commodities* e, conjuntamente, uma enorme massa de fluxos de capitais. O período entre 2012 e 2015 viu ruir cada um desses pilares do castelo de areia das economias emergentes, terminando em mudanças que tem no Brasil uma expressão paradigmática, com o golpe institucional de 2016.

A virada de 2016: do interregno a uma nova dinâmica

No geral, à primeira vista, as grandes transformações na dinâmica do capital internacional não são claramente perceptíveis. Os sinais dessas transformações muitas vezes se expressam nas reconfigurações dos monopólios internacionais, na dinâmica das cadeias de valor, no crescimento e decrescimento das economias dos países, na transformação das formas ou do lugar de acumulação capitalista. Mas não é só para a própria economia que devemos voltar os olhos para observar as transformações: a política corre atrás da economia, pois é a "economia concentrada" e, muitas vezes, expressa grandes fenômenos de transformação da dinâmica do capital. E o ano de 2016 apresentou, sem restar dúvida, um grande fenômeno político que, embora não tenha sido tão fácil descrever em seu momento, está mais claro hoje que foi um signo de uma importante transformação na economia mundial: a eleição de Donald Trump.

Ao observar o desenvolvimento da economia mundial em seus distintos períodos e como chegou ao ano de 2016, podemos sustentar que a eleição desse presidente nos Estados Unidos não foi um acidente que, uma vez ocorrido, transformou a economia mundial. Ao contrário, uma série de transformações econômicas, com seus efeitos políticos particularmente expressos nas democracias ocidentais, cada vez mais degradadas, possibilitou a emergência de um presidente que expressou, como política econômica, a nova orientação do capital imperialista, marcando já não apenas uma nova fase de consequências da Grande Recessão, mas um aspecto significativo de consolidação das mudanças que levam a uma nova atividade do capitalismo internacional. E essa ascensão de Trump não se deu isolada, mas significou a emergência da extrema direita em nível internacional, sendo sua eleição sucedida por presidentes como Boris Johnson, no Reino Unido, e Jair Bolsonaro, no Brasil.

Um dos aspectos fundamentais dessa inflexão se expressa no âmbito geopolítico. Podemos dizer que o ano de 2016 marca os limites da forma de hegemonia da principal potência imperialista pela via dos organismos e acordos internacionais (ONU, OMC, Otan, FMI, Banco Mundial, OIT e OCDE)[53], com "livre comércio e globalização", e inaugura uma fase de forte retórica (e um pouco mais que retórica) protecionista, com uma hegemonia mais agressiva, que tem como um dos traços fundamentais o estabelecimento da China como principal adversário norte-americano no tabuleiro internacional – e, em outra medida, a Rússia – incluindo as

---

[53] Siglas para, respectivamente, Organização das Nações Unidas, Organização Mundial do Comércio, Organização do Tratado do Atlântico Norte, Fundo Monetário Internacional, Organização Internacional do Trabalho, Organização para a Cooperação e Desenvolvimento Econômico.

primeiras consequências dessa nova linha, como a abertura de uma fase de disputa pela proeminência tecnológica e a guerra comercial – naturalmente sem perder de vista as grandes potências, como Alemanha, Inglaterra, França, Japão.

A expressão gráfica dessa alteração veio já no final de 2017, quando os Estados Unidos lançam ao público seu documento de *Estratégia de Segurança Nacional*, no qual o terrorismo não é tido mais como o inimigo central da América, enfatizando agora a China e a Rússia. O documento é explícito na transição de orientação da hegemonia, buscando traçar já aí um balanço do período neoliberal, quando diz:

> Desde os anos 1990, os Estados Unidos mostraram um elevado grau de complacência estratégica. Assumimos que nossa superioridade militar estava garantida e que a paz democrática era inevitável. Nós acreditamos que o aumento do alcance e da inclusão da democracia liberal alteraria fundamentalmente a natureza das relações internacionais e que a competição daria lugar à cooperação pacífica[54]

O sentido principal do documento é delinear um balanço sobre o período anterior, com suas coalizões para manter a hegemonia norte-americana, insistindo na "ameaça à democracia", ou seja, considerando que se poderia manter a hegemonia com a política de alianças e não enxergar justamente o contrário, a grande crise da hegemonia do país que veio se expressava e que só poderia ser freada, segundo toda a lógica do documento, pela intervenção militar mais decidida por parte dos Estados Unidos. Nesse sentido, o documento "dá nome aos bois" quando coloca como inimigos não "grupos jihadistas", ou colateralmente a Coreia do Norte ou Irã, mas dois países[55] que ameaçam de alguma forma a estabilidade internacional hegemonizada pelos Estados Unidos: a China e a Rússia. Assim, pode-se ler no documento:

> Além disso, depois de ser desprezado como um fenômeno do início do século, a disputa entre grandes potências retornou. China e Rússia começaram a reafirmar sua influência regional e global. Hoje, alcançam capacidade militar direcionada a questionar a influência americana em tempos de crise e contestar nossa capacidade de operar livremente em zonas comerciais críticas em tempos de paz. Resumindo, estão contestam nossas vantagens geopolíticas e tentam mudar a ordem internacional em favor deles.[56]

---

[54] *National Security Estrategy*, dez. 2017, p. 27; disponível em <https://trumpwhitehouse.archives.gov/wp-content/uploads/2017/12/NSS-Final-12-18-2017-0905.pdf>; acesso em: 25 jun. 2019 [Tradução nossa].

[55] Não por acaso são dois países que passaram por revoluções socialistas no século XX e restaurações capitalistas, combinando o choque do capital com formas intensas de exploração do trabalho, mas mantendo ainda uma forte burocracia e aparato estatal (particularmente no caso chinês).

[56] Casa Branca, *National Security Estrategy*, cit.

A resposta estratégica da segurança norte-americana pode ser lida em duas palavras: *America First* [América primeiro]. E seu alcance é muito maior que uma orientação para a estratégia de segurança nacional, pois expressa de forma militar a nova orientação econômica do capital pós-Trump.

Com isso, não queremos dizer que China e Rússia nunca foram adversários da política norte-americana nas longas três décadas neoliberais nem que a preocupação, sobretudo com a China, não tenha sido, em muitos momentos, a principal. O que nos parece novo, todavia, é que, do ponto de vista geopolítico, a colocação da China e da Rússia como principais adversários dos Estados Unidos no documento vai além de uma decisão conjuntural, mas tem consequências em toda a lógica da hegemonia estadunidense e impactos sensíveis em cada ponto do globo.

Dessa maneira, tomando a nova orientação não como uma ação meramente subjetiva de um novo presidente – ainda que isso também conte bastante para os efeitos –, mas sobretudo como expressão dessa nova dinâmica do capital imperialista em sua principal potência, a análise de alguns determinantes estava já em gestão e processo na fase anterior da crise, ou seja, no momento da crise dos emergentes.

Até então, o "terrorismo" era apontado como o inimigo estratégico que guiava a política do país até o giro que se consolidou na era Trump. E não é sem razão para o metabolismo do capital que essa definição aparecia: o Oriente Médio foi palco da intervenção estadunidense com bastante centralidade durante as décadas neoliberais, entre outros fatores, pelo caráter estratégico da região na área do petróleo. O perigo para a hegemonia dos Estados Unidos de perder o controle sobre esta que é uma das *commodities* de maior importância tornou as guerras parte da política estadunidense (como a do Iraque e a do Afeganistão), assim como os jogos com os aliados e uma série de intervenções no Oriente Médio, em nome de "difundir a democracia e os valores americanos".

Isso em termos mais gerais dos interesses econômicos, pois do ponto de vista político, já nos anos da Grande Recessão, a região se tornou palco da intervenção mais sistemática do imperialismo em busca de conter a explosão da Primavera Árabe, uma intervenção que, em seu conjunto, se mostrou bem-sucedida, mas que exigiu um acompanhamento e uma energia que fizeram da região uma das principais para a política externa norte-americana[57]. Assim, múltiplos fatores permitiram que a concentração estratégica desse país ultrapassasse os limites do Oriente Médio e se

---

[57] Nosso objeto não é a análise da política específica dos Estados Unidos no Oriente Médio, por isso, gostaríamos de destacar, entre outros possíveis numa análise mais profunda, apenas dois fatores presentes na etapa anterior, ora analisada, que são importantes para reorientar as iniciativas do capital imperialista norte-americano nesse contexto. Por um lado, a descoberta e a viabilização do *petróleo de xisto* como fonte de autonomia maior aos Estados Unidos, como vimos, sem dúvida, impactou em algum nível a reorientação geopolítica do país – complexificando mais a dependência dos Estados Unidos em relação aos acordos com a Organização dos Países Exportadores de Petróleo (OPEP) e os gigantes do petróleo no mundo árabe. Por outro lado, ainda dentro da fase da crise dos emergentes consolida-se a derrota da Primavera Árabe, talvez com o marco de inflexão no golpe militar no Egito em 2014, o que afastava o perigo de uma reorganização mais profunda do poder político na região que afetasse decisivamente a hegemonia norte-aericana.

encontrasse com os desafios do Pacífico, tornando o mar asiático e, sobretudo, o embate com a China o centro da disputa hegemônica.

Em paralelo a essas iniciativas dos Estados Unidos, do ponto de vista da política e da geopolítica chinesas, conforme já foi exposto, a queda na economia forçava, de um lado, uma reorientação da política econômica, saindo do esquema "fábrica do mundo", do qual os Estados Unidos se serviram por longos anos, e passando a buscar acelerar a exportação de capital e a influência em continentes e regiões como a África e a América Latina; de outro, a busca pela constituição de um mercado interno mais forte, que pudesse dar mais estabilidade e autonomia para o país na sua intenção de se tornar o novo elo da cadeia imperialista e, nesse sentido, parte da disputa com os Estados Unidos pela hegemonia mundial. O que não destacamos anteriormente, mas é igualmente decisivo e se liga diretamente com essas novas orientações econômicas, é que um dos fatores que acelerou a necessidade de colocar a China como alvo principal dos Estados Unidos foram os resultados do 19º Congresso do Partido Comunista Chinês (PCCh), realizado em outubro de 2017, do qual não se sabia exatamente o que poderia advir. Conjecturava-se que poderiam se aprofundar crises no PCCh e disputas maiores no interior da burocracia estatal, mas, na realidade, o resultado do congresso foi expurgos de alas dissidentes e a consolidação de Xi Jinping, o então chefe de Estado, secretário-geral do Partido e presidente da Comissão Militar central, como o único, ao lado de Mao Tse-tung, a ter seu nome inscrito na Constituição enquanto governa[58]. Mais do que gestos simbólicos, o congresso chamou a atenção dos Estados Unidos de Trump pelo grau de coesão que se manteve no aparato burocrático chinês, o que abria, em poucos anos, mantendo-se o sentido evolutivo na dinâmica geopolítica internacional, a possibilidade de a China efetivamente ir consolidando seus traços de potência imperialista.

Daqui se deriva a necessidade da reorientação urgente do capital norte-americano e, nesse sentido, não nos parece que tenha sido um raio em céu sereno a eleição de Trump, que, a despeito dos rótulos de lunático, demonstrou-se como um grande agente do capital. O político-empresário tinha como *slogan* de campanha a promessa de taxar em 40% os produtos chineses. É possível enxergar aí bem mais a *racionalidade irracional* do capital por trás do discurso protecionista de Trump.

Evidentemente, essa nova orientação de acirrar os nacionalismos econômicos a partir dos Estados Unidos (as políticas protecionistas) teve um alcance bem maior que a atuação apenas contra a China; antes, afetou a dinâmica dos Estados Unidos com todos os países e, por conseguinte, a dinâmica dos países entre si, tendo destaque também os elementos de guerra comercial com a Europa e as taxações que realizou Trump, por exemplo, no setor automotivo, servindo como disputa hegemônica com as potências europeias, sobretudo a Alemanha, ainda a segunda potência mundial

---

[58] Ver o artigo de Macarena Vidal Liy, "China alardeia seu poderio e anuncia o começo de uma 'nova era comunista'", *El País,* Pequim, 18 out. 2017; disponível em <ttps://brasil.elpais.com/brasil/2017/10/18/internacional/1508305396_956050.html>; acesso em: 24 set. 2020. Além deles, apenas Deng Xiaoping tem seu nome na Constituição, embora tenha sido incluído após sua morte.

hoje e maior rival dos Estados Unidos desse ponto de vista. No entanto, a interpenetração dos interesses do capital em sua expansão, os aspectos geopolíticos, econômicos internacionais e a situação subjetiva das classes nos países são parte do mais desafiador na análise da evolução da economia internacional e no que poderemos considerar como os limites entre os efeitos da Grande Recessão e o novo período que surge no pós-2016, em que a crise reembaralhou o tabuleiro internacional das potências e abriu espaço para a emergência da China, uma economia altamente dependente, a alçar voos maiores para disputar a hegemonia mundial em busca de se fixar como potência imperialista.

O problema da ascensão de um novo imperialismo

A ascensão da China e sua disputa por consolidar-se como potência imperialista não é um movimento geopolítico corriqueiro; na verdade, o conjunto das especificidades da história chinesa conformaram essa esfinge e abriram essa possibilidade teórica, mas partimos da tese de que se trataria de uma imensa novidade geopolítica essa ascensão ocorrer sem um contexto de crises econômicas agudas (catastróficas) nas potências ou um cenário de guerra mundial.

A base desse pensamento estaria na análise marxista da virada do século XX, que buscou interpretar os sentidos globais da época imperialista da economia e teve na obra *Imperialismo, fase superior do capitalismo*, de Vladímir Lênin, uma das pedras angulares dessa análise internacional e de como se configuram os choques entre potências imperialistas, a relação com os países dependentes e semicoloniais e quais os elementos estruturais implicados nessa relação. A chave do pensamento de Lênin nessa obra – seguindo as pistas que Marx deixou no Livro 3 de *O capital* e também Hilferding em seu livro *O capital financeiro* – está em analisar o progresso da economia, com a concentração e exportação de capitais, a formação dos monopólios e de organizações monopolistas internacionais e a supremacia do capital financeiro como parte fundamental da compreensão do que chamou de "partilha do mundo", ou seja, como se dão as disputas geopolíticas em escala internacional e como elas estão diretamente relacionadas com os movimentos do capital financeiro. Essa forma de pensar, que está na base de inúmeras correntes marxistas ao longo do século XX (incluindo correntes trotskistas, gramscianas, lukacsianas, althusserianas, entre outras), tem como ponto forte a interpenetração dos aspectos (geo)políticos internacionais com os econômicos, enxergando os conflitos entre Estados não como fenômenos autônomos, produto de vontades arbitrárias de atores governamentais, mas como choques entre interesses do capital em geral e do financeiro em particular.

Trazendo essas bases teóricas para a análise da atualidade, percebemos rapidamente que essa visão vai na contramão daqueles que querem enxergar a China como nova potência imperialista já consolidada, ou em outros termos, um novo *hegemon*, uma nova ameaça à dominação e à hegemonia norte-americanas. Para citar apenas um exemplo emblemático, poderíamos fazer referência à obra de Giovanni Arrighi, *Adam Smith em Pequim*, de 2008 (antecedendo um pouco o estourar da crise), em que enxerga claramente a possibilidade não só da emergência da China, mas inclusive de uma reorganização do sistema internacional que colocasse o país como epicentro mundial e levasse a um maior equilíbrio entre as potências. Conforme Simone Kawakami Costa,

> uma das teses mais relevantes tratadas pelo autor italiano se remete à falência do projeto neoconservador norte-americano, tendo a *débâcle* no Iraque e a falta de apoio interno ao ex-presidente George W. Bush como elementos essenciais. Isso teria agido como um acelerador da decadência da hegemonia norte-americana, levando à consequente noção sobre a necessidade de reconstituir uma nova arquitetura nas relações de forças internacionais. Para Giovanni Arrighi, o fortalecimento chinês combinado ao enfraquecimento norte-americano faria com que o mundo rumasse a um novo concerto interestatal, tendo agora a Ásia e, sobretudo, a China como epicentro. Essa possibilidade de instauração de uma era marcada pela hegemonia asiática é saudada entusiasticamente pelo autor, que coloca como possível consequência de tais transformações a inauguração de um maior equilíbrio entre as potências, ou seja, um mundo mais harmonioso, ordenado a partir de então por um equilíbrio multilateral de forças.[59]

Essa explicação é ratificada quando observamos o comentário do próprio Giovanni Arrighi sobre a tese geral apresentada em seu livro, segundo a qual,

> o fracasso do Projeto para o Novo Século Norte-Americano e o sucesso do desenvolvimento econômico chinês, tomados em conjunto, tornaram mais provável do que nunca nos quase dois séculos e meio desde a publicação de *A riqueza das nações*, a concretização da ideia de Smith de uma sociedade mundial de mercado baseada em uma maior igualdade entre as civilizações.[60]

Pode-se dizer que um ponto relevante da abordagem de Arrighi é perceber o declínio da hegemonia norte-americana, o que o permite refletir sobre as hipóteses de emergência da China. No entanto, essa avaliação não está descolada de uma visão relativamente harmônica de como poderia se dar essa transição, já que uma potência mundial como os Estados Unidos pode sofrer reveses na constituição da sua hegemonia e pode mesmo vê-la declinar ao longo de décadas – como efetivamente é o caso – sem que com isso abra mão de utilizar todos os meios, incluindo chantagens diplomáticas, sanções, guerras comerciais, conflitos bélicos junto a aliados e até mesmo uma guerra mundial como forma de impedir a ascensão de uma potência que efetivamente questione a hegemonia anterior.

---

[59] Simone Kawakami Costa, *Uma análise da ascensão chinesa a partir da teoria do imperialismo* (mestrado em ciências sociais, Marília, FFC-UNESP, 2014), p. 139.
[60] Giovanni Arrighi, *Adam Smith em Pequim: origens e fundamentos do século XXI* (trad. Beatriz Medina, 1. ed., São Paulo, Boitempo, 2008), p. 122.

No campo do marxismo, quem também apresenta uma interpretação nesse ponto é István Mészáros, de forma mais embasada, a nosso ver. Não que o filósofo húngaro trate especificamente da emergência da China como problema teórico, mas, em um debate conceitual mais amplo, trabalha a hegemonia norte-americana – tema a partir do qual podemos derivar as conclusões sobre o sistema internacional e a geopolítica. Mészáros se posiciona criticamente em relação às teorias do mundo multipolar que surgiam em seu contexto, embora expresse uma visão que pode ser passível de crítica, uma vez que defende que vivemos não mais uma era do imperialismo, mas do *imperialismo hegemônico global*. Nesse sentido, escreve:

> Hoje, "a competição entre grupos de empresas gigantescas e seus governos" tem um importante elemento limitante: o enorme poder dos Estados Unidos, que tendem perigosamente a assumir o papel do Estado do sistema do capital em si, submetendo, por todos os meios ao seu alcance, todas as potências rivais. O fato de ser impossível realizar esse outro objetivo sobre base duradoura não inibe as forças que buscam implacavelmente a sua realização.[61]

E segue nessa linha de raciocínio:

> Portanto, não é exagero afirmar [...] que entramos na *fase mais perigosa em toda a história*; pois o que está em jogo hoje não é o controle de uma região particular do planeta, não importando o seu tamanho, nem a sua condição desfavorável, por continuar tolerando as ações independentes de alguns adversários, mas o controle de sua *totalidade* por uma superpotência econômica e militar hegemônica.[62]

Nesse sentido, Mészáros superestima a capacidade imperialista norte-americana e não vê sua decadência hegemônica, estabelecendo, portanto, um questionamento menor a essa hegemonia a partir de uma nova potência, já que via uma nova fase de imperialismo hegemônico global. Naturalmente, no contexto em que o filósofo húngaro escreveu, uma das batalhas centrais estava em torno do mundo multipolar e sua polêmica é válida, embora acreditemos que se equivoca ao não observar a decadência dos Estados Unidos e assim, no plano geral, acaba diminuindo as possibilidades para o choque entre potências, como no caso de Alemanha e Japão em sua recomposição, décadas depois da guerra. Ou seja, em sua teorização do imperialismo chega a pensar o controle da *totalidade* do globo por uma potência, e não o contrário, que o acirramento da "crise estrutural" e, dentro dela, *crashs* como a Grande Recessão, levaria a mais disputas interimperialistas e mais evidências do declínio da hegemonia norte-americana.

---

[61] István Mészáros, *O século XXI: socialismo ou barbárie?* (trad. Paulo Castanheira, 1. ed., São Paulo, Boitempo, 2003), p. 41.
[62] Ididem, p. 53.

Apesar disso, Mészáros corretamente se afasta da ideia de que essa hegemonia levaria a mais harmonia, na medida em que uma crise no centro do sistema poderia levar a uma bancarrota mais explosiva no capitalismo internacional – formas mais agudas de barbárie e até mesmo questionamentos da humanidade (como guerras mais catastróficas), inclusive tendo em vista que ele localiza essa teorização no marco da crise estrutural do capital[63].

De modo sintético, para nós, a questão reside nas bases que existem na China como produtos de um país que viveu uma revolução socialista (com toda a deformação proveniente das contradições da estratégia e política maoístas), um crescimento acelerado da economia – durante parte do século XXI em dois dígitos percentuais –, a formação de monopólios transnacionais, a exportação de capitais para o continente africano e a América do Sul, o aumento do poderio militar e, importante destacar, os avanços tecnológicos (tendo como último evento a tecnologia 5G), elementos que colocam a possibilidade de uma evolução disruptiva da China no cenário internacional. Mas essa ameaça não pode driblar o fato de que a principal potência mundial trabalhará de todas as formas para impedir essa ascensão, o que não é um dado menor quando pensamos o problema e o observamos historicamente, pois a emergência de uma potência imperialista por fora de situações econômicas, políticas e geopolíticas extremas seria um evento totalmente *sui generis*, único até então.

Evidentemente, enxergar esses obstáculos na emergência da China não significa unilateralizar a capacidade imperialista norte-americana, pois seria outra forma (dogmática, nesse caso) de observar a realidade de um modo *harmonista*, já que se poderia ver um poder indeclinável e inquestionável, o que levaria contraditoriamente a uma visão à Fukuyama de que a história teria terminado, pois não haveria possibilidade de reconfiguração geopolítica do capitalismo e crescimento das tensões internacionais, mas apenas intervenções de controle e dominação por parte dos Estados Unidos.

Em outras palavras, a análise internacional que combina economia, geopolítica e luta de classe[64] tem de buscar criar hipóteses e investigar o problema teórico da atualidade que reside, a nosso ver, justamente nessa tensão da possibilidade de emergência do gigante chinês, ao mesmo tempo que essa emergência não virá sem questionamento e utilização de todos os recursos possíveis pelos Estados Unidos (e outras potências) para evitar esse cenário. Isso é o que fornece a marca do momento político que vivemos no mundo, *possivelmente uma inflexão mais clara da falência do padrão de acumulação neoliberal e a abertura de um novo momento, passando do período de interregno pós-2008 para a consolidação de aspectos de uma nova fase no pós-2016*, mais conflitiva, com maiores crises econômicas, com processos de luta de classes mais acirrados, que se sintetizam, como ilustração da situação internacional, na disputa pela proeminência tecnológica e guerra comercial entre Estados Unidos e China.

---

[63] Ver o livro de István Mészáros, *A crise estrutural do capital* (trad. Francisco Raul Cornejo, 2. ed., São Paulo, Boitempo, 2009).

[64] Tema de que não tratamos detidamente neste capítulo, mas que será nosso objeto no capítulo 3 e particularmente no capítulo 4.

*

O peso dos fatores da luta de classes (a onda internacional de 2019) e da economia (particularmente a crise anunciada em 2020) tem acirrado esses determinantes que, a nosso ver, foram no sentido de confirmar o essencial do conteúdo descrito neste capítulo. O fator mais novo, com importante influência geopolítica, foi a eleição de Joe Biden nos Estados Unidos, que, embora seja demasiado recente para dimensionarmos o alcance de suas transformações na política internacional e na hegemonia estadunidense, acreditamos que não reverterá o sentido geral da mudança da dinâmica internacional do capitalismo que apontamos e tampouco significará uma saída de cena da extrema direita como força política, um novo ator que compõe o tabuleiro internacional e que possivelmente será parte de regimes políticos em diferentes democracias (como expressão inclusive da decadência desses sistemas políticos) – evidentemente, na conjuntura, um agente mais debilitado em função da derrota de Donald Trump e dos impactos disso em âmbito internacional.

II

OS FUNDAMENTOS DA CRISE

No primeiro capítulo, vimos o percurso e a dinâmica da crise ao longo da década (2008-
-2018) por meio de uma análise cronológica ascendente. Agora, faremos o caminho inverso, abrangendo um arco temporal significativamente mais amplo. Partiremos do que chamamos de *a década da crise de 2008* para chegar à crise dos anos de 1970; isto é, da fase da guerra comercial à origem e ao apogeu do neoliberalismo, ou, ainda, da dinâmica da crise até seus fundamentos.

Partindo da crise histórica de 2008, ou seja, da forma mais desenvolvida das contradições do capital, retornaremos aos fundamentos a fim de entender como elas se desenvolveram. Aqui nos colocamos no campo dos que entendem que o *crash* financeiro de 2008 está relacionado a antinomias gestadas nos anos neoliberais, como resposta à crise de superprodução, sobreacumulação e queda nas taxas de lucros da crise dos anos 1970. Tais fenômenos econômicos vão gerar respostas neoliberais em seus distintos aspectos, como a hiperfinanceirização, novas políticas monetárias e fiscais, reestruturação produtiva, política imperialista agressiva nos países dependentes, entre outros fatores, que vão compor o essencial dessa fase do capitalismo. Isso porque, nesse momento, responde-se à crise dos 1970 acumulando mais e maiores contradições, expressas já no fim dos anos 1990 com a crise asiática, a crise russa e a bolha das *ponto.com*. Em síntese, as "soluções" neoliberais estão na base das razões que fizeram a crise de 2008 ter sido tão potente e, no sentido histórico, a mais importante desde a década de 1930.

A propósito do equilíbrio instável do capitalismo

Entre as interpretações que se imprimiam nos jornais no pós-2008, estavam, especialmente, duas percepções da crise que dialogavam entre si. Embora muito aceitas, restringiram-se, a nosso ver, à superfície do fenômeno: a ideia de que se trata, unilateralmente, de uma "crise financeira", dando a entender com essa definição que era uma crise deslocada da "economia real"; e a ideia de que se trata de uma "crise de ganância", na medida em que os bancos e investidores teriam extrapolado alguns limites da financeirização da economia, e isso teria levado ao desequilíbrio.

Conforme escreveu Michel Husson,

> a crise poderia ter explodido em um ponto ou outro dessa configuração neoliberal. O fato de ser acionado na esfera financeira não implica que seja exclusivamente financeira. Trata-se de uma crise sistêmica, uma crise do conjunto dos dispositivos colocados em prática para ter sucesso em restaurar a taxa de lucro, uma crise de soluções para a crise anterior.[1]

Passada mais de uma década da crise, tendo em vista o conjunto dos seus efeitos na economia mundial, fica mais que claro que restringir seu significado às finanças ou à ganância só pode ser um exercício teórico interessado, não científico. É que a fragmentação do pensamento, da reflexão sobre os acontecimentos e da elaboração teórica foi uma das consequências mais expressivas da ofensiva neoliberal e de sua resposta ideológica, a noção de pós-modernidade. O "mundo líquido" que apontava Bauman[2] também se tornou a teoria líquida, em que as explicações dos grandes acontecimentos, como a crise de 2008, encontravam uma resposta rápida, particularizada, imediatista. Mas a verdade é que, na contramão dessas visões, as explicações para o fenômeno da crise entre os mais expressivos pensadores marxistas e, em certo sentido, entre alguns economistas keynesianos, estiveram justamente na conexão com o conjunto do desenvolvimento capitalista na segunda metade do século XX, com destaque para a análise da crise dos anos 1970.

A nosso ver, a crise de 2008 era incontornável: não se referia, para usar uma imagem do mundo da medicina, a uma gripe forte em um corpo saudável; ao contrário, sua real explicação nos faz lembrar mais um paciente que recebe o diagnóstico de doença grave nos anos 1970 e então se entope de remédios fortes para se "curar" momentaneamente, mas sem medir bem os efeitos colaterais que os medicamentos teriam no futuro. Com isso, queremos dizer que a crise de 2008 não foi produto de um descuido financeiro, mas uma nova evidência da antiga doença pela qual o capital internacional estava acometido e que, na realidade, em 2008, só deu um novo e contundente sinal.

Se quisermos ir mais a fundo, poderíamos levar além essa provocação e nos perguntar: como foi possível uma sobrevida do capitalismo internacional com certa estabilidade nessas últimas décadas pré-crise? Essa deveria ser a real localização do problema ao observarmos os últimos dez anos.

A fim de conduzirmos uma análise a partir desse ângulo, retomemos alguns autores marxistas que analisaram o desenvolvimento capitalista particularmente nos anos 1930. Trata-se de um momento que se destaca devido a uma grande instabilidade no sistema de conjunto, pois situa-se antes e durante a Segunda Guerra Mundial, o que nos permite

---

[1] Michel Husson, "La Crise mise en perspective", em *Par ici la sortie: cette crise qui n'en finit pas* (Paris, Les liens qui libèrent, 2017), p. 39.
[2] Zygmunt Bauman, *Modernidade líquida* (trad. Plínio Dentzien, Rio de Janeiro, Zahar, 2001).

enriquecer a visão que ora apresentamos sobre os fundamentos de como se deu a desestabilização do sistema (num momento "clássico" para esse tema, o ponto mais alto da crise do capital, a década de 1930). Efetivamente, as ideias que apontavam para uma dinâmica destrutiva do capitalismo caso forçasse a se manter como sistema de reprodução hegemônico não vieram sem uma forte base material, mas se deram no contexto do pós-crise de 1929, em um momento de ascensão do fascismo e do nazismo, bem como de processos de revolução e contrarrevolução em vários países da Europa.

Walter Benjamin defendeu com particular agudeza essa visão destrutiva do sociometabolismo capitalista. Ao discutir o quadro de Paul Klee de 1920, na contramão de imaginar uma evolução histórica indeclinável rumo ao progresso, o filósofo alemão diz:

> Há um quadro de Klee que se chama *Angelus Novus*. Representa um anjo que parece querer afastar-se de algo que ele encara fixamente. Seus olhos estão escancarados, sua boca dilatada, suas asas abertas. O anjo da história deve ter esse aspecto. Seu rosto está dirigido para o passado. Onde nós vemos uma cadeia de acontecimentos, ele vê uma catástrofe única, que acumula incansavelmente ruína sobre ruína e as dispersa a nossos pés. Ele gostaria de deter-se para acordar os mortos e juntar os fragmentos. Mas uma tempestade sopra do paraíso e prende-se em suas asas com tanta força que ele não pode mais fechá-las. Essa tempestade o impele irresistivelmente para o futuro, ao qual ele vira as costas, enquanto o amontoado de ruínas cresce até o céu. Essa *tempestade* é o que chamamos progresso.[3]

Benjamin não foi o único a enxergar a evolução catastrófica do capital e se contrapor à ideia de uma estabilidade ou "progresso" contínuo, uma teleologia de que a história levaria serenamente à emancipação e ao socialismo. Adorno e Horkheimer em sua crítica anticapitalista, as investidas contra a "destruição da razão" de Lukács, Marcuse em seu "homem unidimensional", as letras de Gramsci no cárcere fascista, os escritos de Trótski às vésperas da Segunda Guerra. Muitos pensadores defrontaram-se com um mundo em que, para citar a célebre frase de Marx e Engels no *Manifesto do Partido Comunista*, "tudo o que era estável e sólido desmanchava no ar".

Em 1928, Leon Trótski, em uma obra endereçada ao já estalinizado VI Congresso da Internacional Comunista, fazendo um balanço das sequências de revoluções e oportunidades revolucionárias que ocorreram na década de 1920, em um dado momento vislumbra a possibilidade quase imponderável da estabilização nas décadas seguintes:

> é verdade que, teoricamente, não se pode excluir a possibilidade de que ocorra mais um novo capítulo de progresso geral capitalista, tendo lugar nos países mais poderosos, dominantes e dirigentes. Mas para isso o capitalismo deve, primeiro, ultrapassar imensas barreiras no domínio das classes e das relações interestatais: esmagar por um longo tempo a revolução

---

[3] Walter Benjamin, *Magia e técnica, arte e política: ensaios sobre literatura e história da cultura* (trad. Sérgio Paulo Rouanet, 8. ed., São Paulo, Brasiliense, 2012), p. 245-6.

proletária, reduzir definitivamente a China à escravidão, derrubar a República dos Sovietes, etc.[4]

Essa afirmação, que aparece como uma assombrosa previsão feita sessenta anos antes da derrubada da "República dos Sovietes", após a queda do muro de Berlim e o massacre de Tian'anmen na China, ambos em 1989, dá uma pista valiosa e fundamental para a análise da crise do capital, na qual queremos nos deter, afastando-nos das teses reducionistas e buscando os fundamentos do equilíbrio capitalista. Se o capital era definido por Marx como um vampiro que suga trabalho vivo para alimentar trabalho morto, então, sua própria sobrevida está intrinsecamente ligada, em última instância, à sua capacidade de sugar mais-valor, devendo o conjunto da arquitetura econômica ser analisado à luz dessa questão, incluindo as dimensões políticas, a relação de forças geral entre as classes, a capacidade hegemônica do capital, as dimensões ideológicas e culturais da dominação etc. Justamente por isso, a relação entre os Estados e entre as classes nos países e em nível internacional é um ponto crucial para identificar o processo da crise.

Efetivamente, muitos fatores necessitariam ter se combinado para reverter esse quadro catastrófico das décadas de 1920 e 1930 e dar alguma sobrevida ao capitalismo em crise. Os dois grandes fenômenos, ou as duas grandes pedras de toque para a estabilidade relativa do sistema do capital no século XX (por algumas décadas depois de seu acontecimento), foram a *Segunda Guerra Mundial*, de um lado, e a *restauração capitalista* nos ex-Estados operários, sobretudo na União Soviética e na China, de outro. O enorme impacto desses acontecimentos foi o que pôde criar condições excepcionais para o equilíbrio instável do capitalismo.

Assim, sem adentrar por hora na complexidade de cada um desses grandes fenômenos e sua interconexão com a crise capitalista, reconhecer a existência dessa conexão entre a dinâmica do capital desde os anos 1970 e os processos ligados aos conflitos entre classes e entre Estados é o primeiro passo para concluir com mais clareza que a crise de 2008 não é um raio em um céu sereno, não é um descontrole financeiro nem um gesto subjetivo de ganância. Andrew Kliman observa: "Como diz um provérbio popular, *culpar a ganância pela crise é como culpar a gravidade pelo acidente de avião. A gravidade está sempre lá, mas os aviões nem sempre caem*"[5]. Longe disso, trata-se de um processo interconectado com as últimas décadas e as grandes decisões e movimentações do capital em nível internacional. Assim, se quisermos fazer a análise dos acontecimentos desencadeados em 2008, será decisivo entender, por um lado, o contexto de restauração capitalista que antecede a crise e, por outro, as contradições que carregam esse período do capitalismo internacional, já que serão primordiais para compreender por que o referido sistema entra em uma crise histórica, bem como o que existe de estrutural nela.

---

[4] Leon Trótski, *A Internacional Comunista depois de Lênin: Stálin, o grande organizador de derrotas* (trad. Fernando Bustamante e Paula Vaz de Almeida, São Paulo, Iskra, 2020), p. 137.
[5] Andrew Kliman, *The Failure of Capitalist Production* (Londres, Pluto, 2011), p. 1 [Tradução e destaques nossos].

Para responder à pergunta sobre como se manteve a estabilidade capitalista no pré-2008, partimos da tese de que se combinaram situações históricas muito particulares desde a crise dos anos 1970 até a Grande Recessão, em que a longa noite neoliberal de trinta anos, localizada entre o início dos anos 1980 (Reagan e Thatcher) e o *crash* do Lehman Brothers, foi a última tentativa de frear e postergar a crise capitalista. Tal como todos os remédios do capital, evitou-a, mas foram produzidas condições ainda mais expressivas para a bancarrota econômica.

Assim, para entender esse processo, é conveniente recorrer aos fundamentos históricos e, assim, traçar as determinações que antecedem o período neoliberal. Nesse percurso, oferecemos uma visão introdutória, particularmente sobre as recessões dos anos 1970 e início dos 1980, as grandes determinações que estão no fundo dessa crise, como a queda das taxas de lucro, as principais contradições que emergem, como a hiperfinanceirização e a sobreacumulação de capitais, e, por fim, a conflagração de um esquema de acumulação global de capital como resposta, carregando ao mesmo tempo essas contradições.

A crise e a recessão dos anos 1970

Depois de um certo período de bonança da economia mundial entre 1945 e o fim dos anos 1960, a década de 1970, particularmente os anos de 1974-1975, apresentou a primeira recessão coordenada nas principais potências da economia mundial, com um alcance significativo e apresentando os sintomas da decadência do padrão de acumulação do pós-guerra.

Vejamos o gráfico a seguir, sobre o crescimento mundial a partir dos anos 1970.

Figura 10. Evolução do produto interno bruto mundial (1970-1990)

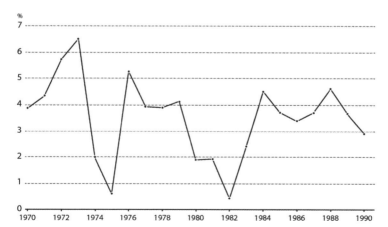

Fonte: Banco Mundial, GDP growth (annual %) – 1970-1990. *World Bank National Accounts Data, and OECD National Accounts Data Files*; disponível em: <https://data.worldbank.org/indicator/NY.GDP.MKTP.KD.ZG?end=1990&start=1970>; acesso em 15 mar. 2021.

A economia mundial cresceu em 1973 a uma taxa de 6,5% ao ano. Já em 1974, seu crescimento cai para 2% e, em 1975, passa para 0,7%, ou seja, há uma queda abrupta do PIB internacional, com recessão nas potências. A queda no fim dos 1970 também se expressa no gráfico, com a recessão nas potências e no crescimento mundial, que também cai, atingindo o nível mais baixo em 1982, com pequenos 0,3% de crescimento.

É interessante notar, no entanto, que essa queda brusca se combina com eventos decisivos: o fim dos acordos de Bretton Woods em 1971, seguido da adoção do sistema de câmbio flutuante e o primeiro "choque do petróleo". O período de *boom* parcial das forças produtivas com o pós-Segunda Guerra Mundial encontrou seus limites no início dos anos 1970. Portanto, as respostas a esse processo estão na base da crise e vão se expressar com toda força na recessão internacional nas potências.

Segunda Guerra Mundial como "destruição criativa"

Como já afirmamos, estamos no campo dos que advogam que, para se entender a dinâmica dos fatores de crise gestados no pré-2008, é realmente importante ter em mente a crise dos 1970 e as debilidades em dar soluções eficazes, que terminam por acumular novas e mais duradouras contradições.

A obra *The Failure of Capitalist Production: Underlying Causes of the Great Recession* [O fracasso da produção capitalista: causas subjacentes da Grande Recessão], de Andrew Kliman, é uma das que busca retornar aos anos 1970 como parte do esforço de entender as raízes da crise de 2008. Para isso, analisa a Segunda Guerra Mundial e as soluções da crise dos 1970 a partir da famosa lei econômica exposta em *O capital* sobre a queda tendencial da taxa de lucro. Kliman sintetiza, na introdução de sua obra:

> A taxa de lucro – ou seja, o lucro como um percentual da quantidade de dinheiro investido – tem uma tendência persistente em cair. No entanto, essa tendência é revertida pelo que John Fullarton, Karl Marx e outros chamaram de "destruição de capital" – perdas causadas pela diminuição dos valores de ativos de capital financeiros e físicos, ou a destruição dos próprios ativos físicos.[6]

Aqui se apresenta uma questão importante, que nos convida à análise da dinâmica do capital para fatores que podem ser externos a ela: uma das soluções para a queda tendencial da taxa de lucro e a dinâmica autodestrutiva do capital pode ser, ironicamente, sua própria destruição, ou seja, a eliminação de seu valor ou mesmo a eliminação física de seus ativos e a necessidade subsequente de

---

[6] Ibidem, p. 3.

reconstruir essa mesma dinâmica. A partir da visão de que a destruição do capital pode ser uma das soluções para a crise, o autor completa:

> Paradoxalmente, esses processos também restabelecem a lucratividade e, assim, prepararam o terreno para um novo *boom*, como aquele que se seguiu à Grande Depressão e à Segunda Guerra Mundial. Durante as quedas da economia global em meados dos anos 1970 e no início dos 1980, contudo, foram destruídos muito menos capitais do que durante a Depressão e a Guerra Mundial subsequente. A diferença é consequência principalmente da política econômica. A quantidade de valores de capitais que foram destruídos durante a Depressão foi muito maior do que os defensores das políticas de *laissez-faire* esperavam, e a persistência de condições depressivas severas levaram à radicalização significativa da população trabalhadora. Legisladores não querem que isso aconteça novamente, então agora eles intervêm com políticas monetárias e fiscais para impedir a destruição de valores de capitais em larga escala. Isso explica por que as posteriores desacelerações da economia não vem sendo semelhantemente severas como as da Depressão. Mas, como muito menos valores de capitais foram destruídos durante os anos 1970 e início dos 1980 do que foi destruído nos anos 1930 e início dos 1940, o declínio na taxa de lucro não foi revertido. E como não foi revertido, a lucratividade continuou a um nível baixo demais para sustentar um novo *boom*.[7]

O que Kliman quer dizer é que a solução dada nos anos 1970 não pôde mais que postergar as contradições de superprodução evidenciadas pela recessão. Podemos dizer que se buscou criar um padrão, uma longa fase da acumulação capitalista baseada em novos pressupostos, mas sem responder às contradições mais a longo prazo. Segundo o economista, isso só seria possível parcialmente, com uma nova destruição massiva de capitais. Lembremos que o mundo havia acabado de sair de uma guerra mundial, com uma série de processos revolucionários e com a União Soviética ainda vigente, de modo que uma solução desse tipo seria catastrófica, demasiado arriscada e imponderável para o capital.

Entretanto, falar na solução de "destruição" da Segunda Guerra Mundial não é uma novidade ou um jargão; mesmo a partir do ponto de vista apologético do capital, tal tendência é analisada explicitamente. Por exemplo, o economista austríaco Joseph Schumpeter, um dos que empregaram o conceito de "destruição criativa", usado para se referir ao que define como dinâmica "evolucionária" do capitalismo, de transformação permanente, considera essa tendência como endógena. Sem afirmar que "revoluções" e "guerras" sejam a principal força motriz, fica implícito que são, no mínimo, fatores relevantes.

> O capitalismo é, por natureza, uma forma ou método de transformação econômica e não só não é estacionária, como não pode ser. O caráter evolucionário do processo capitalista não se deve meramente ao fato de a vida econômica transcorrer em um ambiente social e natural que se transforma incessantemente e cujas transformações

---

[7] Idem.

alteram os dados da ação econômica; esse fato é importante e essas mudanças (guerras, revoluções e assim por diante) geralmente condicionam as mutações industriais, mas não são a sua principal causa motriz [...]. A abertura de novos mercados, estrangeiros ou nacionais, e o desenvolvimento organizacional da oficina de artesão e da manufatura para os conglomerados como a U.S. Steel ilustram o mesmo processo de mutação industrial que revoluciona incessantemente a estrutura econômica *de dentro para fora*, destruindo incessantemente a antiga, criando incessantemente a nova. Esse processo de destruição criativa é o fato essencial do capitalismo.[8]

Podemos dizer que a "destruição criativa" de Schumpeter, a despeito de admitir fatores externos, coloca ênfase nas transformações "de dentro para fora". No entanto, tal maneira de abordar ainda poderia ser considerada uma "versão *soft*" de abordagem do problema se comparada à versão keynesiana de um dos grandes nomes da escola na atualidade, Paul Krugman. O economista norte-americano não poderia ter sido mais explícito em relacionar a "salvação" do capitalismo com a destruição massiva de capitais do que foi em comentário à obra *Teoria geral* de John Maynard Keynes, quando escreveu:

> Seria uma história maravilhosa se a *Teoria geral* tivesse mostrado ao mundo o caminho para sair da depressão. Infelizmente, para a beleza da fábula, não foi bem isso o que aconteceu. O programa de obras públicas gigantescas, que instaurou o pleno emprego, também conhecido pelo nome de Segunda Guerra Mundial, foi lançado por razões não relacionadas com a teoria macroeconômica.[9]

A forma crua e explícita com que Krugman aponta o papel que a Segunda Guerra Mundial teve para o reequilíbrio capitalista e o desenvolvimento dos "anos dourados" é impressionante. Os "anos keynesianos" de pleno emprego e crescimento estiveram diretamente embasados na destruição brutal promovida na guerra e, acrescentaríamos, na superexploração do trabalho desenvolvida pelas potências em anos de guerra, sobretudo pelas bases reacionárias que haviam sido deixadas pelo fascismo.

Tanto para autores marxistas como para não marxistas é um fato a importância no capitalismo da transformação incessante das condições de produção na "destruição criativa", nos termos de Schumpeter. Adicionamos a isso, com destaque para os fatores externos, em particular a Segunda Guerra Mundial, o *boom* parcial surgido das forças produtivas na "era de ouro".

---

[8] Joseph Schumpeter, *Capitalismo, socialismo e democracia* (trad. Luiz Antonio Oliveira de Araujo, São Paulo, Editora Unesp, 2017), p. 119 e 120.
[9] Paul Krugman, "Introdução", em John Maynard Keynes, *Teoria geral do emprego, do juro e da moeda* (trad. Manuel Resende, São Paulo, Saraiva, 2012), p. 24.

1973: uma crise clássica de superprodução

No calor dos acontecimentos, o economista marxista belga Ernest Mandel foi uma das principais cabeças a fazer a leitura da crise dos 1970. Em uma série de artigos sintetizados no livro *A crise do capital*, Mandel, partindo da relação entre o ciclo econômico aberto no pós-1945 e a crise que vai se estabelecer na década de 1970, busca se defrontar com todas as interpretações que queriam ver nesta uma mera crise conjuntural, desencadeada pelos "xeiques" do petróleo ou mesmo advinda do aumento excessivo dos salários, como defendiam alguns dos economistas neoliberais do período abordados por Mandel, como Emil-Maria Claassen, Pascal Salin, Jacques Rueff e o conhecido nome da *Escola de Chicago* Milton Friedman.

Para o marxista belga, pelo contrário, a crise que se instala comprovava aspectos clássicos da teoria de Marx na análise das crises, pois o que estava em sua base eram contradições mais profundas da própria dinâmica do capital e da economia mundial no pós-guerra, não apenas decisões conjunturais de política econômica de um ou outro governo naqueles anos. Conforme escreveu:

> A expansão acelerada de longa duração do pós-guerra resultava da superexploração da classe operária realizada pelo fascismo e pela Segunda Guerra Mundial (nos Estados Unidos, a Guerra Fria e seus efeitos desastrosos sobre o movimento operário), que permitiu uma alta pronunciada da taxa de mais-valia e, dessa forma, da taxa de lucro. Tal fato levou a uma acumulação amplificada de capitais, utilizada para tornar possível pôr em marcha em grande escala a terceira revolução tecnológica (semiautomação, energia nuclear). Aumentando consideravelmente a produção de mais-valia relativa e os superlucros dos monopólios tecnologicamente de ponta ("rendas tecnológicas"), essa revolução permitiu o prolongamento da expansão em condições "ideais" para o capital – ao *mesmo tempo*, com uma taxa de lucro elevada e um nível de vida real das massas trabalhadoras em elevação, isto é, um mercado em expansão.[10]

Essa era a situação econômica nos pós-Segunda Guerra, e é justamente esse quadro de condições especiais que se converterá em seu contrário nos anos 1970, com o aumento da composição orgânica do capital e a subsequente queda nas taxas de lucro. Tendo isso em mente, Mandel pôde argumentar, de forma categórica, contra a análise em voga segundo a qual a crise dos 1970 era uma crise do petróleo, que "a recessão generalizada de 1974-1975 [se tratava] de uma crise clássica de superprodução"[11]. O economista belga explica a crise de superprodução com distintos dados que poderíamos sintetizar em dois aspectos. O primeiro consiste no enorme crescimento do que ele pontua como *taxa de utilização* da capacidade produtiva da indústria manufatureira, cuja queda a partir de 1966 atingiu pelo menos 25% nos anos de recessão. O enorme

---

[10] Ernest Mandel, *A crise do capital: os fatos e a sua interpretação marxista* (trad. Huarez Guimarão e João Machado Borges, São Paulo/Campinas, Ensaio/Editora da Unicamp, 1990), p. 26-7.
[11] Idem.

parque industrial norte-americano começa a reduzir sua produção em função da crise de superprodução latente na sociedade (mais já claramente visualizada nos cálculos industriais). Após o crescimento vertiginoso do consumismo na chamada Era de Ouro, os efeitos da passagem do *boom* parcial do pós-Segunda Guerra para os anos de recessão foram postergados por meio da alta inflação e da redução da produção. Os impactos desse estado de coisas foram paulatinamente sentidos em diferentes potências no fim dos anos 1960, até que as contradições da superprodução não puderam mais ser evitadas e deram lugar à recessão da década de 1970.

O segundo aspecto que apresenta Mandel, também relacionado à análise clássica de *O capital*, de Marx – patente e interligada à superprodução –, são as crescentes quedas nas taxas de lucro nas principais potências. O aumento da exploração com o mais-valor relativo, junto aos "superlucros" e à explosão dos monopólios tecnológicos, levava necessariamente a um aumento da composição orgânica do capital, ou seja, a um aumento da produtividade e uma inserção de maquinaria na esfera da produção em paralelo com o aumento do desemprego e o número cada vez mais reduzido do capital variável, isto é, de trabalhadores nas fábricas e esferas de produção[12]. Esses dois fatores são o fundamental das determinações para se compreender, em seus traços gerais, a crise no período. Indo além, o impacto que essa queda nas taxas de lucro terá nos anos 1970 e o posterior debate sobre o tema nos anos neoliberais tornam sugestiva uma discussão detida sobre esse ponto, que faremos a seguir.

Queda tendencial das taxas de lucro

Para a compreensão mais profunda de um dos determinantes da crise dos anos 1970 e as respostas neoliberais, parece-nos conveniente aprofundar o debate sobre a queda tendencial das taxas de lucro, com uma breve abordagem da explicação sobre o problema no interior da teoria de Karl Marx em *O capital*.

No livro *A crise capitalista e suas formas*, buscamos trabalhar com quatro fundamentos gerais na teoria marxista da crise econômica: as crises de superprodução, de sobreacumulação, a financeira e a social-produtiva. A combinação desses elementos no processo vivo, no tempo e espaço (tomado do ponto de vista internacional) é, no entanto, altamente complexa, porque as crises se mesclam em diferentes momentos e lugares do globo, até se consumar em um salto de qualidade com uma recessão global ou uma depressão. Mas no interior de cada um desses processos opera, direta ou indiretamente, o que ficou conhecido como *lei da queda tendencial da taxa de lucro*. Como coloca Marx, os traços gerais da lei se referem ao

> fenômeno, derivado da natureza do modo capitalista de produção, de que com uma produtividade crescente do trabalho diminui o preço da mercadoria individual ou de uma

---

[12] Mandel aponta um dado de 17 milhões de desempregados nas potências, um número bem alto para o período.

quantidade dada de mercadorias, aumenta o número das mercadorias, diminui a massa de lucro por mercadoria individual e a taxa de lucro sobre a soma das mercadorias, ao mesmo tempo que aumenta a massa de lucro sobre a soma total das mercadorias.[13]

Nesse sentido, ao aumentar a produtividade, os capitalistas diminuem cada vez mais o valor de cada uma de suas mercadorias conforme aumenta a quantidade produzida e, por consequência, devem vender mais para compensar seus lucros, o que deve ser embasado em um aumento do consumo. Devido à enxurrada de mercadorias num mercado global e, atrelado ao fato de que com a produtividade aumentada, o desemprego também cresceria, esse movimento chegaria *a um ponto de crise de superprodução*. A outra face disso, ditada pela mesma lei, reside no fato de que, com o aumento da produtividade e os capitais não conseguindo escoar para outros nichos de produção seu montante de novo valor acumulado (por distintos motivos econômicos, por exemplo, pela saturação proveniente da superprodução), dados capitais seriam incapazes de novos investimentos produtivos que permitissem outra acumulação, ou mesmo capitais empregados na forma de capital constante não conseguiriam iniciar o processo de reprodução (e novas rotações do capital), rompendo-se o ciclo de reprodução ampliada e gerando a *crise de sobreacumulação*.

Ao analisarmos anteriormente a crise dos anos 1970, observamos as evidências de uma crise "clássica", em que a queda tendencial das taxas de lucro levou a uma crise de superprodução. Isso deve ser levado em conta para compreendermos as "soluções" neoliberais da crise, na medida em que toda a política econômica dos anos 1980 teve de lidar com essa contradição. Não se pode compreender a crise de 2008 sem ter em mente o que significou a crise dos 1970 e quais foram as respostas dadas. No entanto, temos uma visão distinta dos que buscam analisar a crise atual como uma continuidade *indiscriminada* da crise dos 1970, sem perceber o conjunto de políticas econômicas, fenômenos e acontecimentos políticos nas décadas neoliberais que atuaram como fatores contrários à queda tendencial da taxa de lucro.

O próprio Marx dedica o capítulo 14 do terceiro livro ao apontamento ao menos seis fatores que atuam de forma contratendencial à queda nas taxas de lucro, a saber: o aumento do grau de exploração do trabalho, a compressão do salário abaixo de seu valor, o barateamento dos elementos do capital constante, a superpopulação relativa, o comércio exterior e o aumento do capital acionário. Assim, o conteúdo dessa lei, no pensamento de Marx, estava bem distante de uma abordagem formalista da economia, desvinculada da dinâmica histórica e econômica concreta. Justamente por isso o autor de *O capital* alertava que

> em geral, [...] as mesmas causas que provocam a queda da taxa geral de lucro suscitam efeitos retroativos que inibem, retardam e, em parte, paralisam essa queda. Eles não derrogam a lei, porém enfraquecem seus efeitos. Sem isso, seria incompreensível não a queda

---

[13] Karl Marx, *O capital: crítica da economia política*, Livro 3: *O processo global da produção capitalista* (trad. Rubens Enderle, São Paulo, Boitempo, 2017, coleção Marx-Engels), p. 268.

da taxa geral de lucro, mas a relativa lentidão dessa queda. É assim que a lei atua apenas como tendência, cujos efeitos só se manifestam claramente sob determinadas circunstâncias e no decorrer de longos períodos.[14]

Aqui é possível visualizar o significado do neoliberalismo, pois, analisando os dados das taxas de lucro (levando em conta as divergências econométricas), é quase consensual que esse período significou uma retomada das taxas, e aqui reside o ponto fundamental a se observar uma vez que só se pode compreender o porquê dessa retomada se levarmos em conta os fatores contra-arrestantes no plano econômico, com destaque para a hiperfinanceirização e a ofensiva burguesa contra a classe trabalhadora no contexto da "restauração burguesa"[15] que significou as três décadas neoliberais.

Em um texto também escrito no calor dos acontecimentos de 2008, *Lo que está en juego en la crisis* [O que está em jogo na crise], Michel Husson elabora um gráfico sobre a queda das taxas de lucro, no qual ela fica evidente a partir do início dos anos 1970.

Figura 11. Taxa de lucro e taxa de acumulação. Estados Unidos + União Europeia + Japão

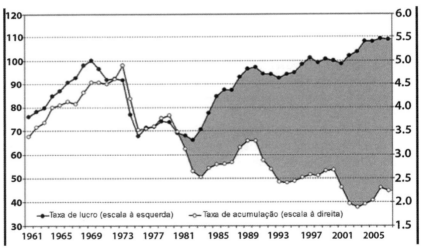

Fonte: Michel Husson, *Lo que está en juego en la crisis* (Barcelona, El Viejo Topo, 2008), p. 71-9.

O gráfico é chamativo justamente por apresentar a queda das taxas de lucro como ponto de inflexão, criando, como se pode ver, uma tesoura (uma tendência econômica em direções opostas) formada pela taxa de lucro e a taxa de acumulação. Fazendo uma primeira observação dessa discrepância entre as curvas, torna-se mais tangível compreender o significado dos efeitos concretos que tiveram o neoliberalismo e seu

---

[14] Ibidem, p. 278.
[15] Ver, de Emílio Albamonte e Matias Maiello, o artigo "Nos limites da restauração burguesa", *Revista Estratégia Internacional*, n. 5, jul. 2011.

padrão de acumulação. Os dados apresentados por Husson sobre o nível de retomada das taxas de lucro são, no entanto, contestáveis (não no sentido de *qualidade*, pois está claro que se retomou, mais no de *quantidade*, ou seja, em que grau se deu a retomada). O debate segue aberto com distintas visões apresentadas sobre a análise dos dados, tendo sido abordado por importantes economistas marxistas como Michael Roberts, Gérard Duménil e Domenique Lévy, Anwar Shaikh, Robert Brenner, entre outros. Além desses, um dos que apresenta um cálculo mais "pessimista" é Andrew Kliman, que, em sua pesquisa, busca (no polo oposto de Husson, inclusive de modo um pouco dogmático) evidenciar os limites da recuperação das taxas, enfatizando mais a conexão com os anos 1970. Em sua obra *The Failure of Capitalist Production* [O fracasso da produção capitalista], apresenta o gráfico a seguir.

Figura 12. A taxa de lucro e a taxa de acumulação

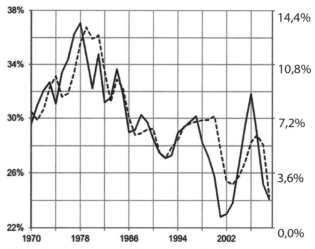

——— Taxa de lucro (taxa renda-propriedade) (escala à esquerda)
- - - - - Taxa de acumulação (investimento líquido como % do custo histórico de ativos fixos) (escala à direita)

Fonte: Andrew Kliman, *The Failure of Capitalist Production* (Londres, Pluto, 2011).

Ou seja, mesmo nesse gráfico, é apontado um crescimento das taxas de lucro na segunda metade dos anos 1980 e na primeira dos anos 1990, mas é muito distinto nos métodos do cálculo de Husson, oposto pelo vértice em certo sentido no fim dos anos 1990 e 2000. Andrew Kliman argumenta que a revolução nas tecnologias da informação levou a um aumento na depreciação da taxa de lucro devido à obsolescência[16], que nem sempre é expressa nas estatísticas, mas, se tomada como fator

---

[16] Kliman detalha o argumento, retomando a definição de Marx sobre a depreciação moral dos meios de produção, quando este diz que "além do desgaste material, a máquina sofre, por assim dizer, um desgaste moral. Ela perde valor de troca na medida em que máquinas de igual construção podem ser

importante de análise, poderia levar ao entendimento de que a queda é ainda maior. Segundo ele,

> isso levou a uma destruição significativa do valor do capital durante as últimas décadas. Uma vez que a destruição do valor do capital é um indicador de fraqueza econômica que, no entanto, aumenta a lucratividade, a fraqueza resultante do progresso técnico tem sido ainda mais significativa do que o declínio na taxa de lucro medida sugeriria. Minhas estimativas indicam que, uma vez que controlamos o aumento da lucratividade resultante da depreciação devido à obsolescência, a queda na taxa de lucro durante as últimas décadas torna-se substancialmente maior e grandes porções dos aumentos na taxa de lucro durante as bolhas dos anos dos 1990 e 2000 são eliminadas.[17]

O debate sobre o alcance da retomada das taxas de lucro nos anos 1990 segue vigente, e não é nosso intuito fazer uma análise conclusiva. Todavia, queremos chamar atenção para dois pontos, duas fragilidades nas análises que podem ser apontadas: por um lado, no gráfico de Husson, as voltas do crescimento são de tal magnitude que parecem expressar um vigor produtivo do capitalismo demasiado exacerbado. O autor chega a enxergar nos anos 2000 taxas quase equivalentes à "Era de Ouro" dos anos 1960, o que claramente não condiz (no nível em que aponta a retomada) com a recessão e o estancamento secular subsequente e com a necessidade da bolha financeira no setor imobiliário, afinal, com uma rentabilidade tão alta, por que assumir tantos riscos na esfera financeira e a constituição de volumes incomensuráveis de capital fictício nos anos 2000?

Por outro lado, seria um deslize teórico oposto buscar formas de metragem que "comprovassem a lei marxiana" da queda das taxas de lucro por fora dos acontecimentos históricos, particularmente políticos e geopolíticos, do período neoliberal. Ou seja, conforme abordaremos a seguir, no neoliberalismo praticamente todos os aspectos contratendenciais que Marx pontua em seu capítulo 14 se exacerbaram, fruto da hiperfinanceirização e de uma grande ofensiva burguesa contra o mundo do trabalho. Recuperaram-se, então, as taxas de lucro, mas a um custo alto para o metabolismo capitalista, aprofundando muito as contradições da acumulação. Dessa forma, ainda que estatisticamente não se visualize a queda nas taxas de lucro, dado os efeitos avassaladores da restauração neoliberal, isso, em realidade, apenas confirma a tese[18],

---

reproduzidas de forma mais barata, ou que máquinas melhores passam a lhe fazer concorrência"; Karl Marx, *O capital: crítica da economia política,* Livro 1: *o processo de produção do capital* (trad. Rubens Enderle, São Paulo, Boitempo, 2013), p. 477. Não abordaremos esse argumento mais detidamente aqui, posto que nosso objetivo é apenas localizar as contradições principais, embora reconheçamos a importância para debates específicos de se compreender os meandros de como foi a dinâmica das taxas de lucro no pós-crise dos 1970.

[17] Andrew Kliman, *The Failure of Capitalist Production*, cit., p. 123.
[18] "A análise da crise atual deve, efetivamente, partir da evolução da taxa de lucro. Após as recessões generalizadas de 1974-1975 e 1980-1982, uma nova fase se abriu no funcionamento do capitalismo, o que pode ser descrito como a comodidade neoliberal. O início dos anos 1980 representa um verdadeiro

pois essa tendência está sempre em operação e, para evitar sua consumação, exigiram-se medidas cada vez mais bruscas pelo capital; por conseguinte, maiores tensões em seu sociometabolismo. Tendo isso posto, nós partimos da crise "clássica" nos anos 1970 e já observamos como um de seus motores, a lei da queda tendencial da taxa de lucro, operou no estalar da crise e, pela negativa, no conjunto de respostas neoliberais posteriores à crise. Os fatores que levarão a esse processo serão estudados no tópico sobre o neoliberalismo.

A crise e o problema da hegemonia norte-americana

Como parte da análise dos resultados da crise dos 1970 que levaram ao padrão de acumulação neoliberal, é importante observar também as determinações geopolíticas que envolveram esse processo. O que queremos apontar aqui é que, sem dúvida, a forma como vai se dar a hegemonia norte-americana e as tendências a seu debilitamento a levam a entrar em questão, tanto como um fator de bastante relevância para a reflexão do capital internacional no pós-1970, quanto para a compreensão da fase neoliberal.

A situação dessa hegemonia não pode ser pensada fora da análise do significado do acordo de Yalta, que foi realizado dois meses antes da fundação da Organização das Nações Unidas e reuniu Roosevelt, Churchill e Stálin, moldando o que seria a configuração da hegemonia dos Estados Unidos durante a Guerra Fria. Isso porque ela se dava de um lado pela destruição e fragilidade que vivenciava o continente europeu (em especial, a Alemanha), principal palco da guerra, e também pela fragilização do Japão, alvo de duas bombas nucleares; e de outro, devido ao "acordo" entre as economias capitalistas vencedoras e a União Soviética, que selava a *pax armada* entre a política americana e a burocracia de Stálin com o intuito de manter a situação afastada de levantes revolucionários e eventos que fugissem ao controle dos Estados Unidos. Por sua vez, este não questionaria o domínio da União Soviética sobre o "bloco socialista" e buscaria, com o Plano Marshall e a política de emergência dos Tigres Asiáticos, fortalecer os países sob hegemonia do capital norte-americano para, nesse sentido, criar condições mais favoráveis no interior da Guerra Fria.

Immanuel Wallerstein analisa o pacto colocando como um marco não apenas os acordos formais, mas principalmente os acordos tácitos.

---

ponto de virada que desencadeia uma tendência fundamental para aumentar a taxa de exploração que leva a um aumento contínuo da taxa de lucro. Para um marxista acostumado com a tendência de queda da taxa de lucro, essa reversão pode ser preocupante. Pode-se certamente tentar escapar dessa dificuldade mostrando que a taxa de lucro, medida adequadamente, tenderia a declinar. Mas essas tentativas não são justificadas teoricamente e, sem ter tempo para mostrá-lo em detalhes, penso que a explicação tradicional do declínio tendencial é errônea"; Michel Husson, "Une crise systémique globale et durable", *Workers Liberty*, 14 maio 2008, p. 2; disponível em: <http://hussonet.free.fr/worklib8.pdf>; acesso em: 5 jun. 2019.

Os pactos formais da Conferência de Yalta foram menos importantes do que os acordos informais e tácitos nela estabelecidos. Só podemos avaliá-los observando o comportamento dos Estados Unidos e da União Soviética nos anos seguintes. Quando a guerra terminou na Europa, no dia 8 de maio de 1945, as tropas soviéticas e as ocidentais (isto é, americanas, britânicas e francesas) estavam localizadas em pontos particulares – essencialmente, ao longo de uma linha norte-sul, no centro da Europa, que se tornou conhecida como Linha Oder-Neisse. À parte alguns ajustes menores, foi onde ficaram. Em retrospectiva, Yalta foi um acordo entre ambos os lados no sentido de que poderiam permanecer onde estavam e nenhum lado usaria a força para expulsar o outro. Esse pacto tático aplicava-se também à Ásia, como demonstra a ocupação do Japão pelos Estados Unidos e a divisão da Coreia. Politicamente, Yalta foi um acordo de *status quo*, segundo o qual a União Soviética controlaria cerca de um terço do mundo e os Estados Unidos, o restante.[19]

A partir do "mundo de Yalta", o imperialismo norte-americano desenvolveu sua hegemonia nas mais diferentes partes do globo partindo da transferência da disputa entre revolução e contrarrevolução para a disputa entre "Estados" e agindo de modo a aumentar seu poder em suas zonas de influência. Do extremo Oriente ao extremo Ocidente, o imperialismo foi marcado por uma mistura de complexo industrial-militar desenvolvido, com a manutenção de bases militares e intervenções diretas em diversos países, mas também, em um âmbito mais superestrutural, por alianças políticas importantes, como a Otan, pela divisão do mundo em zonas de influência e, sobretudo, pela disseminação do "americanismo", envolvendo o mundo ideologicamente em distintas esferas do modo de vida.

Se tomamos a definição da crise dos 1970 como uma crise de superprodução determinada, em seus traços gerais, pela queda nas taxas de lucro, conforme apontamos nos tópicos anteriores, então devemos observar que é uma crise no "sociometabolismo" do capital em seu conjunto e, portanto, com implicações na potência hegemônica. Desse modo, não consideramos exagerado dizer que seria um erro analítico decisivo separar (não na exposição, mas na concepção da investigação) a economia da situação política e hegemonia internacionais, embora nem sempre os efeitos sejam de fácil percepção à primeira vista.

O que queremos dizer com isso é que a crise dos 1970 marca um questionamento da hegemonia norte-americana, ou o início de um declínio postergado pelos anos neoliberais, e que é importante remarcar a gênese desse questionamento na medida em que ele se expressa em três fatores de três esferas distintas. Em primeiro lugar, pelo componente geopolítico referente à campanha dos Estados Unidos na Guerra do Vietnã, com uma ofensiva imperialista extraordinária, mas que não conseguiu subjugar os vietnamitas e acabou por se tornar um símbolo tanto da resistência antiguerra quanto da debilidade da hegemonia norte-americana. Em segundo, do ponto de vista da luta de classes, o evento marcante que emergiu – paralelamente à *ofensiva do Tet*, um dos marcos da guerra ocorrido em 1968 – foi do movimento estudantil e operário

---

[19] Immanuel Wallerstein, *O declínio do poder americano: os Estados Unidos em um mundo caótico* (trad. Elsa T. S. Vieira, Rio de Janeiro, Contraponto, 2004), p. 23.

na França, naquilo que ficou conhecido como Maio de 1968 e acabou por se constituir em outra determinação decisiva do fim da "estabilidade de Yalta". Por fim, conforme desenvolvemos mais detidamente nas seções anteriores, a quebra do padrão Bretton Woods de 1971, a entrada do sistema de câmbios flutuantes e a crise de superprodução de 1973[20]. Assim, os anos 1960 marcam o "ponto culminante" da hegemonia norte-americana, entrando em um período de falência gradual, que é revertido parcialmente com a fase neoliberal, mas não chega a mudar o curso de decadência dessa hegemonia.

Uma avaliação equivocada foi feita por Ernest Mandel, autor que apontamos como um dos principais intérpretes da crise dos 1970 e utilizamos para compor a definição do caráter da crise. Isso, ao nosso ver, diz muito sobre essa debilidade analítica de se dissociar o elemento econômico do político. Pouco antes do estourar da crise, em sua *Introdução à teoria econômica marxista*, produto de um curso ocorrido em 1963[21], Mandel utiliza o termo "neocapitalismo" para definir o momento que vivenciava. Entre os fatores que o autor elenca para definir o "neocapitalismo", partia-se do contexto de Guerra Fria, com um enorme complexo militar que buscava incessantemente se revolucionar e produzia, efetivamente, alguns avanços tecnológicos. Nesse contexto, a economia se mantinha dinâmica, com um desenvolvimento parcial das forças produtivas e tecnológicas. Agrega-se a isso o fato de que com as revoluções anticoloniais, não tendo se conformado Estados operários, abria-se um campo de exploração do capital relativamente fértil, com novos mercados; por fim, com peso dos monopólios e trustes na economia, os aspectos ainda mais acirrados de programação-planificação capitalista se colocavam, aprofundando o que já havíamos visto no começo do século XX.

Além disso, como outro fator não menos importante, contava-se com a estatização que ocorria nos sindicatos, fortalecendo as burocracias sindicais e estabelecendo acordos de longo prazo com as direções, o que, em muitos casos, facilitava a manutenção de suas margens de lucro. Em outras palavras, Mandel diz que nessa fase o Estado aparece cada vez mais como o garantidor dos lucros empresariais e financeiros. Dessa forma, o capital parecia ter entrado num período de relativo equilíbrio, instável dado o contexto da Guerra Fria. Esses são alguns dos fatores que fizeram Mandel, na primeira metade da década de 1960, enxergar um "neocapitalismo" nascente. No entanto, o

---

[20] De uma forma ou de outra, autores como Immanuel Wallerstein ou Giovanni Arrighi, que tratam bastante do problema teórico da hegemonia norte-americana (nem sempre nesses termos), pontuaram os mesmos elementos. No caso de Wallerstein, este destaca mais o elemento do Vietnã e do maio francês de 1968, dando menos ênfase à crise dos 1970 na referência colocada (embora trate disso em outras passagens) e apontando a queda do muro de Berlim como novo elemento de comprovação dessa crise, com o que não concordamos, pois se trata justamente do momento em que o imperialismo norte-americano ganhou certo fôlego com a restauração capitalista nos ditos países socialistas.

[21] Na introdução do livro da editora Afrontamento, de 1975, pode-se ler: "Apresentada sob a forma de curso, esta Iniciação, que sintetiza a aplicação do ponto de vista marxista à análise dos problemas do capitalismo, foi exposta em 1963 num fim de semana de formação organizado em Paris pelo Partido Socialista Unificado"; Ernest Mandel, *Introdução à teoria econômica marxista* (Porto, Afrontamento, 1975), p. 4.

próprio economista marxista expressava que não via uma superação das crises ou "uma supressão das contradições" pelos mecanismos do neocapitalismo; para ele, a amplitude e gravidade dessas contradições se reduzem a um quadro de "longo prazo"[22]. Com isso queremos dizer que, no período de que tratamos, mesmo economistas do calibre de Mandel sofreram os efeitos do período da "Era de Ouro" ao enxergar a situação econômica como uma estabilidade mais estrutural do que de fato era. Isso se dá porque os mecanismos de superprodução, conforme o mesmo Mandel enxergaria mais tarde, continuavam operando a todo vapor e seriam um componente fundamental do questionamento, por um lado, da hegemonia do capital financeiro tal como havia se dado no pós-Guerra e, por outro, da hegemonia norte-americana em particular, refutada pelos mecanismos econômicos (a crise de 1973), políticos (Maio de 1968, o Outono Quente italiano, a Primavera de Praga ou a Revolução Portuguesa) e geopolíticos (o fracasso na Guerra do Vietnã). Já em 1972, um tanto mais próximo da crise, Mandel escreve aquela que ficaria conhecida como sua principal obra, *O capitalismo tardio*. No texto, expunha traços decisivos sobre o fim do *boom* do pós--guerra e uma nova dinâmica da acumulação capitalista, com a qual se desfazia o mundo do *welfare state* [Estado de bem-estar social], imbricando as crises econômicas com as crises políticas relacionadas ao papel intensivo da atuação estatal no pós-guerra, encontrando limites nos superlucros advindos das inovações produtivas e tecnológicas dos anos 1950, percebendo as debilidades dos mecanismos econômicos anticíclicos como a "inflação permanente" – que não pode manter eternamente os lucros extraordinários –, entre outros elementos.

A relação entre os distintos elementos econômicos levou Mandel a cunhar a expressão "capitalismo tardio", que serviu para que ele se referisse ao processo de transformações no capitalismo internacional, expondo os diferentes componentes que colocavam fim ao período de *boom* do pós-guerra e ajudavam a dar fundamentos para pensar o novo período que a crise dos 1970 abria na arena internacional. No entanto, em sua introdução a *O capitalismo tardio*, Mandel se preocupa em contrariar aqueles que poderiam utilizar essas reflexões para compreender que surgia uma nova época[23] do capitalismo internacional, o que na verdade também serve como uma revisão de sua teoria do neocapitalismo, embora não declaradamente, e isso nos parece fundamental perceber. Nessa lógica, em contraposição ao neocapitalismo, para ele a faceta mais clara do capitalismo tardio era complexificar as tendências expostas pela análise marxista

---

[22] "Esses traços distintos do neocapitalismo operam não para suprimir as contradições do capitalismo – as crises rebentam como dantes, o capitalismo não encontrou meio de assegurar um crescimento ininterrupto, mais ou menos harmonioso –, mas para as reduzir (ao menos temporariamente, no quadro dum período a longo prazo de crescimento acelerado e a preço duma inflação permanente) a sua amplidão e gravidade" (ibidem, p. 61).

[23] Por "época" do capitalismo nos referimos aqui a uma transformação profunda de dimensões que possam requalificar a caracterização do capitalismo e sua dinâmica em seu conjunto (tomado como sistema internacional), e não apenas alguns de seus aspectos. Nesse sentido, para a caracterização clássica de virada de "época" no capitalismo, nos referimos ao processo ocorrido na virada do século XX, com predominância do capital financeiro e formação de um "mundo de monopólios".

do começo do século, na qual se consagrou a visão de que a predominância do capital financeiro marcaria definitivamente a "face" do capitalismo contemporâneo. Assim escreve Mandel:

> Em primeiro lugar, o termo "capitalismo tardio" não sugere absolutamente que o capitalismo tenha mudado em essência, tornando ultrapassadas as descobertas analíticas de *O capital*, de Marx, e de *O imperialismo*, de Lênin. Assim como Lênin só conseguiu desenvolver sua descrição do imperialismo apoiando-se em *O capital*, como confirmação das leis gerais, formuladas por Marx, que governam todo o decorrer do modo de produção capitalista, da mesma maneira, atualmente, só podemos intentar uma análise marxista do capitalismo tardio com base no estudo de Lênin de *O imperialismo*. A era do capitalismo tardio não é uma nova época do desenvolvimento capitalista; constitui unicamente um desenvolvimento ulterior da época imperialista, de capitalismo monopolista. Por implicação, as características da era do imperialismo enunciadas por Lênin permanecem, assim, plenamente válidas para o capitalismo tardio.[24]

Ainda que Mandel aponte não ver uma nova "época", uma nova fase no sentido global de operação do sistema – o que realmente parecia ficar mais evidente quando ele utilizou a expressão "neocapitalismo" na análise econômica –, a ênfase nas características econômicas do capitalismo em detrimento dos aspectos geopolíticos (ou da competição interestatal) talvez evidenciem uma das importantes brechas de seu pensamento nesse momento e que acabam, pelas lacunas e ênfases no livro, possibilitando interpretações que confluem para o desenvolvimento de outras visões economicistas do período. Para entender essa brecha no seu pensamento, recorremos a Paula Bach, em sua análise de fim dos anos 1990 sobre o pensamento de Enerst Mandel:

> Se é verdade que [Mandel] reconhece como fator de fundamental importância para dar início ao que nós definimos como crise de acumulação capitalista a quebra da ordem monetária de Bretton Woods, ressalta disso especialmente seu aspecto econômico, subvalorizando as consequências políticas, e por isso não define como característica essencial do fim do *boom* o início da crise da hegemonia norte-americana e o renascimento das disputas interimperialistas no contexto do fortalecimento que os imperialismos competidores, Alemanha e Japão, alcançaram.[25]

Daqui se depreende uma questão metodológica que nos parece fundamental: a análise das transformações do capitalismo (como a que devemos fazer para pensar o mundo pós-2008) não pode estar separada da análise dos conflitos entre Estados e da

---

[24] Ernest Mandel, *O capitalismo tardio* (trad. Carlos Eduardo Silveira Matos, Regis de Castro Andrade e Dinah de Abreu Azevedo, São Paulo, Abril Cultural, 1982), p. 5.
[25] Paula Bach, "El boom de la posguerra", *Estratégia Internacional*, n. 7, mar./abr. 1998; disponível em: <http://www.ft.org.ar/estrategia/ei7/ei7boom.html>; acesso em: 25 jun. 2019 [Tradução nossa].

situação da correlação de forças entre as classes em nível nacional e internacional. A debilidade apontada na análise de Mandel fatalmente se desenvolve em visões com traços economicistas ou objetivistas da realidade na obra em questão, o que é relevante para pensarmos quando tomamos as transformações do sistema em seu conjunto. A despeito do fortalecimento dos Estados Unidos como potência no pós-guerra, havia a União Soviética, outro grande ator internacional, e a importância disso é notar que o stalinismo era dominante nos partidos comunistas em esfera global, o que impactava o movimento operário, de um lado, e o jogo geopolítico, de outro.

Finalmente, gostaríamos de pontuar que a reflexão sobre a hegemonia norte-americana (e as contradições que esta herdou da crise dos 1970) deve ser parte essencial da análise dos desdobramentos da crise. Seria impossível falar em hegemonia de uma potência como os Estados Unidos e estabilidade da fase neoliberal do capitalismo sem observar as consequências concretas para o mundo da derrota do último ascenso dos anos 1970 e começo dos 1980 e a debacle da União Soviética (que levará a uma crise da esquerda internacional e uma ofensiva burguesa sem paralelos contra a classe trabalhadora). Essa combinação entre economia, geopolítica e conflitos do capital *vs.* trabalho em nível internacional, consideramos um fundamento advindo da experiência da crise dos 1970 indispensável não apenas para entender essa crise, mas também para nos ajudar a tirar lições "metodológicas" para pensarmos o mundo pós-2008.

O neoliberalismo

Como demonstramos, a nosso ver a crise dos 1970 evidencia problemas cruciais, como a superprodução, a sobreacumulação, a crise de hegemonia norte-americana etc. É desse modo que podemos, então, compreender como se deu a resposta do capital a esse período, que precisamente qualifica o intervalo de tempo convencionalmente chamado de neoliberalismo.

David Harvey, em *O neoliberalismo: história e implicações*, faz uma definição sobre os princípios teóricos neoliberais nos seguintes termos:

> O neoliberalismo é em primeiro lugar uma teoria das práticas político-econômicas que propõe que o bem-estar humano pode ser melhor promovido liberando-se as liberdades e capacidades empreendedoras individuais no âmbito de uma estrutura institucional caracterizada por sólidos direitos a propriedade privada, livres mercados e livre comércio. O papel do Estado é criar e preservar uma estrutura institucional apropriada a essas práticas.[26]

---

[26] David Harvey, *O neoliberalismo: história e implicações* (trad. Adail Sobral e Maria Stela Gonçalves, 5. ed., São Paulo, Loyola, 2008), p. 12.

Entre a visão teórica e a prática concreta do neoliberalismo, todavia, há um abismo, no qual pode existir tudo menos "a melhor maneira de promover o bem-estar do ser humano", conforme o próprio Harvey comenta.

> Podemos, portanto, interpretar a neoliberalização seja como um projeto utópico de realizar um plano teórico de reorganização do capitalismo internacional ou como um projeto político de reestabelecimento das condições da acumulação do capital e da restauração do poder das elites econômicas.[27]

Uma das marcas distintivas da "doutrina" neoliberal foi uma formalização política por meio de documentos que expressam as propostas programáticas do neoliberalismo: tal foi o Consenso de Washington, que se tornou quase um mantra da cartilha neoliberal.

O conhecido economista keynesiano Joseph Stiglitz aponta que o plano original ficou a cargo do economista britânico John Williamson, que teria cunhado a expressão Consenso de Washington e apontado diretrizes gerais teóricas no texto *"What Washington Means by Policy Reform"* [O que Washington quer dizer com reforma política], de 1990[28]. Mas a realidade é que o projeto de propostas econômicas e o que efetivamente se implementou foram distintos. Assim, diz Stiglitz:

> Ao me referir ao Consenso de Washington, claramente me refiro à apresentação excessivamente simplificada das recomendações dos organismos financeiros internacionais e do Tesouro dos Estados Unidos, especialmente durante o período da década de 1980 e princípios da de 1990, antes que se convertessem em objeto de depreciação tanto no Norte quanto no Sul, e não ao trabalho mais sutil de John Williamson, que foi quem realmente cunhou a denominação. Seja qual fosse seu conteúdo e intenção originais, ao redor do mundo e na mente da maioria das pessoas, o termo passou a ser tomado como referência para as estratégias de desenvolvimento focadas nas privatizações, na liberalização e na macroestabilidade (principalmente a estabilidade de preços); um conjunto de políticas pregadas em base a uma grande fé (maior que o justificável) nos mercados livres de restrições e visando a reduzir, inclusive ao mínimo, o rol do governo.[29]

Dessa maneira, quando falamos em "privatizações", "liberalização globalizante", "redução dos gastos públicos", "desregulamentações" etc., em geral, nos situamos no campo da política neoliberal. Assim, para compreender o sentido real do neoliberalismo, é preciso relacionar as ideias da "cartilha" com as práticas nas distintas partes

---
[27] Ibidem, p. 27.
[28] Ver, de John Williamson, o artigo "What Washington Means by Policy Reform", em John Williamson (org.), *Latin American Adjustment: How Much Has Happened?* (Washington, Institute for International Economics, 1990).
[29] Joseph Stiglitz, *El consenso post-consenso de Washington*, 2004; disponível em: <https://www.almendron.com/politica/pdf/2005/reflexion/reflexion_0764.pdf>; acesso em: 1º jun. 2019.

do globo dentro desse escopo, a partir das necessidades históricas do capital e da divisão internacional do trabalho.

Se fôssemos sintetizar de outra forma, poderíamos dizer que o *neoliberalismo* esteve marcado por três grandes fatores: 1) um processo de *hiperfinanceirização*, no qual se buscou desregulamentar um conjunto de regras financeiras para oferecer novas soluções de crédito a velhos problemas, aumentando o endividamento das famílias e dos Estados e criando condições ainda mais arriscadas para a rentabilidade capitalista; 2) uma ofensiva do capital contra o mundo do trabalho, situada na reestruturação produtiva visando criar melhores condições para a exploração do mais-valor, em políticas fiscais e monetárias com o intuito de achatar o Estado no sentido de seus serviços públicos, e combinada com a desvalorização salarial e outros mecanismos para criar melhores condições para o sociometabolismo do capital; e 3) como desdobramentos desses fatores, uma forma agressiva do imperialismo para submeter países dependentes pelas vias econômicas no contexto de restauração capitalista, partindo das experiências ditatoriais, como foi a política dos Chicago Boys no Chile sob a ditadura de Pinochet, para formas pragmáticas de políticas concentradas de exploração do mais-valor no Sul do mundo, com governos da chamada transição democrática, herdeiros em muitos casos da estrutura política e policial das ditaduras militares, mas com "novo rosto".

Nosso objetivo não é fazer uma exposição sistemática sobre o tema, mas buscar apontar como as contradições dos 1970 foram "solucionadas com altos preços" pelo neoliberalismo e como necessariamente se tornariam crises mais agudas, tendo em vista as do fim dos anos 1990, de 2000 e, finalmente, de 2008. Sendo assim, entre as determinações apontadas, nesse ponto destacaremos particularmente a resposta "hiperfinanceirizante" do capital frente ao problema da superprodução e, em seguida, pincelaremos as demais determinações como parte da ofensiva do capital contra o trabalho (que incluem a reestruturação produtiva, as políticas fiscais e monetárias e a política imperialista contra o proletariado em nível internacional). Abordaremos o problema em outras partes da presente obra.

Hiperfinanceirização

Quando analisamos as curvas das taxas de lucro e das taxas de acumulação, pode-se notar um elemento chamativo das contradições da era neoliberal: o choque entre essas duas curvas como parte da "resolução" da crise. Um olhar imediato já nos permitiria concluir o seguinte: essa discrepância entre as curvas só pode ser um indício da desenfreada financeirização mundial da economia, pois o aumento da taxa de lucro sem que se aumente a taxa de acumulação indica que o crédito tem entrado como um fator fundamental da realização das mercadorias, evitando, assim, a crise imediata, mas necessariamente estrangulando ainda mais a capacidade de consumo das famílias em longo prazo. Como coloca Husson:

Embora a taxa de lucro e as taxas de acumulação tenham evoluído em paralelo até o começo da década de 1980, depois começaram a divergir. A separação entre as duas curvas [...] mede o aumento da fração não acumulada do mais-valor, que constitui um bom indicador da financeirização.[30]

O fato é que a crise dos 1970 continuou legando ao mundo as contradições da queda das taxas de lucro em nível internacional, já que, como coloca Kliman, naquela década não se deu uma resolução de violenta destruição das forças produtivas. Na realidade, a "resolução" da crise foi dirimi-la com mecanismos de uma complexa arquitetura econômica, cujos principais alicerces poderiam ser sintetizados na imensa financeirização da economia a partir dos anos 1980, o que permitiu a divergência entre as taxas de lucro (que voltam a crescer no neoliberalismo) e as taxas de acumulação (estancadas ou em queda). Ou seja, o capital *hiperexplora*, mas não consegue investir, o que leva um montante de capital ao setor financeiro e promove as inevitáveis bolhas.

A chave desse processo está nos eventos que vão acontecer após o fim dos acordos de Bretton Woods em 1971, com o conhecido choque de Nixon, que fez com que se desvinculasse o lastro do dólar com o padrão-ouro, seguido pela adoção do sistema de câmbios flutuantes em muitos países e um combo de medidas econômico-financeiras no começo dos anos 1980 que levaram em seu conjunto à *desregulamentação*[31], *descompartimentalização* e *desintermediação* do sistema financeiro, com consequências altamente dinâmicas para a evolução do capitalismo internacional, processo que François Chesnais vai chamar de *mundialização do capital*.

O economista francês, em *A finança mundializada*, sua obra coletiva de 2005, que atualiza e aprofunda conclusões da conhecida obra de 1996, *A mundialização do capital*, explica de forma sintética o processo dos três "D".

> Classicamente, os autores distinguem três elementos constitutivos na implementação da mundialização financeira: *desregulamentação* ou liberalização monetária e financeira, a *descompartimentalização* dos mercados financeiros nacionais e a *desintermediação*, a saber,

---

[30] Michel Husson, *Lo que está en juego en la crisis*, cit., p. 71.
[31] Robert Blackburn também buscou explicar a ideia de financeirização e sua inter-relação com a crise, ficando conhecido por antecipar a crise dos *subprimes* já em 2007, em texto publicado alguns meses antes da quebra do banco de investimentos Lehman Brothers. A análise de Blackburn, no entanto, busca explicações inerentes ao próprio sistema financeiro para o desdobramento da crise, que passam pelas novas linhas de crédito elaboradas nos anos 1960 e fundos de investimento, que possibilitaram um alto crescimento do sistema financeiro. Peter Gowan considera que a raiz da crise também está no processo de "financeirização" da economia. No entanto, acredita que ela se relaciona com uma estratégia econômica da elite americana, uma personificação do capital financeiro, que cria bolhas financeiras (aumentando a desproporção entre o setor financeiro e a economia real) até que elas irrompem e exigem a ajuda das "autoridades estatais", ou seja, da atuação do Estado como regulador da economia e do sistema financeiro.

abertura das operações de empréstimos, antes reservadas aos bancos, a todo tipo de investidor institucional.[32]

E completa:

> Há uma interação e um encadeamento profundo entre os três processos. A mundialização financeira remete tanto à "descompartimentalização" *interna* entre diferentes funções financeiras e diferentes tipos de mercado (de câmbio, de crédito, de ações e de obrigações) quanto à interpenetração *externa* dos mercados monetários e financeiros nacionais e sua integração nos mercados mundializados. A descompartimentalização externa se apoia sucessivamente na liberalização dos mercados de câmbio, na abertura do mercado de títulos públicos aos operadores estrangeiros e na abertura da Bolsa às empresas estrangeiras. A descompartimentalização interna abriu caminho para uma (des)especialização progressiva dos bancos em nome da concorrência e da liberdade de empreendimento. É o terceiro "D", a "desintermediação", que permite às instituições financeiras não bancárias ter acesso aos mercados como emprestadoras. Foram elas que tiveram um crescimento particularmente espetacular desde o início da desregulamentação financeira. Enfim, o movimento de liberalização e descompartimentalização foi igualmente marcado pela criação de numerosas formas novas de aplicação da liquidez financeira (o que se chama de novos produtos financeiros), à medida que a remoção das regulamentações e controles nacionais anteriores abriu caminho para as "inovações financeiras".[33]

Partindo da obra de Henri Bourguinat, *Finance internationale* [Finanças internacionais], na qual se desenvolve uma análise pormenorizada do processo, a explicação de Chesnais sobre os três "D" dessa nova arquitetura financeira nos ajuda a compreender os mecanismos que foram se articulando de modo a criar a enorme massa de capital financeiro e, sobretudo, em se tratando das crises, uma massa enorme de capital fictício que necessariamente levaria ao estouro de "bolhas". A questão era saber onde se expressaria o processo de superprodução e sobreacumulação de capitais que desequilibraria o conjunto do sistema financeiro.

O entendimento do sistema financeiro e como suas desregulamentações, descompartimentações e desintermedições operam (inclusive com diferenças nos distintos países) pode ser objeto de uma investigação e um desenvolvimento mais extensos. O primordial para nossa análise é termos em mente os fundamentos globais que relacionam a crise da queda da taxa de lucro, uma crise na dita economia produtiva, com os mecanismos de financeirização advindos dessa crise, parte da dinâmica irracional do capital e seu desenvolvimento, um dos fatores principais para entendermos a ontogênese da crise de 2008.

---

[32] François Chesnais, *A finança mundializada* (trad. Paulo Nakatami Rosa Marques, São Paulo, Boitempo, 2005), p. 46.
[33] Idem.

A ofensiva do capital contra o trabalho

Além dos processos econômicos ligados à hiperfinanceirização, outra marca distintiva da abertura da nova "idade das trevas" conservadora esteve na derrota sofrida pela classe trabalhadora em seu último ascenso, expressa na fórmula neoliberal Reagan-Thatcher contra o movimento operário. Matías Maiello e Emilio Albamonte sintetizam esse ponto na chamada etapa de "restauração burguesa".

> Essa ofensiva reacionária, que foi batizada de "neoliberalismo", se expressou num primeiro momento nos países imperialistas, a partir da entrada de Reagan no governo dos EstadosUnidos e de Thatcher na Grã Bretanha, mediante a implementação de uma série de "contrarreformas" econômicas, sociais e políticas, com o objetivo de reverter as conquistas obtidas pelo movimento operário durante os anos de *boom* sob as bandeiras do livre mercado para garantir os lucros capitalistas. Depois se estendeu aos países semicoloniais mediante o chamado "Consenso de Washington", e teve sua expressão nos ex-Estados operários burocratizados pela via da restauração do capitalismo, ainda que [...] com diferentes consequências na União Soviética com relação à China.[34]

Essa etapa foi constituída pela sempre comentada restauração capitalista na União Soviética e pela queda do muro de Berlim, que são elementos de dimensão histórica na reconfiguração geopolítica internacional, com impactos para a avalanche neoliberal. Mas também é importante frisar que não é menor a restauração na China, em 1978, sob as medidas de Deng Xiaoping, e em 1989, sobre o sangue da mobilização de Tian'anmen, o que expressou um imenso novo nicho de acumulação e foi uma das determinações que deu sobrevida ao capitalismo e marcou a fase neoliberal.

Destrinchando de forma particular os principais elementos desse processo, os três pontos que queremos indicar como parte de uma caracterização introdutória, mas global, das respostas do capital à crise dos 1970 que configuram o neoliberalismo, são os seguintes:

a) A política fiscal e monetária

Para alguns economistas, entre os quais destacaríamos Gérard Duménil e Domenique Lévy, a própria qualificação do que seria o marco de inflexão do início do neoliberalismo estaria no ano de 1979, quando o FED decide aumentar as taxas de juros, a partir de uma concepção monetarista e, portanto, oposta a toda a experiência keynesiana anterior, que teve forte peso desde o New Deal, especialmente pelo aparente sucesso durante os anos da "Era de Ouro".

David Harvey descreve o processo do seguinte modo:

---

[34] Emilio Albamonte e Matías Maiello, "Nos limites da restauração burguesa", cit., p. 13.

Em outubro de 1979, Paul Volcker, presidente do Federal Reserve Bank no governo Carter, promoveu uma mudança draconiana na política monetária dos Estados Unidos. O compromisso de longa data do Estado democrático liberal com os princípios do New Deal, que significava em termos gerais políticas fiscais e monetárias keynesianas, e tinha o pleno emprego como objetivo central, foi abandonado em favor de uma política destinada a conter a inflação sem medir as consequências para o emprego. A taxa real de juro, que com frequência fora negativa durante o surto inflacionário de dois dígitos dos anos 1970, tornou-se positiva por ordem do Federal Reserve.[35]

Os efeitos recessivos foram claros, como apresentamos no gráfico do crescimento do PIB mundial, com queda no crescimento atingindo míseros 0,3% em 1982. No entanto, os objetivos da política monetária se ligavam justamente à política fiscal endurecedora, cortando gastos em serviços públicos ou até mesmo os eliminando em algumas áreas, generalizando as privatizações, aumentando o desemprego com demissões, retirando direitos do trabalho etc. "A virada para o neoliberalismo", como afirma Harvey, "se apoiava assim não só na adoção do monetarismo como na implantação de políticas governamentais em muitas outras arenas"[36], que em suma tinham o objetivo de degradar os direitos sociais da massa trabalhadora da população, concentrando a riqueza ainda mais na elite financeira e descarregando a crise sobre o mundo do trabalho. Daqui entramos no segundo aspecto, relacionado ao primeiro.

b) A reestruturação produtiva

A reestruturação produtiva neoliberal estava diretamente ligada a essa ofensiva do capital contra o trabalho, que tem na política monetária e fiscal uma dimensão, mas só pode se consolidar efetivamente na medida em que atinge o mundo do trabalho.

As transformações pelas quais a esfera produtiva passou, do fordismo ao toyotismo e à acumulação flexível, criaram mecanismos para aumentar o grau de exploração e reverter a tendência à queda nas taxas de lucro revelada na crise dos 1970. Esses mecanismos foram amplos e complexos: as diversas formas de rotatividade do trabalho, o incremento avassalador da terceirização, as combinações de jornadas extras (hora extra), banco de horas e dias extras de trabalho (fins de semana) à "jornada flexível", aumentando para seis ou sete dias de trabalho na semana, com folgas alternadas ou mesmo retiradas – além da busca por aumentar a intensidade do trabalho com a nova maquinaria e transformações tecnológicas. Os questionamentos a cada um dos direitos assegurados com as históricas lutas sociais, como férias, décimo terceiro, alimentação, transporte etc., também são parte do aprofundamento da avalanche neoliberal que quer elevar as taxas de exploração (de mais-valor) seja no prolongamento da jornada, arrancando direitos, seja no aprofundamento da intensidade do trabalho. Os processos objetivos naturalmente caminharam conjuntamente com a tentativa cada vez mais

---

[35] David Harvey, *O neoliberalismo*, cit., p. 32.
[36] Ibidem, p. 33.

elaborada de debilitamento da organização sindical e das formas de resistência organizada dos trabalhadores.

A coordenação dessa reestruturação fica a cabo do capital financeiro, que articula a logística entre produtividade do trabalho qualificado no mundo laborativo nas potências, ao mesmo tempo que semiescraviza e explora até os limites físicos e psicológicos os trabalhadores nos países dependentes – ou os imigrantes nos países do "centro".

Esse aspecto abordaremos de maneira mais detalhada no próximo capítulo, quando trataremos dos efeitos da crise sobre o mundo do trabalho, momento em que poderemos resgatar mais detidamente o significado da restauração neoliberal.

c) O imperialismo em tempos de restauração

Do ponto de vista da análise do neoliberalismo, é interessante notar a dimensão internacional da dinâmica do capital, pois, conforme vimos, a política da crise dos 1970, a guerra do Vietnã e os processos revolucionários que se abrem com o Maio de 1968 vão no sentido de questionar a hegemonia norte-americana e pareciam colocar em questão o próprio futuro do capitalismo. Ao capital internacional não restou alternativa a não ser *aumentar a aposta* contra os trabalhadores, com os governos desde os anos 1970 dispostos a uma política agressiva contra o mundo do trabalho tanto em seus próprios países quanto em nível internacional.

No que se refere à relação com os demais países dependentes e semicoloniais, a política norte-americana, bem como das demais potências, tinha seu "discreto charme" do pragmatismo explorador, com pressão para implementar as políticas monetárias e fiscais, como as que descrevemos, inclusive da própria cartilha neoliberal com o Consenso de Washington. A chave era explorar a queda do muro de Berlim sendo na *forma* um pouco distinta das intervenções pró-ditadura das décadas anteriores, mas no *conteúdo* logrando ainda mais sucesso, para usar os termos de Marx, na saga vampiresca por sugar mais-valor.

Assim, o "Estado mínimo" neoliberal só pode adquirir tal acepção se entendermos a imensa atuação dos governos, no plano nacional contra as greves operárias e as mobilizações de massa, e no internacional com uma intensa atuação imperialista, sobretudo para explorar o máximo possível a derrota subjetiva da classe trabalhadora com a restauração nos antigos Estados operários, mas também nos países dependentes, com a deslocalização da produção.

Conforme escreveram Gérard Duménil e Domenique Lévy,

> a ordem neoliberal internacional – conhecida como globalização neoliberal – foi imposta a todo o mundo, desde os principais países capitalistas do centro até os países menos desenvolvidos da periferia, geralmente ao custo de severas crises, como na Ásia e na América Latina durante as décadas de 1990 e 2000. Como em todos os estágios do imperialismo, os principais instrumentos dessas relações internacionais de poder, além da violência econômica direta, são a corrupção, a subversão e a guerra. E o principal instrumento político

é sempre a instalação de um governo local pró-imperialista. A colaboração das elites do país dominado é fundamental, bem como, no capitalismo contemporâneo, a ação de instituições internacionais, como a Organização do Tratado Atlântico Norte (Otan), o Fundo Monetário Internacional (FMI), o Banco Mundial e a Organização Mundial do Comércio (OMC). Economicamente, o objetivo dessa dominação é a extração de "excedentes" pela imposição de preços baixos aos recursos naturais e investimentos no exterior, seja ele em bolsa ou o investimento externo direto.[37]

Dessa maneira, pensar esse movimento em escala global, como aprofundamento das tendências mais avançadas da exploração capitalista após uma enorme ofensiva contra a classe trabalhadora entre os 1980 e 1990, é decisivo para a compreensão do neoliberalismo.

Podemos dizer então que o capitalismo, em sua fase decadente, particularmente após a crise dos 1970, quando já não podia se basear em nenhum campo fértil para sua acumulação, combinou diversos elementos a partir da hiperfinanceirização (com o capital financeiro como senhor da arquitetura internacional da produção capitalista). Houve uma mudança global nas políticas monetárias e fiscais, com peso dos governos em descarregar a crise dos 1970 nos trabalhadores e aumentar a concentração de renda nas elites, junto ao desenvolvimento das formas mais brutais da exploração do ponto de vista do mais-valor relativo (as distintas novas formas, com o mais avançado da tecnologia e dos métodos de administração capitalista), somado à hiperexplosão de monopólios dominando todos os cantos do planeta e aprofundando formas de exploração do mais-valor absoluto, com degradação completa das condições de trabalho.

Sintomas da enfermidade

A crise de 2008 foi o verdadeiro golpe no padrão de acumulação neoliberal. No entanto, antes de agonizar no novo momento da década de 2010, o neoliberalismo já havia enfrentado importantes crises regionais de alcance internacional, como a crise asiática de 1997, a crise russa de 1998 e a crise argentina de 2000-2001, além da explosão da bolha das empresas de tecnologia, que se consagrou como "a crise das *ponto.com*". O fundamental para nós não será a análise detida dos processos, mas compreendê-los como parte dos *sintomas da enfermidade que o capital internacional apresentava diante das consequências das suas respostas neoliberais*.

Nosso argumento central expressa um desdobramento da análise do neoliberalismo: formou-se um padrão de acumulação que conseguiu responder à crise dos 1970 retomando as taxas de lucro, mas a um preço alto, criando contradições importantes, de um lado, com o processo de hiperfinanceirização, expressando uma crise de sobreacumulação oculta em massivas inversões regionais de extrema volatilidade, em uma

---

[37] Gérard Duménil e Dominique Lévy, *A crise do neoliberalismo* (trad. Paulo Castanheira, São Paulo, Boitempo, 2014), p. 19.

forma desigual e combinada de manifestação da crise de rentabilidade – dado que o fôlego da retomada das taxas de lucro parece perder força no fim dos 1990 e 2000 – e, de outro, como não poderia deixar de ser na crise social que a acumulação neoliberal gera, com um traço mais evidente nos níveis quase incomensuráveis da desigualdade social, com uma elite financeira concentrando cada vez mais riqueza e uma massa arremessada à própria sorte, sem emprego, sem assistência, sem esperança. Ou seja, para nós é fundamental perceber a *descontinuidade na continuidade* quando se trata das contradições capitalistas advindas dos 1970, que significaram uma resposta neoliberal a marcar um padrão de acumulação, um novo momento, pode-se dizer; mas também que essa resposta não poderia gerar uma estabilidade mais estrutural, uma vez que mantinha um equilíbrio instável do capitalismo internacional à custa de gerar contradições cada vez mais profundas.

Vamos nos deter em duas crises centrais a partir da segunda metade da década, que ainda que não significaram uma quebra com o equilíbrio capitalista, mas apresentavam claros sintomas da debilidade do modelo de acumulação neoliberal e estiveram na raiz do fluxo desenfreado para o "porto seguro" que se tornou "porto de ficções" financeiras nos anos 2000: o setor imobiliário norte-americano.

A crise asiática de 1997 e as economias dependentes

A crise asiática é bastante reveladora do entrelaçamento das determinações que permeiam a fase neoliberal. Vejamos então como se desenvolveram os movimentos de reestruturação do capital que levaram à crise.

David McNally destaca um ponto relevante para o tema de que tratamos em sua análise da fase neoliberal: uma nova onda de expansão do capital. Para o autor, o que está em jogo na análise crítica do momento não é a natureza *quantitativa* da expansão que houve, mas entender o seu caráter "novo, desigual e volátil". Assim, ele explica que

> [os] processos intensos de reestruturação capitalista ao longo do período neoliberal criaram uma nova reconfiguração sócio-espacial do capital e uma nova, desigual e volátil onda de expansão capitalista (impulsionando processos centrais do fenômeno conhecido como "globalização"). Por meio de uma dialética de reestruturação global que reconfigurou o capital e o trabalho tanto dentro quanto fora do centro, a economia mundial capitalista foi refeita decisivamente.[38]

O direcionamento dos capitais para o Sudeste Asiático teve motivações distintas no pré e pós-restauração. As intenções hegemônicas dos Estados Unidos desde os anos 1970-1980 buscavam, com a exportação de capital, fortalecer os Tigres Asiáticos como

---

[38] David McNally, "From Financial Crisis to World-Slump: Accumulation, Financialisation, and the Global Slowdown", *Historical Materialism*, jun. 2009, p. 47 [Tradução nossa].

uma parede para a expansão da influência geopolítica da Rússia ou da China (no contexto da Guerra Fria). No entanto, esses objetivos se transformam com a restauração capitalista nos anos 1990. Essa mudança geopolítica aumenta a volatilidade, que, ainda que tenhamos em mente a batalha interimperialista para debilitar o Japão, permitia maior "pragmatismo" dos capitais, dispostos a encontrar e explicar novos nichos de valorização e se retirar repentinamente – tentando, por essa via tortuosa, driblar as crises de sobreacumulação.

Uma explicação unilateralmente "financista" como raiz da crise de 1997 seria bastante insuficiente, pois o que está em jogo é uma inversão imperialista de grande magnitude. Isso porque a intervenção imperialista na Ásia oriental não se baseava apenas em capitais fictícios, mas em grandes fluxos de investimento estrangeiro direto, o que implicou a criação de imensos parques industriais, com dezenas de milhares de fábricas e milhões de trabalhadores. É o que argumenta McNally quando diz que

> [a] razão para afirmar que gastos governamentais impulsionadores[39] e a criação de crédito em si mesmos não teriam possibilitado ao capitalismo evitar uma crise generalizada por um quarto de século é tanto lógica quanto empírica. É inconcebível que o massivo fluxo de investimento estrangeiro direto (IED) em direção à Ásia oriental, às novas zonas industriais com dezenas de milhares de fábricas e milhões de trabalhadores, o imenso crescimento no tamanho da classe trabalhadora mundial, poderiam todos ter sido gerados simplesmente pela criação de crédito dos bancos centrais. Criação de crédito pode frequentemente estender um *boom*, como eu acredito que acontece desde 1997, mas não pode sozinha criar um quarto de século de expansão secular.[40]

Ou seja, as razões mais de fundo da crise se relacionam com os pilares do padrão de acumulação neoliberal. E a trepidação de 1997 se manifestou particularmente entre os chamados "Novos Tigres Asiáticos", entre os quais estão Malásia, Tailândia, Indonésia, Filipinas e também a Coreia do Sul. Foi uma crise com efeitos catastróficos para esses países e seus impactos alcançaram o mundo inteiro.

Harvey descreve o processo do seguinte modo:

> A segunda onda de crises financeiras, de caráter mais amplo, começou na Tailândia em 1997, com a desvalorização da moeda local, o thai baht, na esteira do colapso do mercado

---

[39] No original *"pump-priming"*. Segundo matéria da revista *Exame*, "*'Prime the pump*': a expressão em inglês se refere ao processo necessário em bombas d'água antigas, de colocar uma dose inicial de água para disparar o mecanismo. É uma metáfora usada desde os anos 1930 por economistas para ilustrar como o estímulo fiscal do governo pode movimentar uma economia em depressão. A tese foi estruturada pelo economista britânico John Maynard Keynes e colocada em prática após a Grande Depressão americana que estourou com a crise de 1929"; João Pedro Caleiro, "Trump afirma ter inventado expressão econômica dos anos 30", *Revista Exame*, 11 maio 2017; disponível em: <https://exame.com/economia/trump-afirma-ter-inventado-expressao-economica-dos-anos-30/>; acesso em: 13 maio 2020.

[40] David McNally, *From Financial Crisis to World-Slump*, cit., p. 54.

imobiliário especulativo. A crise contaminou primeiro a Indonésia, a Malásia e as Filipinas e depois alcançou Hong Kong, Taiwan, Cingapura e a Coreia do Sul. A Estônia e a Rússia foram duramente atingidas e pouco depois o Brasil desabou, com fortes consequências para a Argentina. Mesmo a Austrália, a Nova Zelândia e a Turquia foram afetadas. Só os Estados Unidos pareciam imunes, mas mesmo lá um fundo de derivativos, o Long Term Capital Management (cujos principais conselheiros eram dois laureados pelo Nobel em economia), que tinha apostado errado nas variações da moeda italiana, teve de ser resgatado com nada menos de 3,5 bilhões de dólares.[41]

Partindo do argumento de McNally, que observa a expansão "efetiva" de capital no Leste asiático, devemos notar que ela se deu em alicerces completamente frágeis, nos quais os Tigres Asiáticos, e em particular os "Novos Tigres", foram parte desses nichos com enormes e desenfreados fluxos de capital que se baseavam no fato de que essas economias desregulamentaram completamente suas legislações e permitiram a farra do capital financeiro. O que queremos dizer com isso é que a desregulamentação financeira, no caso dos países dependentes, abriu a porta para a exportação de capital, incluindo investimentos "produtivos", mas completamente atrelados às economias das potências. Assim, permitiam-se crescimentos extraordinários nas economias (a imagem de "tigres" e "novos tigres" asiáticos), encontravam-se nichos para escoar a sobreacumulação de capitais, mas atrelando as economias desses "tigres" ao dólar, condicionando completamente seu crescimento às vontades do capital.

O importante aqui é perceber que também o "fetichismo produtivo" keynesiano sem uma resposta anti-imperialista pode se tornar uma forma ainda mais agressiva de dominação, afinal, os imensos fluxos de investimento estrangeiro direto com a formação de um parque industrial imenso na Ásia oriental, criando um espaço industrial, na lógica da acumulação deslocalizada, nada mais fizeram além de tornar essas economias altamente dependentes e controladas pelo capital norte-americano. Nesse caso, o desenvolvimento industrial nada tem a ver com o fortalecimento da soberania desses países e nem ia na contramão da onda hiperfinanceirizante neoliberal; pelo contrário, baseava-se nela para ampliar a subordinação ao capital imperialista.

Robert Brenner escreveu a obra *O boom e a bolha* em 2001, a qual, sem dúvida, é uma referência para compreender esse período do fim dos anos 1990. Brenner explica mais detalhadamente esses mecanismos e como foi a dinâmica dos fluxos de capital nas economias do Leste asiático.

> De sua parte, as economias do Leste asiático, com as notáveis exceções de Taiwan e Cingapura (e a China), tinham desde o final dos anos 1980, desregulamentado os seus mercados financeiros a fim de facilitar não só a entrada como a saída de capital, e afixado as amarras de suas moedas ao dólar para propiciar a estabilidade cambial [...]. Fluxos

---

[41] David Harvey, *O neoliberalismo*, cit., p. 105.

abundantes de capital de curto prazo à região de fato materializaram-se bastante inchados pela grande expansão da liquidez internacional durante o período.[42]

O interessante do argumento de Brenner é sua abordagem a partir da hegemonia norte-americana, ligando-a a um duplo movimento: além desses fluxos de capitais nos países dependentes (e semicoloniais), ele destaca uma razão de ordem geopolítica de importância na fase neoliberal, que é a retomada do Japão como potência imperialista e a preocupação norte-americana como parte das movimentações do capital nesse período.

Destaca-se nas orientações norte-americanas, então, uma política integrada, com intuito de hipervalorizar a moeda japonesa e obrigar os investimentos a se voltarem para os países ao redor. Para compreender como foi operado o jogo político norte-americano, o economista parte de um evento econômico significativo da década de 1980: os Acordos de Plaza de 1985, em que o G-5 (Estados Unidos, Alemanha, França, Inglaterra e Japão) se comprometeu com a desvalorização do dólar com políticas monetárias, levando também à valorização do iene (moeda japonesa) – o mesmo em relação ao marco alemão, mas com outros resultados relacionadas ao contexto europeu. As consequências dessa política residiram na resposta que os fabricantes deram

> ao iene desenfreado, em parte realocando a produção para o Leste asiático, onde não só os salários eram muito mais baixos comparados a qualificação da mão de obra, mas também as moedas estavam amarradas ao dólar e, portanto, tendiam a cair conforme o iene subia.[43]

O Leste asiático então foi irrigado com amplos volumes de capital, obrigando os investidores japoneses a entrar na torrente: o investimento direto anual do setor manufatureiro japonês no Leste asiático quase triplicou, indo de 2,9 bilhões para 8,1 bilhões de dólares, e os exportadores japoneses supriram a região com quantidades vastamente aumentadas de capital e de bens intermediários, subindo a cota de exportações em 40%-50% no mesmo curto período. Esse foi parte do primeiro ciclo que gerou a emergência dos Novos Tigres Asiáticos.

No entanto, justamente os acordos econômicos que estiveram na base da emergência dos países do Sudeste asiático se converteram, literalmente, em seu contrário, no que ficou conhecido como "Acordo de Plaza invertido". A orientação aplicada em 1985 sofreu uma reviravolta dez anos depois, quando o novo acordo fez com que o dólar se revalorizasse e o iene se desvalorizasse, tendo como um dos motores o aumento da taxa de juros norte-americana a partir de meados de 1994. Tratava-se de um momento em que a restauração do capitalismo na China (que se consolidava como nova fábrica do mundo) entrava diretamente na equação, com consequências nefastas para as economias dos Novos Tigres Asiáticos na medida em que o sentido dos investimentos japoneses se reverteu e, assim, as amplas dívidas lastreadas em dólar na região

---

[42] Robert Brenner, *O boom e a bolha* (trad. Zaida Maldonado, Rio de Janeiro, Record, 2003), p. 218-9.
[43] Ibidem, p. 217.

tornaram-se impagáveis e o crédito se enxugou. Acostumados a rolar as dívidas e navegar no mar de crédito fácil, os países do Leste asiático se viram numa situação desesperadora. Um dos marcos dessa crise estaria na Tailândia, quando o governo decide, nesse contexto de desespero, tornar o câmbio flutuante, desatrelando do dólar a moeda tailandesa bath, depois de tentativas exaustivas de manter o lastro com o dólar ao ver a enorme fuga de capitais afetar o país, gerando apenas imensas dívidas externas, diminuição da importação e quebra das empresas.

Assim, a expansão avassaladora de capitais e, em seguida, a revalorização do dólar estão entre os fatores determinantes para a crise asiática e a virulência com a qual ela se deu, impactando o sistema financeiro internacional. A primeira traz consigo a enxurrada de fluxos de capitais, implicando uma desregulamentação do sistema financeiro, superexploração da força de trabalho e uma política econômica de incentivo para o Japão aos investimentos; enquanto a segunda leva ao enxugamento abrupto dos capitais e ao aumento vertiginoso das dívidas lastreadas em dólar.

Do ponto de vista dos países dependentes, as desregulamentações financeiras serviram, de um lado, para os Estados Unidos manterem sua hegemonia na região (desde a Guerra Fria, em oposição ao bloco soviético) com imensos fluxos de capitais, investimentos, ou seja, exportações de capitais com o objetivo de ampliar a dependência dos países; e, por outro, como uma forma de dar vazão à crise de sobreacumulação passada. No entanto, quando a situação geopolítica se altera com as restaurações capitalistas na Rússia e na China, e a economia começa a mudar em meados dos anos 1990, partindo de um aumento da taxa de juros do FED a partir de 1994 e com primeiras expressões de instabilidade no estourar da crise mexicana em 1995, os fluxos de capitais vão mudar de orientação, passando do mundo asiático para o centro financeiro, o mercado de ações, particularmente norte-americano, mas também europeu, como na City of London. Nesse caminho, a formação da bolha no mercado de ações era algo esperado e previsível, a despeito do mercado financeiro ignorar qualquer alerta de crise em sua sede de valorização, conforme se deu com a bolha da internet.

A bolha ponto.com

After the boom, the bubble [Depois do *boom*, a bolha]. Depois da avalanche neoliberal dos anos 1990, a primeira crise de dimensão internacional foi justamente a crise asiática, seguida de crises de economias emergentes como a Rússia, o Brasil e depois, mais intensamente, a Argentina. Mas a bolha financeira expressou-se mais decisivamente no interior das potências a partir de uma grande transformação tecnológica que vinha acontecendo ao longo dos anos 1990 e que atingiu seu ápice no fim da década.

Se é verdade que as medidas neoliberais driblaram a crise de sobreacumulação em nível internacional, particularmente com os novos mercados advindos da restauração do capitalismo na Rússia e na China e também com os investimentos no Sudeste asiático, os próprios limites dessa dinâmica estavam dados pelas limitações desses novos nichos de acumulação, sendo a segunda metade da década de 1990 e a virada para os anos 2000 a expressão disso.

Conforme pontuamos, Brenner localiza como ponto de inflexão da situação asiática os Acordos de Plaza invertidos, pois implicavam um grande fluxo de capitais para fora dos novos tigres. O aumento das taxas de juros nos Estados Unidos anunciava uma crise maior, e as consequências no Sul do mundo não foram apenas regionais: os limites dos mercados emergentes se colocavam no Sudeste asiático, na América Latina (tendo em vista a crise mexicana, brasileira e argentina na segunda metade dos anos 1990) e também a crise russa que estoura em 1998. Conforme escreve Brenner,

> [as medidas do "Acordo de Plaza invertido"] não apenas começaram a cultura do dólar para cima, aumentando, portanto, a valorização dos ativos americanos (inclusive as ações), para os investidores voltados ao investimento internacional. Também libertaram uma enchente de recursos vindos do Japão, do Leste asiático e do estrangeiro mais em geral para os mercados financeiros americanos, o que marcadamente acalmou as taxas de juros e abriu o caminho para um poderoso aumento na tomada corporativa de empréstimos para financiamento das compras de ações nos mercados de valores.[44]

Dessa forma, o comportamento dos capitais buscava alguma estabilidade nas potências, especialmente porque essa dinâmica confluía com as expectativas advindas do oásis da rentabilidade que se anunciava: a "nova economia da internet", uma nova forma de investimento, com empresas de alta rentabilidade e baixo capital variável empregado, um investimento futurista e empreendedor perante as instabilidades econômicas do fim da década, com um mercado que só tendia a crescer com os avanços da computação e a popularização da internet. A "nova economia" da internet aparecia, portanto, como a superação prática da lei do valor, ou seja, como a consumação do mais íntimo desejo burguês na dinâmica econômica: o fetiche de transformar dinheiro em dinheiro, a célebre fórmula D-D, com pouca intermediação do trabalho humano.

O fato é que, para além dos devaneios fetichistas, a dinâmica não era meramente ilusória, realmente se expandiam como nunca os setores de tecnologia de informação (e daqui se conformaram alguns monopólios "ponto.com" de força histórica e internacional). No entanto, o volume da especulação, com capitais advindos das economias emergentes e sedentos por novos nichos de valorização, e a subsequente enxurrada de capitais em *startups* só poderia levar a bolhas e crise. Algumas narrações do período[45] afirmam que *startups* muito iniciais, que continham "*dot.com*" em seus nomes, recebiam volumes de dinheiro em ações sem paralelos, levando a toda farra de capital fictício em empresas que, em alguns casos, mal tinham saído do papel. A "nova economia" que surgia com as empresas de tecnologia, com valorizações

---

[44] Ibidem, p. 200.
[45] Como no documentário norte-americano *Startup.com*, de 2001, dirigido por Chris Hegedus e Jehane Noujaim.

incomensuráveis na bolsa de valores, com crescimento abrupto de jovens empreendimentos que, ainda que muito recentes, alcançavam o nível de grandes empresas das potências, isto é, uma farra de especulação e fetichismo do dinheiro esteve na base do que ficou conhecida como *crise das ponto.com*.

Naturalmente, não é de especulações que se alimenta o vampiro em busca de mais-valor e se gera alguma estabilidade. Ao contrário, nessa lógica, criou-se uma poderosa bolha que terminou em um derretimento de montantes gigantescos. Mas essa bolha não podia ser prevista? O cérebro do Federal Reserve, Alan Greenspan e outros vários economistas do *mainstream* não alertaram para ela desde 1996?

Essa questão é abordada por Andrew Kliman, que explica o fetichismo da "nova economia" da internet como algo que parecia desvincular a economia das leis do valor.

> Em retrospectiva, pode parecer surpreendente que a corrida para cima dos preços de casas não foi amplamente identificada na época formando a bolha. Mas é o caso com toda bolha, e bolhas são extremamente comuns. Nos anos 1990, pessoas se permitiram acreditar que os preços das ações cresceriam indefinidamente, porque a informação tecnológica, a internet e a emergência das empresas "ponto.com" teria criado "a nova economia", na qual as leis indigestas da velha economia que governou o capitalismo no passado teriam sido abolidas.[46]

As condições da passagem do *boom* à bolha estavam colocadas, e essa é uma parte vital da explicação do processo que vai se expressar em crises nos países dependentes e, ao mesmo tempo, quando estoura, pouco depois, em crise nas potências. A ironia reside em que, após a crise das *ponto.com*, o capital não poderia se voltar aos emergentes, pois experimentavam elementos de crise social significativa. Basta olhar para a situação da América Latina, com destaque para as jornadas revolucionárias na Argentina em 2001. O próximo capítulo desta novela foi o que ocorreu no setor imobiliário dos próprios Estados Unidos.

Nosso objetivo aqui não é esgotar a história da crise asiática, a bolha das *ponto.com* nos anos 2000 ou mesmo oferecer um panorama das crises da fase neoliberal; pretendemos apenas remarcar sua importância como antecessoras dos acontecimentos de 2008 e como sintomas da doença que levaria à bancarrota do Lehman Brothers e seus efeitos no capitalismo pós-2008.

---

[46] Andrew Kliman, *The Failure of Capitalist Production*, cit., p. 39.

III

REESTRUTURAÇÃO DO MUNDO DO TRABALHO E RESISTÊNCIA OPERÁRIA

Neste capítulo, indicamos algumas das principais transformações causadas pelos impactos da crise no mundo do trabalho, em especial, no processo em curso de reestruturação produtiva; para isso, vamos nos deter em algumas das experiências de resistência aos planos de austeridade. Nosso objetivo também será compreender a evolução da dinâmica internacional do capitalismo pós-crise, mas agora tomando como base as transformações objetivas e subjetivas na classe trabalhadora.

Começamos por introduzir os debates a partir da teoria do valor e sua atualidade, em oposição a um conjunto de teorias da era "pós-industrial", "informacional", "comunicacional", as quais ficaram bem questionadas com a crise, visto que as discussões sobre o mundo do trabalho recobraram força, particularmente pela necessidade do capital de se reestruturar, aumentando suas taxas de lucro e aplicando seus planos de austeridade. Em seguida, abordaremos o novo proletariado hoje, relacionando as reflexões sobre a teoria do valor com as metamorfoses práticas no mundo do trabalho, sobretudo a ampliação do setor de serviços e de um "novo proletariado" no contexto da crise.

Teríamos vivido nessa década uma nova reestruturação produtiva? Traçaremos alguns apontamentos em torno dessa pergunta e, por fim, tomaremos como exemplo algumas lutas destacáveis, mais especificamente os casos de Grécia, Espanha, França, Brasil, bem como os novos setores de serviços, em particular nos Estados Unidos, a fim de entender as formas de resistência operária no contexto de crise.

O proletariado hoje: uma introdução ao debate

Friedrich Engels disse, certa vez, que a história da humanidade sempre tendeu a colocar as ideias como criadoras do mundo e as formas materiais como reflexo dessas ideias. Em outras palavras, na história do desenvolvimento humano, a matéria *aparece* sempre correndo atrás das ideias, e o trabalho humano correndo atrás da consciência. A teoria do valor de Karl Marx talvez tenha sido uma das maiores reviravoltas teóricas, pois desfez a proposição segundo a qual a *Ideia* surge como demiurgo do mundo, conferindo, ao contrário, centralidade ao *trabalho humano*, numa teoria exposta em sua plenitude há mais de 150 anos em *O capital* e que mantém uma incrível força.

Chega a ser um tanto irônico, portanto, que teorias do século XXI queiram conferir à *tecnologia*, à *informação* e à *ciência* formas ideológicas de superação da teoria do valor, ou seja, queiram dizer novamente que o trabalho não é mais o determinante na dinâmica da sociabilidade humana, e sim alguma forma cultural. No espírito do que pensava Jean-Paul Sartre, tendo em vista a teoria pós-moderna e formas correlatas de negação do materialismo histórico da atualidade, sempre se oferece uma "nova" ideia superadora do marxismo, mas que reproduz outra bastante antiga[1]. Esse problema nos remete à categoria de *fetichismo*[2], uma das mais importantes da teoria do valor. Já em um de seus primeiros textos (se não o primeiro) propriamente "marxistas", sua *Introdução à crítica da filosofia do direito de Hegel*, Marx escrevia sobre o *Fetischdiener* [servo do fetiche], e utilizou essa categoria em outras obras até consagrar um tópico sobre o "fetichismo: seu segredo" na abertura de sua obra máxima em 1867. O fato é que Marx escolheu utilizar a analogia com a religião para explicar o fetichismo da mercadoria: em ambos o ser humano é o criador, e o fetiche, ou a expressão religiosa, é a criatura. O fetiche consiste em que, tão logo a criatura tenha nascido, começa a reger o destino, a fortuna e o azar dos seres humanos – dando a impressão de ser a verdadeira razão das coisas. O criador, então, curva-se diante da própria criatura e começa a reger sua ação baseando-se nos preceitos que lhe são expostos – seja pelo código religioso, seja pela dinâmica das mercadorias. A humanidade criou um Deus, mas tem a sensação de que esse Deus a criou e a Ele deve servir; como no fetichismo, em que homens e mulheres criam as mercadorias, mas se rendem de modo incontrolável aos ditames que seu fetichismo lhes impõe.

Portanto, podemos dizer que as novas teorias pós-modernas têm algo de "fetichismo" (no sentido marxista do termo), afinal, se olharmos para a ciência, a tecnologia e a informação, em todas as suas variantes de maior ou menor complexidade, perceberemos que são produto do desenvolvimento do *trabalho humano*, ainda que seja imaterial, intelectual e científico. O fetiche é acreditar que o trabalho de um cientista em uma nova máquina para aumentar a produtividade na empresa, dos engenheiros, desenvolvedores, o trabalho dos metalúrgicos na construção da máquina e dos

---

[1] "Com frequência tenho observado o seguinte: um argumento 'antimarxista' não passa do rejuvenescimento aparente de uma ideia pré-marxista. Uma pretensa 'superação' do marxismo limitar-se-á, na pior das hipóteses, a um retorno ao pré-marxismo e, na melhor, à redescoberta de um pensamento já contido na filosofia que se acreditou superar."; Jean-Paul Sartre, *Crítica da razão dialética: precedido por questões de método* (trad. Guilherme João de Freitas Teixeira, Rio de Janeiro, DP&A, 2002), p. 21.

[2] Existe uma longa discussão sobre a origem do termo. Entre outras fontes, uma das mais atuais talvez seja o filme *O capital*, de Alexander Kluge, no qual vários especialistas acadêmicos dissertam sobre o tema em entrevistas.

trabalhadores do transporte para fazê-la chegar em um novo galpão da fábrica, ou seja, que toda a complexa dinâmica das *cadeias de valor* até o produto final esvai-se, esfumaça ou desmancha no ar, some como um coelho escondido na cartola, restando somente a dimensão "virtual" final, isolada de todo o complexo trabalho humano até o produto final. O sociólogo do capital do século XXI olha para o resultado final, a fábrica robotizada, e em devaneio aufere que o trabalho morreu e agora vivemos os tempos da ciência e da tecnologia, da sociedade informacional. São uma espécie de – para usar a expressão de Marx – "servos do fetiche".

Por isso voltamos a Marx, mas não para reafirmar apenas as linhas escritas, mas para redimensionar seus textos à luz da atualidade. Como disse Wagner, no *Fausto,* de Goethe:

> Perdão, mas é um prazer, deveras
> Entrar no Espírito das eras,
> Ver como já pensou um sábio antes de nós,
> E a que sublimes fins tens chegado após[3]

Em outras palavras, a grande reafirmação da teoria do valor no mundo contemporâneo, contra toda a especulação pós-moderna que enxerga uma sociedade superadora dessa teoria – fingindo não perceber a força do proletariado, especialmente na periferia do capitalismo –, só pode se dar visando à ampliação, complexificação e abrangência das teses de Marx à luz das sociedades do século XXI. Encontrar os "sublimes fins que temos chegado após" o sábio fundador do socialismo científico.

E quais são as reais questões que se colocam para o trabalho e a teoria do valor na década que sucedeu a quebra do Lehman Brothers? Sem dúvida, um dos temas fundamentais está na transformação da morfologia da classe trabalhadora, com a combinação dos imensos parques industriais existentes no mundo, formas ultradinâmicas da realização comercial, a situação do setor de transporte e a ascensão meteórica do setor de serviços. Naturalmente, essa questão desemboca em um debate de estratégia, pois se acreditamos ter todas as condições para defender a força social absoluta e relativa da classe trabalhadora nas modernas sociedades, sempre considerando a transformação em sua *forma*, os novos setores produtivos e improdutivos existentes implicarão uma combinação particular, ou seja, potencialmente modificarão a "cara" da revolução proletária no século XXI.

No caminho da pesquisa científica para esse problema, devemos saber que nos circunscrevemos entre dois limites: por um lado, um dogmatismo *obreirista*, que imagina o proletariado apenas como aquele que produz objetos materiais – uma descrição do proletariado que Marx nunca fez, mas pode ser objeto de um dado marxismo dogmático e vulgar; por outro, o esfacelamento dos trabalhadores enquanto classe e a desconfiguração dos complexos industriais, como parte de pensar o processo do trabalho produtivo e a importância estratégica da indústria, em particular, e dos trabalhadores, em geral (incluindo setores de serviços, comércio, transportes e distintas

---

[3] Johann Wolfgang von Goethe, *Fausto* (trad. Jenny Klabin Sagall, São Paulo, Editora 34, 2004), p. 79.

esferas improdutivas). A nova "cara" da revolução é, portanto, *operária*, mas em sua completude e multiplicidade de formas que abrangem o mundo do trabalho hoje, da indústria de transformação até as formas mais virtuais, intelectuais e criativas de trabalho no mundo dos *softwares*.

Faz-se necessário levar em conta e investigar as metamorfoses no mundo do trabalho do fim do século XIX e começo do século XX para pensar a dinâmica do trabalho e suas resistências ao capital em nossos dias. Para dar um exemplo, a concentração operário-industrial em Petrogrado (atual São Petersburgo) no começo de 1917 era "pequena", com um total de 392.800 operários, mas altamente concentrados. Em alguns bairros, como Vyborg, existia uma maioria esmagadora de operários fabris.

Se tomarmos o percentual relativo de operários fabris como parte do total de trabalhadores em cidades como Petrogrado, por exemplo, e compararmos com as concentrações operárias nas grandes potências atuais, pode-se concluir que existe hoje uma diminuição do número de operários fabris, já que ter 30% de operários industriais em uma cidade já indicaria um número alto de trabalhadores nesse setor; se pensarmos em Nova York, Berlim ou Tóquio, por exemplo, fica claro que a concentração industrial (clássica) é menor.

Nesse ponto, é preciso desfazer duas armadilhas teóricas dessa abordagem: em primeiro lugar, em termos relativos, deve-se levar em consideração o enorme crescimento do proletariado não industrial ao longo de um século, particularmente no setor de serviços. A literatura sociológica frequentemente o qualifica por meio de outras categorias, enfatizando a redução do proletariado "clássico" (aquele com capacete de construção ou de fábrica), enquanto dissociam do conjunto da classe trabalhadora uma parcela expressiva dos setores não industriais. Isso cria a imagem de cidades com uma importante porcentagem de pequena-burguesia e "classe média", dando a impressão de um menor peso relativo da classe trabalhadora ou, no auge do devaneio acadêmico, de que esta haveria se reduzido drasticamente em quantidade e importância, ou até mesmo estaria prestes a deixar de existir como classe.

Mesmo a parcela daqueles que não simpatizam com a ideia de que o proletariado diminuiria drasticamente, ainda se inclina à de que o setor industrial hoje é menor do que no início do século XX. Entretanto, se observarmos pelo prisma do número absoluto de trabalhadores, e tomada como força de trabalho internacional no interior da economia mundial, a massa fabril ainda mantém uma força incontestável: toda a revolução tecnológica e a reestruturação produtiva foram combinadas com transformações na divisão internacional do trabalho de forma a criar nichos de enorme robotização e automação do trabalho, mas também mantendo polos industriais gigantescos e concentrados em alguns países. Apenas para ilustrar, a classe trabalhadora mais forte no mundo hoje é a chinesa e, segundo dados do *China Statistical Yearbook*[4]

---

[4] Ver *China Statistical Yearbook*, 2016; disponível em <http://www.stats.gov.cn/tjsj/ndsj/2016/indexeh.htm>; acesso em: 15 mar. 2021.

e do site Statista.com[5], em 2015, o número da população economicamente ativa naquele país estava entre 729 e 774 milhões de trabalhadores, dos quais, nas duas fontes, 29,3% eram trabalhadores fabris. Isso quer dizer que, na China atual, pelo menos 220 milhões de trabalhadores estão alocados nas estatísticas da "indústria", uma massa proletária que no século XIX, e mesmo no começo do século XX, não se poderia imaginar. A título de comparação, Stephen Anthony Smith aponta que em 1917 a Rússia tinha 3,4 milhões de operários industriais[6], diante de uma população imensa para a época, de 182 milhões de habitantes[7]. Hoje, falamos em mais de 200 milhões de trabalhadores fabris na China, uma massa proletária absoluta ao menos cinquenta vezes maior que todo o proletariado russo na revolução socialista de 1917. A questão metodológica aqui, portanto, é observar o tema do mundo do trabalho hoje sob um olhar internacional. Com a mundialização do capital e as formas mais agressivas de imperialismo, hegemonia do capital financeiro, concentração de capital e oligopólios, não existe ângulo econômico que sobreviva sem se ater à dinâmica desigual e combinada da economia mundial. A chamada divisão internacional do trabalho busca dar conta desse processo internacional da produção e da reprodução do capital na atualidade.

O aspecto *desigual*, mesmo na mais formalista fotografia das economias do mundo, é claramente perceptível – a mais estrondosa riqueza e a mais bárbara miséria econômica convivendo juntas no mapa do capitalismo global.

O que nem sempre é compreensível à primeira vista é o aspecto *combinado*. Em primeiro lugar, com as transnacionais e as potências imperialistas usurpando as riquezas do trabalho na periferia do capitalismo. É preciso perceber, todavia, que as mais importantes inovações de *softwares* e da computação, da robótica, da inteligência artificial, da internet das coisas, aplicadas às fábricas, aumentando enormemente a produtividade, não podem ser dissociadas de uma massa enorme de trabalho. Localizada, em geral, no "Sul do mundo" – mas também em menor escala nas potências, em especial devido à migração –, é ela que fornece todos os subsídios para a "revolução tecnológica", na extração dos minérios para a fabricação de celulares e *smartphones*, nos materiais que devem compor as placas dos computadores, na montagem dos aparelhos, enfim, uma imensa massa operária submetida aos mais altos graus da exploração capitalista, escondida no "fetiche" dos aparelhos tecnológicos de última geração. Recordando os termos de Balzac, os *esplendores* da tecnologia no centro contrastam com as *misérias* da exploração na periferia do capitalismo.

Ocorre que, por mais que a apologética do capital tenha buscado de todas as formas ocultar e desconfigurar os trabalhadores como classe e o lugar do trabalho na sociabilidade humana, a potencialidade laborativa deve ser encontrada em suas formas

---

[5] Ver *Economically Active Population vs Number of Employed Persons in China from 2009 to 2019*, disponível em <https://www.statista.com/statistics/252848/economically-active-population-vs-number-of-employed-persons-in-china/>; acesso em: 15 mar 2021.
[6] Stephen Anthony Smith, *Red Petrograd: Revolution in the factories (1917-1918)* (Cambridge, Press Syndicate, 1983), p. 14.
[7] Ibidem, p. 2.

mais tradicionais de trabalho material até as dimensões mais abstratas do trabalho intelectual, criativo, imaterial. Observar a importância objetiva e estratégica do proletariado fabril, no entanto, não nos deve fazer perder de vista as novas transformações do mundo do trabalho.

Retornando a Marx, entre as distintas definições de classe trabalhadora que aparecem em suas obras, destacamos a oferecida na segunda metade do Livro 1 de *O capital*:

> Por "proletário" deve-se entender, do ponto de vista econômico, apenas o assalariado que produz e valoriza "capital" e é posto na rua assim que se torna supérfluo para as necessidades de valorização do "*monsieur* capital", como Pecqueur denomina esse personagem.[8]

Esta é, pois, a acepção mais clássica do conceito de classe, que conserva seus fundamentos e toda a atualidade. No entanto, é evidente que mais de um século e meio depois dessas teorizações, a morfologia da classe se alterou, e é preciso entender essas alterações como parte da compreensão da complexidade dessa classe e os fundamentos que a mantêm objetivamente como "sujeito da revolução".

Para atualizar esse debate, retomamos uma definição do sociólogo Ricardo Antunes como ponto de partida para pensar de forma abrangente o mundo do trabalho hoje. Ele aponta:

> Considerando, portanto, que todo trabalhador produtivo é assalariado e nem todo trabalhador assalariado é produtivo, uma noção contemporânea de classe trabalhadora, vista de modo ampliado, deve, em nosso entendimento, incorporar a totalidade dos trabalhadores assalariados. Isso não elide, repetimos, o papel de centralidade do trabalhador produtivo, do trabalho social coletivo, criador de valores de troca, do proletariado industrial moderno no conjunto da classe-que-vive-do-trabalho, o que nos parece por demais evidente quando a referência é dada pela formulação de Marx, mas como há uma crescente imbricação entre trabalho produtivo e improdutivo no capitalismo contemporâneo, e como a classe trabalhadora incorpora essas duas dimensões básicas do trabalho sob o capitalismo, essa noção ampliada nos parece fundamental para a compreensão do que é a classe trabalhadora hoje.[9]

A essa definição econômica de Marx e à atualização que faz Ricardo Antunes, que consideramos uma das mais bem-sucedidas e abrangentes nesse sentido, poderíamos complementar da seguinte forma: a classe dos trabalhadores é o conjunto dos assalariados cuja remuneração não lhes permite acumular capital e que não exerce, dentro do sistema produtivo, poder de mando ou formas de coerção (repressões) aos trabalhadores em interesse dos capitalistas. Esse complemento, advindo da teorização de

---

[8] Karl Marx, *O capital: crítica da economia política*, Livro 1: *O processo de produção do capital* (trad. Rubens Enderle, São Paulo, Boitempo, 2013, coleção Marx-Engels), p. 690.

[9] Ricardo Antunes, *Os sentidos do trabalho: ensaio sobre a afirmação e a negação do trabalho* (São Paulo, Boitempo, 2009), p. 102-3.

Ernest Mandel[10] sobre o tema, compõe algumas preocupações para delimitar tal classe, separando-a de cargos gerenciais e forças de repressão estatais e privadas. Assim, antes de tentar entender qualquer tendência atual sobre o mundo do trabalho no pós-crise, é necessário traçar definições gerais sobre o que consideramos como classe trabalhadora e seu peso absoluto e relativo no capitalismo atual, em oposição às teorias pós-modernas que foram moda no neoliberalismo.

É possível pensar que, com o desenvolvimento do capitalismo, tudo ampliou sua escala. Conforme veremos em mais detalhes no próximo tópico, a exploração do mais-valor relativo ganhou contornos inimagináveis com o fordismo e o toyotismo; o capital comercial reduziu o tempo de circulação das mercadorias ao mínimo com a implementação, dentre outros sistemas, do *just-in-time* (sistema de pronta-entrega, encurtando os estoques) e as inovações produtivas a partir do que se chamou de *acumulação flexível*. Além disso, observamos o crescimento exponencial do setor de serviços que, com a formação de megalópoles e a urbanização nos distintos países, ganhou um papel preponderante na sociedade.

Dessa maneira, começaram a se conformar verdadeiros monopólios no setor de serviços, imbricados com a produção industrial e especializados para aumentar o grau de exploração dos trabalhadores, de modo a tornar produtivo um setor que poderia antes ser improdutivo. Dito de outro modo, o setor de serviços, dos mais variados tipos – em que os trabalhadores não podem dissociar o produto do trabalho do próprio processo de trabalho –, que antes era relativamente insignificante na economia global (e em relação ao peso da concentração de mais-valor nas indústrias), hoje consegue ganhar, também desse ponto de vista objetivo (econômico), uma forte expressão, já que se entrelaça com os grandes polos da "gênese" do mais-valor, apropriando-se de uma grande parcela deste e formando um "exército" de trabalhadores produtivos com as grandes empresas do setor.

Tendo em vista o foco dos efeitos da crise no mundo operário, nosso intuito é observar os estudos que vêm se propondo a penetrar no significado da transformação da classe trabalhadora, da imbricação entre o "produtivo" e "improdutivo", o que nos permite não só compreender o proletariado nessa nova fase do capitalismo pós-2008, mas também as reflexões de estratégia, pensando a revolução social no século XXI.

Partimos da ideia de que a análise de Marx está embasada no próprio desenvolvimento histórico do capitalismo industrial e fornece diversas pistas para pensar os desdobramentos do complexo produtivo com a forte urbanização (verdadeiras megalópoles). Do ponto de vista de uma estratégia política dos trabalhadores, essas transformações têm consequências que devem ser pensadas quando se pretende refletir sobre greves gerais, rebeliões, processos revolucionários e revoluções, precisamente em uma década de crise econômica que voltou a dispor tais cartas na mesa.

---

[10] Ver, de Ernest Mandel, o artigo "Marx, la crise actuelle et l'avenir du travail humain", *Revue Quatrième Internationale,* n. 20, maio 1986; disponível em <http://www.ernestmandel.org/new/ecrits/article/marx-la-crise-actuelle-et-l-avenir>; acesso em: 15 mar. 2021.

Dessa forma, é preciso investigar que, pelo movimento da complexificação das cidades, não apenas o trabalho improdutivo (de serviços e/ou imaterial) de ontem se tornou produtivo a partir da especialização do capital nesse ramo, mas ganhou uma força vital dentro do "fazer política" no conjunto da classe. Evidentemente, existem setores improdutivos na esfera de serviços: basta pensarmos todo o aparato subordinado às indústrias ou sem interesse de lucro direto, além da esfera de funcionalismo estatal etc., e setores sem grande impacto econômico em suas greves, ou seja, sem capacidade de incidir no desenvolvimento "regular" do capital, na sua produção ou reprodução. Contudo, desenvolveram-se também setores de serviços que poderíamos considerar como "posições estratégicas", pois a paralisia de suas atividades poderia afetar regiões ou zonas importantes e até mesmo a cidade em seu conjunto, atingindo de distintas formas o mais-valor produzido tanto na esfera da própria empresa quanto indiretamente, por meio de uma infinidade de outras formas do capital industrial e comercial.

Tendo em vista as definições centrais sobre o proletariado hoje, podemos iniciar a compreensão acerca de sua reconfiguração neoliberal à luz da teoria do valor, nos setores produtivos e improdutivos, a industrialização do setor de serviços e, nesse sentido, perguntar: estaria em curso um processo de reestruturação produtiva na atualidade? Por fim, apontaremos o que foi o processo de resistência operária no interior da crise e as perspectivas estratégicas que dele derivam.

As novas faces do proletariado e a teoria do valor

Torna-se cada vez mais arcaica e intempestiva a visão sociológica que proclamava que, com a revolução tecnológica e o desenvolvimento da robótica, chegaríamos a uma sociedade de "fim do trabalho". Tal era a visão de André Gorz, Claus Offe, Jürgen Habermas e, mais atualmente, figuras como Manuel Castels, entre outros[11]. Observando a dinâmica das primeiras resistências operárias mundiais à crise e olhando a dimensão do proletariado "clássico" em países como China, Índia e Brasil, nota-se que, somente com uma visão muito ofuscada pelo eurocentrismo, é possível ainda sustentar que vivemos em um mundo meramente "pós-industrial", de fim do trabalho.

No entanto, o fato de que se prova a cada dia o caráter errático da tese do *fim do trabalho*, que vem sendo renovada a partir do fetichismo da robótica[12] (ainda que sem o mesmo sucesso anterior), não deve impedir o marxismo de perceber a enorme transformação que vem ocorrendo no mundo operário, como forma de dar uma

---

[11] Ricardo Antunes, *Adeus ao trabalho?: Ensaio sobre as metamorfoses e a centralidade do mundo do trabalho* (São Paulo, Cortez, 2008).

[12] Ver, de Paula Bach, o artigo "Fin del trabajo o fetichismo de la robotica?", *Revista de política y cultura Ideas de Izquierda*, n. 39, jul. 2017; disponível em <www.laizquierdadiario.com/ideasdeizquierda/fin-del-trabajo-o-fetichismo-de-la-robotica/>; acesso em: 6 jul. 2020.

resposta aberta e não dogmática, mas também de – precisamente quando *O capital*, de Karl Marx, completa 150 anos – colocar à frente, à prova, a teoria do valor, e demonstrar sua enorme riqueza como fonte explicativa do conjunto das transformações no capitalismo internacional. A atualidade da reflexão sobre a teoria do valor e o mundo do trabalho se expressa em um momento de enorme recessão econômica, com fortes crises políticas em importantes países do globo e elementos de crise social. E é nessa dinâmica do capitalismo internacional que vai se gestando um novo proletariado de serviços. No âmbito da literatura marxista, a partir da Segunda Guerra Mundial até a atualidade, Harry Braverman pode ser considerado um dos primeiros nomes, já em 1974, a voltar os olhos para o setor de serviços e expandir a compreensão de classe trabalhadora: sua obra *Trabalho e capital monopolista* promoveu uma verdadeira transformação nos estudos posteriores sobre o mundo do trabalho. Como disse Paul Sweezy, o grande pontapé oferecido por Braverman foi fundir a reflexão bem elaborada de Marx aos "novos métodos e ocupações inventados ou criados pelo capital em sua incansável expansão"[13]. Um amplo debate sobre a formação desse proletariado nos últimos cinquenta anos tem sido feito e esse objetivo extrapolaria bastante nosso fio condutor. Cabe destacar, no entanto, que não estamos falando de um fenômeno decorrente da crise econômica, mas de uma mudança mais expressiva na morfologia do trabalho, cuja gênese pode ser encontrada há algumas décadas, tendo como forte fator a formação de um vasto setor de serviços, que vem se acentuado nos últimos anos.

Antes de tentar entender, contudo, o sentido dessas transformações morfológicas no mundo do trabalho – e, com isso, compreender a conformação de um novo e robusto proletariado do setor de serviços e sua relação com as novas tecnologias da informação e comunicação (TICs)[14], até as plataformas digitais e as formas de *uberização do trabalho* –, achamos crucial passar pelo real debate no interior do processo. Isso porque ele readquire atualidade justamente *na relação entre o trabalho produtivo e improdutivo* e, especificamente, a tendência geral do capital de devorar todas as

---

[13] Paul Sweezy, *Teoria do Desenvolvimento Capitalista* (trad. Waltensir Dutra. São Paulo, Nova Cultural, 1986), p. 11.

[14] Um movimento que se desenvolve no neoliberalismo a partir de o capital encontrar na telemática um forte nicho de expansão, levando às privatizações, conforme descreveu Simone Wolff: "A utilização intensiva das novas tecnologias da informação e da comunicação (TICs) nas grandes empresas decorre da suma relevância que a inovação passou a ter no quadro de intensa competitividade engendrado pela quebra dos monopólios estatais e com o advento das políticas neoliberais que assolaram todo o mundo capitalista nos anos 1990. Com efeito, a convergência tecnológica entre a informática e as redes de telecomunicações, a telemática, foi altamente otimizada com a privatização deste setor, que passou assim a ser concebido e efetivado como um bem de capital dos mais cruciais do capitalismo contemporâneo. Em uma economia mundializada, é pelas redes telemáticas que toda a sorte de informações estratégicas, isto é, aquelas relativas às últimas tendências de consumo e tecnologias de produção, podem chegar mais rapidamente de todos os cantos do mundo às grandes empresas-rede, cuja característica mais fundamental é ter suas cadeias de produção espalhadas nos mais diferentes pontos do planeta."; Simone Wolff, "O 'trabalho informacional' e a reificação da informação sob os novos paradigmas organizacionais", em Ricardo Antunes e Ruy Braga (orgs.), *Infoproletários: degradação real do trabalho virtual* (São Paulo, Boitempo, 2009, coleção Mundo do Trabalho), p. 90.

formas improdutivas, tornando-as produtoras de mais-valor, sejam elas materiais ou imateriais, da esfera da produção ou circulação, da dimensão manual ou puramente intelectual. Seguindo essa linha de raciocínio, depois de pensar a força relativa e absoluta do proletariado na atualidade, passemos a como ele se articula com as formas de produção do valor e do mais-valor.

Retomando o debate entre produtivo e improdutivo

Iniciar com os elementos estratégicos e compreender as formas de resistência dos trabalhadores não deve estar em contraposição a entender a dinâmica objetiva do mundo do trabalho, as cadeias de valor e a dinâmica do mais-valor. Ursula Huws retoma o debate sobre o trabalho produtivo e improdutivo com uma ótima questão: "Será que não deveríamos apenas aceitar que todos nós somos, de uma forma ou de outra, parte de uma enorme força de trabalho indiferenciada, produzindo valor indiferenciado para um capital indiferenciado?"[15] E responde em seguida: "Argumento que não"[16].

Huws busca explicar essa espécie de "nó", um emaranhado de formas de trabalho que confluem a partir dos objetivos da acumulação capitalista, mas sem perder de vista o "ponto em que os trabalhadores têm poder para desafiar o capital: o centro do nó"[17], que atinge diretamente a produção de mais-valor e que mantém vigência e importância estratégica. No sentido da pergunta de Huws, acreditamos que o modo como Marx aborda tal questão possui expressiva força e atualidade, desde que olhemos os quatro livros de *O capital* em seu conjunto e não trechos destacadas da teoria geral – e isso é parte do desafio para enfrentar a nova realidade e os novos elementos que estão colocados para a classe trabalhadora hoje. É sobre os aspectos clássicos da teoria que nos deteremos brevemente, para depois retomar a atualidade da questão. Tendo em vista a acumulação de capital como elemento decisivo, Marx define o trabalhador produtivo não como aquele que produz determinado objeto, mas como *aquele que expande o capital do empresário*. Desse modo, a partir da complexificação da produção capitalista, Marx cria o conceito de "trabalho produtivo" e "trabalho improdutivo" a partir do crivo da produção de mais-valor, conforme escreve:

> A produção capitalista não é apenas produção de mercadoria, mas essencialmente produção de mais-valor. O trabalhador produz não para si, mas para o capital. Não basta, por isso, que ele produza em geral. Ele tem de produzir mais-valor. Só é produtivo o trabalhador que produz mais-valor para o capitalista ou serve à autovalorização do capital. Se nos for

---

[15] Ursula Huws, "Vida, trabalho e valor no século XXI: desfazendo o nó", *Caderno CRH*, v. 27, n. 70, jan./abr. 2014, p. 27; disponível em: <https://www.redalyc.org/articulo.oa?id=347632193002>; acesso em: 15 mar. 2021.
[16] Idem.
[17] Ibidem, p. 28.

permitido escolher um exemplo fora da esfera da produção material, diremos que um mestre-escola é um trabalhador produtivo se não se limita a trabalhar a cabeça das crianças, mas exige trabalho de si mesmo até o esgotamento, a fim de enriquecer o patrão. Que este último tenha investido seu capital numa fábrica de ensino, em vez de numa fábrica de salsichas, é algo que não altera em nada a relação. Assim, o conceito de trabalhador produtivo não implica de modo nenhum apenas uma relação entre atividade e efeito útil, entre trabalhador e produto do trabalho, mas também uma relação de produção especificamente social, surgida historicamente e que cola no trabalhador o rótulo de meio direto de valorização do capital.[18]

E completa: "Ser trabalhador produtivo não é, portanto, uma sorte, mas um azar"[19]. Com a virada para o século XX e a supremacia do capital financeiro como pilar da época do capitalismo que se abria, as formas do capital que existiam no século XIX evoluíram e ganharam uma nova proporção na acumulação capitalista. O capital bancário se complexificou a ponto de derivar em uma nova forma de capital, imbricado ao industrial, chamado de capital financeiro. O capital comercial ganhou corporações globais no capitalismo atual (basta ver que a maior empresa do mundo em quantidade de empregados é a Walmart). E o setor de transportes, com a reestruturação produtiva e o avanço do sistema *just-in-time,* também aprofundou enormemente sua importância. Logo, decorre que a interligação que começou a existir entre as formas de capital e o impacto na produção de mais-valor devem ser cuidadosamente reanalisadas.

Comércio e transporte: elementos para pensar a imbricação do produtivo-improdutivo

Uma questão nem sempre observada quando se trata do debate entre o "produtivo" e o "improdutivo" em Marx é que o próprio *O capital*, além de estabelecer definições que encontramos no Livro 1, também relativiza essas definições quando *olhamos o processo global de reprodução do capital.*

Se tomarmos os trabalhadores do comércio, que trabalham na esfera da circulação, pelas definições do Livro 1, restaria pouca dúvida sobre seu caráter *improdutivo*. Mas Marx, no capítulo sobre o lucro comercial, do Livro 3, discute a mesma categoria observando diferentes "pontos de vista", formas relativas de com quem se relacionam aqueles trabalhadores.

No esquema geral, sintetiza que do mesmo modo como o trabalho não pago do trabalhador cria diretamente mais-valor para o capital produtivo, também o trabalho não

---

[18] Karl Marx, *O capital*, Livro 1, cit., p. 578.
[19] Idem.

pago dos assalariados comerciais cria para o capital comercial uma participação naquele mais-valor.[20]

A princípio, a definição imprime uma fronteira clara: trabalhadores comerciais não produzem mais-valor, mas auxiliam o capital comercial a participar do mais-valor produzido. Um detalhe, porém, nessa reflexão faz toda a diferença: não produzem "diretamente", pois, indiretamente, é claro que se a circulação aumenta, a velocidade da realização das mercadorias – rotação do capital até voltar à esfera produtiva – será mais rápida e, por conseguinte, a reprodução ampliada (acumulação de capital) será maior. É o que diz Marx quando escreve que "o capital comercial não cria valor nem mais-valor, não diretamente. Na medida em que contribui para a abreviação do tempo de circulação, ele pode ajudar indiretamente a aumentar o mais-valor produzido pelo capitalista industrial"[21]. Mas, para além da questão de que o capital comercial pode auxiliar indiretamente na produção de mais-valor, Marx complexifica ainda mais quando, ao discutir a questão do trabalho produtivo e improdutivo, busca relacionar essas categorias ao ângulo sob o qual se observa o problema. Assim sendo, trabalhadores comerciais para um capitalista industrial fabril são improdutivos, mas, aos olhos de um monopólio comercial, são produtivos, porque "geram" mais-valor, um montante da riqueza produzida no conjunto das esferas produtivas do qual o capital comercial se apropria.

> Para o capital industrial, os custos de circulação aparecem como despesas adicionais – e, de fato, são. Para o comerciante, eles aparecem como fonte de lucro, que, pressupondo-se a taxa geral de lucro, encontra-se em proporção à grandeza desses custos. Por isso, o desembolso que se deve efetuar nesses custos de circulação é, para o capital comercial, um investimento produtivo. Assim como para ele também é diretamente produtivo o trabalho comercial que ele compra.[22]

Traduzindo para os tempos atuais, os trabalhadores do comércio apenas realizam a mercadoria, não a produzem. Logo, não produzem mais-valor e são improdutivos. No entanto, com a formação de monopólios na esfera comercial, grandes empresas conseguem concentrar e "industrializar"[23] em grande escala

---

[20] Karl Marx, *O capital*, Livro 3: *O processo global da produção capitalista* (trad. Rubens Enderle, São Paulo, Boitempo, 2017, coleção Marx-Engels), p. 335.
[21] Ibidem, p. 322.
[22] Ibidem, p. 343.
[23] Sobre a industrialização dos serviços, destacamos o livro de Vinícius Oliveira Santos, *Trabalho imaterial e a teoria do valor em Marx* (São Paulo, Expressão Popular, 2013, coleção Trabalho e Emancipação), e uma entrevista com Ricardo Antunes específica sobre o tema, na qual também se pode ver a abordagem teórica sobre a questão, intitulada "Marx percebe um processo de industrialização do setor de serviços", *Revista Ideias de Esquerda*, 13 out. 2017; disponível em <https://esquerdadiario.com.br/ideiasdeesquerda/?p=275>; acesso em: 15 mar. 2021.

essa esfera comercial, o que implica que conseguem agarrar grande parte de mais-valor *redistribuída* em função da concorrência capitalista e da imbricação entre a esfera fabril e a esfera comercial. Aos olhos do capital comercial, portanto, esses trabalhadores são diretamente produtivos.Em outros setores de serviços como o de transporte, Marx já opina mais diretamente sobre sua "industrialização" e, nesse sentido, menos em termos relativos e mais em termos absolutos sobre a produção de mais-valor. No Livro 2, o autor escreve o seguinte:

> As massas de produtos não aumentam pelo fato de serem transportadas. [...] Porém, o valor de uso das coisas só se realiza em seu consumo, o qual pode exigir seu deslocamento espacial e, portanto, o processo adicional de produção da indústria do transporte. Assim, o capital produtivo investido nessa indústria adiciona valor aos produtos transportados, em parte por meio da transferência de valor dos meios de transporte, em parte por meio do acréscimo de valor gerado pelo trabalho de transporte. Esta última adição de valor se decompõe, como em toda produção capitalista, em reposição de salário e mais-valor[24].

Já no século XIX, Marx conseguia enxergar, na esfera do setor de serviços, a *industrialização* do setor de transportes, tratando, portanto, como "continuação de um processo de produção *dentro* do processo de circulação e *para* o processo de circulação"[25], em que ocorre transferência de valor adicional e criação de mais-valor. A teoria do valor, portanto, contra as teses do fim do trabalho ou as reminiscências pós-modernas de "sociedade pós-industrial e informacional", mantém enorme atualidade não só para reafirmar a centralidade do trabalho hoje, mas também para compreender as metamorfoses no mundo do trabalho Dessa forma, abre-nos a possibilidade de, compreendendo as transformações objetivas, relacionar também os aspectos subjetivos e o ângulo da estratégia com a resistência e as formas de luta dos trabalhadores.

Alguns aspectos, para tanto, devem ser levados em consideração: em primeiro lugar, não devemos abandonar as categorias de trabalho produtivo e improdutivo, ainda que a imbricação tenha aumentando e que, por vezes, custe mais estabelecer as fronteiras entre ambas. Em segundo, como parte de observar as zonas de intersecção entre o produtivo e o improdutivo, buscamos retomar, como o próprio Marx utilizou, dois recursos para abordar esse tema: a) de um lado, estabelecer que existem formas diretas e indiretas do trabalho produtivo; b) de outro, o elemento *relativo* do debate, que permite perceber os distintos mecanismos de redistribuição do mais-valor com a formação dos monopólios e, nesse sentido, as tendências à imbricação entre o produtivo e o improdutivo.

---

[24] Karl Marx, *O capital*, Livro 2: *O processo de circulação do capital* (trad. Rubens Enderle, São Paulo, Boitempo, 2014, coleção Marx-Engels), p. 229.
[25] Ibidem, p. 231.

O intuito do rico e complexo debate dessas categorias, no entanto, não pode desviar do seu norte estratégico. Para compreender as novas formas da organização do proletariado, não se pode perder de vista os núcleos produtivos de mais-valor, a fim de organizar a classe em todos os setores, mas sabendo onde atingir o coração do capital, e orientar o movimento operário para entender sua rica multiplicidade e os desafios que se colocam para a unidade da classe trabalhadora.

Isso posto, podemos avançar em nosso intento de compreender as principais tendências das transformações pelas quais passa o mundo do trabalho no pós--crise e o sentido que damos à pergunta: *estaríamos vivendo uma nova reestruturação produtiva hoje?*

Uma nova reestruturação produtiva pós-crise?

É certo que o movimento do capital pós-crise afetou a esfera da produção, e nem poderia ser diferente pela própria definição do capital. O que queremos abordar, sem fazer um extenso percurso sobre o mundo do trabalho, é o *sentido geral* em que se dá essa metamorfose e qual sua relação com a crise econômica global.

Como abordamos nos tópicos anteriores, um dos grandes debates teóricos na academia, especialmente durante o período neoliberal, era a contraposição entre o "paradigma do trabalho" contra o "paradigma da comunicação". Desde os anos 1970, o debate parece estar colocado, mas particularmente a partir de 1981, quando Jürgen Habermas escreveu sua obra principal, a *Teoria da ação comunicativa*, o embate contra a centralidade do trabalho tem se dado e sido marcante em inúmeros autores. Essa questão arrefeceu após 2008, ao menos momentaneamente, já que voltamos a ver a classe trabalhadora estampada nos jornais cotidianamente, seja em processos de demissão, aos milhares, ou em processos de luta, com no mínimo expressões embrionárias ao redor do mundo.

Ainda assim, cabe falar sobre essas esferas do debate teórico com os propósitos do trabalho e da comunicação, pois existe entre elas uma relação peculiar no capitalismo contemporâneo: aumenta-se exponencialmente a capacidade de comunicação da sociedade ao mesmo tempo que se busca diminuir drasticamente os laços que unem os indivíduos pela via do trabalho. É chamativo o esforço que as forças do sistema utilizam para imprimir aos indivíduos isolados uma imensa capacidade de comunicação e, na mesma medida, buscar estraçalhar todo e qualquer laço mais orgânico no interior do mundo do trabalho, não só na dimensão política, mas também sindical e até mesmo social, já que entramos na era do *atomismo laboral*[26] em alguns ramos do mundo do trabalho. Tal processo se insere na desenfreada alienação promovida pela "sociedade informacional", que atualmente está montada

---

[26] Conforme desenvolveremos a seguir, trata-se de uma era na qual se busca exercer uma pressão de individualismo em cada uma das categorias do mundo do trabalho, dividindo os trabalhadores, estabelecendo competição entre eles, como se fossem "átomos" isolados e sem conexão.

na classe trabalhadora de maneira mais robusta do que em qualquer outro período histórico.

Para examinar as consequências práticas do processo de metamorfose ocorrida na classe trabalhadora, podemos pensar tal degradação das relações até mesmo filosoficamente, no que se refere ao desenvolvimento "humano" nas sociedades de regência capitalista: "O homem é, por natureza, se não um animal político, como diz Aristóteles, em todo caso um animal social"[27], diz Marx no "Capítulo 11 – cooperação", de *O capital*, complementando em nota:

> A definição de Aristóteles é, na verdade, a de que o homem é cidadão por natureza. Ela é tão característica da Antiguidade clássica quanto a definição de Franklin, segundo a qual o homem é por natureza um fazedor de instrumentos, é característica da sociedade ianque.[28]

A definição de Marx segundo a qual os humanos se constituem como um *ser social* está intimamente ligada à forma pela qual a sociedade produz e se reproduz, ou seja, pela via do trabalho humano. Daqui deriva o problema das chamadas "reestruturações produtivas" e, especialmente, do sentido das transformações no pós-crise. Poderíamos dizer que um dos pontos cruciais da metamorfose no mundo do trabalho – o enriquecimento capitalista da alienação do trabalho – é o estilhaçar da sociabilidade laboral, reestruturando três esferas essenciais para esse objetivo: 1) levando às últimas consequências a perda da *estabilidade* do trabalho; 2) desenvolvendo formas de *atomização da atividade laboral*; e 3) *explorando os desencontros* no mundo do trabalho ao apoiar-se no fenômeno da imigração – e também no racismo, no machismo, na LGBTfobia etc.

Para conseguir captar detalhadamente os impactos desses processos, observaremos a dinâmica no mundo do trabalho no pré-crise e qual sentido ela assume, traçando as etapas (grosso modo) que se desenvolveram nas últimas décadas, uma vez que nos permitem compreender como vão se combinanarão as tendências com a virada mais abrupta de 2008.

Os principais aspectos da reestruturação produtiva neoliberal

Um dos aspectos mais marcantes da reconfiguração da produção capitalista no período neoliberal foi o que teóricos do mundo do trabalho chamaram de *acumulação flexível*. Trata-se, na realidade, de um processo que confluiu algumas formas de reorganização da produção com a tendência global à mundialização do capital, o qual levou em consideração as formas taylorista, fordista e toyotista do passado, preservando

---

[27] Karl Marx, *O capital*, Livro 1, cit., p. 401.
[28] Ibibem, p. 402.

o que era interessante ao capital, mas também acentuando algumas delas e inovando determinados métodos.

A primeira e mais clássica forma de organização da produção fabril, que predominou ao longo de todo o século XX, foi o que se convencionou chamar de *fordismo*. Imortalizada a partir da crítica expressa em *Tempos modernos*, de Charlie Chaplin, a *produção em série* é, sem dúvida, o traço marcante do período fordista, ou seja, a *produção em massa, por meio da linha de montagem de produtos homogêneos*, com controle temporal advindo do período taylorista e produção desenfreada, em fábricas de grande concentração proletária. A divisão mecânica da produção se dá com cada operário alocado em uma esfera produtiva (como um "apêndice da máquina"), separando claramente a *elaboração* e a *execução* no processo de trabalho, com patente divisão manual e intelectual do trabalho[29].

Esse modelo trouxe para a dimensão social do trabalho um eficiente ganho e uma contradição fundamental ao capital. Por um lado, com a produção em série, conseguiu aprofundar a dinâmica do "trabalhador coletivo" que, como aponta Marx no capítulo da *cooperação* em *O capital*, pela interação coletiva do trabalho, aumenta muito a capacidade produtiva. Isso permitiu um disparo na velocidade produtiva das mercadorias e, por conseguinte, uma forte base para o aumento das taxas de lucro. Por outro, a principal contradição era a *concentração operária* que advinha desse processo: fábricas reuniam milhares, dezenas de milhares e, em alguns complexos, centenas de milhares de trabalhadores, o que fazia com que o potencial para as formas de *rebeldia do trabalho* se tornasse explosivo.

Embora o fordismo tenha perdurado ao longo do século, modificações foram acontecendo e, especialmente, o processo de reconfiguração da esfera produtiva pelo capital tem suas raízes de forma mais importante na crise de superprodução dos anos 1970. Era necessária uma inovação e mesmo uma revolução nos métodos produtivos de forma a permitir uma extração ainda maior de mais-valor, ao mesmo tempo que se aprimorava a produtividade do trabalho. A partir de então, destaca-se o *toyotismo*, que, mesmo com origens apontadas já no período após a Segunda Guerra no Japão (país que foi "vanguarda" nessas inovações por suas particularidades, sobretudo a derrota na guerra), ganha uma feição cada vez mais global a partir da década de 1970 e da crise internacional.

Para compreender as inovações do toyotismo, é interessante resgatar duas definições clássicas sobre mais-valor absoluto e relativo e a tendência à subsunção real do trabalho ao capital, as quais ajudam a perceber a combinação nas formas de mais-valor. Em *O capital*, Marx se refere a elas do seguinte modo:

> A extensão da jornada de trabalho além do ponto em que o trabalhador teria produzido apenas um equivalente do valor de sua força de trabalho, acompanhada da apropriação desse mais-trabalho pelo capital – nisso consiste a produção do mais-valor absoluto. Ela forma a base geral do sistema capitalista e o ponto de partida da produção do mais-valor

---

[29] Ricardo Antunes, *Adeus ao trabalho?*, cit., p. 24-25.

relativo. Nesta última, a jornada de trabalho está desde o início dividida em duas partes: trabalho necessário e mais-trabalho. Para prolongar o mais-trabalho, o trabalho necessário é reduzido por meio de métodos que permitem produzir em menos tempo o equivalente do salário. A produção do mais-valor absoluto gira apenas em torno da duração da jornada de trabalho; a produção do mais-valor relativo revoluciona inteiramente os processos técnicos do trabalho e os agrupamentos sociais.[30]

A partir daí, o autor explica como o desenvolvimento das formas de exploração pode permitir a sujeição (ou subsunção) real do trabalhador ao capital, baseando-se no aumento da composição orgânica deste – as revoluções produtivas e tecnológicas – e, com isso, das condições de exploração de mais-valor relativo. Nos termos colocados em *O capital*:

> Ela [a produção do mais-valor relativo] supõe, portanto, um modo de produção especificamente capitalista, que, com seus próprios métodos, meios e condições, só surge e se desenvolve naturalmente sobre a base da subsunção formal do trabalho sob o capital. O lugar da subsunção formal do trabalho sob o capital é ocupado por sua subsunção real.[31]

Trazendo para a atualidade, tendo em vista as formas de subsunção real do trabalho ao capital, podemos entender os caminhos que foram assumidos pelo toyotismo em seu intento de aumentar o grau de exploração da força de trabalho. No livro *Adeus ao trabalho?*, Ricardo Antunes os descreve da seguinte forma, apoiando-se na leitura de Benjamin Coriat:

> Coriat fala em quatro fases que levaram ao advento do *toyotismo*. *Primeira*: a introdução, na indústria automobilística japonesa, da experiência do ramo têxtil, dada especialmente pela necessidade de o trabalhador operar simultaneamente várias máquinas. *Segunda*: a necessidade de a empresa responder à crise financeira, aumentando a produção sem aumentar o número de trabalhadores. *Terceira*: a importação das técnicas de gestão dos supermercados dos Estados Unidos, que deram origem ao *kanban*. Segundo os termos atribuídos a Toyada, presidente fundador da Toyota, "o ideal seria produzir somente o necessário e fazê-lo no melhor tempo", baseando-se no modelo dos supermercados, de reposição dos produtos somente depois da sua venda. Segundo Coriat, o método *kanban* já existia desde 1962, de modo generalizado, nas partes essenciais da Toyota, embora o *toyotismo*, como modelo mais geral, tenha sua origem a partir do pós-guerra. *Quarta fase*: a expansão do método *kanban* para as empresas subcontratadas e fornecedoras.[32]

Muito do que se modificou no toyotismo foi na tentativa de avançar o esquema da produção em série com o aumento da composição orgânica do capital (aumento

---
[30] Karl Marx, *O capital*, Livro 1, cit., p. 578.
[31] Idem.
[32] Ricardo Antunes, *Adeus ao trabalho?*, cit., p. 30-1.

do capital constante em detrimento do capital variável), fazendo assim com que não apenas o trabalhador produza como uma peça desenfreada das máquinas, mas que consiga operar várias máquinas ao mesmo tempo de forma mais *planificada* para os interesses do lucro, ou seja, nas quantidades, atendendo às particularidades dos pedidos, criando mecanismos de sinalização e controle do fluxo de produção no interior da empresa, com consequência na esfera da circulação do chamado *just-in-time*.

Tendo em vista os traços fundamentais do fordismo e as inovações toyotistas como bases do processo de reestruturação produtiva, podemos buscar propriamente a dita reestruturação neoliberal. Ultrapassar os limites da rigidez fordista foi uma característica da *acumulação flexível*, incorporando os elementos de avanço tecnológico do toyotismo, mas indo além, uma vez que está intimamente relacionada com a mundialização do capital, ou seja, a "globalização neoliberal", em que o capital financeiro atinge níveis inimagináveis de articulação entre distintas regiões do mundo como forma de combinar a exploração mais selvagem do trabalho, por um lado, utilizando-se dos grandes polos industriais para produção e montagem, e também aproveitando os melhores polos tecnológicos, como parte da "composição" da produção, por outro. Isso significa dizer que na acumulação flexível é possível explorar um trabalhador em busca de silício em minas chinesas em níveis extremos, aproveitando-se de setores ultraprecarizados; mas também se pode utilizar da força de trabalho mais barata em países dependentes, em outras condições, a partir de grandes fábricas e, por fim, utilizar a especialização tecnológica, envolvendo uma ampla gama de trabalhadores sob as teias das novas tecnologias – os *infoproletários*, como vêm sendo chamados na literatura brasileira esses operários do mundo virtual[33].

Se tomarmos o apogeu do toyotismo japonês como processo produtivo entre 1948 e 1975, podemos dizer que a marca dos anos 1980 e 1990 foi a expansão de formas híbridas do toyotismo do Japão tanto nos países do "centro" (Ocidente enriquecido), como em países da periferia, onde predominavam formas arcaicas e brutais da exploração capitalista. O neoliberalismo como forma de modificação das relações de trabalho a fim de ganhar sobrevida diante da crise de acumulação dos anos 1970 é, de certa forma, uma complexa combinação de formas de exploração e de constituição do sistema produtivo. Foi nessa perspectiva que David Harvey desenvolveu o conceito de acumulação flexível, que tem entre suas características estar

> marcada por um confronto direto com a rigidez do fordismo. Ela se apoia na flexibilidade dos processos de trabalho, dos mercados de trabalho, dos produtos e padrões de consumo. Caracteriza-se pelo surgimento de setores de produção inteiramente novos, novas maneiras de fornecimento de serviços financeiros, novos mercados e, sobretudo, taxas altamente intensificadas de inovação comercial, tecnológica e organizacional. A acumulação flexível envolve rápidas mudanças dos padrões do desenvolvimento desigual, tanto entre setores como entre regiões geográficas, criando, por exemplo, um vasto movimento no emprego

---

[33] Ricardo Antunes e Ruy Braga (orgs.), *Infoproletários*, cit.

no chamado "setor de serviços", bem como conjuntos industriais completamente novos em regiões até então subdesenvolvidas.[34]

A pista que o autor nos dá indica o caráter desigual dos padrões de desenvolvimento na acumulação flexível. Ricardo Antunes aprofunda essa perspectiva quando aponta que essa forma de acumulação

> articula um conjunto de elementos de continuidade e descontinuidade que acabam por conformar algo relativamente distinto do padrão taylorista/fordista de acumulação. Ele se fundamenta num padrão produtivo organizacional e tecnologicamente avançado, resultado da produção de técnicas de gestão da força de trabalho próprias da fase informacional, bem como da introdução ampliada dos computadores no processo produtivo e de serviços. Desenvolve-se uma estrutura produtiva mais flexível, recorrendo frequentemente à desconcentração produtiva, às empresas terceirizadas etc. Utiliza-se de novas técnicas de gestão da força de trabalho, do trabalho em equipe, das "células de produção", dos "times de trabalho", dos grupos "semiautônomos", além de requerer, ao menos no plano discursivo, o "envolvimento participativo" dos trabalhadores, em verdade uma participação manipuladora e que preserva, na essência, as condições de trabalho alienado e estranhado. O "trabalho polivalente", "multifuncional", "qualificado", combinado com uma estrutura mais horizontalizada e integrada entre as diversas empresas, inclusive nas empresas terceirizadas, tem como finalidade a redução do tempo de trabalho.[35]

A combinação entre as formas "polivalentes", "multifuncionais", "qualificadas" com formas terceirizadas, rotativas, precarizadas do trabalho é uma das chaves, do ponto de vista da reestruturação produtiva, para compreender a acumulação flexível.

A vantagem *estratégica* explorada pelo capital no seu intuito de acumulação neoliberal era debilitar as formas de organização coletiva do mundo do trabalho e aprofundar a integração do sistema de comunicação e circulação "a partir de cima", fazendo com que uma mesma mercadoria convivesse peças produzidas em distintas partes de um dado país ou mesmo ao redor do mundo, por exemplo, produzidas em Bangladesh ou na China, montadas no México ou Brasil[36] e com *chips* desenhados e desenvolvidos no Vale do Silício pelo *cibertariado*, na expressão de Ursula Huws[37] para definir esses operários do mundo virtual. A quebra da estabilidade e a atomização laboral como parte de dificultar a organização coletiva se expressaram nos distintos mecanismos de *flexibilização*: nas formas de *terceirização* nas empresas, de *rotatividade* no trabalho

---

[34] David Harvey, *Condição pós-moderna: uma pesquisa sobre as origens da mudança cultural* (trad. Adail Ubirajara Sobral e Maria Stela Gonçalves, 21. ed., São Paulo, Loyola, 2011), p. 140.
[35] Ricardo Antunes, *Os sentidos do trabalho*, cit. p. 54.
[36] Uma importante contribuição para esse debate é oferecida por Gary Gereffi e Miguel Korzeniewicz com a discussão sobre as cadeias globais de valor, sendo uma referência a obra *Commodity Chains and Global Capitalism* (Westport, CT, Praeger, 1994).
[37] Ver, de Ursula Huws, *A formação do cibertariado: trabalho virtual em um mundo real* (trad. Murillo van der Laan, Campinas, Editora da Unicamp, 2018).

(fazendo com que trabalhadores permanecessem poucos meses em fábricas e fossem substituídos correntemente) e exploração das divisões intralaborais em cada fábrica, com o aprofundamento da "tendência à individualização" a partir de mecanismos de controle que levam à comparação entre o trabalhador individual e a produtividade geral, de um lado e, de outro, com a "competição entre firmas", disseminação neoliberal que chegou até o chão de fábrica com o sentido de o trabalhador "vestir a camisa da empresa", além da ideologia do empreendedor; todos esses elementos debilitavam a identidade de classe e fortaleciam a tendência à individualização[38]. Acrescenta-se a isso que outras divisões eram exploradas em nova intensidade no contexto neoliberal, especialmente em economias mais desenvolvidas, valendo-se de práticas como a xenofobia, o racismo e outras formas de opressão que dividem os trabalhadores no local de trabalho e dificultam a integração.

Sem fazer uma exposição longa sobre o tema, já que visamos apenas indicar os traços fundamentais da reestruturação produtiva neoliberal, podemos avançar na compreensão do que seria um "agravamento" dessa reestruturação do capital no pós--crise econômica de 2008. O que nos interessa nesse ponto é perguntar o seguinte: a solução de precarizar o mundo do trabalho com terceirização, flexibilização, rotatividade no trabalho, horas extras, banco de horas, entre outros, tinha encontrado seu limite na etapa neoliberal ou era possível pensar mecanismos que iriam nessa direção sem deprimir completamente o consumo e aprofundar a crise de superprodução e sobreacumulação? Em outras palavras, podemos falar em uma espécie de "nova reestruturação produtiva" pós-crise de 2008 ou é apenas um aprofundamento da reestruturação produtiva neoliberal?

Precarização do trabalho e a nova reestruturação produtiva

Após a abertura da crise em 2008, o capital entrou em um impasse: a bancarrota do modelo de acumulação neoliberal sem a perspectiva de uma nova resolução de acumulação internacional. O resultado para o mundo do trabalho também não poderia ser outro. Não se tratou de negar os métodos do período neoliberal, já que não se tinha encontrado outro padrão de acumulação que pudesse levar a uma metamorfose completa e mais abrupta, mas de buscar aprofundá-los dentro das novas condições econômicas. Isso só poderia levar a formas de decomposição do trabalho e da estrutura produtiva de muitos países, em nome de engordar as massas de lucro de um conjunto de monopólios.

Descrevendo as novas condições laborais no século XXI, Ricardo Antunes advoga, em *O privilégio da servidão*, que vivenciamos uma "era de precarização estrutural do trabalho", composta pelos seguintes elementos:

a) a erosão do trabalho contratado e regulamentado, dominante no século XX, e sua substituição pelas diversas formas de trabalho atípico, precarizado e "voluntário";

---

[38] Leonardo Mello e Silva, *Trabalho em grupo e sociabilidade privada* (São Paulo, Editora 34, 2004).

b) a criação das "falsas" cooperativas, visando dilapidar ainda mais as condições de remuneração dos trabalhadores, solapando os seus direitos e aumentando os níveis de exploração da sua força de trabalho;

c) o "empreendedorismo", que cada vez mais se configura como forma oculta de trabalho assalariado, fazendo proliferar as distintas formas de flexibilização salarial, de horário, funcional ou organizativa;

d) a degradação ainda mais intensa do trabalho imigrante em escala global.[39]

Esse novo incremento da precarização está ancorada nas condições estabelecidas pelo capital pós-2008. Entre os fatores que a crise econômica internacional colocou e que apontam para transformações na forma da acumulação flexível capitalista, estão: a) o modo como os *planos de austeridade* (2009-2010) buscavam alterar as condições de produção e reprodução do capital a partir da crise; b) o fenômeno da *imigração* sendo incorporado em outra escala a partir da crise no metabolismo social do capital[40], especialmente a partir de 2015; c) a introdução de *novas tecnologias de informação e comunicação, robotização e inteligência artificial,* que vêm transformando as formas de contratação da força de trabalho, bem como sua própria dinâmica, fenômeno que poderíamos sintetizar como *uberização do trabalho* e indústria 4.0; d) o papel da guerra comercial e os conflitos geopolíticos na arquitetura da divisão internacional do trabalho. Vejamos de forma breve cada um desses aspectos para compormos nossa conclusão sobre a questão de podermos falar em uma "reestruturação produtiva pós-crise".

Não há dúvida de que os impactos da última década no mundo do trabalho, no sentido de aprofundar a reestruturação produtiva neoliberal, foram os acontecimentos de 2009-2010, particularmente na Europa, com o que ficou conhecido como *planos de austeridade*. O fundamental da atuação do grande capital internacional e dos governos nacionais em comparação a crises anteriores (particularmente à Grande Depressão de 1929) está na resposta à atual, dada de forma mais ou menos coordenada, com políticas monetárias e fiscais ofensivas: de um lado, os distintos governos injetando trilhões de dólares nas economias nacionais a fim de salvar bancos e grandes empresas, o que acabou por evitar um desenvolvimento depressivo da crise; de outro, um mecanismo decisivo para a manutenção do sistema financeiro e industrial foi uma política fiscal de arrocho, especialmente na Europa, o grande laboratório social dos primeiros anos da crise. Esse aspecto é muito importante para compreendermos a reestruturação do capital por ser, de certa forma, o mais "neoliberal" dos aspectos do pós-crise de 2008, pois busca reproduzir as condições de exploração anteriores. Políticas fiscais contracionistas não são uma novidade do momento pós-quebra do Lehman Brothers em 2008, mas são uma forte marca do período neoliberal: a periodização de Wolfgang Streeck, em *Tempo comprado*, vê a emergência do neoliberalismo como resposta a essa crise dos anos 1970, cortando salários, benefícios, aumentando a jornada, precarizando

---

[39] Ricardo Antunes, *O privilégio da servidão: o novo proletariado de serviços na era digital* (2. ed., São Paulo, Boitempo, 2018, coleção Mundo do Trabalho), p. 76.

[40] Ver, de István Mészáros, o livro *Para além do capital: rumo a uma teoria da transição* (trad. Paulo Castanheira e Sérgio Lessa, São Paulo, Boitempo, 2002).

as condições laborais etc. A novidade após 2008 é a intensidade desse processo mesmo em países do "centro", particularmente na Europa, posto que já se vinha de um longo período neoliberal, ou seja, são cortes muitas vezes onde já se parecia ter atingido alguns limites, levando inclusive famílias à miséria, aumentando em níveis recordes o desemprego, retirando direitos trabalhistas históricos do funcionalismo, vide o exemplo de Grécia[41] e Espanha[42]. Efetivamente, não se tratava de um plano de recuperação desses Estados, mas de maneiras para países como a Alemanha ou a França descarregarem a crise nas costas das classes trabalhadoras grega, espanhola, portuguesa, entre outras. Esse é um dos fundamentos daquilo que possibilitará uma grande e acelerada mutação no mundo do trabalho na Europa, além de um dos componentes de sua "precarização estrutural"[43], na medida em que, com os ataques da austeridade, rebaixou-se muito o valor da força de trabalho nos setores público e privado, mas também as condições de reprodução dessa força (expressas nos dados sociais), com mudanças na legislação abrindo caminho para o que na Inglaterra ficou conhecido como "*zero hour contract*" [contrato de zero hora][44], formas de trabalho "*on demand*", pagamento com *voucher* na Itália[45], e o que no Brasil tem sido chamado de trabalho intermitente e "pejotização". O segundo elemento que queremos destacar com importância foi o aumento desenfreado da xenofobia (como expressão do avanço da extrema direita) e o subsequente modo de incorporação dos imigrantes no mundo do trabalho, particularmente europeu, com as distintas formas de capital aproveitando a crise para imprimir as novas condições de precarização. Se o efeito imediato da crise foi uma onda de demissões, atrelada a uma retirada de direitos trabalhistas, o capital se utilizou conscientemente também da xenofobia e das novas condições de crise econômica como fatores para rebaixar o valor da força de trabalho e aumentar as taxas de lucro.

Valendo-se da posição mais frágil dos imigrantes pela situação de estarem em outro país – em empregos precários, na maioria das vezes sem familiares ou amigos a quem recorrer numa situação de desespero –, os empresários têm expandido o ritmo e a intensidade da exploração dessa força de trabalho, chegando ao ponto de oferecer "trabalhos" em troca de alimentação e moradia em algumas descrições para imigrantes recém-chegados, ou seja, uma forma atualizada de trabalho escravo, até mesmo utilizado pelo próprio Estado: "Em Novara, Udine, Rovereto, Livorno, Firenze, Prato, Cesena, Vittorio Veneto, Treviso, Reggio Emilia, Este, Bari, Reggio Calabria, etc., os refugiados que pedem asilo têm sido empregados gratuitamente em trabalhos de utilidade pública, quase sempre de polícia"[46]. Quando não

---

[41] Ver, de Georgios Karyotis e Wolfgang Rüdig, o artigo "Who Protests in Greece? Mass Opposition to Austerity", *British Journal of Political Science*, v. 44, n. 3, 2014, p. 487-513.

[42] Ver, de Elíes Furió Blasco e Matilde Alonso Pérez, o artigo "Desempleo y reforma laboral en España durante la Gran Recesión", *Cahiers de civilisation espagnole contemporaine: de 1808 au temps présent*, 13 jul. 2015; disponível em <http://journals.openedition.org/ccec/5721>; acesso em: 18 maio 2019 [Tradução nossa].

[43] Ricardo Antunes, *O privilégio da servidão*, cit.

[44] Patrícia Maeda, *A era dos zero direitos: trabalho decente, terceirização e contrato zero-hora* (São Paulo, LTR, 2017).

[45] Ver, de Ricardo Antunes, o livro *O privilégio da servidão:*, cit.

[46] Pietro Basso, "As emigrações são sempre forçadas", *Esquerda Diário*, 30 set. 2015; disponível em <http://www.esquerdadiario.com.br/Pietro-Basso-emigracoes-forcadas>; acesso em: 15 maio 2019.

estão nessa situação, muitas vezes se veem na condição de ilegalidade jurídica, uma condição das quais as distintas formas de capital também tiram proveito para imprimir um grau maior de exploração da força de trabalho imigrante. A propósito, Aziz Choudry e Mondli Hlatshwayo escrevem:

> A criação e manutenção de categorias de trabalhadores com diferentes conjuntos de direitos ligados à sua situação de imigração é uma característica política padrão e uma estratégia capitalista que é fundamental para o funcionamento de muitas economias, facilitando a redução dos custos trabalhistas para os empregadores. Postos de trabalho indocumentados são particularmente sujeitos à exploração pelo capital, a fim de reduzir os custos trabalhistas e gerar maior mais-valia.[47]

Os imigrantes sem documentos são focos ainda mais frágeis da exploração pelo capital, já que estão bem mais suscetíveis a qualquer pressão, pois, se manifestarem objeções, são denunciados pelos próprios empregadores. Segundo os autores, sua pesquisa busca desafiar

> a construção de migrantes sem documentação e outros sem *status* de imigração como "ilegal". Essas categorias de migrantes são as mais exploradas e vitimizadas – por empregadores e por autoridades estaduais na forma de detenções, violência e deportações. Em muitos casos, esses trabalhadores fazem trabalho precário e perigoso e seus direitos são violados pelos empregadores que se aproveitam de seu *status*.[48]

Nesse sentido, os autores apresentam uma das respostas que têm surgido em meios ativistas e de movimentos sociais ao redor do mundo em formato do lema "ninguém é ilegal".

A incorporação desse elemento (em outra escala pelos efeitos da crise) na reestruturação do capital não está dissociada das causas que levam à emigração, pelo contrário, aprofundam-nas. Para descrever os tópicos gerais do fenômeno, podemos citar: as diferenças gigantescas de condições de vida dos trabalhadores entre países do "Norte" e "Sul" do mundo; o crescimento do agronegócio e a "urbanização", criando inchaço e grandes megalópoles da miséria nos países subdesenvolvidos; e a política imperialista que tem impactos sociais nefastos, tendo como grande exemplo o caso da Síria, com um enorme êxodo do país, produto do prolongado sofrimento da população com guerras e intervenções imperialistas.

Pietro Basso analisa em dimensão ampliada esse fenômeno:

> O crescimento das migrações internacionais se deve a causas estruturais de longo prazo. As principais são: 1) a desigualdade de desenvolvimento produzida pelo colonialismo

---

[47] Aziz Choudry e Mondli Hlatshwayo, *Just Work? Migrant Workers' Struggles Today* (Londres, Pluto 2016), p. 5 [Tradução nossa].
[48] Idem.

e neocolonialismo, que têm dividido o mundo em países ricos e países pobres; 2) a violenta pressão do capital e das multinacionais do agronegócio sobre a agricultura dos países da Ásia, da África, da América Latina, que está expulsando do campo enormes massas de camponeses pobres e trabalhadores rurais; 3) o endividamento forçado desses países; 4) a cadeia infinita de guerras "locais", relacionadas diretamente ou por intermediários, aos estados europeus e aos Estados Unidos (é necessário não esquecer o massacre sistemático e periódico de Gaza por parte de Israel); 5) o desastre ecológico. A crise que irrompeu em 2008 tem exasperado todos esses processos.[49]

Tendo isso em vista, nota-se que o fenômeno da imigração tem motivações anteriores à crise, mas nesta última década, cada uma delas pôde se intensificar mais, particularmente em sua incorporação na lógica do capital com, no mais recente capítulo da crise, a emergência de governos de extrema direita e o crescimento da xenofobia atingindo uma nova escalada. Isso tudo permitiu ao capital criar condições bem mais favoráveis para aprofundar a precarização geral da força de trabalho e amplificar a divisão no interior do movimento operário entre contratos formais e informais, estáveis e rotativos, assíduos e precários, trabalhadores "nacionais" e imigrantes.

Assim, do ponto de vista da crise, trata-se de uma dialética entre as consequências devastadoras no Sul do mundo e a forma de se utilizar dessa violência para rebaixar o valor da própria força de trabalho nas potências (sobretudo, o continente europeu), forçando os imigrantes a serem parte constitutiva do movimento de reestruturação do capital no pós-crise.

O terceiro componente de importância decisiva na reestruturação do capital está na *utilização de novas tecnologias de comunicação com a emergência das "economias de plataforma" como forma de debilitar decisivamente qualquer elemento de estabilidade laboral e aumentar o controle do trabalho*. Relaciona-se, portanto, com essa tentativa de atomizar completamente a classe trabalhadora, em alguns ramos específicos. Isso quer dizer que, por um lado, entramos em uma nova escala do que seria o trabalho temporário, intermitente, ampliado, terceirizado: tentativas de debilitar (em alguns casos, estraçalhar) a "jornada de trabalho" regular e, ao mesmo tempo, fazer o trabalhador vender sua força de trabalho por mais horas, em escala semanal. Por outro, aprofunda-se a busca por amplificar consideravelmente as tecnologias no plano industrial, aumentando a automação e o controle do trabalho, conjuntamente com a propaganda de que vivenciaríamos uma quarta revolução industrial, a partir da indústria 4.0, a era da comunicatividade e da interconectividade.

Comecemos pelo fenômeno da industrialização do setor de serviços, e as subsequentes economias de plataforma e uberização. Ursula Huws, em uma entrevista que realizamos com a autora no ano de 2017 sobre o cibertariado e as novas condições de trabalho, diz que:

---

[49] Pietro Basso, "As emigrações são sempre forçadas", cit.

temos outro enorme crescimento da classe operária por aquilo do que podemos chamar de "formalização da economia informal"; o tipo de trabalho que costumava ser do setor privado ou da "pequena produção", por exemplo, trabalhadores da limpeza, limpadores de janelas, cuidadores de idosos ou crianças, que são pagos diretamente em dinheiro – normalmente, na maior parte do mundo –, fora do escopo das relações formais do capitalismo. Agora conhecemos as plataformas on-line como a Uber, sugando os trabalhadores para dentro da órbita das relações formais do capitalismo; embora não sejam funcionais, estão sujeitos à disciplina capitalista, à disciplina do tempo e outras formas de disciplina e supervisão por capitalistas. Se nos estágios iniciais, da produção fabril inclusive, o modelo de trabalho era originalmente um modelo de aluguel – eles não empregavam diretamente os trabalhadores –, mas alugavam um espaço na fábrica no período inicial do desenvolvimento industrial –, essas empresas de plataforma estão usando também um modelo tipicamente de aluguel, tomando para si uma percentagem por cada transação.[50]

Huws chama atenção para a capacidade com a qual o capital, pela via das novas tecnologias de comunicação, vem conseguindo incorporar uma série de trabalhos antes informais e fragmentados, a uma rede de monopólios e plataformas digitais, "proletarizando" o setor de serviços e fazendo com que as empresas possam atingir grandes margens de lucro naquilo que antes era tido como trabalhos "improdutivos", no sentido que Marx dá em *O capital*. E isso ocorre em paralelo ao fato de que eles *apareçam* como "prestadores de serviço", ou seja, em outro ângulo a partir da uberização, como "fora" de relações formais e, nesse sentido, fora da legislação trabalhista.

Inovaram-se, assim, os métodos de aproveitar essa força de trabalho sem dar garantias ou direitos trabalhistas, mantendo o trabalho atomizado e subordinado a plataformas, ou seja, amplificando a *flexibilização* das condições de trabalho em uma escala até então não realizada. Expressões disso são os já citados contrato de zero hora na Inglaterra, formas de trabalho "*on demand*" em distintos países, pagamento com *voucher* na Itália e a forma mais conhecida, as plataformas digitais como Uber, iFood ou Rappi, que criam esse novo sentido da morfologia do trabalho, em que se modifica – em muitos países de forma desigual – a jornada de trabalho regular como forma de devastar todos os direitos trabalhistas, relacionados à carteira assinada. Agora, trata-se de utilizar os trabalhadores nos minutos, horas ou dias em que é conveniente e depois descartá-los à própria sorte na maré da crise e do desemprego. Além disso, com a redução dos direitos e o rebaixamento da força de trabalho, o "estilhaçar" da jornada, ironicamente, só pode ter uma consequência clara: o aumento da jornada, com trabalhadores "fazendo seu horário", o que na prática significa trabalhar por dez, doze ou quatorze horas diárias. Sem dúvida, essa é uma das tendências fundamentais da reestruturação do capital no pós-crise.

No que tange à indústria 4.0, tendo a Alemanha como propulsionadora, o eixo da "revolução" que ocorreria nas indústrias seria a *comunicatividade*, particularmente

---

[50] Ursula Huws, "Tenho a sensação de que essa nova classe operária está começando a se mover", *Revista Ideias de Esquerda*, n. 2, ago/set. 2017, p. 28-32.

com a introdução da chamada "internet das coisas". A capacidade de utilização de controles remotos e sensores, permitindo interação à distância entre os humanos e os objetos, já data de algumas décadas; no entanto, a diferença fundamental estaria no fato de que agora essa forma de interação não seria apenas bilateral, mas se daria mediada pela internet, conectando as pessoas e as coisas, permitindo que as trocas de informações alcançassem uma velocidade muito maior, programando objetos e máquinas para processar, selecionar e enviar informação, criando canais de rede entre a produção e a circulação (por exemplo, sobre a necessidade de novos insumos industriais).

Tal mudança viria acompanhada de uma robotização muito maior das indústrias, com a introdução de inteligência artificial. Entre os destaques referentes à reestruturação produtiva, estariam as tecnologias de *machine learning*, que permitiriam às máquinas desenvolverem gradativamente uma capacidade cada vez maior de gerar dados da produção e processar as informações para oferecer "soluções" de novo rendimento do capital. Em paralelo, as novas tecnologias de impressão em 3 dimensões (3D), permitindo uma evolução significativa no modo de produção de mercadorias, inclusive atingindo já a impressão de metais com gastos cada vez menores.

Os efeitos disso no mundo do trabalho se dão em dois sentidos. Em um deles, busca-se aumentar a composição orgânica do capital, aumentando o capital constante e diminuindo o capital variável. Em outras palavras, introduzindo nova maquinaria e reduzindo o número de trabalhadores. Se a revolução toyotista já havia amplificado os mecanismos de controle no interior da produção e a conexão entre esta e a esfera da circulação, a *revolução comunicativa* na indústria 4.0 fatalmente aumentará em alguma escala esse processo. No outro, a capacidade de controle do capital sobre os operários tende a se intensificar, por exemplo, com os mecanismos nos quais as máquinas teriam de "avisar" os empregadores com dados mais precisos sobre falhas, panes, itens com defeitos (diminuindo as perdas e intensificando o ritmo de trabalho), número de itens produzidos, produtividade de cada trabalhador em determinados segmentos, velocidade com que insumos chegariam para continuidade do trabalho. Pode-se esperar que se combine a "internet das coisas" na esfera industrial com a "uberização do trabalho" em perspectiva, com as fábricas conectadas informando mais detidamente a capacidade de produção e podendo fazer com que os empregadores contratem e demitam com mais agilidade.

Por fim, é igualmente importante para o debate considerar as novas condições econômicas e geopolíticas na dinâmica da crise, isto é, *os impactos da guerra comercial na divisão internacional do trabalho*, na medida em que contestam certos aspectos da acumulação flexível na era da mundialização do capital. Isso porque, como consequência dessa última fase da crise após 2016, tem-se as primeiras expressões de tipos de nacionalismos econômicos, que questionam o modelo de globalização neoliberal do período anterior, levando a medidas protecionistas de alguma magnitude, especialmente no conflito entre Estados Unidos e China. Isso coloca em xeque o modelo anterior que, na verdade, baseou-se na dinâmica dos Estados Unidos como *consumidor número um do mundo* e China como *fábrica do mundo*, sustentado sob condições extremas de exploração capitalista no interior das indústrias chinesas. Como é sabido, durante o ciclo neoliberal prévio à crise (década de 1990 e 2000), o papel da China foi decisivo como fonte de exploração do trabalho quase "ilimitada" (para usar uma expressão hiperbólica) com influência no valor da força de trabalho em âmbito internacional. No entanto, os efeitos da crise parecem ser contraditórios, visto que, com a queda no crescimento chinês e um aumento cada vez maior do seu mercado interno, parece que assistimos a uma espécie de combinação de tendências opostas, na qual se mantêm nichos de exploração ferrenha (em que um salário de sessenta dólares é considerado bom), mas também, em termos relativos, a formação de um proletariado mais "moderno", qualificado e sobre o qual não se pode manter eternamente a tendência selvagem de exploração. Pelo contrário, indica-se um aumento relativo do valor da força de trabalho em alguns segmentos que pode trazer consequências em âmbito internacional. Está colocado o debate sobre até que ponto a Índia poderia ser uma alternativa, já que possui um imenso proletariado e as condições de acumulação nesse país aparecem como um terreno fértil para o capital internacional. Mas, para além desse debate muito recente, o que vem se transformando é justamente o papel da China como "fábrica do mundo de um país dependente" para um país que cresce na exportação de capital, na tecnologia de ponta, em avanços militares, em suma, que vem adquirindo traços iniciais de potência imperialista e, nesse sentido, modificaria necessariamente o lugar do seu proletariado no esquema da divisão internacional do trabalho. Se a China conseguirá vencer as contradições internas e a "guerra fria" que se anuncia contra os Estados Unidos e se consolidar como potência, ou se sucumbirá em seus laços de dependência à pressão ianque é um processo em aberto, que potencialmente marcará os próximos anos, talvez décadas. Com certeza, esse tema balizará os movimentos de reestruturação do capital; entrementes, esta pesquisa deve seguir, porque se trata de um processo muito recente, sobretudo no que tange à escalada da guerra comercial após 2016. Isso torna um tanto difícil o exercício de propor prognósticos acerca dos impactos no mundo do trabalho, embora acreditemos que já possa ser apontado como um fator de relevância no estudo desse processo em curso de reestruturação do capital.

O conjunto desses fatores, portanto, pode ser relacionado para definirmos que *vivemos uma nova fase de reestruturação do capital das condições de trabalho e produção*, superando (dialeticamente) o fordismo, o toyotismo e alguns aspectos da acumulação flexível, mantendo e aprimorando alguns de seus mecanismos e inovando os métodos de extração de mais-valor em tempos de austeridade, fluxos migratórios, tecnologias de informação e comunicação e guerras comerciais. Por se tratar de um fenômeno tão recente, no qual cada uma dessas tendências continua vigorando e se aprofundando, seria talvez prematuro falar categoricamente em "nova reestruturação produtiva" consolidada, qualitativamente diferente da neoliberal. No entanto, podemos dizer, da mesma forma que vimos uma transição importante da fase neoliberal para uma nova fase do capitalismo, levando em conta a economia (ou seja, as transformações no capital), que vivenciamos um processo em curso, com tendências mais ou menos desenvolvidas, dessa reestruturação produtiva – expressa nos quatro aspectos que elencamos acima.

Ainda que a tendência seja essa, o sentido da indagação deste capítulo não é apenas teórico, mas também político: a possibilidade de generalizar a uberização e a transformação dos parques fabris a ponto de confirmar uma reestruturação vigorosa dos complexos produtivos é um movimento que tem encontrado – e seguramente continuará encontrando – muita resistência dos trabalhadores, com formação de sindicatos nas empresas de plataforma, lutas para retomar os direitos trabalhistas, formas inovadoras de organização nos locais de trabalho e, em sua faceta mais assustadora para o capital, as primeiras tentativas de "greves mundiais", seja no "novo proletariado de serviços" (como nas redes de *fast-food*) ou nos setores de transporte já uberizados. O capital conseguirá concretizar sua tentativa de generalizar o trabalho intermitente, a "pejotização" e a uberização do trabalho, desenvolvendo suas tecnologias industriais 4.0 e implementando-as no setor de serviços? É certo que esse processo está em curso, mas a resposta definitiva só poderá ser dada pela dinâmica do conflito entre capital e trabalho – em suma, pela luta de classes.

A reestruturação do capital e a resistência operária

Na década da crise econômica (2008-2018), os conflitos entre o capital e o trabalho se deram em distintas formas, incluindo formas indiretas, nas quais o proletariado não era o sujeito hegemônico das manifestações, mas nem por isso elas deixaram de ser formas de resistência ao metabolismo do capital nessa década. Entre esses processos, poderíamos destacar os de impacto de massa, como os que ocorreram no início da Primavera Árabe, mobilizações internacionais da juventude, o movimento feminista, movimento negro, movimentos LGBTs, entre outros. No entanto, um olhar mais acurado para a dinâmica da crise possibilita perceber que o que antecedeu esses grandes fenômenos políticos e movimentos sociais foram grandes batalhas de resistência da classe trabalhadora contra os planos de austeridade, entre as quais a mais destacável foram as greves gerais na Grécia.

Esses planos constavam entre os fatores que apontamos como fundamentais para a reestruturação do capital no interior da crise, já que as distintas medidas econômicas dos pacotes propostos buscavam acelerar as consequências de precarização do mundo operário. Dessa forma, as reflexões que fizemos sobre o processo em curso de uma nova reestruturação produtiva na década ora referida correm em paralelo com os processos de resistência e a emergência do proletariado no interior da crise, o que, se não podemos dizer que é o que se destaca – afinal, a rigor, não vivenciamos nenhum processo ainda de revoluções ou rebeliões claramente proletárias –, não se pode dizer também que não houve processos relevantes.

Kurt Vandaele apresenta um gráfico que trata das greves gerais[51] e ameaças de greve[52] (*strike threats*) no Oeste europeu entre 1995 e 2015, em que se pode ver o pico de ações dos trabalhadores no ano de 2010.

Figura 13. Greves gerais (incluindo ameaças) no Oeste europeu desde 1995

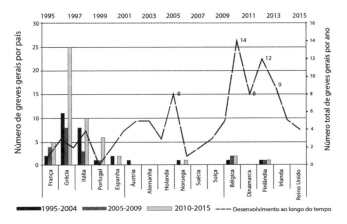

Fonte: Kurt Vandaele, "Interpreting Strike Activity in Western Europe in the Past 20 years: the Labour Repertoire Under Pressure", *Transfer*, v. 22, n. 3, ago. 2016.

A partir dos dados do gráfico, poderíamos falar em ao menos 65 greves gerais ou ameaças de greve entre 2008 e 2015 que fizeram governos recuarem, um alto número de greves, das quais as batalhas contra os planos de austeridade são maioria, com 14 greves gerais só em 2010. Outro dado a se destacar está na análise do movimento operário grego, em que se apontam 25 greves gerais entre 2000 e 2015. Disso podemos extrair a análise segundo a qual o período em que, em sentido estrito, podemos nos referir como *Grande Recessão*, os dois anos que seguem a crise de 2008, é o momento em que vai se apresentar mais intensamente a resistência operária, ou seja, em que categoricamente o proletariado entra em cena em distintos lugares do mundo, sobretudo na Europa dos planos de austeridade.

---

[51] O próprio conceito de greve geral, a rigor, poderia ser problematizado, já que distintos pesquisadores trabalham com diferenças entre esses conceitos, até mesmo considerando a própria noção de paralisação nacional de um dia como uma greve geral. De todo modo, a pesquisa apresentada pode dar uma noção aproximada das ações mais intensas dos trabalhadores, tomando a greve geral nesse sentido mais "amplo".

[52] Por "*strike threats*", os autores Kerstin Hamann, Alison Johnston e John Kelly consideram o seguinte: "Às vezes, a mera ameaça de ação grevista pode induzir uma resposta do governo. Portanto, também olhamos para as ameaças de greve geral, mesmo quando a greve não ocorreu. Para contar como uma 'ameaça', uma liderança de um sindicato ou confederação sindical teve que declarar sua intenção de convocar uma greve geral em uma questão específica e em uma determinada data"; Kerstin Hamann, Alison Johnston, e John Kelly, "Striking Concessions from Governments: Explaining the Success of General Strikes in Western Europe, 1980-2009", *Comparative Politics*, n. 46, out. 2013 [Tradução nossa].

Um segundo gráfico traça a comparação dos países nos quais mais houve processos de resistência, entre os quais figuram Grécia, Itália, Portugal e Espanha.

Figura 14. Número de greves gerais nos países do Sul Europeu – 2002-2011

	2002	2003	2004	2005	2006	2007	2008	2009	2010	2011
Grécia	1	0	1	3	2	1	1	1	7	7
Itália	2	2	2	1	0	0	1	1	1	2
Portugal	1	0	0	0	0	1	0	0	1	1
Espanha	1	0	0	0	0	0	0	0	1	0

Fonte: Extraído do texto de Wolfgang Rüdig e Georgios Karyotis "Who Protests in Greece?, cit.

O destaque para a Grécia snão é porque tenha sido o único país com lutas importantes, mas por ser onde elas foram expressivamente mais intensas.

Conforme escrevem Rüdig e Karyotis:

> Embora protestos contra a austeridade possam ser vistos em muitos países, a crise da dívida soberana na zona do euro, que se acelerou em 2010, fornece um foco específico. O país na vanguarda desse desenvolvimento é a Grécia. Para evitar um *default* desordenado de sua dívida, em maio de 2010, o governo socialista do Pasok negociou o maior empréstimo já recebido por um único país (110 bilhões de dólares) em troca da promulgação de um programa de ajuste estrutural draconiano. A Grécia, evidentemente, não foi o único país a enfrentar problemas econômicos agudos e a ser forçada a adotar políticas de austeridade. Espanha, Itália e Portugal, no Sul da Europa, assim como a Irlanda e o Reino Unido, entre outros, também estavam em posições semelhantes. No entanto, o protesto contra a austeridade parece ter sido, pelo menos até agora, muito mais intenso na Grécia do que em outros lugares, inclusive em comparação com países que também tiveram de recorrer a resgates financeiros internacionais.[53]

Grécia: coração da batalha contra a austeridade

Ao passar à abordagem do movimento operário grego contra a austeridade, podemos identificar algumas ondas no interior desses conflitos, que consideramos que existem diferenças destacáveis entre si. Particularmente a partir de 2011 – quando, no início do ano, alguns ditadores caíram com protestos massivos no Oriente Médio e, em seguida, com o desenvolvimento das lutas estudantis na Europa –, entra-se em uma nova fase, na qual não mais se poderá dissociar as lutas de resistência aos planos de austeridade do que significou, em distintos países, *a confluência da juventude com o movimento operário*. No caso particular da Grécia, esse encontro se deu nas praças, como nas mobilizações na Syntagma.

---

[53] Georgios Karyotis e Wolfgang Rüdig, "Who protests in Greece?, cit., p. 488.

Georgios Karyotis e Wolfgang Rüdig, em outro estudo realizado sobre os protestos na Grécia, apontam para essa diferenciação em três grandes ondas.

> A primeira onda consiste no protesto em massa contra a austeridade que surgiu em 2010 e se intensificou após o acordo de resgate em maio [...]. A segunda onda de protestos ocorreu em 2011 e viu não apenas um aumento na participação [...], mas também uma expansão de suas atividades, notadamente com a ocupação de praças centrais por um novo movimento inspirado nos Indignados, chamado Αγανακτισμένοι (Aganaktismeni) [...]. Uma terceira onda de mobilização, a partir de meados de 2012, coincidiu com uma mudança parcial de foco das ruas para a arena eleitoral, com um partido anteriormente marginal, a Coligação da Esquerda Radical (Syriza), estabelecendo-se como o principal partido do movimento.[54]

Queremos tratar especificamente das lutas da "primeira onda", nos detendo mais brevemente no conteúdo do plano de austeridade anunciado pelo governo grego e contra o qual os trabalhadores se embateram, na medida em que se tratou de um dos processos de resistência mais importantes no contexto da reestruturação produtiva.

Os planos de austeridade baseavam-se em conseguir um corte orçamentário de trinta bilhões de euros em três anos, reduzindo o que apontavam como "déficit público" a menos de 3% do PIB até 2014, o que correspondia a mais de 10% de redução, posto que, em 2011 (ano da medida), atingia 13,6%. Em troca, ofereciam-se bilhões em empréstimos do FMI. Os principais pontos do plano de austeridade que queremos destacar aqui, aos quais retiramos do relatório da Comissão Europeia intitulado *The economic adjustment programme for Greece*[55] [O programa de ajuste econômico para a Grécia], estão listados a seguir[56].

No setor público, as medidas eram draconianas: não apenas congelavam qualquer aumento ou medida de valorização do trabalho, como incluíam ataques de grandes dimensões às atuais condições trabalhistas, com um congelamento de pagamentos para trabalhadores do setor público e demissões em alguns setores; agrega-se a isso que mesmo as medidas meritocráticas de bônus foram questionadas, com pagamentos no Natal, na Páscoa e nas férias de verão anulados ou substituídos por uma quantia significativamente menor, naturalmente questionando qualquer outra política de bônus ou benefício ao trabalho.

Privatizações: como parte também do "enxugamento da máquina pública", que nada mais é do que uma destruição dos serviços públicos e das condições de trabalho

---

[54] Georgios Karyotis e Wolfgang Rüdig, "The Three Waves of Anti-austerity Protests in Greece: 2010-2015", *Political Studies Review*, n. 16, p. 159 [Tradução nossa].

[55] Ver, de Directorate-General for Economic and Financial Affairs, o relatório *"The economic adjustment programme for Greece"*, *Occasional Papers*, n. 61, maio 2010; disponível em <http://ec.europa.eu/economy_finance/publications/occasional_paper/2010/pdf/ocp61_en.pdf>; acesso em: 15 mar. 2021.

[56] Uma síntese dessas medidas pode ser acessada na matéria "Greece's Austerity Measures", *BBC*, 5 maio 2010; disponível em <https://bbc.com/news/10099143>; acesso em: 15 mar. 2021.

dos funcionários, a proposta era uma generalização das privatizações, incluindo setores primários e secundários da economia.

Uma reforma da previdência que buscava combinar um duro ataque ao setor público, aumentando em alguns casos 10 a 15 anos do tempo de trabalho para a aposentadoria, e condicionando, em geral, a aposentadoria à expectativa de vida no país, com idade mínima de 65 e aumentando progressivamente até 2020, com no mínimo 40 anos de contribuição. Além disso, os mesmos bônus que foram cortados para os servidores públicos também foram anulados para os aposentados. Por fim, diminuiu-se o valor das aposentadorias, não mais tomando o salário final, mas o salário médio do trabalhador.

Aumento de impostos: o *imposto sobre valor agregado*, implementado em toda União Europeia, que taxa em todos os níveis os bens e serviços, seria aumentado de 21% para 23%.

Dessa maneira, o que marca a primeira fase da reestruturação do capital no epicentro da crise, tendo a Grécia como laboratório, é uma nova rodada, ainda mais profunda, dos "remédios" neoliberais: cortes de salário e demissões no funcionalismo público, reforma da previdência, privatizações e mais impostos (este último não como parte do receituário oficial, mas muitas vezes aplicado na receita prática neoliberal). O que existe de novo nessa velha fórmula? Por um lado, aprofunda-se o grau de intensidade com que isso acontece em países de capitalismo avançado, como Grécia, Portugal, Espanha, Itália; por outro, avança a disputa imperialista que começa a gestar-se na União Europeia, com as potências mais fortes (sobretudo Alemanha, França e Inglaterra) buscando todas as formas de aumentar a dependência dos países de segunda linha no cenário europeu, impondo aos trabalhadores desses países condições de trabalho e de vida que se assemelham mais aos países do Sul do mundo. Ainda assim, essas medidas isoladas não conformariam uma diferença qualitativa em relação à reestruturação neoliberal; era preciso a combinação com demais medidas, como apontamos no tópico anterior.

Desse ponto de vista, a primeira grande entrada em cena da classe trabalhadora com uma sequência de greves gerais, apesar do nível de controle significativo por parte da burocracia sindical, ocorreu na Grécia, contra as medidas de austeridade, ou seja, uma batalha do proletariado e suas entidades de classe contra as reminiscências neoliberais que se expressavam com vigor no interior da crise. Já em conexão com os movimentos de juventude e sob os impactos da Primavera Árabe, as lutas seguiram nos anos seguintes, no entanto, sem conseguir apresentar uma organização que pudesse barrar as medidas de austeridade.

A frente única defensiva, sem a qual a frente única ofensiva e os sovietes são impensáveis, foi uma das grandes ausências durante todo o primeiro ciclo de lutas de classes que vai de

2010 até 2012, com dezenas de greves gerais, mobilizações de massa e enfrentamentos com a polícia.[57]

Com os principais sindicatos colocando importantes limites ao movimento, ainda muito atrelados ao "socialista" Movimento Socialista Pan-Helênico (Pasok)[58], o resultado foram graves derrotas para os trabalhadores gregos e a imposição das medidas de austeridade. Conforme escreveu Claudia Cinatti em 2012, no calor dos processos:

> Os dados indicam que está ocorrendo uma depressão: em 2012, a economia irá se contrair pelo quinto ano consecutivo, desta vez em 7%; o desemprego oficial está em torno de 22%, trabalhadores públicos e aposentados perderam em média um terço de sua renda e a dívida, logo após a renegociação acordada com a assinatura do memorando, aumenta aproximadamente 113% do PIB. Os planos de ajuste exigidos pela *troika* não fazem mais que agravar essa situação. No marco dessa catástrofe social e econômica e da crise dos partidos tradicionais, nos últimos dois anos se desenvolveu uma grande variedade de formas de luta: paralisações setoriais e mobilizações de massa; a emergência do "movimento das praças", similar aos "indignados" espanhóis, que durante dias ocupou a praça Syntagma e cercou o parlamento; experiências minoritárias, porém significativas, de ocupação e operação por parte de seus trabalhadores de estabelecimentos como o jornal *Elefthrotypia*, mesmo que lamentavelmente essa experiência não tenha se consolidado; e lutas operárias difíceis e prolongadas. Talvez a mais emblemática seja a dos trabalhadores da Usina Grega, que, após nove meses de conflito, foram duramente reprimidos pelo governo da Nova Democracia – Pasok e Dimar.[59]

Se, em geral, houve uma contenção que impediu a realização de uma greve geral política, a qual pudesse questionar efetivamente os planos da *troika*[60] e oferecer uma nova alternativa independente para a Grécia, um dos resultados indiretos – mas de muita importância – do processo de luta, expressou-se no terreno político e, na realidade, relaciona-se com um fenômeno de alcance internacional, do qual esse país é um dos berços. Aquilo que Antonio Gramsci chamou de "crise orgânica"[61], um fenômeno de crise de hegemonia, no qual se abre uma fissura entre "representantes e representados", tornou-se uma realidade patente na Grécia, com um verdadeiro derretimento do Pasok (então governo durante os ataques de 2010) e a futura

---

[57] Emilio Albamonte e Matías Maiello, *Estratégia socialista e arte militar* (trad. Edison Urbano, São Paulo, Iskra, 2020), p. 44.
[58] Trata-se de um partido social-democrata da Grécia.
[59] Claudia Cinatti, "Lucha de clases y nuevos fenómenos políticos en el quinto año de la crisis capitalista", *Revista Estrategia Internacional*, ano 21, n. 28, set. 2012, p. 20 [Tradução nossa].
[60] *Troika* é a forma utilizada para se referir ao conjunto formado por Comissão Europeia (CE), Fundo Monetário Internacional (FMI) e Banco Central Europeu (BCE), as três instituições internacionais que emprestaram dinheiro para o "resgate" da Grécia.
[61] Antonio Gramsci, *Cadernos do cárcere*, v. 3 (trad. Carlos Nelson Coutinho, Rio de Janeiro, Civilização Brasileira, 2007), p. 60.

emergência do Syriza. No próximo capítulo, abordaremos com mais detalhes o fenômeno; gostaríamos apenas de apontar desde já que, embora o imperialismo europeu, em acordo com os setores dominantes e governos da Grécia, tenha conseguido impor contundentes medidas de austeridade à população grega, o custo desse processo foi desencadear uma enorme crise política no seu regime.

Com relação aos planos de austeridade, o caso da Grécia é expressivo para nossa análise em dois sentidos. Se, precisamente nesse país, o plano foi mais agressivo contra os trabalhadores, também nele se deu a maior resposta proletária de 2010. Seu resultado significou uma derrota dos trabalhadores, mas veio acompanhada de uma crise política da hegemonia da classe dominante.

Entender esse processo é perceber onde os "extremos se tocam" na dinâmica da crise, pois as vitórias do capital contra os trabalhadores foram acompanhadas de novas batalhas mais intensas e de consequências decisivas para a dominação capitalista.

As reformas trabalhistas e as batalhas dos trabalhadores

Uma das primeiras grandes expressões de uma reforma trabalhista, no sentido da fase de "precarização estrutural do trabalho", deu-se no Estado espanhol. O processo ocorreu em algumas etapas, sendo a primeira em paralelo com o processo grego, em junho de 2010, pelo governo "socialista" de José Luis Rodríguez Zapatero, eleito pelo Partido Socialista Operário Espanhol (Psoe). Ela tinha dois eixos fundamentais: generalizava os contratos precários de primeiro emprego e ampliava as possibilidades de demissão pelas empresas sob alegação de que não havia condições econômicas para manter os cargos.

Em fevereiro de 2012, com a entrada do Partido Popular (PP) no governo, ampliou-se muito o alcance da reforma com a aprovação do Decreto-lei 3/2012, que possuía uma série de medidas que buscavam: a) debilitar as condições dos sindicatos nas negociações coletivas: "A reforma se pronuncia a favor de descentralizar os âmbitos de negociação coletiva para os aproximar, cada vez mais, à situação da empresa"[62]; b) ampliar as facilidades para as demissões, incluindo alegações econômicas: "Facilita a demissão por causas econômicas, com indenização de vinte dias de salário por ano no cargo, ao definir a diminuição persistente do nível de receitas ou vendas da empresa como aquela que se produz durante ao menos três trimestres consecutivos"[63]; e c) ampliar as modalidades de contratos de trabalho, adequando a legislação à "nova realidade trabalhista" com um ataque à estabilidade do trabalho e a conformação desse novo proletariado de serviços.

---

[62] Elíes Furió Blasco e Matilde Alonso Pérez, "Desempleo y reforma laboral en España durante la Gran Recesión", cit.

[63] Samuel Bentolila e Marcel Jansen, "La reforma laboral de 2012: Una primera evaluación", *Apuntes Fedea Laboral*, n. 14, fev. 2012; disponível em: <https://adirelab.es/wp-content/uploads/2016/04/FEDEA-Reforma-laboral-2012-Bentolilla-Jansen.pdf>, ; acesso em: 15 mar. 2021 [Tradução nossa].

Sobre o último ponto, vale observar as quatro formas propostas na reforma:

No que diz respeito à nova contratação, surgem várias figuras. A primeira é o novo contrato permanente de apoio aos empreendedores. Essa modalidade contratual pode ser utilizada pelas empresas com menos de cinquenta trabalhadores, é permanente e a jornada é completa, com um período experimental de um ano; beneficia-se de significativos incentivos fiscais; o trabalhador pode conciliar o salário com 25% de subsídio de desemprego; e o contrato deve durar por no mínimo três anos. A segunda modalidade é o contrato de formação e aprendizagem, destinado aos menores de trinta anos. Quando terminar a duração do contrato, o trabalhador não poderá ser contratado sob essa modalidade pela mesma ou outra empresa para a mesma atividade laboral ou ocupação objeto da qualificação profissional associada ao contrato, mas sim para uma diferente. O tempo de trabalho não poderá superar 75% da jornada no primeiro ano e 85% no segundo e terceiro anos. Está bonificado com importantes reduções de parcelas até 100% das contribuições. A terceira modificação contratual faz referência à possibilidade de realizar horas extras por trabalhadores com contrato de tempo parcial. E a quarta modificação se refere à suspensão da limitação à concatenação de contratos temporários.[64]

Os processos de reanimação do questionado neoliberalismo com tentativas de desmonte do funcionalismo público, privatizações e reformas da previdência, como foi o plano grego, vieram seguidos da releitura do capital atacando um ponto crucial: a recriação das modalidades laborais que aprofundam o trabalho temporário, instável, atomizado, debilitam os sindicatos e criam as condições para o novo fenômeno que nasceria no interior da crise: a uberização do trabalho.

Vale notar que o proletariado espanhol também entrou em cena nos dois momentos, com greves gerais: a primeira aconteceu em 2010, mas foi postergada por três meses para que os sindicatos reagissem à reforma trabalhista, tendo ocorrido apenas em 29 de setembro, já com muitas dificuldades para reverter o ataque e bastante controlada pelas direções conciliadoras dos sindicatos. Estes últimos, na realidade, serviram como freio em nome da defesa das reformas necessárias para dar estabilidade ao governo "socialista" de Zapatero, o que resultou em uma crise importante do Psoe e na emergência do PP. A outra grande greve geral ocorreu próximo da segunda reforma trabalhista, em 2012, desta vez com um impacto maior por parte dos sindicatos. Em uma matéria do jornal *El País* na época, embora numa guerra de cifras, é incontestável que podemos falar de um processo de centenas de milhares de trabalhadores no Estado espanhol, com os sindicatos apontando que ultrapassava a casa do milhão em todo o país.

As mobilizações, como quase sempre, terminaram com a habitual guerra de cifras. O governo calculou em 800 mil o número de manifestantes em toda a Espanha, enquanto os sindicatos estimaram em 900 mil o número de manifestantes em Madri (sem dados

---

[64] Elíes Furió Blasco e Matilde Alonso Pérez, "Desempleo y reforma laboral en España durante la Gran Recesión", cit.

oficiais ao fim da manifestação), 800 mil em Barcelona (dez vezes menos segundo a Guarda Urbana) e 250 mil em Valencia (35 mil segundo a polícia local). *El País* realizou os próprios cálculos nessas três marchas, as mais massivas, com resultados de 170 mil participantes na capital, 275 mil em Barcelona e 98 mil em Valencia.[65]

As greves gerais no Estado espanhol, portanto, também marcaram a combinação de dois setores estratégicos do proletariado, que se mostraram bem vivos durante as paralisações: as indústrias e o setor de transporte. Essa classe trabalhadora, em 2012, já vinha impactada pelas marchas da juventude que influenciaram à esquerda o movimento operário nesse momento.

As batalhas em torno da transformação das condições de trabalho seguiram ao longo de toda a década da crise, não só em países como Grécia, Espanha, Portugal e Itália, mas também nas potências. Um país a se destacar nesse aspecto foi a França, com a reforma trabalhista de 2016.

As duas fases de batalhas relacionadas à reforma trabalhista francesa ocorreram entre os anos 2016 e 2017. Ali, a reforma se iniciou também sob os auspícios de um governo dito "socialista", de François Hollande, e avançou já no governo Macron. Quando o Executivo – com Hollande como presidente – não conseguiu maioria no Congresso, o recurso utilizado foi um decreto, recorrendo ao mecanismo 49.3 da Constituição daquele país, que força a aprovação de um projeto (salvo quando há uma moção de censura do congresso dentro de 24 horas), ou seja, uma medida imposta verticalmente.

Essa reforma se baseava nos seguintes pontos principais: a) buscava expandir as possibilidades da jornada de trabalho, ainda que mantendo as 35 horas "oficiais", mas criando mecanismos que podiam fazê-la subir a até 60 horas semanais "em circunstâncias excepcionais"; b) empresas poderiam negociar os próprios acordos com funcionários, retirando o centro dos convênios coletivos definidos com os sindicatos – a relação estabelecida era local, entre empresa e funcionários, melhorando, portanto, as condições para a primeira avançar contra os direitos dos trabalhadores; c) o "direito de se desligar", que se refere às mudanças no tipo de controle que o empresário possui sobre seus funcionários – por exemplo, a possibilidade de, a partir de *smartphones* e laptops, os patrões poderem acessar seus trabalhadores a qualquer momento. Nesse ponto, embora a legislação preveja o "direito de se desligar", o que fica explícito é a regulamentação de que, em dados horários, a empresa pode acessar os funcionários, o que muitas vezes extrapola a jornada regular, fazendo o trabalho "invadir" as casas dos trabalhadores; d) empresas com menos de trezentos funcionários teriam mais facilidade para demitir alegando causas financeiras, aproximando, na falta de estabilidade, os empregados formais dos temporários.

---

[65] Manuel Gómez, Soledad Alcaide e José Luis Aranda, "La jornada de huelga general culmina con manifestaciones masivas en toda España", *El País*, Madri, 29 mar. 2012; disponível em: <https://elpais.com/politica/2012/03/28/actualidad/1332958776_265683.html>; acesso em: 15 mar. 2021 [Tradução nossa].

Foi, também, chamativa a ação dos trabalhadores franceses. Além das jornadas de paralisações nacionais, o que tem se demonstrado é que, em distintos setores, como os de trabalhadores fabris, transportes (especialmente os ferroviários), refinarias, portuários, garis, setores do funcionalismo, entre outros, a particularidade do processo francês foi a permanência incessante de conflito e disposição de resistência, com a emergência do forte movimento de juventude a partir de março de 2016, chamado Nuit Debout [Noite em pé], que encheu de energia as ruas francesas, seguido por greves em particular do setor do petróleo depois da assinatura do decreto. Daniela Cobet traça uma retrospectiva do processo de greves:

> Trata-se do uso de 49.3 [mecanismo da Constituição] durante a passagem da Lei do Trabalho para a Assembleia, que servirá como uma faísca para a onda crescente de greves de trabalhadores que se seguirão. No dia seguinte, a CGT chamou uma greve renovável [em que os trabalhadores decidem em assembleias diárias se continuam ou não em greve] nas refinarias a partir de 17 de maio. Logo depois, é a vez dos caminhoneiros entrarem na dança, depois a CGT Pétrole anuncia a greve renovável de todo o setor (refinarias, depósitos, petroquímicos, estações de aeroportos) e a paralisação de todas as instalações. A região Oeste é, provavelmente, a vanguarda da mobilização e, a partir de 17 de maio, encontra-se paralisada por greves e bloqueios de refinadores, caminhoneiros e estivadores. [...] O movimento de greves renováveis vai durar até o fim do mês com mais sete das oito refinarias em greve e terá repercussão em vários setores. Assim, no dia 26 de maio, a sede da PSA em Mulhouse passará pela maior paralisação do trabalho desde 1989, com cerca de mil trabalhadores em greve que desfilam nas oficinas e se organizam em assembleia geral contra o acordo de competitividade imposto pela direção e pela lei trabalhista. Ou, ainda, os eletricistas que reproduziram suas célebres ações "Robin Hood" e economizaram um milhão de euros para os usuários, cobrando deles as *heueres creuses* [tipo de tarifa que se aplica fora dos horários de pico].[66]

A classe trabalhadora se apresentava a cada uma das aplicações dos planos de austeridade e durante as reformas trabalhistas. O processo ao qual Cobet se refere como "célebres ações 'Robin Hood'" está relacionado com a criatividade do setor elétrico, que cortou a eletricidade em empresas e instituições do governo e a restaurou para os setores pobres, uma ação que afrontou os governos e o grande capital, ao mesmo tempo que possuía uma política hegemônica para a população. Dessa forma, busca obter apoio social para o movimento de combate à lei trabalhista, conforme explicou Marie-Claire Cailletaud, da *Confédération Générale du Travail* [Confederação geral do trabalho]: "Sábado os funcionários restabeleceram a eletricidade às pessoas em situação precária"; e a CGT completava: "Não vamos cortar as linhas [elétricas] de 400 mil volts para mergulhar a França na escuridão, mas podemos cortar aos

---

[66] Daniela Cobet, "Rétrospective 2016. Le 'joli mai' de la classe ouvrière contre la Loi travail", *Revolution Permanente*, 22 dez. 2016; disponível em: <https://www.revolutionpermanente.fr/Retrospective-2016-Le-joli-mai-de-la-classe-ouvriere-contre-la-Loi-travail>; acesso em: 25 jun. 2016 [Tradução nossa].

clientes industriais aqui e ali"[67]. Um dos melhores exemplos de como, com todos os limites para uma "virada de mesa" efetiva, a classe trabalhadora francesa entrou em cena com força.

Por fim, para abordar o fenômeno da reforma trabalhista "deste lado do Atlântico", em um dos países "emergentes" que se tornou um dos elos débeis da crise, podemos falar do próprio Brasil. Aqui, também o centro dos combates dos trabalhos no contexto após o *impeachment* de Dilma Rousseff deu-se em torno da reforma da previdência e da reforma trabalhista. Em 2017, já no governo de Michel Temer, a aposta foi em torno da reforma trabalhista – sem mencionar que conseguiu aprovar a Emenda Constitucional n. 95, conhecida como "PEC do teto dos gastos", um duro ataque aos direitos sociais. Se analisarmos o caso brasileiro, vemos que os pontos da reforma, tendo por base o artigo do jurista e professor Jorge Luiz Souto Maior[68], visam conectar as regras da exploração nacional ao novo padrão internacional advindo da crise: ampliar o banco de horas, o trabalho temporário, o trabalho em tempo parcial (aumento para 36 horas semanais – com possibilidade de trabalho em horas extras); autorizar a terceirização da atividade-fim, com responsabilidade apenas subsidiária do tomador, prevendo a "quarteirização"; criar o trabalho intermitente, para qualquer atividade e sem garantia sequer do recebimento do salário-mínimo, negociado sobre o legislado, sem garantia efetiva para um questionamento na Justiça; autorizar a jornada "12x36"[69] por acordo individual; teletrabalho (sem limitação da jornada, dificultando a responsabilização do empregador por acidentes e permitindo a transferência dos custos ao empregado); limitar as condenações por dano moral (com exclusão de responsabilidade da empresa tomadora dos serviços); criar a figura do "autônomo", que trabalha com ou sem exclusividade, de forma contínua ou não; permitir e incentivar as dispensas coletivas e o Plano de Demissão Voluntária (PDV), entre outros pontos.

O movimento operário brasileiro também reagiu de forma contundente, embora seguindo o velho fantasma que permaneceu também nos países europeus: ainda sem irrupções antiburocráticas e movimentos radicais que pudessem colocar em xeque os planos do grande capital nacional e estrangeiro no Brasil. A greve geral brasileira[70] ocorreu no dia 28 de abril de 2017. A resistência aconteceu em fábricas, envolvendo setores do funcionalismo, com professores na vanguarda, mas, sobretudo, teve grande destaque o setor de transporte: metroviários e rodoviários de vários lugares do país estiveram na linha de frente da greve geral brasileira. Sua potência foi grande e chegou a adentrar as altas esferas políticas, a ponto de estremecer o presidente, à época, Michel Temer, que foi alvo da Operação Lava Jato (buscando desviar a força da greve e

---

[67] Ver o artigo "Huelga 'Robin Hood' de los trabajadores de la electricidad en Francia", *La Izquierda Diario*, 2 jun. 2016; disponível em: <https://www.laizquierdadiario.com/Huelga-Robin-Hood-de-los-trabajadores-de-la-electricidad-en-Francia>; acesso em: 15 mar. 2021 [Tradução nossa].

[68] Jorge Luiz Souto Maior, "Impactos do golpe trabalhista (a Lei n. 13.467/17)", *Esquerda Diário*, 29 ago. 2017; disponível em: <http://www.esquerdadiario.com.br/Impactos-do-golpe-trabalhista-a-Lei-n-13-467-17>; acesso em: 18 maio 2019.

[69] Doze horas de trabalho consecutivas, seguidas de trinta e seis horas de descanso.

[70] A rigor, um dia de paralisação de grande abrangência nacional.

capitalizar politicamente os acontecimentos), quando semanas depois se manteve por um fio e declarou em 18 de maio que "não renunciaria". Uma nova greve geral foi anunciada para 30 de junho e tinha grande potencial, mas aqui as centrais sindicais colocaram um pé no freio decisivo, sendo a segunda paralisação nacional qualitativamente mais fraca que a primeira, o que abriu espaço para a aprovação da reforma trabalhista.

De todo modo, conforme foi objeto de análise por muitos cientistas políticos, as greves gerais no país foram parte de uma das principais ações do movimento operário nesse último período, que não resultaram na derrota da reforma, mas postergaram a disputa em torno da previdência, que só seria retomada pelo governo de Jair Bolsonaro, depois de sua eleição em outubro de 2018.

O novo proletariado: algumas imagens de suas lutas

Como vimos, durante a crise, os setores mais tradicionais do mundo do trabalho utilizaram seus métodos de luta também mais tradicionais e entraram em cena contra as tentativas do capital de descarregar a crise com seus planos de austeridade. Efetivamente, a maioria dessas lutas foi ainda muito controladas pelas burocracias sindicais e ainda sem ultrapassar as fronteiras de lutas defensivas, terminando em muitos casos com derrotas, imposições dos planos de austeridade, reformas da previdência, trabalhista etc. Outro resultado distorcido foi a perda de hegemonia de setores do capital internacional e nacionais e o desenvolvimento de fortes crises orgânicas nos países, com derretimento dos partidos tradicionais dos regimes políticos.

Mas não foram só os setores mais tradicionais que entraram em luta. A novidade esteve nas primeiras greves mais expressivas entre o novo proletariado de serviços, que começou a emergir mais decisivamente a partir da crise econômica: o fetichismo das tecnologias de informação e comunicação, que imaginavam criar um mundo robotizado, de plataformas digitais e trabalhos amplamente controlados, sem sindicatos, desarticulados e atomizados, começou, na década da crise, a se converter em seu contrário. O novo proletariado, emergindo como parte da grande monopolização de alguns ramos do setor de serviços, começou a praticar seus primeiros movimentos em variadas formas de expressão da luta de classes, tendo um signo de internacionalização de suas lutas nas primeiras palavras de ordem "greve mundial" em determinados monopólios internacionais do setor.

Essa resistência dos trabalhadores expressa um quadro complexo de transformações do mundo do trabalho. Para dar três exemplos expressivos nos últimos anos: um dos movimentos ligados ao setor de serviços com forte peso no coração do sistema é o chamado *"fight for $15"* ["lute por 15 dólares"], um movimento pelo salário-mínimo de 15 dólares por hora que vem crescendo nos Estados Unidos e já levou a importantes conquistas dos trabalhadores[71].

Em 2015, tivemos o anúncio de uma greve na rede de *fast-food* McDonald's, a qual afetou mais de duzentas cidades nos Estados Unidos e foi convocada como "greve mundial", tendo proposta de ação em, pelo menos, quarenta países. Embora não tenha concretizado verdadeiros movimentos internacionais de luta, o espectro de uma greve mundial ronda esses monopólios, e não é para menos. A cultura de escravidão assalariada dessas empresas cria uma identidade entre os trabalhadores que ultrapassa qualquer fronteira nacional. O modo como se dá a reestruturação produtiva nas fábricas, como viemos apontando, em monopólios de empresas como McDonald's, que tem cerca de 37 mil restaurantes em 120 diferentes países, ou Walmart, com mais de 1 milhão de trabalhadores espalhados pelo mundo, acaba por criar as mesmas condições de trabalho, bem como realidades parecidas para um verdadeiro exército proletário internacional. Mesmo nacionalmente, não é qualquer categoria que consegue fazer uma greve atingindo duzentas cidades nos Estados Unidos, como vimos nas greves do McDonald's.

Em outro sentido, em 2018, o jornal britânico *The Guardian* anunciou o que eles chamavam como "McGreve"[72], mostrando greves mais no fim da década da crise no Reino Unido (2017 e 2018), nas quais se questionavam não apenas os salários, mas também os chamados "contratos de zero horas", ou seja, a total falta de estabilidade desse setor. Há, então, o início de uma movimentação de questionamento dessas condições de trabalho e da nova reestruturação do capital, a qual já cria um "novo proletariado" de serviços bem precarizado.

Pouco a pouco, esse setor começa a não somente resgatar os métodos clássicos de luta dos trabalhadores, com greves e protestos, mas também a criar essa afinidade internacional mais naturalmente, com o espectro das "greves mundiais". Esse novo proletariado tem uma forte composição de setores imigrantes e negros, justamente por estarem nos postos mais precários, o que também pode levá-lo a movimentações que extrapolam os limites do sindicalismo economicista – a luta apenas salarial – e colocar questões mais profundas. Um exemplo muito ilustrativo é o de Jorel Ware, trabalhador do McDonald's de Chicago e membro do movimento *Fight for $15*, que afirmou:

> O que me motiva é que há muitas coisas diferentes acontecendo nos Estados Unidos. Com salários de miséria, com Black Lives Matter, reforma da imigração, assistência infantil. Essas questões são basicamente as mesmas porque todo mundo está passando por elas,

---

[71] Uma análise desse movimento nos seus distintos setores, ao longo de quatro anos, pode ser vista no relatório "Fight for $15: Four Years, $62 Billion", *National Employment Law Project*, dez. 2016; disponível em: <https://s27147.pcdn.co/wp-content/uploads/Fight-for-15-Four-Years-62-Billion-in-Raises.pdf>; acesso em: 15 mar. 2021.

[72] Rajeev Syal, "'McStrike': McDonald's Workers Walk Out Over Zero-hours Contracts", *The Guardian*, 1 maio 2018; disponível em: <https://www.theguardian.com/business/2018/may/01/mcstrike-mcdonalds-workers-walk-out-over-zero-hours-contracts>; acesso em: 15 mar. 2021.

negros e pardos estão passando por isso. É assim que tudo se soma e me dá motivação, e finalmente tenho disposição para fazer uma mudança.[73]

Como se pode depreender das palavras de Jorel Ware, concentra-se no novo proletariado de serviços a precarização laboral e das condições de vida, as quais nos momentos de crise econômica se acirram ainda mais.

Dando outro exemplo dessa nova morfologia do mundo do trabalho, podemos nos voltar para as plataformas digitais: se, por um lado, a reestruturação do capital nesse setor buscou de todas as formas retirar o sentido de classe, dando a ideia do "trabalho autônomo", da "liberdade de escolher" quantas horas trabalhar e em quais dias, sendo "o trabalhador o próprio chefe de si mesmo", por outro, na prática, muitos desses trabalhadores acabam submetidos a extenuantes jornadas de doze horas, muitas vezes sete dias por semana, tentando cumprir metas. A verdade é que esses trabalhadores estão sujeitos aos milimétricos planos de exploração dos grandes monopólios. Conforme escreve Danièle Linhart:

> À sua maneira, essas companhias procuram reduzir o "jugo" que representam para elas os direitos e garantias que constituem o outro lado da relação assalariada. Assim, esforçam-se para desenvolver competências dos indivíduos "que lhes permitam assumir a si próprios", a enfrentar por conta própria os riscos, sem deixar de prendê-los com imposições suficientemente fortes para garantir o lucro. Isso ocorre sob a forma do autoempreendedorismo e, particularmente, da economia de plataforma digital (como Uber). Esses trabalhadores, apresentados como amantes da liberdade e da aventura, da ousadia e da flexibilidade, veem-se diante de imposições bastante específicas em termos de equipamentos (carro, bicicleta), vestuário e até roteiros de interação verbal, que são obrigados a respeitar sob pena de multa. As plataformas também estabelecem os preços a serem cobrados e recebem avaliações dos clientes, não hesitando em punir os trabalhadores, recorrendo, portanto, a um poder disciplinar. Por mais independentes que pareçam ser, os "parceiros" da plataforma Deliveroo, por exemplo, são multados caso recusem mais de três chamadas de serviço durante seu horário de trabalho. Regra semelhante existe para os motoristas da Uber, embora sejam eles mesmos que devem pagar os impostos referentes à atividade, as contribuições sociais, a gasolina e o carro…
>
> Ocorre que 87% dos trabalhadores em atividade são assalariados. Portanto, é espantoso que seja sistematicamente ignorada a via de modernização que consistiria em manter (ou até fortalecer) os aspectos positivos do assalariamento, libertando-o dessa dimensão alienante que é a subordinação.[74]

---

[73] Kimberly Sánchez Ocasio e Leo Gertner, "Fighting for the Commom Good: How Low-Wage Worker's Identities Are Shaping Labor Law", *The Yale Law Journal*, v. 126, 24 abr. 2017; disponível em: <https://www.yalelawjournal.org/forum/fighting-for-the-common-good>; acesso em: 15 mar. 2021 [Tradução nossa].

[74] Daniéle Linhart, "Um assalariado sem submissão é possível", *Le Monde Diplomatique Brasil*, n. 120, 6 set. 2017; disponível em <https://diplomatique.org.br/um-assalariado-sem-submissao-e-possivel/>; acesso em: 25 jun. 2019.

Nas plataformas digitais estamos ainda vivenciando essa contradição de muitos setores que, embora assalariados, são sistematicamente estimulados ideologicamente a não se ver como classe trabalhadora por deter a ferramenta de trabalho (no caso de um motorista da Uber). Aqui, portanto, é necessário distinguir, evidentemente, um detentor de uma frota de carros da Uber de um trabalhador sem veículo que, em alguns casos, tem de trabalhar dobrado para alugar um carro no qual fará as corridas. Mas mesmo os motoristas que têm carro próprio passam por um processo acelerado de proletarização, e mais ainda os que não tem automóvel próprio, como fica mais evidente nos países em que as plataformas são mais desenvolvidas, particularmente na Europa, onde vimos uma explosão de trabalhadores em bicicletas, em condições muito precárias de trabalho – chegando em seguida no Sul do mundo o mesmo fenômeno, completamente desenvolvido na atualidade em países como o Brasil, onde vemos uma massa de trabalhadores em bicicletas.

Mas como se dão as expressões de luta de classes nesse setor?

Em fevereiro de 2017, o motorista da Uber Fawzi Kamel recebeu em seu carro o diretor executivo da empresa, Travis Kalinick; ao fim da corrida, o motorista fez reivindicações contra a hiperexploração do trabalho e os baixos salários. O diretor da Uber deu uma resposta grosseira ao motorista, bateu a porta e não aceitou conversar com o trabalhador. Mal sabia ele que, na "nova classe trabalhadora", também existe luta de classes. O motorista estava filmando a conversa[75] e a divulgou publicamente, mostrando o descaso da empresa com os funcionários. Nos dias seguintes, lá estava o diretor pedindo desculpas pelo "lamentável comportamento" perante todos os funcionários da empresa e, três meses depois, um dos maiores bilionários dos Estados Unidos renunciava ao cargo[76].

Dessa luta, de grau de consciência ainda embrionário, vemos notícias de "greves mundiais" da Uber[77], com iniciativas de, por exemplo, buscar gerar "apagões" em horários de pico dos trabalhadores da empresa, ensaios que deram os primeiros passos nos últimos anos, mas já apontam para um caminho mais visível de luta de classes no setor.

Sem fazer uma exposição exaustiva sobre as características desse setor e como vêm se desenvolvendo suas lutas, gostaríamos de acrescentar apenas que, simultaneamente à crise que já passa de uma década, assistimos à emergência de importantes greves

---

[75] Ver, de Eric Newcomer, a matéria "In Video, Uber CEO Argues With Driver Over Falling Fares", *Bloomberg*, 28 fev. 2017; disponível em <https://www.bloomberg.com/news/articles/2017-02-28/in-video-uber-ceo-argues-with-driver-over-falling-fares>; acesso em: 15 mar. 2021.

[76] Ver, de Julia Carrie Wong, o artigo "Uber CEO Travis Kalanick Resigns Following Months of Chaos", *The Guardian*, 21 jun. 2017; disponível em <https://www.theguardian.com/technology/2017/jun/20/uber-ceo-travis-kalanick-resigns>; acesso em: 15 mar. 2021.

[77] Ver, de Diego Sacchi, a matéria "Conductores de Uber en EE. UU. y Reino Unido van a la huelga por sus derechos laborales", *La Izquierda Diario*, 8 maio 2019; disponível em <https://www.laizquierdadiario.com/Conductores-de-Uber-en-EE-UU-y-Reino-Unido-van-a-la-huelga-por-sus-derechos-laborales>; acesso em: 15 mar. 2021.

contra a austeridade, e que também esses setores do novo proletariado de serviços vêm se exercitando em greves e mobilizações, usando até mesmo plataformas digitais e se articulando internacionalmente. Por essa razão, acreditamos que isso nos habilita a pensar que tais transformações na morfologia do trabalho – uma das características fundamentais da crise – também vêm criando um novo proletariado que, anão sendo "uma nova classe", em realidade é parte da nova morfologia da classe trabalhadora, com forte potencial explosivo e colocando o problema estratégico crucial para o século XXI: a unidade de organização política entre os setores tradicionais e esse novo proletariado de serviços.

A questão da imigração

A questão da imigração, conforme vimos, é outro componente determinante da morfologia da classe trabalhadora. Não temos como pensar, em estudos mais profundos, a emergência e as feições desse novo proletariado de serviços por fora de entender a dinâmica da imigração. Em outro sentido, a imigração entra como fator determinante também para pensar a resistência dos trabalhadores nos anos de crise econômica, não apenas analisando as formas de organização dos imigrantes diretamente, mas compreendendo que tem sido um elemento fundamental em muitos planos. Basta ver que dois dos processos políticos mais significativos da década da crise – o Brexit na Inglaterra e a ascensão de Donald Trump nos Estados Unidos – relacionam-se diretamente no plano discursivo com a questão da imigração. O mesmo se pode dizer com a ascensão de personalidades políticas reformistas que cresceram também abordando a questão da imigração, como Jeremy Corbyn, na Inglaterra, e Alexandria Ocasio-Cortez, nos Estados Unidos.

O que queremos pontuar é apenas que, com base no que foi discorrido acerca das formas de luta do novo proletariado de serviços, essa questão é um componente fundamental, uma vez que uma importante parcela desse proletariado é composta justamente por populações imigrantes. Por conseguinte, mediante greves, lutas sindicais e conflitos políticos proletários, os imigrantes tornam-se cada vez mais protagonistas.

Não se pode dizer exatamente o mesmo com relação ao plano internacional de grandes movimentos dos imigrantes. No imediato momento prévio à crise, vimos um movimento de dimensão internacional acontecer, a marcha de 2006, denominada "um dia sem imigrantes", que até mesmo segundo a grande imprensa reuniu cerca de 1 milhão de pessoas nas ruas dos Estados Unidos[78]. Porém, ao contrário do que pode parecer à primeira vista, a crise econômica criou condições bem mais difíceis para os imigrantes, aumentando até mesmo a força de correntes políticas abertamente xenofóbicas em distintos lugares do mundo, sobretudo na Europa.

---

[78] Ver, de Lucas Mendes, a matéria "Protesto de imigrantes reúne um milhão nos EUA", *BBC*, 2 maio 2006; disponível em <https://www.bbc.com/portuguese/noticias/story/2006/05/060502_euaprotestoimigrantefn.shtml>; acesso em: 15 mar. 2021.

Uma das imagens mais marcantes da imigração na década após a quebra do Lehman Brothers não foi ainda de processos de resistência, mas da extrema violência com a qual os refugiados de países sob intervenção imperialista, como a Síria, foram submetidos, mortos nas tentativas de travessia do Mar Mediterrâneo, uma das feridas abertas da degradação das relações humanas em meio à crise do capitalismo. A imagem mais forte desse processo talvez tenha sido a de Aylan Kurd[79], um menino sírio de três anos encontrado morto à beira da praia na Turquia, em uma tentativa da família de atravessar este país até a ilha grega de Kos. Outra imagem, do outro lado do Atlântico, foi a da política de Trump de encarcerar famílias de imigrantes em celas, com as crianças separadas dos pais[80].

De fato, a questão da opressão aos imigrantes no capitalismo, em particular durante a crise econômica, ficou mais patente do que nunca, e vem se tornando decisiva, tanto pelas estratégias de exploração do capital, quanto pela resistência dos imigrantes. Conforme escrevem Choudry e Hlatshwayo na obra *Just Work? Migrant Workers' Struggles Today* [Apenas trabalhe? A luta dos trabalhadores migrantes hoje]:

> Trabalhadores migrantes e imigrantes em todo o mundo continuam a se organizar face à exploração e opressão, e muitas vezes se encontram na linha de frente das lutas contra a precariedade, austeridade e outras formas de exploração capitalista que impactam todos os trabalhadores. De fato, suas lutas continuam a destacar maneiras pelas quais o capital explora os trabalhadores por meio do *status* de imigrante e das relações sociais de raça, gênero e classe em todo o mundo. Além disso, as lutas, a organização e a resistência dos trabalhadores migrantes são uma indicação de uma era em eles são parte vital de uma força social e política em uma disputa de forças global.[81]

Quando os autores falam em "lutas, organização e resistência dos imigrantes", referem-se a quais processos?

Nessa obra, Choudry e Hlatshwayo compilam uma série de artigos de pesquisadores, dissertando sobre a resistência imigrante em vários lugares do mundo. Sem adentrar nas experiências concretas, queremos pontuar as formas de organização que tem assumido a luta dos imigrantes. Dentre elas, estão:

a) *Worker Centers* [centros de trabalhadores]: essas organizações, que funcionam em geral com doações privadas, têm tido importante expressão nos Estados Unidos e têm sido um dos fatores de luta pelos direitos dos imigrantes. Criadas inicialmente

---

[79] Ver, de Helena Smith, a matéria "Shocking Images of Drowned Syrian Boy Show Tragic Plight of Refugees", *The Guardian*, 2 set. 2015; disponível em <https://www.theguardian.com/world/2015/sep/02/shocking-image-of-drowned-syrian-boy-shows-tragic-plight-of-refugees>.

[80] Ver, de Patrick Timmons, a matéria "Migrant Parents Separated from Children: 'We Came Because We Didn't Want to Be Killed'", *The Guardian*, 19 jun. 2018; disponível em <https://www.theguardian.com/us-news/2018/jun/18/us-immigration-court-parents-separated-children-families>; acesso em: 15 mar. 2021.

[81] Aziz Choudry e Mondli HLatshwayo, *Just Work?*, cit., p. 2.

nos anos 1970 e começo dos 1980, tais organizações recobraram força especialmente na "era Trump", variando entre grupos mais assistencialistas, que ajudam imigrantes de baixa renda, fornecendo serviços de educação (idiomas), saúde, advocacia etc., até centros mais combativos, organizando militância de imigrantes, greves e lutas por seus direitos. Janice Fine escreveu uma obra que aborda as características desse tipo de organização[82];

b) Organizações não governamentais (ONGs): uma segunda via da resistência tem surgido em ONGs e organizações comunitárias de reivindicação de direitos dos imigrantes, que crescem continuamente em muitos países. Em geral, atuam por mudanças políticas (em legislações ou políticas públicas para imigrantes), em campanhas contra a xenofobia, de conscientização e mesmo educacionais.

c) Sindicatos: sem dúvida como fenômeno internacional ainda muito atrasados, os sindicatos seriam outro mecanismo na resistência dos trabalhadores. Não são muitas, porém são valiosas, as experiências de sindicatos que organizam diretamente imigrantes, colocando o tema da luta contra xenofobia como ponto de suas reivindicações, e que constroem iniciativas em favor dos imigrantes. Alguns pesquisadores têm apontado que sindicatos na Nova Zelândia, na Suécia e no Japão estão realizando experiências de organização de imigrantes[83]. Entre os estudos acadêmicos, poderíamos apontar o estudo *Migrant Unionism in Hong Kong*[84] [Sindicalismo de migrantes em Hong Kong], da Asia Pacific Mission for Migrants [Missão Ásia-Pacífico para migrantes], o qual aborda a sindicalização e as lutas dos trabalhadores domésticos em Hong Kong, em sindicatos de trabalhadores da Indonésia, das Filipinas e do Nepal.

Ainda que com iniciativas de resistências em distintos lugares do globo, uma das marcas da reestruturação é que ela foi, no geral, bem-sucedida em oprimir de modo ferrenho a condição dos imigrantes no mundo todo, explorar a divisão interna na classe trabalhadora com a xenofobia e tirar proveito da posição acomodada dos sindicatos.

Questionado sobre a política dos sindicatos em relação a tal situação na Europa, Pietro Basso faz uma crítica severa às atuais direções sindicais:

> Permito-me não ter nenhuma dúvida a respeito: Marx faria uma crítica impiedosa e em total desacordo com o atual movimento sindical europeu, sem exceções. [...] Isso porque na Europa os sindicatos históricos estão cada vez mais subordinados à lógica da competitividade e dos interesses nacionais e empresariais, estão cada vez mais profundamente

---

[82] Janice Fine, *Worker Centers: Organizing Communities at the Edge of the Dream* (Ithaca, Cornell University Press, 2006); acesso em: 15 mar. 2021.

[83] Ver, de Edward Miller e Dennis Maga, "Disaster Capitalism and Migrant Worker Organising in Aotearoa/New Zealand", em Aziz Choudry e Mondli HLatshwayo, *Just Work?*, cit.

[84] "Migrant Unionism in Hong Kong: A Case Study of Experiences of Foreign Domestic Workers in Union Organizing", *Asia Pacific Mission for Migrants*, set. 2013, disponível em <http://apmigrants.org/articles/publications/Featured%20Researches/MTU%20Research%20Document.pdf>; acesso em: 15 mar. 2021.

doentes de nacionalismo, e por esse motivo cada vez mais subalternos aos poderes constituídos e cada vez mais débeis. E isso, embora haja muitos milhões de imigrantes organizados nas suas fileiras.[85]

Após essa dura crítica, o sociólogo italiano complementa com uma proposição política de como se deveriam orientar os sindicatos:

> O que deveriam fazer organizações sindicais verdadeiramente classistas é batalhar contra qualquer forma de discriminação contra as trabalhadoras e os trabalhadores imigrantes e promover em todos os lugares a mais forte unidade, sob bases paritárias, com efetiva paridade, entre imigrantes e autóctones; sendo conscientes de que a divisão da classe trabalhadora é a principal razão da sua debilidade e sua unidade é sua única força.[86]

O processo de transformações no capital internacional durante a década da crise econômica está diretamente ligado a um processo de reestruturação também do mundo do trabalho, uma nova reestruturação produtiva ainda em curso de desenvolvimento, com expressões de mudança na morfologia do trabalho. Neste capítulo, abordamos as resistências a esse processo com foco voltado à classe trabalhadora, mas elas se manifestaram ainda em outras esferas: uma variedade de processos sociais e políticos, os quais, cada um à sua maneira, também expressaram conflitos com a nova dinâmica internacional do capitalismo proveniente da crise, como a Primavera Árabe, as mobilizações internacionais da juventude, o movimento de mulheres, o Black Lives Matter, entre outros, que, em seus efeitos, evidenciaram-se, sobretudo, na crise das democracias ocidentais. Tais fenômenos são tema das páginas a seguir.

---

[85] Pietro Basso, "As emigrações são sempre forçadas", cit.
[86] Idem.

IV

CONFLITOS, MOVIMENTOS SOCIAIS E FENÔMENOS POLÍTICOS

Um dos efeitos mais significativos da queda do Lehman Brothers foi a propulsão de lutas, protestos, mobilizações e movimentos, uma ampla gama de conflitos tanto da juventude quanto de trabalhadores na busca por seu direito ao futuro e para não ter de carregar o peso da crise econômica. Como um monstro adormecido que acaba de despertar e, ainda sonolento, procura alguma reação, a entrada em cena desses setores massivos não foi decidida sem contradições; pelo contrário, expressou nos processos os trinta anos de paralisia. O decisivo aqui é que, carregando todas as heranças do passado, a luta de classes voltou ao palco de forma sistemática, persistente e, em alguns casos, com alguns aspectos de radicalidade.

A dialética está em perceber a relação entre a crise econômica e a dinâmica dos embates durante essa década, tanto em sua importância histórica como em seus limites. Não se trata, entretanto, de enxergar uma relação mecânica entre a economia e a luta de classes, afinal, não estamos tratando de um período imediato após setembro de 2008, mas observando o conjunto do quadro de uma década. Buscamos, portanto, nos afastar do mecanicismo ou imediatismo econômicos, porém a partir da visão de que os atritos são motivados por causas econômicas profundas, em geral enraizadas na dinâmica do capital e, especialmente, nas suas transformações no contexto de um capitalismo em crise.

As grandes mudanças na esfera da produção e da reprodução do capital são o *essencial*, a parte decisiva do que vai influenciar a dinâmica dos conflitos, seja no plano imediatamente econômico, seja no político – como na erupção de instabilidades – ou na esfera da "fina flor" da ideologia do século XXI. Isso não significa que o conjunto das respostas práticas – levantes, movimentos, fenômenos políticos variados –, mas também das ideias, formações ideológicas, hábitos, modos de vida e cultura, das elaborações teóricas e formas de interpretações dos acontecimentos, em suma, o conjunto de elementos relacionados à esfera da política e da consciência deixe de ter um papel igualmente relevante e até decisivo em alguns casos. Parafraseando Engels[1], os fatores econômicos descritos em nossos dois primeiros capítulos são determinantes, mas apenas em *última instância,* e dialeticamente influenciados pelas respostas do proletariado, da juventude e dos movimentos sociais. Walter Benjamin aborda essa questão em suas célebres *Teses sobre a história* quando, na quarta tese, após uma epígrafe sobre Hegel, descreve de maneira instigante essa dialética da matéria e das ideias no percurso histórico.

> A luta de classes, que um historiador educado por Marx jamais perde de vista, é uma luta pelas coisas brutas e materiais, sem as quais não existem as refinadas e espirituais. Mas na luta de classes essas coisas espirituais não podem ser representadas como despojos atribuídos ao vencedor. Elas se manifestam nessa luta sob a forma da confiança, da coragem, do humor, da astúcia, da firmeza, e agem de longe, do fundo dos tempos. Elas questionarão sempre cada vitória dos dominadores. Assim como as flores dirigem sua corola para o Sol, o passado, graças a um misterioso heliotropismo, tenta dirigir-se para o sol que se levanta no céu da história. O materialismo histórico deve ficar atento a essa transformação, a mais imperceptível de todas.[2]

Se quisermos identificar os conflitos numa década de crise capitalista, teremos de ter em mente esses âmbitos cruciais apontados por Benjamin: a forma decidida de dizer que a luta de classes é "*pelas coisas brutas e materiais, sem as quais não existem as refinadas e espirituais*". Percebendo, no entanto, que a partir do momento em que as coisas materiais começam a exercer influência, os distintos elementos culturais se modificam não só em sua existência física e presente, mas também em sua leitura do passado. Não por acaso, conforme destacaremos no próximo capítulo, a releitura das décadas neoliberais por parte da vanguarda da juventude e da classe trabalhadora é um elemento fundamental de transformação subjetiva. Do ponto de vista das massas populares, ter uma percepção inicial em amplos setores da sociedade de que o capitalismo entrou em uma crise histórica e que, portanto, não tínhamos vivido o "fim da história", é um dos elementos mais importantes para entendermos a transição ocorrida ao longo da década.

Compreender a dinâmica dos conflitos dessa forma, buscando sua raiz material mais global, também nos permite enxergar, contra todo determinismo, os processos de mudanças nas mais distintas esferas da cultura como parte dos conflitos e, em geral, como parte da luta de classes. Isso porque não foram gerados de maneira aleatória e

---

[1] "De acordo com a concepção materialista da história, o elemento determinante em última instância na história é a produção e reprodução da vida real. Mais do que isso, nem eu e nem Marx jamais afirmamos. Assim, se alguém distorce isso afirmando que o fator econômico é o único determinante, ele transforma essa proposição em algo abstrato, sem sentido, em uma frase vazia"; Friedrich Engels, "Carta de Engels a Joseph Bloch, setembro de 1980", em Gilson Dantas e Iuri Tonelo (orgs.), O método em Karl Marx (antologia) (São Paulo/Brasília, Iskra/Centelha Cultural, 2016), p. 83.

[2] Walter Benjamin, Magia e técnica, arte e política: ensaios sobre literatura e história da cultura (trad. Sérgio Paulo Rouanet, 8. ed., São Paulo, Brasiliense, 2012), p. 243.

sem razão, mas expressam contradições profundas da resolução neoliberal das crises anteriores, que em algum momento se manifestariam em novas antinomias econômicas, novas dinâmicas do capital e, mesmo no nascer de um novo modo de vida, de novas relações de produção, em novas formas de hegemonia ou no aumento dos embates de classe. Em outras palavras, em uma nova forma de sociabilidade, irrompendo contra a sociedade da resignação anterior.

Deslumbrado com a ação dos *communards* – que ao transformar as relações sociais na Paris insurreta davam, pela primeira vez na história, respostas para o problema da ascensão da classe trabalhadora ao poder, bem como do combate ao capital e da transição socialista –, Karl Marx escrevia:

> A classe trabalhadora não esperava milagres da Comuna. Os trabalhadores não têm nenhuma utopia pronta para introduzir *par décret du peuple**. Sabem que, para atingir sua própria emancipação, e com ela essa forma superior de vida para a qual a sociedade atual, por seu próprio desenvolvimento econômico, tende irresistivelmente, terão de passar por longas lutas, por uma série de processos históricos que transformarão as circunstâncias e os homens. Eles não têm nenhum ideal a realizar, mas sim querem libertar os elementos da nova sociedade dos quais a velha e agonizante sociedade burguesa está grávida.[3]

Os *communards*, apesar de seu heroísmo insurrecional, foram derrotados. Foi necessária a experiência política de algumas décadas para que os trabalhadores conseguissem conduzir uma revolução até a vitória, como em outubro de 1917, na Rússia. Isso se deu em função de avanços teóricos e estratégicos, incluindo a novidade da forma-partido russa, fortemente enraizada na classe trabalhadora. Nesse sentido particular, podemos fazer uma analogia, a despeito das importantes diferenças históricas, com o objeto de análise deste livro: a tese de que há condições objetivas para uma transição entre modos de produção, o que se evidenciou mais uma vez a partir da crise que acometeu a economia mundial, lembrando o fruto mais maduro (quase em vias de apodrecer) pronto para colheita; ao mesmo tempo, vivenciamos as debilidades subjetivas e a falta dos instrumentos necessários para colher esse fruto e experimentar o sabor de uma nova sociabilidade humana como resposta à crise que vivemos.

É preciso também incluir, na análise que fazemos neste capítulo, os limites daquilo que estava em desenvolvimento, além de perceber o significado existente na transformação representada pelas mais distintas formas de confronto entre classes, sem perder de vista sua limitação política, estratégica e mesmo tática. Em outros termos, buscar olhar para esses processos em sua *contradição*.

A partir dessa perspectiva, observaremos um conjunto de fenômenos políticos e movimentos sociais ocorridos no âmbito da crise, estabelecendo a conexão entre

---

[3] Karl Marx, *A guerra civil na França* (trad. Rubens Enderle, São Paulo, Boitempo, 2011, coleção Marx-Engels), p. 60.

* Por decreto do povo. (N. T.)

eles, o colapso econômico e as soluções do capital. Eis aqueles que consideramos os mais marcantes do período:

1) a *Primavera Árabe*, uma soma de processos revolucionários que incendiou o Norte da África e o Oriente Médio, começando na Tunísia e se estendendo ao Egito, à Síria, à Líbia, entre outros países; aqui nos interessa o significado de tais processos – que derrubaram ditadores com mais de trinta anos de poder e terminaram, em sua maioria, a partir da intervenção imperialista com resoluções reacionárias (incluindo golpes militares) –, os impactos iniciais e as contradições dessas resoluções;
2) *as mobilizações internacionais da juventude*, particularmente no ano de 2011, as quais, embora também muito contraditórias em seus objetivos políticos na maioria dos casos, trouxeram a marca de um levante que chacoalhou completamente as relações sociais e culturais nas democracias ocidentais. Buscaremos comprovar que essas mobilizações em lugares como Europa, Estados Unidos, América Latina, África do Sul e mesmo China são um componente decisivo para empregar a marca da juventude na nova realidade internacional e abrir espaço para outros movimentos sociais;
3) os movimentos feminista e negro, que também tiveram alcance internacional, sendo um terceiro componente de nossa reflexão. Analisaremos ambos, tentando encontrar suas raízes nas modificações do capital que, de modo geral, descarregaram a crise nas costas da juventude, das mulheres e dos negros, permitindo o desenvolvimento de maiores conflitos e maiores respostas. Naturalmente, foi uma escolha destacar esses movimentos e não outros igualmente possíveis, como os LGBTs, indígenas, ecológicos, entre outros, pois se trata não de apresentar o bloco dos movimentos sociais na crise, mas oferecer uma pista para enxergar a conexão deles com a dinâmica desta década.

Por fim, conectaremos esses fenômenos a uma grande marca política do pós--Lehman Brothers, introduzindo a categoria de "crise orgânica", do marxista sardo Antonio Gramsci, como parte da análise da "crise das democracias". Esse ciclo não pode ser explicado sem observarmos a crise capitalista e seus efeitos, interligando os aspectos econômicos, a dinâmica do capital, as transformações no mundo do trabalho, as séries de resistência operária, os processos revolucionários no mundo árabe, o levante internacional da juventude, os movimentos sociais negro, feminista e contra a opressão da sexualidade, em suma, um conjunto de fatores que levou a passagem da crise econômica para a crise política, o qual analisaremos em suas distintas dimensões, complementares aos capítulos anteriores, nos tópicos seguintes.

A Primavera Árabe

Comemoração na Praça Tahrir após declaração de Omar Suleiman sobre a renúncia de Mubarak. Cairo, Egito; Jonathan Rashad/Wikimedia Commons [11.fev.2011].

Entre os fenômenos sociais e políticos que a década da crise econômica internacional gerou, não se pode ter dúvida de que a *Primavera Árabe*, por tudo o que significou em mobilizações progressistas e em resoluções (por vezes) reacionárias, é um dos maiores emblemas, se não o maior, do período de transição que vivenciamos entre o neoliberalismo e a nova dinâmica internacional apontando para uma reatualização da fase imperialista do capitalismo, de crises, guerras e revoluções.

Um percurso histórico a partir da autoimolação do jovem Mohamed Bouazizi, um suicídio que levou à mais feroz revolta na Tunísia e tornou-se a marca do início da Primavera Árabe, até os últimos acontecimentos da guerra da Síria, momento expressivo do fim invernal dessa "primavera", viria a ser objeto de um trabalho de investigação de fôlego, passando necessariamente por entender a intervenção do imperialismo na região[4]. Isso posto, nossa proposta é focar o que consideramos a forma mais desenvolvida do processo revolucionário no mundo árabe, o Egito, na medida em que representa bem esse "encontro entre os extremos" – dos movimentos revolucionários na famosa praça

---

[4] Um dos trabalhos que oferecem uma contribuição significativa sobre esse tema é a tese de doutorado de Simone Kawakami Costa, *A geopolítica da crise: a política dos Estados Unidos para a Primavera Árabe no Egito*, que foi defendida em março de 2020, no Programa de Economia Política Internacional do Instituto de Economia da Universidade Federal do Rio de Janeiro.

Tahrir até o golpe militar –, sendo um terreno fértil para a análise de nosso objeto, a relação entre a crise e os fenômenos políticos.

Três momentos da Primavera Árabe no Egito

Começaremos por elencar três "momentos" da Primavera Árabe no Egito, buscando extrair do processo vivo, revolucionário, a fonte das conclusões que queremos abordar, compreendendo também suas limitações.

A batalha da ponte Kars El-Nile

A primeira. Dia 25 de janeiro de 2011, irrompem as manifestações no Egito, depois de terem começado na Tunísia, no fim de dezembro de 2010, e se espalhado pelo Norte da África e Oriente Médio. A Praça Tahrir torna-se então um dos grandes palcos de enfrentamentos entre as forças de repressão do ditador Hosni Mubarak e o movimento de massas. O dia 28 de janeiro proporcionou ao mundo uma das imagens mais impressionantes do processo revolucionário egípcio, na Kars El-Nile Bridge, a ponte que liga a Opera Square à saída para a Praça Tahrir, sendo um de seus pontos de acesso. Nesse dia, em pleno processo de mobilizações, os manifestantes reunidos próximo a Opera Square buscavam cruzar a ponte com destino à praça. As forças policiais de Mubarak decidem então bloquear a ponte, como forma de impedir que os manifestantes chegassem a seu destino e engrossassem as manifestações massivas pela queda do ditador. Alguns dos que buscaram descrever o processo chamaram-no "*a batalha de Kars El-Nile Bridge*"[5], pois se tratou literalmente de uma batalha, uma disputa entre as forças policiais e os manifestantes para decidir se estes podiam seguir em seu protesto ou se a manifestação seria detida na ponte.

Aos olhos de qualquer estudioso positivista, o resultado poderia se definir claramente antes do próprio embate. De um lado, uma massa de pessoas desarmadas, ou exclusivamente armadas com as palavras de ordem "*Liberdade no Egito*" e "*Abaixo Mubarak*"[6]; de outro, as forças de segurança que, além de suas armas de fogo, portavam escudos, cassetetes, lançadores de bombas de gás e jatos de água, além de seus carros-fortes blindados. Do ponto de vista estritamente militar, o que se preparava na ponte, conforme o próprio presidente deve ter vislumbrado, não era uma batalha, mas um massacre policial – inclusive porque, ao se tratar de uma ponte, quando a massa estivesse já ocupando uma parte, a polícia poderia atacar e fatalmente levaria muitas pessoas à morte,

---

[5] Ver, de Kareem Fahim, o artigo "Egyptian Hopes Converged in Fight for Cairo Bridge", *The New York Times*, 28 jan. 2011; disponível em:<https://www.nytimes.com/2011/01/29/world/middleeast/29cairo.html>; acesso em: 29 mar. 2021.
[6] Daniel Biau, *The Bridge and the City* (Plantatio, FL, Llumina, 2015), p. 273.

não só pelo uso de armas, mas pelas circunstâncias difíceis da fuga, com pessoas pisoteadas, caindo da ponte etc.

De fato, ocorreu um massacre nesse dia, com mortos e feridos. Quando o movimento massivo avançou para a ponte, a intervenção policial não hesitou em lançar balas, bombas, jatos de água; em síntese, encarnar todo o espírito reacionário do que significava o governo Mubarak e atacar as massas, fazendo com que os manifestantes recuassem em seu intuito de atravessar a ponte.

Dizemos "*recuar*", mas não "*desistir*". A manifestação começou em torno de meio-dia e se estendeu ao longo de toda a tarde. Por várias horas, os manifestantes avançavam e recuavam no perímetro da ponte, e a repressão não se tornava desmoralização ou resignação, mas aumentava a fúria das massas.

Depois de algumas horas de combate, carregando o fardo de muitos mortos e feridos, o inexplicável começa a ocorrer: centenas de milhares de manifestantes começam a avançar pouco a pouco, e quem pôde acompanhar os vídeos do dia 28 de janeiro de 2011 viu, depois de muitas décadas, as armas policiais se tornarem cada vez mais inócuas diante da fúria e dos ideais das massas. O jogo começava a virar, progressivamente o movimento avançava e, em algum momento no fim da tarde, pudemos ver um grupo de policiais com seus escudos correndo enquanto o movimento se adiantava.

O grande poeta da Revolução Russa, Vladímir Maiakóvski, escreveu em um dos seus grandes poemas: "Dialética, não aprendemos com Hegel. Invadiu-nos os versos / Ao fragor das batalhas, / Quando, / sob o nosso projétil, / debandava o burguês / que antes nos debandara"[7]. A dialética da batalha de Kars El-Nile Bridge – embora não uma batalha de proletários armados buscando a revolução socialista, mas uma do movimento de massas buscando a queda de Mubarak – trazia um pouco do sabor contido nesses versos de Maiakóvski e da crítica a qualquer lógica positivista de pensar a história.

Sim, o movimento de massas desarmado no Egito podia vencer a polícia armada ao menos nessa batalha. Ao cair da tarde, não se via apenas manifestantes avançando e policiais correndo, via-se jovens pulando em cima dos carros blindados, arremessando bombas ao rio Nilo, confrontando-se fisicamente com os policiais, ganhando metro a metro, palmo a palmo, aquela ponte.

O anoitecer cantava a vitória dos manifestantes, que tomaram toda a ponte e puderam encontrar seu rumo na Praça Tahrir. Para os dialetas, não se tratava de uma vitória tática dos manifestantes, mas de um anúncio claro do significado dos protestos que sacudiam as ruas, as praças, as pontes e os corações dos egípcios em luta.

A Praça Tahrir e a queda de Mubarak

Vamos agora ao segundo momento destacado. No dia 11 de fevereiro de 2011, a Praça Tahrir está tomada por uma multidão. Foram dezoito dias de embates, cada um

---

[7] Vladímir Maiakóvski, "A plenos pulmões", em *Poemas* (trad. Boris Schnaiderman, Augusto de Campos e Haroldo de Campos, São Paulo, Perspectiva, 2011), p. 135.

desde o início contra as forças de segurança e apoiadores políticos do ditador. A noite anterior foi de angústia, de espera pela renúncia de Hosni Mubarak, que não ocorreu. No entanto, a praça parecia mais organizada que nunca. Pessoas dormindo em barracas havia dias, partilhando cobertores, alimentos, cigarros e uma grande energia durante dias e noites à espera da renúncia do presidente.

A Praça Tahrir, sem dúvida, tornou-se muito mais do que uma praça nesses dezoito dias. Tornou-se o primeiro palco revolucionário do século XXI e, como tal, trouxe consigo uma série de transformações; uniu, por um momento, grupos religiosos inimigos e gerações, chamou a atenção do mundo com milhares de mulheres à frente das manifestações, ganhando grande protagonismo na sociedade. Os impactos que essas imagens têm no imaginário internacional são difíceis de calcular, mas podemos ter por certo que o alcance na metamorfose da geração que assistia a essas cenas será decisivo. São marcas que nem os resultados reacionários da Primavera Árabe poderão apagar.

O dia 11 de fevereiro não foi um dia qualquer, mas um dia histórico. O repórter da *Fox News*, Leland Vittert, começa a ouvir, no meio de uma transmissão ao vivo, um barulho ensurdecedor vindo da praça e, confuso, diz que poderia estar ocorrendo uma mudança na situação. Do estúdio, os apresentadores anunciam que tinham recebido a informação de que Mubarak renunciara. Atrás de Vittert, na praça, a explosão se assemelha a um filme, uma catarse coletiva absolutamente massiva, que só um processo revolucionário poderia fornecer. Gritos e comemorações tomam a praça, lágrimas, alegrias e alívios se espalham. Imagens de combatentes que perderam a vida durante os dias de mobilização recebem beijos e carinhos de manifestantes. A praça Tahrir vira então um palco de comemoração e milhares de pessoas vão imediatamente para o local, muitos fogos de artifício podem ser vistos, artistas ligados à revolução fazem apresentações, envolvendo milhares de pessoas em coro, que cantam as músicas aprendidas no calor das batalhas[8].

Nesse dia, o vice-presidente do país, Omar Suleiman, anunciava que Mubarak renunciava ao cargo de presidente e transferia o poder para o Conselho Supremo das Forças Armadas. Eis o mistério da revolução: a notícia da renúncia foi comemorada como uma das mais fabulosas vitórias do povo egípcio, mas a contradição era patente, pois o Exército dera início desde o primeiro dia a artimanhas para usurpar completamente o poder das massas.

Não é exatamente uma história nova ao longo das revoluções; ao contrário, poderíamos dizer que é uma tragédia que se repete em muitos processos revolucionários. No caso, além da herança da descrença na transformação revolucionária da sociedade que o neoliberalismo legará a essas gerações de trabalhadores, jovens, mulheres e os milhões de entusiastas da revolução no Egito se encontravam em meio à grande força de seu movimento, mas sem os instrumentos necessários para transformar aquela enorme energia em verdadeira democracia das massas trabalhadoras, em uma solução

---

[8] Ver o vídeo "Live Video: Crowd Roars as Mubarak Steps Down", *Fox News Insider*, 11 fev. 2011; disponível em: <https://www.youtube.com/watch?v=3VWc3IO0P8E&feature=youtu.be>; acesso em: 29 mar. 2021.

anticapitalista, em trânsito para uma sociedade sem exploração e opressão. Um desvio com traços semelhantes aos que os revolucionários vivenciaram durante a Revolução Russa: ali, mesmo existindo um partido revolucionário enraizado na classe trabalhadora, num primeiro momento, em fevereiro de 1917, sem a intervenção de Lênin, acabaram cedendo à expropriação do poder advindo da insurreição por novos setores dominantes apartados das propensões dos trabalhadores. Como disse Trótski, em seu clássico *História da Revolução Russa*, um dos paradoxos da Revolução de Fevereiro é que uma massa popular entrou em combate, a começar pelas mulheres – precisamente no dia 8 de março numa manifestação espontânea –, mas entregou o poder para um governo provisório alheio aos interesses dessa mesma massa, fato que se consumava ao não resolver as questões essenciais da revolução, como a paz diante da guerra imperialista, a terra para os camponeses ou o pão para a população faminta e miserável. Era o paradoxo da revolução, que felizmente foi resolvido em *outubro* do mesmo ano. Tal sorte não pôde ser vista em uma série de processos revolucionários e revoluções ao longo do século XX, e é uma das contradições gritantes das mobilizações no Egito (e em outros países do mundo árabe), onde as massas veem confusamente o poder de Tahrir ser usurpado pelo Exército, pela Irmandade Muçulmana de Morsi e, finalmente, por um golpe militar que levou o general Al-Sisi ao poder.

O golpe militar

Se pudermos escolher um terceiro momento marcante durante os protestos no Egito, temos de recorrer a dezembro de 2011. O enfrentamento das massas com o Exército ganha uma ampla dimensão e são anunciadas eleições parlamentares, ocorridas a partir de novembro de 2011. O clima político no país está fervilhante, levando a vários protestos significativos no período. Precisamente em dezembro, ocorreu uma cena de repressão que simboliza o conjunto da violência à qual a massa estava submetida. No Cairo, a capital do país, um grupo de algumas dezenas de militares avança sobre manifestantes desarmados e se pode observar um homem carregando com dificuldade uma mulher ferida, buscando fugir dos militares. A dificuldade era notável, e rapidamente as forças do Exército os alcançam. As cenas seguintes após os civis serem agarrados pelas forças policiais, são muito demonstrativas do que significava o Exército no poder. Um grupo de policiais circunda os dois, que não reagem, no chão, e começa uma cena indescritível de barbárie e violência: chutes, pontapés, golpes dos cassetetes atingem-nos em todas as partes, acertando, inclusive, a cabeça. A mulher tem a burca levantada e um dos militares promove, talvez, a cena mais marcante, quando pisa no tórax daquele corpo indefeso. A repressão segue até que uma chuva de pedras vinda dos manifestantes cai sobre os militares, que recuam um pouco.

Hassan Mahmoud, jornalista do periódico *Al Badeel*, relatou que a mulher foi salva graças à mobilização: "Ficou claro para mim que eles queriam levá-la para longe de nós, mas alguns manifestantes corajosos entraram e começaram a lançar pedras, e foi por isso que ela foi salva da mão deles"[9]. Completou dizendo que a mulher no vídeo, que envergonhada pediu para não ter a identidade revelada, teria dito algo sobre a situação ser altamente expressiva do significado do Exército no poder e, nesse sentido, das consequências que tiveram os processos revolucionários no país, em sua resolução reacionária: "Não é uma questão de falarmos com eles ou não [a mídia], o abuso deles [o Exército] em relação a mim é o suficiente para mostrar quem são e diz o suficiente para aqueles que ainda depositam confiança neles"[10].

Esse terceiro evento histórico que chamou a atenção do mundo é a expressão dos extremos que se apresentam em um processo revolucionário. Marx dizia que uma das verdades mais profundas do pensamento de Hegel, um dos lemas que guiou o conjunto da complexa e profunda filosofia hegeliana, era uma mensagem que tomava da sabedoria popular, segundo a qual "os extremos se tocam"[11]. Tahrir, com a dialética avassaladora de um processo revolucionário, é prova disso. Afinal, as mais poéticas demonstrações progressistas das massas em ação conviveram com as mais brutais demonstrações reacionárias de manutenção do antigo regime, particularmente por parte do Exército.

Qual era o significado de o Exército assumir o poder?

Para uma compreensão integral dessa questão, teríamos de observar os distintos momentos e a dinâmica em que se desenvolveram os protestos após a queda de Mubarak, em especial a ascensão do Conselho Supremo do Exército ao poder. A onda de protestos ainda percorreu o Egito muitos meses depois da derrubada de Mubarak. Um sentimento que atingia setores amplos das massas populares era a necessidade de o regime cair. Nem o Exército nem a Irmandade Muçulmana conseguiam oferecer uma nova alternativa hegemônica; era necessária outra opção. Esse foi o drama que atravessou os anos de 2011 e 2012, até o golpe militar de julho de 2013, o qual levou o general Abdu Fattah Al-Sisi ao poder.

O drama da revolução egípcia é o drama da Primavera Árabe. Os impactos do movimento de massas no conjunto do processo, em particular no Egito e sobretudo na geração pós-crise econômica, não podem ser, de modo algum, diminuídos. Após três décadas de neoliberalismo, resignação e ceticismo, o alento de uma nova chama revolucionária foi algo que marcou significativamente toda essa geração.

Sem um instrumento político adequado – a forma-partido apropriada à revolução egípcia – e uma vanguarda do proletariado capaz de aplicar seus métodos históricos, como a greve geral e a insurreição, a fim de derrubar o regime e o Estado opressores, as massas acabaram ficando reféns daqueles setores que estavam mais organizados. Assim,

---

[9] Citado em Amro Hassan e Julian Borger, "Young Woman Beaten and Dragged by Egyptian Soldiers Wants Anonymity", *The Guardian*, 18 dez. 2011; disponível em: <https://www.theguardian.com/world/2011/dec/18/egpyt-military-tahrir-square-woman>; acesso em: 29 mar. 2021 [Tradução nossa]. A imagem dessa grotesca cena também pode ser vista nesse *link*.

[10] Idem.

[11] Karl Marx e Friedrich Engels, *Acerca del colonialismo* (Moscou, Progreso, 1981), p. 9 [Tradução nossa].

não foi possível transitar rumo a uma nova forma de poder ligada aos organismos de democracia dos trabalhadores, ou seja, realmente apta a criar uma arquitetura que fizesse com que trabalhadores, homens e mulheres, e a juventude reunida na primavera da praça Tahrir florescessem no autêntico poder do Egito.

Nessas condições, não obstante os embates intensos como os de dezembro de 2011, o resultado não poderia ter sido outro além da reconstituição de um poder do capital contra as massas, que se consumou definitivamente no golpe de julho de 2013. Novamente, os extremos se tocam.

A interpenetração entre a crise e os fenômenos político-sociais

Os momentos elencados na seção anterior oferecem um pouco do tom das cores que brilharam na Primavera Árabe – para o bem e para o mal – e também nos ajudam a enfatizar um aspecto que queremos destacar ao longo deste capítulo: a interpenetração entre os movimentos na economia mundial e os fenômenos políticos e sociais da luta de classes.

A Primavera Árabe mostrou bem essa conexão, seja porque, a nosso ver, não é possível pensar o conjunto dos acontecimentos do mundo árabe de fins de 2010 e início de 2011 sem compreendê-los no contexto da crise econômica em que se inserem (e nesse sentido são também determinados por ela), seja porque – e isso é algo pouco explorado e perpassa os temas de que trataremos a seguir – a abertura de processos revolucionários no mundo árabe exerceu influência na subjetividade global, a começar pela juventude, e isso, por sua vez, impactará decisivamente na crise internacional. Falando de forma mais simples: a crise determina os levantes; os levantes modelam os desdobramentos da crise.

Abordar a questão dos impactos econômicos da crise no mundo árabe é, em si, um tema de grande magnitude, pois exige abordar um conjunto de determinantes dos países do Oriente Médio e Norte da África que fizeram parte constitutiva da Primavera Árabe. Analisando a problemática em sua totalidade, o acadêmico libanês Gilbert Achcar parte da consideração de Marx na introdução de 1857 a *Para a crítica da economia política*, em que o fundador do socialismo científico analisa o estágio de uma dada formação social em que se atingem os limites de seu desenvolvimento e as forças produtivas entram em contradição com as relações de produção[12]. A partir desse raciocínio, reflete sobre o conjunto de levantes no mundo árabe, num período muito aproximado, concluindo que isso era uma expressão do que apontava Marx, ou seja, enxergando um componente econômico mais estrutural para os fenômenos no mundo árabe.

A partir desse ponto de vista, Achcar define que "a situação social enfrentada pela população da região árabe pode ser resumida em três palavras – pobreza, desigualdade, precariedade –, ironicamente reminiscentes do lema da Revolução Francesa: liberdade,

---

[12] Karl Marx, *Para a crítica da economia política* (trad. José Carlos Bruno, José Arthur Giannotti e Edgard Malagodi, São Paulo, Abril Cultural, 1974), p. 29-30.

igualdade, fraternidade"[13]. Assim dizendo, pobreza, desigualdade e precariedade eram a paródia dramática da situação social a qual estavam submetidos jovens e trabalhadores nos países do mundo árabe e Norte da África, mas não como uma situação sempiterna de pobreza e miséria, na qual estão imersos os países semicoloniais e dependentes. Os dados expostos sobre a situação de miséria no mundo árabe deixam alarmado qualquer leitor.

> A linha de pobreza nacional superior define a receita necessária para obter tanto a nutrição básica como os itens essenciais não alimentares num determinado país, o que leva pessoas que vivem na linha mais baixa de pobreza a fazer escolhas difíceis entre esses dois tipos de despesas mínimas. A imagem que surge quando nos concentramos no número de pessoas na região árabe abaixo da linha "superior", que varia entre 2,43 dólares e 2,70 dólares (PPP) por dia, difere muito da que aparece quando aplicamos a linha internacional da pobreza de US$ 2 por dia. Segundo o relatório do Programa das Nações Unidas para o Desenvolvimento, as estatísticas da taxa de pobreza para os países do Oriente Médio e Norte da África, para os quais tais dados (coletados entre 2000 e 2006) estão disponíveis, são: 11,33% na Jordânia, 23,8% na Tunísia, 28,6% no Líbano, 30,1% na Síria, 39,6% no Marrocos, 40,9% no Egito, 53,9% na Mauritânia e 59,9% no Iêmen. A taxa média de pobreza para todos os países em questão é de 39,9%. Esse é um número muito maior do que os 16,9% dos habitantes do Oriente Médio e Norte da África supostamente vivendo abaixo da linha de pobreza internacional de dois dólares por dia.[14]

Se tomarmos, portanto, o dado da situação econômica das classes subalternas, num mundo com poucos bilionários dominando metade da riqueza mundial, perceberemos que temos números muito impactantes, como 40% da população do Egito – um dos centros das revoltas – na linha da pobreza.

Do ponto de vista objetivo, os antecedentes da crise já eram de países em uma situação extrema de pobreza de amplas parcelas da população. Acontece que, tratando-se de uma crise alimentar, uma das consequências imediatas foi o aumento do preço das *commodities*, que, por um lado, expressava a especulação financeira pós-crise, a incidir em produtos de primeira necessidade, e, por outro, um alento para alguns emergentes que tinham economia agroexportadora. No caso do mundo árabe, no entanto, a especulação apresentará consequências imediatas de maiores sacrifícios para as massas da população. Conforme escreve Osvaldo Coggiola no livro *A revolução árabe e o Islã*:

> A faísca inicial da revolução tunisiana teve suas raízes na crise capitalista mundial, que voltou a provocar, como em 2008, uma forte especulação sobre as matérias-primas, em especial sobre os grãos. Na Índia os preços dos alimentos de primeira necessidade aumentaram em 18%, na China, em 12%; 29 países se encontravam em situação de emergência alimentar. Nos países do Magrebe esses aumentos de preços alcançaram uma média de

---

[13] Gilbert Achcar, *The People Want* (Berkeley, CA, University of California Press, 2013), p. 15 [Tradução nossa].
[14] Ibidem, p. 17.

30% nos alimentos principais, pão (trigo), azeite, açúcar e sêmola: o custo da farinha e do azeite dobrara nos últimos meses, até atingir preços recordes, enquanto o quilograma de açúcar, que havia poucos meses custava 70 dinares, uns 0,7 euros, chegou aos 150 dinares, 1,5 euros. A desvalorização praticada pelos governos, para equilibrar os orçamentos arrasados pelo grande capital (nacional e estrangeiro), colaborou para a catástrofe do Magrebe.[15]

Partindo dos sofrimentos que as condições objetivas imprimiam nas massas e indo além nas consequências econômicas, podemos também abordar um artigo de Tarek Abo Saeid, da Al-Quds Open University da Palestina, no qual o autor disserta sobre a influência da crise no mundo árabe. Ele parte da ideia de que, economicamente, a ligação entre os países do Norte da África e do Oriente Médio com a Europa é muito forte e que, nesse sentido, os impactos da crise afetariam distintos âmbitos, tais como fluxos de capital, investimentos, preço do petróleo, turismo etc. Assim, ele traça o panorama do seguinte modo:

> É necessário identificar a natureza dos resultados causados pela crise para as economias dos países árabes. No início, deve ser sublinhado que a Europa é o principal parceiro comercial dos países árabes, o que significa que o comércio com o continente europeu constitui a maior proporção do comércio internacional árabe, de modo que a fraqueza da economia de países europeus e a diminuição da demanda são refletidas negativamente nas economias dos países árabes. A Europa demanda petróleo da região árabe, o que tem caracterizado uma fonte estável de renda para muitos países árabes, sob a forma de preços mais baixos do petróleo. Não se deve esquecer que os países árabes do Norte da África exportam 60-80% do petróleo para contratantes europeus. Por exemplo, a diminuição do nível de exportação em 2009 foi de 25% na Tunísia, mas apenas 15% no Egito. As receitas importantes na constituição do PIB obtidas pelo turismo também diminuíram. Na Tunísia, o turismo é responsável por 6,5% do PIB e, direta ou indiretamente, emprega um em cada cinco tunisianos, mas no Egito é responsável por 10% do PIB [...]. Além disso, a rápida queda nas transferências monetárias que desempenham o papel de "rede realista de segurança social" influenciou a capacidade dos países envolvidos na Primavera Árabe de consumir. O choque econômico ocorreu após o aumento significativo dos preços mundiais dos alimentos (efeito das secas em alguns países) e determinou a espera pela melhoria das condições.[16]

Outro aspecto que Saeid trabalha em seu texto, e Achcar também aborda com destaque em seu livro, refere-se à questão dos investimentos na região e ao papel da Europa. Saeid complementa o raciocínio sobre os efeitos da crise no mundo árabe do ponto de vista de investimentos e do fluxo de capitais:

---

[15] Osvaldo Coggiola, *A revolução árabe e o Islã: entre pan-arabismo, pan-islamismo e socialismo* (São Paulo, 2016), p. 582; disponível em: <https://edisciplinas.usp.br/pluginfile.php/3812256/mod_resource/content/2/A%20revolu%C3%A7%C3%A3o%20%C3%A1rabe.pdf>; acesso em: 29 mar. 2021.
[16] Tarek Abo Saeid, "European Economic Crisis and its Influence on the Arab Spring", *Forum Scientiae Oeconomia*, v. 1, n. 2, 2013, p. 36 [Tradução nossa].

Por causa da crise financeira, os investimentos europeus diminuíram para cerca de 30% do total dos investimentos em comparação com a porcentagem global, que constituía mais de 55% no final de 2007, antes da crise financeira mundial. Os efeitos da crise também foram significativos para os países do Golfo Pérsico no mundo financeiro global. O superávit encolheu e a liquidez financeira no setor bancário foi esgotada por meio de fluxos financeiros estrangeiros.[17]

Sem querer esgotar todos os aspectos em que a crise afetou os países do mundo árabe, o que nos interessa aqui é apenas indicar em traços gerais como eles foram afetados e quais eram as bases objetivas que a crise econômica colocou, ou seja, o terreno, o tabuleiro sobre o qual as massas protagonizaram a Primavera Árabe. São fatores que evidenciam, mesmo num primeiro olhar, que é *impossível pensar o desenvolvimento da Primavera Árabe de modo alheio à crise econômica internacional*, sendo os levantes e seus resultados uma expressão contraditória da etapa de *interregno* que estamos vivendo entre o neoliberalismo e um próximo período mais convulsivo.

Os impactos dessas determinações que apresentamos não poderiam ser mais expressivos se considerarmos as origens da Primavera Árabe, que atestam bastante essas condições: em dezembro de 2010, o suicídio do jovem Mohamed Bouazizi, que vivia em Sidi Bouzid, cidade da Tunísia central. Vivenciando o drama dos que não puderam avançar nos estudos e caíram no emprego precário, Bouazizi trabalhava vendendo frutas em uma feira. No dia 17 de dezembro, no entanto, decide fazer um gesto desesperado e bárbaro, ateando fogo no próprio corpo e morrendo diante de todos naquela feira. A brutalidade do gesto chocou, e de fato, é chocante, mas significado extrapolou até mesmo as próprias intenções de Bouazizi. Na verdade, ele extravasava toda a violência social à qual a juventude e os trabalhadores eram submetidos na Tunísia. O dia 17 de dezembro de 2010 então entrou na memória internacional como o dia em que as mobilizações começaram na Tunísia, levando à queda de um ditador há décadas no poder, apenas três semanas depois do ocorrido, naquilo que ficou conhecido como a *Revolução de Jasmim*.

Evidentemente, o gesto isolado de Bouazizi não significa muito; é representação da barbárie capitalista que leva um ser humano a retirar a vida dessa forma brutal. Mas seu significado tomou uma forma coletiva por ser o estopim de uma revolta engasgada na população tunisiana. Isso nos faz voltar ao que apontava Achcar, já que o aflorar das mobilizações em outros países, como Iêmen, Egito, Síria, Líbia, demonstra que existia algo mais estrutural da opressão imperialista nos países árabes, apoiada em ditaduras que expropriam as riquezas naturais petroleiras e mantêm as massas em situação de miséria. Em algum momento, o caldeirão explodiria.

A partir desse ponto de vista, se pudermos ter uma visão vasta sobre o caráter contraditório da Primavera Árabe e, ao mesmo tempo, estabelecer em termos gerais a relação

---

[17] Ibidem, p. 37.

entre a economia e os fenômenos sociais e políticos no caso do mundo árabe, será possível ainda buscar estabelecer a relação inversa, ou seja, como a Primavera Árabe influenciou a dinâmica da crise econômica. Ou, melhor dizendo, quais os impactos que esse processo teve na subjetividade da juventude e da classe trabalhadora internacionalmente.

É esse ponto que buscaremos estudar nos próximos tópicos, levando em conta os movimentos de juventude, de mulheres e negro.

As mobilizações internacionais da juventude

Poucos meses depois de Bouazizi retirar tragicamente sua vida na Tunísia, dando início à Primavera Árabe, milhares de jovens, inicialmente na Europa e depois em todo o mundo, levantaram a cabeça e começaram uma grande onda internacional de movimentos, a partir dos *Indignados* na Espanha com o 15M, que se alastrou. Tomados em sua totalidade, *podemos considerar como o maior levante internacional da juventude desde Maio de 1968*.

Isso não significa que seja um movimento à altura do maio francês. Em muitos aspectos, os processos iniciados em 2011 na juventude se distinguem de maneira importante ou até drástica de 1968. A definição que colocamos no parágrafo anterior fala não apenas do período que vai de 2011 a 2015, mas dos anos que o precederam: ser esse o maior levante desde 1968, com todas as suas limitações e contradições, indica o deserto subjetivo que havia se instaurado na juventude por mais de quatro décadas e, especialmente, dá uma dimensão do sentido restaurador-conservador que a ideologia neoliberal lhe reserva.

Nos termos de Carlos Drummond de Andrade, *uma flor nasceu na rua, uma flor ainda desbotada, que ilude a polícia e rompe o asfalto*. Não era ainda a "rosa do povo", mas trazia consigo os encantamentos próprios da luta de classes.

Sejamos realistas, exijamos o impossível

Alain Badiou, em *A hipótese comunista*, reúne diversas palestras e artigos sobre o tema. O debate de estratégia e as próprias considerações sobre o comunismo podem ser objeto de debate[18]. No entanto, pretendemos nos referir a alguns aspectos da contribuição que ele oferece sobre Maio de 1968 em uma das palestras, ministrada precisamente em 2008, ano da crise e quando o processo francês completava quarenta anos, em que o filósofo apresenta uma síntese do que, para ele, seriam os quatro aspectos decisivos daquele acontecimento.

---

[18] Alain Badiou, *A hipótese comunista* (trad. Mariana Echalar, São Paulo, Boitempo, 2012, coleção Estado de Sítio). Em nosso tópico "No entanto, ela se move", no capítulo V, buscamos desenvolver outra abordagem sobre a questão do comunismo na atualidade, distinta da expressa por Badiou.

O primeiro aspecto citado é aquele que talvez tenha sido um dos mais consagrados de 1968: as mobilizações estudantis. Partindo da reforma na educação como um dos temas centrais das reformas de Charles de Gaulle, o estopim da ação é unanimemente atribuído ao Movimento de 22 de março, com a ocupação da parte administrativa da Universidade Paris-Nanterre. Os desdobramentos, a repressão policial, a ocupação da Universidade de Sorbonne, a entrada em cena dos estudantes secundaristas, os jovens ganhando as ruas e construindo as barricadas do bairro latino em Paris, em suma, um complexo de ações que estabeleceram como decisivo o papel da juventude no Maio de 1968.

O segundo – não menos decisivo, mas nem sempre igualmente comentado – foi a intervenção da classe trabalhadora francesa em meio às mobilizações. Se a reforma universitária atingia diretamente os estudantes, De Gaulle também tinha planejada a reforma da previdência, um dos fatores do descontentamento dos operários parisienses. As greves gerais que tiveram lugar na França envolveram pelo menos 7 milhões de trabalhadores, num universo em que se estima um total de 14 milhões – ou seja, possivelmente uma das maiores greves gerais do Ocidente no pós-guerra. Isso também é determinante para compreender a profundidade do Maio de 1968.

O terceiro, aquilo que Badiou chamou de "maio libertário", está relacionado à perspectiva propriamente cultural, isto é, o impacto ideológico que teve nas esferas dos costumes, das relações amorosas, das artes (literatura, teatro, cinema, música) e também no desenvolvimento de lutas como o feminismo e os movimentos ligados à emancipação sexual.

Por fim, o quarto aspecto é a visão que o Maio de 1968 imprimiu sobre a pergunta "o que é política?", buscando discutir o sentido de morte da velha política, ao mesmo tempo que afirmava que a "bandeira vermelha" e as concepções de que a classe trabalhadora seria o sujeito da transformação eram a tônica do processo.

Embora, evidentemente, a sistematização de Badiou seja apenas uma das possíveis, dado o nível de complexidade do movimento, ela nos ajuda a tirar algumas conclusões importantes para a análise dos acontecimentos iniciados em 2011. No que tange à comparação entre os processos, as diferenças são chamativas em todos os âmbitos, mais ou menos acentuadas em alguns casos. O primeiro que queremos diferenciar é que o levante da juventude francesa confluiu com uma das mais importantes greves gerais do movimento operário no pós-guerra, ou seja, é uma grande expressão da aliança operário--estudantil, e esse talvez seja o traço mais importante de distinção no que se refere aos levantes de juventude no período da crise. É mais que esperado que a entrada em cena da classe operária, com seus métodos, juntamente a um movimento estudantil em aberta radicalização, com ocupação de universidades, entre outras ações, gerasse um processo mais explosivo da luta de classes, com consequências mais marcantes para a realidade internacional. De forma concreta, o processo mais intenso de lutas da classe trabalhadora se deu na Grécia em meio aos planos de austeridade e antecipou o levante da juventude, ou seja, poderíamos definir como uma das dissemelhanças o *destempo* entre a luta operária e a da juventude. Nos determinantes propostos por Badiou, houve esse destempo entre o primeiro e o segundo aspectos do Maio de 1968.

Isso também determina os dois outros aspectos, já que o alcance das transformações culturais e a resposta que pôde se dar à questão sobre o que é política são os pontos para entender a importância do levante da juventude no terreno internacional. Ainda mais porque, no caso, na articulação que queremos fazer entre *o que expressam e no que influenciam,* a dimensão subjetiva tem uma grande relevância. Em outras palavras, retomando Marx, "a teoria converte-se em força material quando penetra nas massas"[19] e, nesse sentido, o impacto de ter jovens secundaristas e universitários como atores principais em ação na sociedade civil deixou sua marca.

Assim, a juventude no Maio de 1968 se diferencia da dos levantes de 2011-2015 na confluência com as mobilizações operárias (partindo do fato de existirem concomitantemente) no mesmo país (dois primeiros aspectos que levanta Badiou), também pelo alcance das transformações culturais que conseguiu promover e por dar uma resposta muito mais radicalizada e estratégica (ainda que com limitações), em termos relativos, se comparada com aquela da juventude durante a crise.

Mas a comparação tem alguns elementos semelhantes interessantes, entre os quais pontuamos: a) a própria atuação da juventude em distintos países num período aproximado; b) exemplos pontuais de confluência com os trabalhadores – muito distintos de 1968, mas significativos com relação ao que pode surgir na nova etapa pós-crise; c) transformações culturais, em que o movimento de mulheres, em certo sentido, deriva dessas expressões da luta de classes e a juventude teria bastante influência – o mesmo poderíamos dizer sobre os movimentos por identidade negra e LGBTs; d) por fim, a própria questão do "fazer política", em que se expressa a miséria da estratégia a qual a juventude e o movimento operário chegam após anos de neoliberalismo, mas que também colocam em alguns casos um componente "disruptivo", ao se dar em movimentos relativamente *espontâneos.* Se esses movimentos, por um lado, apresentam limitações importantes programáticas e estratégicas, por outro, acabam se desprendendo de velhas formas engessadas e burocráticas de organizações de juventude ligadas a velhos partidos reformistas, os quais acabam por impedir muitas vezes a ação mais desenvolvida dos jovens.

Partindo dessa visão geral, tentaremos aprofundar esses elementos de comparação buscando destrinchar e aprofundar algumas dessas conclusões. Em se tratando de períodos históricos muito distintos, é válido abordar um pouco da diferença entre esses contextos, a partir do plano internacional.

De certa forma, as relações entre o movimento da década de 1960 e o da década de 2010 com a crise econômica são opostas. Maio de 1968 nasce cinco anos antes da recessão da superprodução que acometeu as principais potências em 1973; quer dizer, são levantes da juventude em nível internacional que antecipam a crise. No caso das mobilizações a partir de 2011, dá-se o contrário: são movimentos diretamente derivados da recessão, vindo três ou quatro anos depois do estourar da crise. Em outras palavras, os movimentos de 1968 se deram depois dos trinta anos gloriosos e no contexto de

---

[19] Karl Marx, *Crítica da filosofia do direito de Hegel* (trad. Rubens Enderle e Leonardo de Deus, São Paulo, Boitempo, 2005, coleção Marx-Engels), p. 151.

esgarçamento do "Estado de bem-estar social"; já os de 2011 se dão depois de trinta anos de neoliberalismo, em que a situação da juventude já era uma realidade econômica difícil, um fato que se aprofunda bastante com a crise, chegando a casos-limite de mais de 50% de desemprego na juventude em alguns dos países mais afetados, como Espanha e Grécia. No entanto, embora vindo de polos opostos, os movimentos se encontram naquilo que enfrentam: reforma universitária (no sentido da elitização), reformas econômicas (previdenciária), cerceamento das liberdades políticas nas escolas secundaristas, entre outros. Em síntese, eram movimentos de resistência a ataques econômicos e políticos.

Do ponto de vista político, também vemos diferenças no que impacta a juventude ideologicamente, em particular sua vanguarda. No caso francês e no contexto da década de 1960, os estudantes haviam sido influenciados por alguns processos históricos, entre os quais estava um fato ocorrido cerca de nove anos antes e que foi decisivo para o período, a Revolução Cubana, uma revolução no continente americano cujo alcance ideológico atingia amplos setores da juventude em todo o mundo. Naquele momento, havia também outros dois componentes internacionais que ampliavam o sentimento anti-imperialista da juventude: a influência da luta de libertação nacional na Argélia, que se deu no fim dos anos 1950 e começo dos 1960, e os movimentos contra a invasão imperialista dos Estados Unidos no Vietnã.

Além dos já apontados, outros determinantes influenciaram o contexto internacional no qual se inseriram os levantes de 2011. Sem o contexto da Guerra Fria, sem processos de revoluções socialistas como a cubana, sem movimentos anti-imperialistas fortes, o nível de consciência da juventude e as influências ideológicas acabam tendo um alcance menor. Mas justamente por isso destacamos o papel da Primavera Árabe como componente de bastante relevância para a subjetividade internacional, já que as gerações que fizeram parte do levante, sejam universitários de 25 anos, sejam secundaristas de 13 anos, a rigor, estavam vendo pela primeira vez processos revolucionários com as massas nas ruas. Era esperado que o caráter contraditório desses processos no mundo árabe também exercesse uma influência contraditória, mas não deixa de ser impactante, depois da noite neoliberal de trinta anos, a volta para toda uma nova geração do debate sobre a possibilidade de movimentos massivos capazes de transformar tudo: a possibilidade de revoluções.

É importante observar as diferenças concretas que apontamos sobre o significado de uma juventude que vinha dos "trinta anos gloriosos", como no caso francês, em comparação com a juventude da geração da Grande Recessão da década de 2010. Do ponto de vista objetivo, os motivos que impulsionaram a juventude à revolta eram mais intensos no último levante, já que carregavam o fardo da devastação neoliberal e as consequências da crise econômica. E esse componente será determinante para entender por que, mesmo em um contexto internacional distinto, sem as mesmas influências ideológicas e sem organizações de vanguarda fortes, a juventude foi protagonista de processos de luta de classes históricos.

A geração da crise: ni estudia, ni trabaja

Vale retomar a passagem de Leon Trótski sobre a ação dos estudantes e a capacidade que a juventude tem, por suas aspirações ligadas ao futuro, de expressar com mais plasticidade as contradições das classes das quais provém.

> Mas, justamente como uma caixa de ressonância, refletem-se com toda força no estado de espírito e nas opiniões dos estudantes os interesses sociais e as necessidades das classes das quais foram recrutados. No decorrer de toda sua história – em seus melhores momentos históricos, assim como nos períodos de completo declínio moral –, os estudantes europeus eram apenas um barômetro sensível das classes burguesas. Eles se tornaram ultrarrevolucionários, confraternizaram sincera e honestamente com o povo, em um momento em que à sociedade burguesa não restava outra saída além da revolução. Eles, de fato, substituíram a democracia burguesa quando a mesquinhez política desta não lhes permitia se colocar na dianteira da revolução, como se deu em Viena em 1848. Mas eles também atiraram nos trabalhadores em junho daquele ano de 1848 em Paris, quando a burguesia e o proletariado se encontravam em lados diferentes da barricada. E sem dúvida em todas essas transformações históricas, até nas mais repulsivas, os estudantes também demonstraram sensibilidade política, capacidade de se sacrificar e idealismo combativo [...]. Aqui o "idealismo" combativo, às vezes puramente uma crista erguida, não é característica nem da classe nem de uma ideia, mas da idade; em compensação, o conteúdo político desse idealismo é determinado inteiramente pelo gênio histórico das classes das quais provêm e para a qual retornam. E é natural, é inevitável.[20]

Trótski aponta um elemento fundamental: os estudantes atuam como *caixa de ressonância* e, nesse sentido, expressam intensamente as contradições das classes das quais provêm, mas essa ligação com a classe não é apenas de origem; é também do ponto de vista do retorno. Por assim dizer, as aspirações da juventude estão intimamente ligadas à classe da qual provêm antes de entrarem na vida escolar e universitária, mas também com que olhos enxergam o futuro após essa passagem. E é precisamente aqui que a crise econômica entra como um fator determinante.

Quando nos referimos à juventude da atualidade, uma definição frequentemente usada a partir dos *Indignados* espanhóis, mas que já tinha correspondência em distintos países, era a de que vivenciamos uma geração "*ni, ni*", ou em português, "nem, nem", uma elipse que significa "nem estuda, nem trabalha". Equivale ao que em inglês seria dado pela sigla NEET para a expressão "*not in employment, education or training*", um termo que, ao que parece, surge no fim dos anos 1990, mas ganha popularidade no contexto da crise econômica.

---

[20] Leon Trótski, "Интеллигенция и социализм" [A *intelligentsia* e o socialismo], em Leon Trótski, *Сочинения* [Obras], v. 20, *Проблемы культуры. Культура старого мира* [Problemas de cultura. Cultura do velho mundo] (Moscou-Leningrado, Editora do Estado, 1926), p. 460 [Tradução Paula Vaz de Almeida].

E não é para menos, pois os impactos que a crise teve em setores da juventude são mais que chamativos: dados colhidos na *encuesta de población activa* [Pesquisa de população ativa] sobre a sociedade espanhola em 2013, um dos auges da crise e pós-Indignados, indicavam que "a taxa de desemprego da juventude na Espanha em 2013 é absolutamente exorbitante, situando-se [...], segundo EPA7 (terceiro trimestre, 2013) em 54,37% (73,85% em jovens de 16 a 19 anos, e 53,65% nos de 20 a 24 anos)"[21], conforme escreve Ana Belén Cano Hila – a análise dos dados de 2011[22] mostra uma realidade também de descalabro. Em outros termos, um país de capitalismo avançado como a Espanha, um dos países mais ricos da Europa, chegou a atingir quase 55% de desemprego entre os jovens, uma dramática negação do futuro para a juventude de uma sociedade inteira.

Ocorre que esses dados não são característicos apenas da realidade espanhola: a juventude na Grécia atingiu o maior pico de desemprego no período, quando, em 2013, a cifra chegou a inacreditáveis 58,3%[23]. Pontuamos os casos extremos, como da Espanha e da Grécia, mas mesmo tomando as estatísticas do conjunto da União Europeia no pré e no pós-crise, segundo artigo da *Eurostat*, o pico do desemprego após a crise foi de 23,9%, uma taxa altíssima, que depois declina um pouco já em 2016:

> Em relação à taxa total de desemprego, o desemprego na juventude na União Europeia caiu drasticamente entre 2005 e 2007, chegando ao dado mais baixo (15,2%) no primeiro trimestre de 2008. A crise financeira e econômica, entretanto, atingiu severamente os membros jovens da força de trabalho. No segundo trimestre de 2008, a taxa de desemprego juvenil seguiu uma trajetória de crescimento rumo aos 23,9% no primeiro trimestre de 2013 (acompanhada de reduções temporárias durante o terceiro trimestre de 2010 e o primeiro trimestre de 2011), antes de cair aos 18,5% no terceiro trimestre de 2016.[24]

Ainda que esses dados econômicos, por si só e mecanicamente, não possam explicar os levantes, eles não deixam de ser um dos componentes fundamentais do processo. Em um contexto diferente, vindo de anos de escassa luta de classes, com poucas influências ideológicas disruptivas no cenário internacional (nenhuma revolução socialista), sem fenômenos anti-imperialistas, as condições de ataque a que foi submetida a geração *millennial*, uma geração "nem, nem", atingiram limites com os quais seria difícil não haver revolta.

---

[21] Ana Belén Cano Hila, "Juventud, trabajo y desempleo en los prolegómenos de la crisis económica en España. Reflexiones críticas", *Acta Sociológica*, n. 63, maio-ago. 2014, p. 104; disponível em: <http://www.journals.unam.mx/index.php/ras/article/download/50662/45424>; acesso em: 29 mar. 2021.

[22] Ver o artigo "Encuesta de población activa (EPA): cuarto trimestre de 2011", *Instituto Nacional de Estadística*, 27 jan. 2012; disponível em: <https://www.ine.es/daco/daco42/daco4211/epa0411.pdf>; acesso em: 29 mar. 2021.

[23] Ver o artigo "Unemployment Statistics and Beyond, *Eurostat Statistics Explained*, abr. 2020; disponível em: <https://ec.europa.eu/eurostat/statistics-explained/index.php/Unemployment_statistics_and_beyond# Youth_unemployment>; acesso em: 29 mar. 2021.

[24] Idem [Tradução nossa].

BREVE PANORAMA DOS PROCESSOS

Vejamos alguns dos principais processos e suas demandas durante os anos de 2011-2015.

Indignados (Espanha, 2011)

Manifestantes reunidos na praça Puerta del Sol, em Madri; Carlos Delgado/Wikimedia Commons [20.maio.2011].

No dia 15 de maio de 2010, uma parcela considerável da juventude espanhola protagonizou o que ficou conhecido como Movimento dos Indignados, popularizado também como 15M. Um amplo movimento, que atingiu 58 cidades e chamou a atenção do mundo todo, com conflitos contra a polícia em muitas delas e, particularmente, com a poderosa manifestação na praça Puerta del Sol, em Madri.

Essas mobilizações apareceram mundialmente apresentando a demanda de "*democracia real ya*", o que no fundo expressava questionamentos mais integrais ao regime bipartidário de 1978, com o profundo desgaste do Partido Socialista Operário Espanhol (Psoe), por um lado, e do Partido Popular (PP), por outro. Santiago Lupe, um dos militantes que atuaram ativamente no processo, diz que "o chamado 'Movimento dos Indignados' era a primeira expressão de divórcio entre o regime político nascido da transição de 1978 e as amplas massas populares"[1]. Um impacto político que, alguns anos depois, é possível identificar na conformação de organizações com o Podemos ou Ciudadanos, que modificaram categoricamente o regime político espanhol.

---

[1] Santiago Lupe, "Estado Español: a dos años del 15M – de los Indignados a la caída del régimen de 1978", em Sergio Moissen (org.), *#Juventudenlascalles* (Cidade do México, Armas de la Crítica, 2014), p. 101 [Tradução nossa].

Essa mudança na superestrutura expressava transformações econômicas, como já apontamos, mas a Espanha é um caso particular, na medida em que lá se unificou um conjunto de ataques neoliberais que levou ao desemprego massivo da juventude, com a perda de sua autonomia (muitos voltando para a casa dos pais), ao mesmo tempo em que foi um dos epicentros da crise dos *subprimes* na Europa. São mobilizações que se defrontaram com as condições do colapso econômico – com especial destaque para o desemprego –, iniciadas quatro meses depois da Primavera Árabe, e expressaram a enorme crise de representatividade da sociedade espanhola, levando ao protagonismo dos jovens e, assim, conformando umas das primeiras grandes manifestações de massa da juventude, com consequências nas subjetividades de todo o mundo.

Educação Gratuita Ya (Chile, 2011)

Entrada da Universidade do Chile ocupada pelos alunos. Na faixa principal, os estudantes escreveram: "A luta é de toda a sociedade. Todos pela educação gratuita"; Osmar Valdebenito [14.jul.2011].

As lutas por educação gratuita no Chile também datam de 2011. Iniciadas a partir de movimentos de vanguarda já em abril, antes do 15M espanhol, generalizam-se nos meses seguintes, até que em junho as marchas reúnem cerca de 200 mil pessoas em todo o país. Essas demonstrações públicas foram consideradas, naquele momento, as maiores desde o fim da ditadura de Augusto Pinochet. Centenas de ocupações de escolas e universidades deram a marca, com manifestações massivas e grandes enfrentamentos com a repressão policial, tornando-se uma das expressões mais combativas da juventude durante a crise econômica.

A demanda principal era em torno da educação, já que as heranças neoliberais do regime pinochetista são muito presentes no Chile, país no qual o ensino superior é altamente privatizado. Isso impõe à juventude uma dificuldade de financiar os estudos, constitui um elemento perceptível e influente já no movimento secundarista e consistiu num fator unificador tanto de estudantes de colégios quanto universitários, que já vinham sofrendo as consequências agravadas, naquele momento, pela crise econômica internacional.

Podemos dizer também que o movimento estudantil chileno, ao se voltar contra as heranças do regime de Pinochet, atingiu a superestrutura política do país. Segundo Barbara Brito, "2011 marcou um, antes e depois, no Chile das últimas décadas, porque o que fez foi questionar mais profundamente o regime político que vinha da ditadura"[2]. Esses movimentos atingiram o auge entre meados de 2011 e 2012, influenciando a juventude de distintas formas, mas também o movimento operário e, particularmente, o movimento de mulheres, com uma explosão que se estenderá pelos anos seguintes.

Occupy Wall Street (Estados Unidos, 2011)

Manifestantes retomam o Zuccotti Park após repressão policial que tentou dispersar a ocupação naquela mesma manhã; David Shankbone [15.nov.2011].

No dia 17 de setembro, a onda da juventude chegaria ao coração do capital financeiro mundial com o movimento Occupy Wall Street (OWS). Do ponto de vista da mobilização da juventude, o movimento aparece como relativamente menor, reunindo por vezes entre 5 e 10 mil ativistas que acampam em frente ao coração financeiro norte-americano. Mas, do ponto de vista político, o OWS acabou por ter um impacto internacional significativo, já que era uma espécie de direcionamento do levante internacional em confronto (ainda reformista) com o capital financeiro. Ainda que de forma confusa, o movimento deu as bases para o que ficou conhecido como o "99% contra 1%", um *slogan* político que buscava apontar que o problema estava no fato de os mais ricos do mundo – os rentistas, o 1% – usurparem a riqueza da população – os 99%.

---

[2] Barbara Brito, "La pelea contra la opresión de la mujer y la lucha contra la explotación son indisociables", *El ciudadano*, 2018; disponível em: <https://www.elciudadano.com/entrevistas/barbara-brito-la-pelea-contra-la-opresion-de-la-mujer-y-la-lucha-contra-la-explotacion-son-indisociables/>; acesso em: 29 mar. 2021 [Tradução nossa].

Carente de uma resposta de classe clara, o movimento carregava consigo a denúncia daqueles que foram os verdadeiros atores da crise econômica e, de certa forma, da desigualdade social numa economia governada pela capital financeiro. Nesse sentido, a ocupação em frente a Wall Street foi muito feliz em apontar esses objetivos e emblemática por ligar os processos que vão desde o mundo árabe, passando pela juventude europeia, latino-americana, até chegar aos Estados Unidos e oferecer novo impulso internacional; não por acaso, o jornal *International Business Times* publicou a seguinte matéria em setembro: "'Occupy Wall Street' to Turn Manhattan into 'Tahrir Square'" ["Occupy Wall Street" vai transformar Manhattan na "Praça Tahrir"][3].

Podemos dizer, com isso, que o OWS se localizava dentro dos levantes internacionais da juventude, atingia o coração do capital financeiro internacional que fora o estopim da crise, mas ainda apresentava em seu programa e norte político os limites de um movimento disruptivo herdeiro do fantasma ideológico neoliberal. Fazia a crítica da aparência (Wall Street) sem ser anticapitalista; questionava os mais ricos (1%) sem colocar a classe trabalhadora como o contraponto claro (por isso falavam dos 99% de forma genérica); foi estopim dos primeiros trabalhos de mobilização, mas não tinha uma organização militante forte e à altura dos embates com o sistema financeiro.

Yo Soy 132 (México, 2012)

Manifestantes do #YoSoy132 em frente ao Monumento a la Independencia, na Cidade do México; David Shankbone [10.jun.2012].

O México também vivenciou um movimento de alcance nacional e que se insere entre as mobilizações de juventude do período, embora o componente desencadeador do processo não tenha sido uma demanda econômica ou um protesto contra instituições, mas algo

---

[3] Ver o artigo "'Occupy Wall Street' to Turn Manhattan into 'Tahrir Square'", *International Business Times,* 17 set. 2011; disponível em: <https://www.ibtimes.com/occupy-wall-street-turn-manhattan-tahrir-square-647819>; acesso em: 29 mar. 2021.

ligado diretamente ao período eleitoral mexicano, mais próximo, nesse sentido, do que foi o "*democracia real ya*" espanhol.

Em meio ao turbulento período eleitoral, 131 estudantes publicaram um vídeo no YouTube respondendo aos veículos que buscavam diminuir o protesto que haviam feito contra o candidato Enrique Peña Nieto, do Partido Revolucionário Institucional (PRI). O vídeo foi compartilhado numa velocidade impressionante e deu origem ao movimento #YoSoy132. Isso, na realidade, era expressão das inúmeras contradições da sociedade mexicana: uma repressão sistemática contra os estudantes (que levaria à morte de 43 estudantes normalistas em 2014), a partir de um aparato estatal ligado ao tráfico de drogas, um "narcoestado", que expunha a evidente decomposição do capitalismo mexicano e, por essa via, também o enorme desgaste do regime político, uma questão que se expressou em distintos protestos estudantis. Portanto, "o #YoSoy132 colocou em discussão questões--chave que expressam a antidemocracia, a repressão e o verdadeiro caráter da 'transição democrática' [no México]"[4].

Esse movimento perdurou de maio de 2012 até 2013, com protagonismo da juventude, mas envolvendo também outros setores, perpassando as eleições de 2012 e seguindo em protestos contra Peña Nieto no período posterior.

Jornadas de Junho (Brasil, 2013)

Manifestantes durante as Jornadas de Junho em frente ao Congresso brasileiro, em Brasília; Valter Campanato/ABr [17 jun. 2013].

As Jornadas de Junho no Brasil foram outro movimento significativo inserido no contexto das mobilizações da juventude internacional. Elas tiveram origem nas

---

[4] Pablo Oprinari, "El #yosoy132: un nuevo despertar de la juventud mexicana", em Sergio Moissen, *#Juventudenlascalles*, cit., p. 214 [Tradução nossa].

manifestações impulsionadas pelo Movimento Passe Livre (MPL) contra o aumento da passagem de ônibus, que precederam os atos de junho. Depois de uma marcha de aproximadamente 15 mil pessoas em 13 de junho, na cidade de São Paulo, o governo do estado decide utilizar uma repressão policial altamente violenta, que incluiu o uso de muitas balas de borracha contra a vanguarda, prisões e perseguição em bares de ruas famosas da região. O tiro no olho de uma jornalista da *Folha de S. Paulo* foi um evento relevante para atrair o apoio da classe média[5].

Como resposta, centenas de milhares de pessoas saem às ruas espontaneamente nos maiores protestos de massa desde a fundação da Nova República, expressando os limites do projeto de país da conciliação lulista e colocando inicialmente no centro do processo demandas como transporte público, educação, saúde. As manifestações têm claro protagonismo da juventude, que organizou os protestos nos distintos estados e em centenas de cidades, enfrentou a repressão e abriu amplo processo de discussão na sociedade sobre os rumos do país, colocando em xeque o aumento da passagem e fazendo os governos estadual e municipal de São Paulo declararem juntos que reveriam o aumento.

Mas seu significado foi bem mais amplo, já que Junho de 2013 tornou-se um marco na evolução política do Brasil. Para medir seus efeitos, podemos observar, em primeiro lugar, a alteração na correlação de forças com as manifestações de ruas e protestos se "legalizando", tendo avanços expressivos na subjetividade da juventude e dos trabalhadores. O pós-Junho imediato resultou em um ano de fortes lutas operárias, como a dos garis no Rio de Janeiro, que, contra a vontade da direção sindical e em pleno carnaval, conseguiram vasto apoio e conquistaram 37% de aumento salarial; também de rodoviários em vários estados, com destaque para a cidade de Porto Alegre, greves de meses dos funcionários da Universidade de São Paulo (USP) e a histórica greve dos metroviários paulistanos nas vésperas da Copa do Mundo.

É preciso observar, ainda, que Junho foi herdeiro dos longos anos de paralisia do lulismo, uma forte debilidade da esquerda, além da herança subjetiva neoliberal nas massas. O cenário que se viu aqui foi de um processo com caráter espontâneo inicial, porém, enquanto o PT se voltava contra as manifestações (incluindo seu aparato sindical, separando os trabalhadores da juventude), posto seu questionamento progressista à política dos governos em geral, e ao federal em particular, vimos em paralelo uma intervenção organizada da direita brasileira, com a novidade de disputar as ruas, o que, pouco a pouco, conseguiu também influir e dar um tom contraditório às manifestações.

As consequências de Junho foram intensas no regime político, na medida em que desencadearam uma forte crise orgânica: derrocada do projeto de governo petista e sem perspectivas claras de conjunção de uma nova hegemonia, depois de um interregno eleitoral no segundo semestre de 2014 (no qual o PT ainda conseguiu conquistar a

---

[5] Ver o artigo "'Jamais achei que ele fosse atirar', diz repórter da Folha atingida durante protesto", *Folha de S. Paulo*, 16 jun. 2013; disponível em: <https://www1.folha.uol.com.br/cotidiano/2013/06/1296077-jamais-achei-que-ele-fosse-atirar-diz-reporter-da-folha-atingida-durante-protesto.shtml>; acesso em: 29 mar. 2021.

eleição, apoiado na região Nordeste), especialmente com os primeiros sinais da recessão, suprimindo o poder de contenção de massas que o PT teve em anos anteriores. E, nesse sentido, Junho expressou os limites do ciclo lulista e antecipou o que viriam a ser os limites da própria Nova República.

Apesar de seu inegável impulso progressista das mobilizações espontâneas, as Jornadas de Junho, ao não encontrarem alternativa, abriram espaço para a canalização pela direita do sentimento de mudança. Esse enfraquecimento dos principais pilares do regime (PT, PSDB, PMDB), somado à ausência de uma alternativa de esquerda que questionasse as mazelas mais profundas do capitalismo brasileiro, além de sindicatos e suas direções completamente paralisados diante dos movimentos de rua (sem uma política que impulsionasse os trabalhadores de forma independente), abriu espaço para a radicalização do discurso e a prática política da direita. Em 2015, esta conseguiu instrumentalizar continuamente o descontentamento e, assim, criou as condições necessárias para consumar o golpe institucional em 2016.

O movimento dos guarda-chuvas (China, 2014)

Manifestantes em Hong Kong; Pasu Au Yeung [1º.dez.2014].

Em 26 de setembro de 2014, na China, tem origem outro importante movimento de juventude. É o que ficou conhecido como Umbrella Movement [Movimento dos Guarda-chuvas], em Hong Kong, que ganhou esse nome pela tática que os estudantes utilizavam ao se proteger com os guarda-chuvas dos ataques da polícia dos *spray* de pimenta.

Do ponto de vista interno, a dinâmica econômica da China, a partir de 2012, sofre uma desaceleração do crescimento mais significativa (já havia caído do crescimento anterior de dois dígitos), com consequências e impactos também para a juventude. Mas, como outros movimentos de juventude, este se ligou diretamente a uma proscrição no período eleitoral em Hong Kong. Foi um processo que durou 79 dias ocupando a cidade, as universidades e envolvendo os colégios, enfrentando a repressão do Estado chinês, o que incluiu a prisão de importantes lideranças do movimento.

Rhodes Must Fall (África do Sul, 2015)

Manifestantes se reúnem no momento em que a estátua do colonizador Cecil Rhodes é retirada da Universidade da Cidade do Cabo, na África do Sul; Desmond Bowles [09.abr.2015].

Em 2v015, estoura outro movimento de magnitude nacional e repercussão internacional. Agora, na África do Sul: estudantes da Universidade da Cidade do Cabo organizam-se para reivindicar a retirada de uma estátua de Cecil Rhodes da entrada da universidade. Tratava-se do símbolo de um empresário e político inglês do período colonial, um colonizador, representante do passado reacionário daquele país, cuja estátua foi posta na universidade em 1934 e progressivamente, ao longo das décadas, foi sendo questionada pelos estudantes. Em 2015, um movimento estudantil massivo é desencadeado e chama a atenção de todo o país, colocando em pauta a necessidade de transformações na universidade a partir do questionamento de um símbolo arcaico e ligado ao racismo institucional na Universidade de Cape Town.

A força do protesto levou a uma vitória rápida na primeira demanda. O movimento começou em 12 de março, conseguiu impor a primeira votação na gestão universitária para retirar a estátua quinze dias depois e, em 9 de abril, a estátua foi removida da universidade[6].

---

[6] O momento em que a estátua é retirada e a comemoração dos estudantes podem ser vistos no vídeo "Cecil John Rhodes Statue Removal", *SABCNews*, 9 abr. 2015; disponível em: <https://www.youtube.com/watch?v=LN9hf9QYzzM>; acesso em: 29 mar. 2021.

Mas esse foi só um primeiro passo diante de diversas reivindicações do movimento, que incluíam demandas para transformar a universidade e questionar o racismo da instituição, como a modificação do currículo para que incluísse temáticas africanas e tradições, história da África, lutas anticoloniais e a contratação de mais professores indígenas e nativos.

Poucos meses depois, explode outro movimento, conhecido como #FeesMustFall, o qual questionava as taxas escolares na África do Sul e se relacionava ao com o #EndOutsourcing, contra a terceirização na universidade, levando a uma conexão entre os estudantes e trabalhadores até 2016, o que possibilitou vitórias importantes, entre elas, a incorporação de trabalhadores terceirizados ao quadro dos efetivos da universidade.

O movimento foi uma das expressões mais importantes da luta de classes na África do Sul – depois do massacre de Marikana, que deixou 34 mineiros mortos em 2012 –, colocando em questão o racismo e a herança colonial e canalizando o descontentamento, num momento, em que a crise dos países emergentes atingia seu auge, com forte repercussão também naquele país.

Política, redes, costumes

Retomando nosso parâmetro do levante de 1968 na França para pensar as manifestações atuais, vemos que um ponto de convergência é a postura ativa da juventude, em distintos lugares do mundo, para assumir uma posição protagonista do ponto de vista político, tocando em problemas estruturais sobre os serviços públicos do Estado, a decadência dos regimes políticos, o problema do racismo etc. Ainda que mais limitadas, as mobilizações de juventude no interior da crise significaram uma primeira ruptura com a passividade neoliberal, com o controle burocrático, com a lógica institucional. A juventude ganhou as praças de todo o mundo, as manifestações tornaram-se seu método tradicional, e o enfrentamento com a repressão policial, sua marca.

Essa espontaneidade como um primeiro momento da consciência política trazia muitos limites, e o principal traço de debilidade estratégica – com exceções nas dinâmicas da luta, mas sem dar os contornos gerais do movimento – foi a ausência de uma aliança orgânica com os trabalhadores. Uma vanguarda preparada, que soubesse conduzir essas mobilizações a uma aliança com os trabalhadores contra a austeridade, poderia ter um efeito explosivo.

Sobre a pergunta que Badiou coloca e um dos aspectos de sua análise de 1968, questionando o que seria a política, devemos ter em mente que os estudantes, herdeiros da enorme crise de subjetividade do neoliberalismo e desvinculados da classe trabalhadora em ação, encontram-se com o "grau zero da estratégia", ou com os primeiros movimentos ainda muito desconcertados da ação de massas contra as mazelas do capital.

Como parte dos dilemas da herança da década de 1990, o problema da estratégia é um dos dados cruciais ao se analisar a debilidade do levante de juventude. Afirma Daniel Bensaïd:

> O debate estratégico atinge o seu grau zero, como se o futuro tivesse de se reduzir a uma repetição infernal da ordem existente e a história, de se imobilizar em uma eternidade mercantil. Na França, a retórica da esquerda pluralista, cuja ambição se limita desde já à gestão de um presente sem futuro, reflete-se na própria apatia dos discursos de resistência, tem os interlocutores que se merecem.[25]

E completa:

> Fomos designados então a uma dupla responsabilidade, de transmissão de uma tradição ameaçada de conformismo e de invenção audaciosa de um futuro incerto. De acordo

---

[25] Daniel Bensaïd, *Os irredutíveis: teoremas da resistência para o tempo presente* (trad. Wanda Nogueira Caldeira Brant, São Paulo, Boitempo, 2008), p. 22.

com o senso comum midiático, é sempre melhor ser aberto do que fechado, leve do que pesado, flexível do que rígido. No entanto, em toda teoria, a desconfiança em relação aos entusiasmos volúveis e aos efeitos de moda exige sérias refutações antes de se colocar em questão um paradigma tão fecundo. Não se trata de conservar piedosamente um capital doutrinário, mas de enriquecer e transformar uma visão de mundo à prova de práticas renovadas.[26]

Tratava-se então de romper com a "repetição infernal da ordem existente", sem recorrer "a entusiasmos volúveis e efeitos da moda", mas buscando enriquecer e transformar a visão de mundo, um desafio enorme para os levantes de juventude, apartados da atuação de organizações que buscassem resgatar o debate de estratégia. Isso quer dizer que os levantes significaram um enorme passo adiante em relação à passividade neoliberal, mas expuseram a extrema debilidade que o movimento ainda carregava.

No que se refere a forma da organização, tanto da utilizada no mundo árabe quanto daquela utilizada pela juventude, o uso das redes sociais aparece como tema do "fazer político" da atualidade. Muito se tem escrito sobre isso, pois, sem dúvida, essa utilização transformou significativamente as mobilizações; no entanto, naturalmente, a ideia de que a comunicação é determinante em relação ao conjunto dos fenômenos negligencia fatores estruturais que buscamos demonstrar ao longo destas páginas, os quais estão embasados especialmente na economia internacional e nacional, na crise das democracias, crises no aparato estatal e, especialmente, em elementos de crise social. Atrelados a esses fatores, potencializando as mobilizações, sem dúvida as redes sociais cumpriram um papel importante.

Manuel Castells, em *Redes de indignação e esperança,* se debruça sobre as mobilizações do mundo árabe e da juventude. No livro, Castells busca estabelecer, seguindo seu controverso (e, a nosso ver, equivocado) conceito de que vivenciamos um "capitalismo informacional", a relação entre os fenômenos de luta social e as redes sociais. Ainda que com uma abordagem distinta da que utilizamos em nossa análise, não deixa de pontuar dados e reflexões interessantes sobre os movimentos. Para se ter uma ideia, no movimento Occupy Wall Street, que ele define como tendo nascido digitalmente, aponta como as redes sociais foram utilizadas:

> Durante o mês de novembro, foram registrados aproximadamente 120 mil *tweets* relacionados com Occupy em um dia normal e mais de 500 mil durante a batida policial em Zuccotti Park em 15 de novembro. A análise de Gilad Lotan sobre o tráfego do Twitter relativo ao movimento mostra que os picos estão associados a momentos cruciais, como a primeira tentativa de desocupação de Zuccotti Park, em 13 de outubro. Na maioria dos casos de ameaças de ação policial contra as ocupações,

---

[26] Idem.

as redes do Twitter alertaram a milhares de pessoas, e sua mobilização imediata em solidariedade ajudou a proteger os acampados.[27]

Sem dúvida, é um tema que pode ser explorado na investigação dessas novas formas de mobilização, particularmente na juventude, sempre mantendo os parâmetros do quão influentes são esses mecanismos subordinados às mudanças econômicas, políticas e sociais mais estruturais em um dado país. Mas podemos analisar o impacto das redes não apenas na mobilização em si, mas também no que elas deixam, na ressonância do que propagam a partir de semanas, meses ou mesmo anos após os eventos da luta de classes.

Aqui, queremos retomar outro aspecto da análise de Alain Badiou sobre o Maio de 1968, que versa sobre o que se transformou, a partir das mobilizações, nos hábitos, nos costumes e nos valores do conjunto da sociedade, posto que o Maio francês foi um movimento de alcance cultural quase incomensurável na história do século XX, e observar essa relação (entre as lutas e seus efeitos culturais) nos ajuda a jogar luz sobre ela também em movimentos de menor dimensão, como no pós-2011 da juventude. Retomando o que diz Badiou:

> Há um terceiro Maio de 1968, igualmente heterogêneo, que chamarei de Maio libertário. Diz respeito à questão da mudança dos costumes, das novas relações amorosas, da liberdade individual, à questão que leva ao movimento das mulheres e, mais tarde, dos direitos e da emancipação dos homossexuais. Isso afetou também a esfera cultural com a ideia de um novo teatro, uma nova forma de discurso público, um novo estilo de ação coletiva, com a promoção do *happening*, da improvisação, com o estado geral do cinema [etc.][28]

Tendo em vista, então, a importância dos levantes em distintos lugares do mundo, as debilidades estratégicas em sua ligação com o movimento operário, na organização política e nos limites programáticos, bem como as considerações sobre os efeitos culturais de Maio de 1968, podemos focar como a juventude tendo levantado a cabeça em distintas partes do mundo influenciou no posicionamento de sua visão e seus valores à frente na sociedade. E uma das formas de enfrentar essa questão é analisar uma das maiores transformações políticas e ideológicas pós-levantes: a Primavera Feminista.

---

[27] Manuel Castells, *Redes de indignación y esperanza: los movimientos sociales en la era de Internet* (Madri, Alianza Editorial, 2012), p. 171 [Tradução nossa].
[28] Alain Badiou, *A hipótese comunista*, cit., p. 32.

Primavera Feminista

Maré Verde, manifestação de mulheres pela legalização do aborto em 2020, Buenos Aires, Argentina; Matías Baglietto/ Enfoque Rojo [19/02/2020].

Seria difícil imaginarmos que começamos a vivenciar, a partir de 2008, uma transformação no capitalismo internacionalmente – um intervalo entre o fim da fase neoliberal e o início de uma nova fase – sem identificar uma *nova dinâmica no movimento de mulheres*. Mais do que uma dinâmica, a década da crise pós-Lehman Brothers encontrou um expressivo movimento internacional que ficou conhecido como Primavera Feminista.

Se o ângulo de nossa análise sobre os fenômenos e conflitos durante essa década é o do *interregno*, ou seja, do período entre o fim do que ainda está morrendo e o começo do que ainda está nascendo, o movimento de mulheres não poderia ficar de fora. Encontramos, ao longo dessa década, do ponto de vista estratégico, a corrida paralela de duas grandes tendências do movimento feminista: de um lado, um feminismo ligado a processos da luta de classes, um feminismo combativo, *de rua*; de outro, um feminismo de campanhas e denúncias on-line, ligado, em geral, a grandes empresas e artistas, com espaço definido nas *instituições*. Evidentemente, nem tudo que esteve nas ruas foi progressista e nem tudo o que esteve nas instituições foi meramente empresarial, mas um choque teve vez ao longo da década e, de alguma forma, poderíamos descrevê-lo como entre o "feminismo que olha para frente" (da luta de classes) e o "feminismo que olha para trás" (herdeiro do neoliberalismo e da ampliação da cidadania).

Com relação à caracterização objetiva da amplitude e do significado do fenômeno, algumas autoras buscaram tratar desse movimento como uma quarta onda do feminismo. Os motivos são múltiplos: autoras como Kira Cochrane, Ealasaid Munro e outras teóricas enfatizam o papel da internet e da organização on-line nessa definição; outras autoras, como Prudence Chamberlain, trabalham com um instrumental teórico diferente do que estamos abordando, enfatizando conceitos como o de *temporalidade afetiva* na explicação dessa quarta onda.

Ainda assim, Cochrane, em seu artigo "The Fourth Wave of Feminism: Meet the Rebel Women" [A quarta onda do feminismo: conheça as mulheres rebeldes], que teve bastante repercussão e que dá também título a seu livro, não deixa de localizar "a consciência feminista" vinculada aos acontecimentos da crise, quando escreve:

> Mas a consciência feminista da quarta onda foi forjada pelos anos de *crash* financeiro e do governo de coalizão, e muitas ativistas foram politizadas e influenciadas por outros movimentos, particularmente a campanha estudantil contra as tarifas, mas também pela campanha mais ampla contra os cortes e pelo movimento Occupy. A natureza rápida e reativa de muitas das campanhas feministas de hoje reflete o trabalho de ativistas que em geral irrompem do mundo de desemprego e subemprego, capitalização da previdência, trabalho intermitente, penalidade de subocupação, discursos de ódio contra imigrantes, pessoas com deficiência e aqueles que precisam de ajuda do Estado.

Esse é o caminho que queremos brevemente trilhar aqui. A nosso ver, podemos afirmar que existe um movimento diferenciado, produto das condições desenvolvidas pela crise, uma onda feminista. E a abordagem desse fenômeno pode se dar por distintos ângulos (como das autoras citadas), mas é difícil negar sua relação com os efeitos objetivos da Grande Recessão, precisamente para a qual nossa análise buscará contribuir.

O que observaremos aqui, portanto, é a transição entre o movimento feminista da década neoliberal e a explosão feminista nas ruas durante a década da crise econômica, buscando entender os fatores objetivos e subjetivos que marcam uma grande diferença entre os processos.

A qual herança renunciamos?

Antes de tudo, é importante entender as origens do movimento, quais são as suas aspirações e o que a crise colocou de novidade no tabuleiro. Comecemos com um resgate do feminismo dos anos de 1990, período que algumas teóricas consideram como a "terceira onda feminista" e no qual ficava nítida a contradição entre o discurso neoliberal da "ampliação da cidadania" e as estatísticas apontando que as mulheres – 40% da força de trabalho global e pela primeira vez ocupando mais postos no meio urbano que rural – eram a maioria nos empregos precários. Uma discrepância entre a "ampliação dos direitos" e a desoladora realidade das estatísticas. Assim escrevem Andrea D'Atri e Laura Liff, em diálogo com as reflexões de Nancy Fraser:

> Foi buscando uma explicação a essa contradição que a feminista norte-americana Nancy Fraser expressou sua insatisfação com a tese de que "a capacidade relativa do movimento [feminista] para transformar a cultura contrasta de maneira aguda com a sua incapacidade relativa para transformar as instituições". E a esse balanço impróprio (que confere ao feminismo um triunfo cultural e um certo fracasso institucional), Fraser o desafia com uma nova hipótese, se perguntando se por acaso o que sucedeu é que "as mudanças culturais impulsionadas pela segunda onda, saudáveis em si mesmas, têm servido para legitimar uma transformação estrutural da sociedade capitalista que avança diretamente contra as visões feministas de sociedade justa". A autora se permite suspeitar que o feminismo e o neoliberalismo resultaram afins, questionando a cooptação do primeiro e sua subordinação à agenda do Banco Mundial e outros organismos internacionais.[29]

Tendo essa hipótese em mente, as autoras afirmam que "a suspeita [de Nancy Fraser] parece acertada". É que, com a hegemonia do capital financeiro, num mundo onde ocorria a queda do muro de Berlim e a restauração capitalista na Rússia, China e outros países, a emergência e a cooptação das demandas dos movimentos sociais puderam se dar de forma mais controlada, particularmente do movimento feminista. O feminismo dos anos 1990 se desenvolvia, então, no contexto de um retrocesso histórico do movimento operário, de poucos enfrentamentos abertos e com transcendência entre o capital e o trabalho, um mundo afastado da revolução e que, portanto, parecia fechar as portas para a radicalização do movimento de mulheres.

Mas em que sentido essa retomada do significado do movimento feminista no período neoliberal nos ajuda a pensar o movimento atual? Na medida em que o determinante de sua dinâmica hoje não é uma successiva compilação de pequenas ações, de batalhas meramente institucionais ou da "microfísica do poder", compondo a luta individual contra a opressão, isto é, a superfície dos fenômenos; e sim as macrotransformações. Vejamos, seguindo essa lógica, o que previu Nancy Fraser, já tendo em vista os primeiros efeitos da crise econômica:

> Hoje, entretanto, esse capitalismo está numa encruzilhada crítica. A crise financeira global pode marcar o início do fim do neoliberalismo como regime econômico. Enquanto isso, a crise política associada [...] pode anunciar a dissolução da ordem

---

[29] Andrea D'Atri e Laura Liff, "A emancipação das mulheres em tempos de crise mundial", em Andrea D'Atri e Diana Assunção (orgs.), *Feminismo e marxismo* (São Paulo/Brasília, Iskra/Centelha Cultural, 2017), p. 90.

de governança na qual o neoliberalismo prosperou. Finalmente, o renascimento dos protestos antissistêmicos (ainda que, até agora, fragmentários, efêmeros e desprovidos de conteúdo programático) podem sinalizar os movimentos iniciais de uma nova onda de mobilização que aponte para a articulação de uma alternativa. Talvez, nesse sentido, estejamos parados à beira de mais uma "grande transformação", tão massiva e profunda como a que acabo de descrever.[30]

A aposta que Fraser fazia em 2008 (ano da palestra que levou ao artigo citado) – e que nos parece bastante acertada no tocante ao movimento como um todo – é que o significado da adaptação e do controle do movimento feminista nos anos 1990, sua incorporação às políticas afirmativas neoliberais, converte-se em seu contrário quando o próprio neoliberalismo entra em crise internacionalmente, possibilitando uma nova onda de mobilizações. É essencial ter esse grande determinante como ângulo do antes e depois da crise, na visão de qual o choque principal que as mulheres enfrentavam no novo mundo que surgia.

A Grande Recessão e a questão da mulher

Observemos agora alguns dos principais fatores econômicos e políticos que ajudam a explicar a emergência da Primavera Feminista, à luz da nossa temática da dinâmica presente nos capítulos anteriores. Entre os que queremos destacar, estão: a) *a situação econômica das jovens mulheres*, com a "perda do futuro" e o desemprego; b) *a dinâmica da feminização do trabalho em tempos de crise*; c) *o aumento da violência contra a mulher* como consequência das degradações sociais da recessão.

O primeiro e o segundo fatores têm uma ligação muito próxima, posto que um dos elementos que determinam esse processo é a diminuição do número de empregos, afetando as mulheres em dois sentidos: por um lado, para as que se mantêm empregadas, com a possibilidade de diminuição do valor da sua força de trabalho, expressa nas tendências forçadas à redução salarial (consequência dos planos de austeridade e das prerrogativas que o capital se dá "em um momento de crise"), com o capital utilizando a força de trabalho feminina como parte da *era da precarização estrutural do trabalho*. Por outro lado, com as demissões e o aumento do desemprego particularmente na juventude, mas também em termos mais amplos, com cortes que vão dos setores mais precários até o funcionalismo público, bem como setores considerados *improdutivos* para o capital, o que atinge em muitos casos a dinâmica do trabalho de mulheres (que ocupam empregos domésticos e em setores de limpeza e jardinagem, os quais nos períodos de crise são secundarizados ou ainda mais precarizados). As consequências para as mulheres são ainda mais graves nos países economicamente dependentes, o que está

---

[30] Nancy Fraser, *Fortunes of Feminism: From State-Managed Capitalism to Neoliberal Crisis* (Londres, Verso, 2013), p. 223 [Tradução nossa].

longe de modificar o fato de que também nos centros do capitalismo europeu foram importantes.

Maria de la Fuente, que trabalha com o conceito de *feminização da pobreza*, relaciona a crise com os impactos da pobreza na vida das mulheres. Apresentando dados da realidade da Espanha pós-crise, diz:

> As médias salariais proporcionam informações sobre as desigualdades de gênero no acesso a esse recurso fundamental. Desse modo, podemos observar que, depois de um crescimento mais lento a partir de 2009, os salários, masculinos, a partir de 2012, e femininos, de 2013, começam a despencar até 2014. Nesse período, inclusive, o abismo salarial entre gêneros aumenta, e as mulheres, que estavam ganhando 24% a menos que os homens, começam a ganhar 26% menos que eles [...]. Nesse sentido, os salários em geral caíram e a diferença salarial de gênero aumentou. Entretanto, entre os jovens há diferentes padrões em comparação com outras camadas da população. Os salários de jovens, (com idades entre 25 e 34 anos) registraram sua maior queda, [...]. O restante dos grupos etários tem uma redução salarial menor durante a crise, mas uma distinção por gênero mais profunda, que, ademais, se tornou ainda maior. Mulheres entre 45 e 54 anos sofreram o maior aumento de desigualdade (de 29% para 32%), recebendo cerca de um terço a menos, enquanto mulheres com mais de 55 anos também são afetadas (o abismo salarial cresceu, durante o mesmo período, de 31% para 32%).

O exemplo da Espanha, que é seguramente aplicável aos demais países europeus mais afetados pela crise, mostra o impacto na queda salarial evidente em quase todas as faixas de renda, sendo mais ou menos intenso e, embora em alguns casos por pouca margem, aumentou a já gritante desigualdade salarial (revertendo qualquer tendência lenta de reduzir as disparidades). Em países de população negra, em termos econômicos, além do machismo, vemos operar também o racismo, afetando as mulheres negras, intensificando os efeitos da crise nas condições de vida dessas mulheres e aumentando a desigualdade étnica[31].

O terceiro fator que apontamos, o problema da violência contra a mulher, é difícil de ser compreendido inteiramente ou de se estabelecer uma conexão formal entre as consequências dos fatores econômicos (como o desemprego ou a dinâmica da precarização do trabalho) e o conjunto das opressões machistas, particularmente as formas de violência contra a mulher no interior da crise. Apesar disso, é visível

---

[31] Por exemplo, no caso norte-americano, Keaanga-Yamahtta Taylor diz: "Se tivéssemos de ficar com um único indicador para medir o *status* das mulheres negras nos Estados Unidos, seria o da diferença entre o patrimônio médio de uma mulher negra solteira e o de uma mulher branca solteira. Um estudo de 2010 mostrou que o patrimônio médio de uma mulher branca solteira era de 42.600 dólares, enquanto o de uma mulher negra solteira era um montante surreal: 5 dólares"; Keaanga-Yamahtta Taylor, *Un destello de libertad: de #Blacklivesmatter a la liberación negra* (trad. Ezequiel Gatto, Madri, Traficantes de Sueños, 2017), p. 20 [Tradução nossa].

que, em momentos de crise econômica e social, as distintas formas de violência doméstica aumentam.

Jacqui True fez um destacado estudo da "economia política da violência contra a mulher", no qual se voltou ao caso da crise asiática de 1997-1998, oferecendo uma ideia do impacto que as crises causam e a relação com as distintas formas de violência.

> Quando a crise financeira asiática estourou em 1997-1998, o impacto sobre as mulheres e meninas da região foi desproporcional, como indicações iniciais do impacto da crise financeira de 2008 também sugerem. Meninas foram removidas das escolas para ajudar em casa ou foram forçadas a buscar trabalho no setor de sexo para ajudar no orçamento doméstico como um resultado dos cortes em trabalhos de serviço público e nos salários. Em alguns países da Ásia Oriental, o trabalho remunerado feminino se intensificou, enquanto em outros, notadamente a Coreia do Sul, sua participação no trabalho encolheu-se. O consequente crescimento desse fardo financeiro tensionou as relações domésticas, estimulou suicídios, abandono e violência familiares.[32]

Esse é um exemplo expressivo abordando os efeitos degenerativos da crise, que nos parece válido para dar uma dimensão das consequências da Grande Recessão, já que se tratou de uma crise com impactos internacionais, nas potências e no Sul do mundo. Na crise, a "economia política da violência contra a mulher" se torna mais tangível: com a precarização do trabalho, o desemprego, as duplas ou triplas jornadas, dito de outra maneira, com a deterioração das condições de vida do mundo do trabalho e a redução do poder econômico nos núcleos familiares, os processos de violência social crescem e, com as pressões da sociedade patriarcal se elevando, resultam também em aumento da violência contra as mulheres em distintos níveis, que vão desde processos de violência doméstica até as degradações sociais, como o aumento dos índices de prostituição infantil ou até ondas de estupros.

No relatório de 2018 da Thomson Reuters Foundation, que afirma ter contado com 548 especialistas de distintas áreas, aponta-se que a Índia se tornou o país mais perigoso para as mulheres, seguido de Síria e Afeganistão: a Índia foi um dos Brics que se tornaram epicentro da crise no pós-2012, com a "crise dos emergentes", e os dois outros países foram alvo de intervenção imperialista e vivenciam guerras[33].

---

[32] Jacqui True, *The Political Economy of Violence Against Women* (Oxford, Oxford University Press, 2012), p. 51 [Tradução nossa].
[33] A ironia é que mesmo sendo uma associação registrada no Reino Unido e nos Estados Unidos, o único país ocidental citado entre os dez primeiros, na décima posição, são os Estados Unidos – naturalmente deve-se ter em conta os critérios utilizados, mas se pode ter uma dimensão dos impactos ideológicos no americanismo no que se refere à violência machista.

As consequências disso são brutais no caso da Índia, com maiores e mais chocantes casos de violência contra a mulher: só para se ter uma ideia, de acordo com o relatório indiano anual de 2013, *National Crime Records Bureau* (NCRB), 24.923 casos de estupro foram registrados em toda a Índia em 2012[34]. Isso quer dizer que, tratando apenas dos que são registrados e sabendo que o número é muito maior (pois uma ampla parcela não registra a ocorrência), por dia, 68 mulheres são estupradas na Índia, o que equivale a quase três estupros por hora, uma barbaridade quase sem limites. Essa é uma das consequências que o capitalismo em crise tem oferecido para as mulheres indianas, a forma mais "avançada" da barbárie social nesse caso da opressão, mas generalizada em menor grau ao redor do mundo.

Kavita Krishnan, argumenta contra a ideia de que a violência na Índia é algo "cultural", apontando que está intimamente relacionada aos mecanismos de exploração da força de trabalho desse país que alguns sociólogos apostam que pode se tornar a nova China dos anos 1990. Segundo a autora:

> Nas últimas décadas, vem crescendo o número de mulheres que buscam trabalho remunerado na Índia. No entanto, as taxas de participação feminina nos locais de trabalho ainda são baixas, e as mulheres ainda são majoritariamente empregadas nos assim chamados "trabalhos 3-D" [*"dirty, dangerous, demeaning"*, em inglês], isto é, insalubres, perigosos e degradantes. Ao mesmo tempo que as mulheres estão sendo incorporadas ao trabalho assalariado explorador, elas também são instadas a aguentar maiores cargas de trabalho doméstico.[35]

Lute como uma garota (breve narrativa da Primavera)

Analisar o avanço dos fatores objetivos é muito importante para observar como um fenômeno ideológico pode se massificar, em que terreno ele encontra solo fértil. No entanto, extrapolar essa conclusão pode ser perigoso: pensar que as determinações econômicas, por si só, levam necessária e imediatamente a fenômenos ideológicos, culturais ou políticos, seria uma análise muito mecânica. Da ótica de um fenômeno internacional da extrema complexidade da *onda feminista*, o que se desenvolve são expressões mais ou menos agudas dos determinantes objetivos e subjetivos, que se encontram nos distintos países e se influenciam reciprocamente: aqui, como em outros terrenos, também vale a lei do desenvolvimento desigual e combinado.

---

[34] Ver o relatório *National Crime Records Bureau*; disponível em: <https://web.archive.org/web/20140620023952/http://ncrb.nic.in/CD-CII2012/Statistics2012.pdf>; acesso em: 29 mar. 2021.
[35] Kavita Krishnan, "Cultura do estupro e machismo na Índia em globalização", *Revista Internacional de Direitos Humanos*, v. 12, n. 22, 2015, p. 265.

Nesse sentido, não se pode definir com precisão um marco para a inflexão que torna a Primavera Feminista um fenômeno internacional, mas podemos aproximar um pouco alguns fatores para encontrar grandes fundamentos que localizam a explosão do movimento em 2011-2012, a partir de quando já poderíamos chamá-la efetivamente de um movimento de impacto internacional.

Justamente nesse período se dão acontecimentos de dimensão internacional, que transcendem um país, mas com nosso destaque, em um primeiro momento, para os movimentos de juventude. Melhor dizendo, apesar de levarmos em conta as lutas de 2010-2011 do movimento operário contra a austeridade, e tendo em vista o impacto internacional da Primavera Árabe em seus inícios, o fenômeno decisivo para o qual queremos chamar a atenção são as lutas da juventude.

Defendemos aqui que as mobilizações internacionais da juventude, apresentando um protagonismo de jovens mulheres, foram igualmente decisivas para a emergência do movimento feminista internacional em dois sentidos. Em primeiro lugar, as múltiplas imagens de jovens enfrentando o Estado – seja da chilena encarando o policial, seja das Indignadas espanholas, seja de Ahed Tamimi, a jovem palestina que se tornou um símbolo da resistência ao enfrentar homens do exército israelense de braços empunhados (levando à prisão da jovem, num escândalo internacional). A propósito, é possível que poucos símbolos da década da crise sejam mais marcantes que a estátua de uma menina, a *fearless girl* [garota valente], enfrentando o touro de Wall Street nos Estados Unidos. Todas essas imagens concorreram para criar a expressão *fight like a girl* [lute como uma garota], que inflamou o estado de ânimo de jovens e mulheres ao redor do mundo durante a crise.

Em um segundo sentido, o fato de a juventude se levantar internacionalmente a colocou como sujeito ativo na sociedade, mudou sua localização, permitindo maior protagonismo e, com isso, revolucionou parcialmente a sociedade em seus valores conservadores. Talvez por isso os movimentos feministas, de negros, LGBTs, ambientalistas, entre outros, tenham crescido tanto.

Essa associação entre os levantes de juventude, o movimento de mulheres e a transformação de valores na sociedade, com a juventude sendo protagonista do avanço de pautas contra aspectos do conservadorismo, ficou evidente em muitos países. Mas talvez sua face mais expressiva tenha ocorrido no país vizinho ao nosso, a Argentina. A luta pela legalização do aborto de 2018 engendrou um movimento massivo na sociedade, a chamada Maré Verde, em referência aos lenços verdes que as mulheres em luta carregavam. Jovens muito novas assumiram o protagonismo da discussão, inclusive modificando a opiniões de seus pais a respeito da urgente pauta. Logo, a mídia passou a chamar o fenômeno de "Revolução das filhas"[36].

---

[36] Ver, de Luciana Peker, o artigo "La revolución de las hijas", *Pagina 12*, 5 maio 2019; disponível em: <https://www.pagina12.com.ar/191710-la-revolucion-de-las-hijas>; acesso em: 29 mar. 2021.

A Argentina refletiu em grande medida essa conexão entre as questões, mas foi um caso tardio: tais lutas vieram, no geral, entre 2011 e 2012, em alguns casos, como no Brasil, em 2013. Por isso, essa combinação das mulheres como linha de frente da luta, ao mesmo tempo que a juventude, com seu programa e sua visão de mundo à frente na sociedade, criou um terreno fértil para o desenvolvimento da Primavera Feminista.

Mas não só a poesia da luta propositiva foi parte dessas causas, mas também a repulsa à opressão: conforme descrevemos, a Índia tornou-se um dos países mais violentos contra as mulheres, segundo algumas análises. Os casos de violência doméstica e machista em geral, em particular a generalização dos estupros na sociedade como parte da degradação da crise, chamaram a atenção do mundo todo. Um ponto de inflexão que destacaríamos nesse contexto esteve na noite de 16 de dezembro de 2012, quando uma jovem foi brutalmente violentada e estuprada por seis homens dentro de um ônibus, quando voltava do cinema com um amigo, na capital indiana, Nova Déli. Ela não resistiu à violência e morreu dias depois[37]. O caso chocante expôs para todo o mundo o nível de violência ao qual as mulheres estão submetidas, precisamente quando a juventude e as trabalhadoras buscavam resistir às medidas de austeridade e oferecer alternativas.

A discussão foi ampla na Índia, levando a uma mudança na legislação criminal no primeiro semestre de 2013, mas particularmente deu também novas razões para a luta pelo fim da violência contra a mulher, momento no qual começaram a emergir como imagem da resistência os Gulabi Gang, grupos de milhares de mulheres armadas com bastões e praticantes de defesa pessoal no país (que já operavam ao menos desde 2010[38], mas que ganham visibilidade depois de 2012).

A partir desses elementos, localizamos que, em torno de 2012, estiveram alguns dos principais acontecimentos objetivos, com as consequências econômicas da crise para jovens e mulheres trabalhadoras, e também algumas das principais respostas subjetivas, entre as quais localizamos as mobilizações da juventude como um dos fatores decisivos para a explosão da Primavera Feminista.

Mas marcar um ponto de inflexão em 2012 é marcar o início de um movimento internacional e não necessariamente o auge, pois o acúmulo de experiências e a evolução histórica da crise geraram novas expressões do movimento, tão ou mais importantes. Basta destacarmos que, no contexto da forte crise das democracias que vivenciamos nos anos ora analisados (do que trataremos em tópico a seguir), com a emergência de presidentes como Donald Trump, na linha de frente da resistência esteve o movimento de mulheres, com marchas de centenas de milhares logo depois da posse de Trump. No entanto, o feminismo, sob

---

[37] Ver, de Shoukati Shafi, o artigo "Delhi Grieves After Death of Gang-rape Victim", *Aljazeera*, 29 dez. 2012; disponível em: <https://www.aljazeera.com/indepth/features/2012/12/2012122991931998491.html>; acesso em: 29 mar. 2021.

[38] Ver, de Amana Fontanella-Khan, o artigo "Wear a Pink Sari and Carry a Big Stick: The Women's Gangs of India", *Slate*, 19 jul. 2010; disponível em: <https://slate.com/human-interest/2010/07/the-women-s-gangs-of-india.html>; acesso em: 28 maio 2019.

influência dos partidos liberais (como os democratas nos Estados Unidos), não foi capaz de superar suas limitações estratégicas e programáticas no sentido de criar uma verdadeira força anticapitalista de mulheres, e aqui reside o desafio.

Ainda assim, o caráter massivo que assumiram algumas marchas, particularmente nos atos do dia 8 de março de 2017 – conhecidos como 8M –, com a greve geral espanhola encabeçada pela vanguarda das mulheres com um dos pontos altos, mostram um caminho interessante. Andrea D'Atri e Celeste Murillo questionam o porquê da massividade desses movimentos.

> O que explica a renovada massividade de marchas e protestos que, há apenas alguns anos, estavam reduzidas a uma parcela do ativismo feminista e da esquerda partidária? [...] A realidade é que, na crise capitalista em curso, torna-se cada vez mais aguda a contradição entre a ampliação de direitos conquistada [...] e a materialidade da vida cotidiana da maioria das mulheres (onde golpeiam os cortes orçamentários, os ajustes só contra as classes mais populosas, a violência machista que não cessa [...]. Depois de décadas de neoliberalismo, a explosão da crise econômica e suas consequências sociais tornou mais palpável do que nunca a expressão segundo a qual "a igualdade perante a lei não é ainda a igualdade perante a vida". Nessa brecha entre as leis e a vida, estão localizadas as mulheres.[39]

De certa forma, a crise capitalista, do ângulo das aspirações das mulheres, coloca em evidência o choque entre a velha ideologia neoliberal de "ampliação da cidadania e dos direitos institucionais" e a "materialidade da vida cotidiana" das mulheres que são atacadas a cada novo avanço do capital em sua sanha de austeridade e precarização. Nesse sentido, é bem expressivo, no sentido que expusemos aqui, o comentário das autoras sobre como essas mobilizações das mulheres, na realidade, acabam canalizando os descontentamentos gerais das massas diante da crise, em relação aos quais as mulheres têm sido vanguarda em vários dos combates nesta década.

> A enorme simpatia que despertam essas manifestações evidencia que os protestos não expressam só uma reivindicação por demandas próprias das mulheres, mas também que servem como via de expressão do descontentamento de milhões de trabalhadores e estudantes com as políticas de austeridade, ajuste e precarização da vida que a classe capitalista e seus governos descarregam sobre nossos ombros, para manter seus lucros.[40]

---

[39] Andrea D'Atri e Celeste Murillo, "8 de marzo: Cuando la tierra tembló", *Ideas de Izquierda*, n. 36, mar. 2017; disponível em: <http://www.laizquierdadiario.com/ideasdeizquierda/adelanto-8-de-marzo-cuando-la-tierra-temblo/>; acesso em: 25 jun. 2019 [Tradução nossa].
[40] Idem.

Black Lives Matter

Manifestação do Black Lives Matter, Oakland, Califórnia; Annette Bernhardt/Wikimedia Commons [14.dez.2014].

Em 2016, um dos jazzistas da nova geração dos Estados Unidos narrava, antes de tocar uma música durante uma apresentação, como se sentiu ao ter sido parado pela polícia, um fato ocorrido seis anos antes, em 2010, em Nova Orleans, Louisiana.

> Esta é uma canção que compus sobre um tema realmente sério. Quando compus a música, ela encontrou, na realidade, o desprezo de muita gente nesta cultura em particular. Nós tocamos *stretch music*, que é como chamamos nossa música, mas basicamente é uma forma de jazz, e esta música foi composta a partir de uma experiência que tive em meu bairro de Nova Orleans com um grupo de oficiais da polícia. Me arrastaram uma noite, me apontaram suas armas sem nenhuma razão, disseram-me que me despisse e me deitasse no chão, e – supondo – que os deixassem fazer o que quisessem comigo. Não havia feito nada de mal, estava voltando para casa depois de uma apresentação com uma grande banda chamada Soulive, este carro da polícia seguiu o meu por nove quadras, atiraram o veículo em cima de mim, e logo em seguida meu carro foi todo cercado, os chefes de polícia saem do carro e me põem um revólver na cabeça, me dizem para sair do carro, tirar a roupa e que me deitar no chão. Não havia feito nada de mal, assim que lhes perguntei por que estavam me

prendendo, disseram para me calar, pois eles eram meus chefes, a autoridade, e que eu deveria fazer o que eles dissessem.[41]

Felizmente, o jazzista Christian Scott aTunde Adjuah foi liberado às três da manhã; depois da humilhação que sentiu nas mãos da polícia, do medo ao ver revólveres apontados para sua cabeça, de ser jogado no chão e ouvir que se falasse mais alguma coisa, sua mãe teria de buscá-lo no necrotério, ele foi liberado. A vergonha se transformou no gesto de revolta do artista, em criatividade revolucionária; sem conseguir dizer para a mãe o que havia lhe ocorrido, aTunde Adjuah conta que sua reação foi apenas uma naquela noite: gritar, aquecer o sangue, explodir sua cólera, mas em forma de poesia. Scott criava uma música emblemática durante aquele dia, que ficou conhecida como *Ku-Klux Police Department (K.K.P.D.)*, um grito de protesto contra a violência policial.

Não era uma temática isolada, um caso singular. Na realidade, no contexto de crise nos Estados Unidos, logo após a Grande Recessão de 2009, as consequências econômicas forneceram os instrumentos necessários para afiar as armas do racismo policial. A violência da polícia contra negros nos Estados Unidos levou a que se levantasse no país um dos mais importantes movimentos negros do mundo, um dos fenômenos político-sociais mais expressivos do contexto de crise econômica e com alcances que superaram as fronteiras daquele país.

Vidas negras não importam?

Alguns nomes ficaram marcados na luta contra a violência policial[42].

No dia *26 de fevereiro de 2012*, o jovem de 17 anos Trayvon Martin é assassinado brutalmente por George Zimmerman em Sanford, Flórida, enquanto estava em uma loja de conveniência comprando doces e refrescos. Inicialmente, Zimmerman não foi punido pela polícia de Sanford; a repercussão do caso e a busca para que o policial fosse considerado culpado marcaram as primeiras etapas do movimento. No dia *23 de novembro de 2012*, outro jovem, Jordan Davis, é morto em Jacksonville, também na Flórida. Segundo o assassino, ele estava ouvindo música muito alta com seus amigos.

2 de novembro de 2013, Detroit, Michigan: Renisha McBride sofre um acidente de carro, busca ajuda e bate na porta de Theodore Wafer, que atende ao pedido com um tiro de *shotgun*, levando McBride à morte.

17 de julho de 2014, Nova York: o vídeo do assassinato de Eric Garner choca o mundo devido à brutalidade policial que chega ao extremo, enforcando um homem

---

[41] Christian Scott aTunde Adjuah, citado em Juan Duarte, "Jazz como denúncia do racismo policial", *Esquerda Diário*, 14 jul. 2016; disponível em: <http://www.esquerdadiario.com.br/Jazz-como-denuncia-do-racismo-policial>; acesso em: 25 jun. 2019.

[42] As informações a seguir foram extraídas do livro de Keaanga-Tamahtta Taylor, *Un destello de libertad*, cit.

desarmado diante de várias pessoas, matando-o asfixiado. Antes de morrer, Garner disse várias vezes uma das frases que mais marcou o movimento: "*I can't breathe*" [não consigo respirar][43].

5 de agosto de 2014, Beavercreek, Ohio: em uma cidade onde é permitido o porte de arma: o jovem John Crawford, de 22 anos, estava com uma arma de pressão em frente a um Walmart comprando *marshmallows* e chocolates e foi assassinado por um policial. *9 de agosto de 2014*: outra morte de repercussão internacional, dada as circunstâncias do acontecimento e dos sucessivos ataques fatais que os negros vinham sofrendo. Michael Brown é morto em Ferguson, Missouri. A revolta se torna generalizada na cidade, e a prefeitura decreta estado de emergência; nos doze dias após a morte de Brown, 172 pessoas foram presas; 132 delas foram acusadas apenas de "não seguir a ordem de dispersar". Pouco mais de um ano depois, em setembro de 2015, o memorial de Mike Brown foi pulverizado com gasolina e incendiado. As chamas revitalizaram os protestos: mais de duzentas pessoas se reuniram em uma manifestação furiosa que terminou com cinco presos.

11 de agosto de 2014: Ezell Ford, cuja família declarou que o rapaz tinha deficiência mental, é morto em Los Angeles por um tiro dado em suas costas enquanto caminhava pela rua.

20 de outubro de 2014: Laquan McDonald, de 17 anos, é morto com dezesseis tiros dados em treze segundos pelo policial Jason Van Dyke.

23 de novembro de 2014: Tamir Rice, de 12 anos, é morto por um policial ao carregar uma arma de brinquedo em Cleveland, Ohio.

Em *12 de abril de 2015,* ocorre outro assassinato que alcança as redes internacionais: Freddie Gray, 25 anos, é preso em Baltimore, Maryland, e sofre uma série de golpes violentos da polícia no interior da viatura, o que o leva ao coma e, poucos dias depois, à morte. Baltimore se torna capital do movimento Black Lives Matter, com centenas de milhares nas ruas durante noites sucessivas protestando contra a violência policial, inclusive com elementos de radicalização.

16 de novembro de 2015: Jamar Clark, 24 anos, é atingido na cabeça por um policial, com testemunhas dizendo que ele estava algemado no momento da execução; o caso levou a pelo menos dezoito dias seguidos de protestos em Minneapolis, Minnesota.

5 de julho de 2015: Anton Sterling, 37 anos, é atingido cinco vezes no peito por um policial, depois de ter sido preso no chão, em frente a uma loja de conveniência em Baton Rouge, Louisiana. Um dia depois, no mesmo estado, Philando Castile recebe um tiro fatal de um policial, e sua namorada, Diamond Reynolds, faz um vídeo ao vivo no Facebook denunciando o caso, atingindo quase seis milhões de visualizações.

---

[43] Ver nota "No puedo respirar, el emblemático grito de Eric Garner", *La Izquierda Diario*, 9 dez. 2014; disponível em: <https://www.laizquierdadiario.com/No-puedo-respirar-el-emblematico-grito-de-Eric-Garner>; acesso em: 29 mar. 2021.

O ano de 2016, no entanto, talvez demonstre um dos pontos de limite do movimento. Amplos setores do regime político e da mídia decidem fazer uma grande campanha contra o Black Lives Matter, dizendo que incitam a violência em protestos e buscando projetar os policiais como vítimas da situação. *No dia 7 de julho*, em Dallas, Texas, durante um protesto pacífico do movimento, um homem atira contra policiais, matando cinco deles. O caso então ganha projeção nacional e internacional e é utilizado para desgastar as manifestações, que entram num refluxo a partir desse ano[44], sem nunca verem cessar os assassinatos contra negros e, portanto, as motivações que fizeram o movimento vir à tona.

A ferida aberta no coração do imperialismo

O que queremos defender aqui é que a explosão de um forte movimento negro nos Estados Unidos é uma consequência esperada das transformações do capital a partir da crise de 2008 e, particularmente, da necessidade do capital de descarregar a crise nas costas dos trabalhadores, sobretudo, dos setores mais precários, ou no desemprego, que afeta principalmente negros e imigrantes. Indo além, essas explosões de revolta conhecidas pelo movimento Black Lives Matter são altamente simbólicas da marca do período pós-Lehman Brothers, em que se modificaram decisivamente as formas de hegemonia do capital nas sociedades, abrindo espaços de questionamento em setores trabalhadores e oprimidos da sociedade, mas sem que essa situação entrasse ainda em choque com o Estado e o regime capitalistas.

Comecemos por observar algo que, em geral, não aparece nos debates sobre a crise: quem eram os *subprimes*, os clientes que marcaram a crise norte-americana?

O colapso histórico do mercado imobiliário residencial estadunidense em 2008 destruiu a maior parte da riqueza patrimonial de afro-americanos. Em meados dos anos 2000, no auge do *boom* dos empréstimos hipotecários, quase metade dos empréstimos outorgados a afro-americanos eram *subprime*. Hoje, de acordo com o Center for Responsible Lending, quase 25% das famílias que compraram casas nesse período correm o risco de perdê-las. Assim como tem sido amplamente destacado, a crise destruiu dezenas de bilhões de dólares de riqueza negra investida em propriedades e mais de 240 mil afro-americanos perderam suas casas. Em Detroit, por exemplo, uma cidade que certa vez mostrou uma das taxas mais altas de habitações com proprietários negros, mais de um terço das famílias negras que adquiriram empréstimos entre 2004 e 2008 perdeu suas casas devido a execuções de hipotecas. Os empréstimos eram "bombas-relógios" que acabaram detonando, fazendo com que as riquezas acumuladas por proprietários negros, já muito modestas, evaporassem no ar.[45]

---

[44] Em 2020, após o emblemático assassinato de George Floyd, o movimento ganha um novo fôlego. Para esse debate, ver o posfácio deste livro.
[45] Keaanga-Tamahtta Taylor, *Un destello de libertad,* cit., p. 20-1.

Os dados são ainda do livro de Keeanga-Yamahtta Taylor, que tem sido uma obra referenciada no tema do Black Lives Matter. No trecho ora citado, é bastante notável a relação entre a crise e a questão negra, pois apresenta alguns dados que devem ser levados em consideração para concluir que, já no início da crise das hipotecas, os negros eram o primeiro alvo a sofrer as consequências do capital. Afinal, é bastante notável que, para esse setor, metade das hipotecas era constituída de subprimes e igualmente notável o dado de que 240 mil famílias de afrodescendentes perderam suas casas. Isso indica, portanto, que a chamada bolha imobiliária foi constituída em parte sobre a população negra, que recebeu as promessas financeiras de ter a casa própria e terminou perdendo suas hipotecas, ameaçada e diretamente impactada pela crise.

Pode-se imaginar a espiral que liga a crise dos *subprimes*, em que milhares de famílias negras perdem suas casas, às consequências mais estruturais na economia, afetando a população negra. A conclusão mais evidente é que é meramente fantasiosa a desvinculação dos grandes complexos financeiros da esfera da produção, o que se manifestou rapidamente, seja na crise de grandes empresas como a *General Motors* ou a *Chrysler*, com um amplo processo de demissões e aumento do desemprego, seja nos planos de austeridade, fenômenos que afetam diretamente os setores mais precarizados do proletariado.

A maneira como, na esfera da produção, a crise afetará os setores negros revela-se na evolução do desemprego. Como sabemos, uma das principais consequências da recessão é a queda do crescimento e o aumento do desemprego, o que afetou o conjunto da classe trabalhadora nas potências onde a crise econômica esteve no centro do palco. O que é preciso destacar aqui, todavia, é justamente que a forma como afetou os setores negros não foi igual, já que o racismo das sociedades capitalistas se revela quando analisamos os dados do gráfico de taxa de desemprego entre negros e afro-americanos.

Figura 15. Taxa de desemprego: negros ou afro-americanos

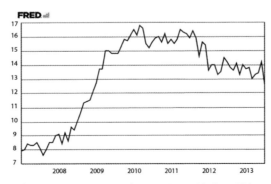

Fonte: U.S. Bureau of Labor Statistcs, "Unemployment Rate - Black or African American", Federal Reserve Economic Data (FRED); disponível em: <https://fred.stlouisfed.org/series/LNS14000006>; acesso em: 29 mar. 2021.

Entre 2010 e 2011, essa taxa chegou a aproximadamente 16,8%, um índice enorme, já que a taxa geral do país não ultrapassou os 10% em nenhum momento, sendo que em agosto de 2011, um dos picos, estava em 8,8%. No entanto, essa realidade não deveria ser inesperada, já que por trás da aparente anarquia de livre mercado do capital estão megamonopólios, que evidentemente trabalharão para descarregar a crise sobre o mundo do trabalho, seja retirando direitos ou aumentando o processo de demissões, buscando rebaixar o valor da força de trabalho, num processo que não é específico da crise, mas se acelera durante os anos em que ela impacta a economia.

Nesse sentido, a compreensão dos impactos da crise dos *subprimes* não pode ignorar a questão negra nos Estados Unidos. E não só os impactos econômicos, mas o peso do aparato estatal que submete a população negra e uma sistemática prática de repressão e violência, por vezes letais. O que queremos dizer é que existe um entrelaçamento orgânico entre a exploração capitalista e a política de espoliação do capital contra a população negra norte-americana, que corre paralelamente à necessidade (sempre do ponto de vista do capital) de uma repressão estrutural contra esse setor, expressa nos Estados Unidos com os índices abismais de assassinatos policiais de negros.

Segundo dados de 2015, apresentados no site do Fórum Econômico Mundial, o índice de mortes da população negra é mais que o dobro do índice de mortes de brancos nos Estados Unidos.

Figura 16. Índice de mortes por policiais por etnia (número por milhão)

Fonte: Alem Tedeneke, "The Black Lives Matter Movement Explained", *Fórum Econômico Mundial*, 11 ago. 2016; disponível em: <https://www.weforum.org/agenda/2016/08/black-lives-matter-movement-explained/>; acesso em: 29 mar. 2021.

Esses dados, em um país com um histórico escandaloso de assassinatos por policiais, se comparado a outras potências, mostram que o peso do racismo institucional nos

Estados Unidos é muito grande. Não é de se estranhar também, dessa perspectiva, que o índice de mortes de hispânicos/latinos também seja maior do que o de brancos, mas ainda próximo da metade das mortes de negros.

No gráfico a seguir, destaca-se um dos picos da crise de mortes nos Estados Unidos em 2014, em comparação com dados de 2011 de outras potências mundiais:

Figura 17. Mortes policiais por país

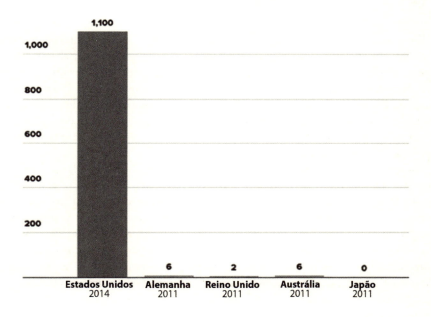

Fonte: Idem.

Como se vê, embora se possa questionar os dados sobre os demais países, o gráfico ajuda a observar que mesmo o país mais rico do mundo, supostamente com todas as possibilidades de reverter o quadro de violência social, é justamente aquele em que se expressam com mais vigor as contradições capitalistas no mundo desenvolvido. Em pleno século XXI, na maior potência mundial, é considerado ainda hoje relativamente "normal" que uma parcela da população morra em ações da polícia, e que a parte mais atingida seja o setor negro.

Não se trata "apenas" da violência letal: quando não morrem, são encarcerados literalmente milhões de pessoas. Os Estados Unidos hoje ocupam a liderança mundial no encarceramento em massa, com um amplo setor de negros presos, pelo menos de 1 milhão de pessoas. Conforme escreveu Brian P. Jones:

Infelizmente, não é exagero extrapolar Ferguson para o país. Esta é a era do "encarceramento em massa", como Michelle Alexander conceituou. Hoje, os Estados Unidos são, de longe, os maiores aprisionadores do mundo, com aproximadamente 2,3 milhões de pessoas encarceradas; quase 1 milhão destas são afro-americanos. Cidades falidas que se esforçam para financiar escolas e serviços sociais geralmente entregam cheques em branco para a brutalidade policial. Chicago, por exemplo, pagou 50 milhões de dólares em 2014 apenas para abafar casos de má conduta policial, e dedicou mais de meio bilhão de dólares para esse mesmo propósito na última década.[46]

Eis o pano de fundo da situação que fez escancarar o racismo norte-americano, mas com um "detalhe" não menos importante: a política do imperialismo, como forma de buscar evitar a explosão dessas contradições evidentes, chegou a levar ao poder Barack Obama, a primeira pessoa negra na história dos Estados Unidos a ocupar a posição. Em meio a todas as contradições da crise, com a explosão do maior movimento negro no país em anos, a política era guiada por um agente de conciliação, um rosto negro "democrático" para uma política de descarregar a crise nas costas da população trabalhadora e negra.

Sobre esse ponto, Jordan T. Camp, ao comentar a obra já citada de Keeanga-Yamahtta Taylor, traz esse elemento da cisão norte-americana entre a massa da população negra e uma "nova elite negra", como parte da política neoliberal de promoção de uma nova elite e de uma ideologia que visava a atingir os postos mais elevados na sociedade como suposta superação do racismo. Na realidade, é apenas uma arma ideológica a mais que o imperialismo utiliza para culpabilizar, segundo a doutrina neoliberal, os negros que não conseguiram conquistar esses espaços e que sofrem com a exploração e a opressão cotidianas[47], sobretudo a violência policial – já que, ao existir uma "nova elite negra", essa seria a prova de que todos teriam oportunidades. Assim, escreve Jordan T. Camp:

> Essa transformação dependia da racialização e da criminalização da classe trabalhadora negra enquanto erguia uma "nova elite negra". Sua crítica [de Taylor] materialista enumera

---

[46] Brian P. Jones, "Black Lives Matter and the Struggle for Freedom", *Monthly Review*, 1º set. 2016; disponível em: <https://monthlyreview.org/2016/09/01/black-lives-matter-and-the-struggle-for-freedom/>; acesso em: 3 jun. 2019 [Tradução nossa].

[47] "O fato de uma família afro-americana habitar a Casa Branca, um prédio construído por escravos em 1795, é um exemplo poderoso da transformação de atitudes e realidades raciais nos Estados Unidos. Além da presidência de Barack Obama, milhares de funcionários negros eleitos, uma camada de executivos de empresas, muitos membros da alta sociedade de Hollywood e esportistas multimilionários negros animam a paisagem americana 'pós-racial'. O sucesso de um número relativamente pequeno de afro--americanos é mostrado como uma demonstração do etos daltônico dos Estados Unidos e como um testemunho de um passado racista superado. Quando se produzem abusos por motivos raciais, eles são vistos como o produto de comportamentos pessoais e morais obsoletos, enquanto se afirma que 'eles não são mais endêmicos ou sancionados por leis e costumes', como fez o presidente Obama em seu discurso de comemoração do quinquagésimo aniversário da Lei dos Direitos de Voto"; Keeanga-Yamahtta Taylor, *Un destello de libertad*, cit., p. 12 [Tradução nossa].

as estratégias políticas que buscavam colocar "rostos negros em altos postos" no contexto da deterioração das condições que pobres e negros enfrentavam como consequência da pobreza concentrada, encarceramento em massa e moradia em ruínas. Na verdade, ela afirma que Ferguson e Baltimore iluminaram não apenas "o racismo e a brutalidade do policiamento americano", mas também a adoção pela elite negra das políticas neoliberais que promovem a privatização, a gentrificação e a política punitiva. Qualquer debate sobre o movimento contra a violência policial, ela conclui, deve manter esse projeto político neoliberal em sua mira.[48]

Disso se depreende a importância do movimento Black Lives Matter no contexto da crise econômica. Ela afeta a dinâmica do capital financeiro norte-americano, o mais forte do mundo, e com isso abala a arquitetura da dominação burguesa no país, o que necessariamente faz escancarar as feridas do metabolismo capitalista nos Estados Unidos, levando a movimentos de significado histórico, como o Black Lives Matter.

Crise econômica e violência policial no mundo

No caso dos Estados Unidos, a violência se escancarou nos casos de racismo policial cotidiano, que receberam uma resposta na forma de um movimento nacional nas ruas do país contra as mortes e a violência do Estado. Mas nos países do Sul do mundo, países de capitalismo atrasado e economia dependente, a década da crise provocou acontecimentos de menor estatura: na verdade, a agressividade da violência policial e das forças de segurança também atingiu em cheio a população negra abaixo da linha do Equador.

Consideramos que dois acontecimentos ocorridos em países ditos emergentes podem ser significativos para dar continuidade à reflexão sobre a relação entre a crise e a questão negra, agora partindo da realidade de países de capitalismo atrasado e dependente, como África do Sul e Brasil.

Em primeiro lugar, é preciso destacar o massacre ocorrido na África do Sul em 2012, o chamado *massacre de Marikana*. No dia 16 de agosto de 2012, as forças de segurança de Marikana protagonizaram um dos mais expressivos massacres de civis em décadas no país, quando abriram fogo contra grevistas mineiros, o que levou 34 pessoas à morte, sendo algo comparável apenas ao terrível massacre de Sharpeville, em 1960, quando a polícia atirou contra um protesto matando 69 pessoas e ferindo outras 180, no contexto do apartheid.

A brutalidade do acontecimento chamou a atenção da mídia e das redes internacionalmente. O mundo acompanhou vídeos dos agentes estatais fuzilando

---

[48] Jordan T. Camp, "Black Liberation and Left Renewal", *Jacobin*, 19 mar. 2017; disponível em: <https://www.jacobinmag.com/2017/03/black-lives-matter-keeanga-yamahtta-taylor-police-brutality>; acesso em: 25 jun. 2019 [Tradução nossa].

os trabalhadores mineiros, num dos mais terríveis acontecimentos da crise, escancarando o caráter racista do Estado e, em particular, o ódio e terror que causava ao capital o movimento de negros da vanguarda da classe se colocam em luta para que a crise não seja descarregada sobre suas costas.

Também como reflexo da violência policial num país com imensa população negra, um dos casos emblemáticos da realidade política brasileira foi o do pedreiro Amarildo Dias de Souza, que aproximadamente um mês após o início das Jornadas de Junho de 2013, desapareceu depois de ter sido preso pela polícia na favela da Rocinha, e nunca mais se soube de seu paradeiro.

Ainda imersa no clima social e na relação de forças que derivou das Jornadas de Junho, a morte de Amarildo não se tornou apenas mais um número para a estatística de negros assassinados pela polícia. Ecoou no país inteiro a pergunta "onde está Amarildo?", que virou um dos gritos de guerra da juventude e de trabalhadores, nas periferias e favelas, contra a violência policial.

Como se destacou no livro *Questão negra, marxismo e classe operária no Brasil*, uma importante contribuição para a reflexão sobre esses temas no país,

> mesmo com a quarta maior população carcerária do mundo (duplicada enquanto o PT esteve à frente do governo federal), composta majoritariamente por negros, o massacre do Carandiru em 1992 não despertou o questionamento à violência social que emergiu com a campanha pelo aparecimento de Amarildo. Amarildo se tornou o símbolo dos inúmeros negros, trabalhadores precários e pais de família que morrem nas favelas vítimas inocentes não só do gatilho fácil da polícia, mas também de todos os métodos de tortura e intimidação que garantem a "pax" dos cemitérios das UPPs. Essa não é apenas uma realidade carioca. Dados do próprio governo mostram que entre 2002 e 2010, enquanto os indicadores apontavam uma queda em 25% do número de homicídios, observou-se um aumento de 30% dos homicídios de negros, em sua maioria decorrentes da brutalidade policial.[49]

Em outras palavras, tanto na potência mais poderosa do mundo quanto nos países dependentes – e poderíamos pensar em outros exemplos de países semicoloniais, como o Haiti –, a crise econômica escancarou as feridas abertas na sociedade, descarregando com armas na mão, por seu aparato reacionário de violência policial, a crise sobre as costas da população trabalhadora e dos negros. Não é uma novidade que exista violência policial nos Estados Unidos, África do Sul ou Brasil. A novidade é que surgiu um amplo movimento nacional contra a violência policial no primeiro país, que, no segundo, a classe trabalhadora negra entrou em cena e só consiga ser parada com os mais bárbaros gestos de violência capitalista; e que aqui, a morte de um pedreiro se torne um dos temas nacionais mais importantes, ecoando a pergunta "onde está Amarildo?", seguida de outra,

---

[49] Daniel Alfonso e Daniel Matos, *Questão negra, marxismo e classe operária no Brasil* (São Paulo, Iskra, 2013), s/p.

depois do caso de asssassinato de Marielle Franco, onde ainda nos perguntamos no Brasil "quem mandou matar Marielle?", e seguimos sem respostas.

Seja na forma de lutas operárias, de mulheres ou de juventude, a resistência negra entrou em cena no tabuleiro da crise capitalista, e não resta dúvida de que esses foram apenas seus primeiros movimentos.

O fenômeno da crise orgânica

Partindo de uma visão ampla do conjunto de lutas, fenômenos e movimentos sociais e políticos que foram se desenvolvendo nos dez anos de crise que aqui analisamos, o desafio colocado é pensar a situação das democracias nessa década em que confluíram tanto uma crise econômica histórica e um reordenamento geopolítico mundial (terminando em seu último capítulo na era dos nacionalismos econômicos e na guerra comercial), quanto processos de luta de classes, seja com as greves gerais dos trabalhadores contra os planos de austeridade e ajuste fiscal, seja na emergência da juventude em nível internacional e nos movimentos sociais, como o feminista e o negro.

Com tantos questionamentos à estabilidade da democracia do capital de diversos lados, emerge a seguinte pergunta: teria sido possível manter a hegemonia das classes dirigentes nos distintos países? Quer dizer, teria sido possível que os fatores econômicos, geopolíticos e os conflitos entre classes não levassem também a crises nos próprios regimes políticos das democracias capitalistas? E a resposta – categórica – é "não".

Essa é uma conclusão a que todos os que vêm acompanhando a dinâmica explosiva dos conflitos políticos nos distintos países chegam com facilidade. No mundo oriental, com a série de reviravoltas pós-Primavera Árabe; no mundo ocidental, em vários países da Europa, nos Estados Unidos e, como se evidenciou, no Sul do mundo, tendo no Brasil o capítulo mais recente do décimo ano da crise, com a eleição à presidência do ultraconservador Jair Bolsonaro. Dessa maneira, a questão que se depreende é a de que tipos de crises políticas estamos falando na década da crise e o que elas anunciam.

Por isso, não buscaremos aqui uma abordagem conceitual que explique os distintos processos políticos em desdobramento nessa década, mas traçar pistas gerais sobre um fenômeno particular que tem surgido em muitos países e se expressa em uma espécie de crise das democracias (já degradadas), relacionado diretamente com os efeitos da crise econômica mundial. Colocado de forma descritiva, trata-se de entender o que ocorre nos regimes políticos num momento em que o "grande empreendimento" econômico mundial, o neoliberalismo, entra em falência como modo de acumulação, ao mesmo tempo que o "novo", uma ameaça real ao capitalismo neoliberal em questionamento, não emerge. Em outras palavras, o que teria ocorrido numa década que não tem entre suas marcas *situações revolucionárias*, em que abertamente o poder de classe do capital foi colocado em xeque, mas, cuja dinâmica econômica, objetiva, vem degradando paulatinamente as condições de hegemonia do capital em distintas democracias?

Nessa disjuntiva, em que o velho começou a morrer sem que o novo tenha emergido, encontramos, no plano conceitual, a categoria de "crise orgânica" de Antonio Gramsci – que Peter Thomas considera um dos eixos ordenadores do pensador italiano nas pesquisas do período do cárcere[50] –, uma das explicações mais ajustadas ao momento para se compreender os fenômenos políticos que começamos a vivenciar nessa década. Vale dizer que não se trata de um receituário aplicável imediatamente a qualquer país; a observação da própria tensão (dialética) do conceito gramsciano oferece uma pista explicativa global para esses processos políticos advindos da falência de um grande projeto de acumulação internacional.

Considerando todos os fenômenos e os movimentos que buscamos descrever neste capítulo, vejamos como Gramsci descreve o conceito de crise orgânica para relacionarmos novamente com o plano histórico:

> Em um certo ponto de sua vida histórica, os grupos sociais se separam de seus partidos tradicionais, isto é, os partidos tradicionais naquela dada forma organizativa, com aqueles determinados homens que os constituem, representam e dirigem, não são mais reconhecidos como sua expressão da classe ou fração de classe. Quando se verificam essas crises, a situação imediata torna-se delicada e perigosa, pois abre-se o campo às soluções de força, à atividade de potências ocultas representadas pelos homens providenciais ou carismáticos. Como se formam essas situações de contraste entre representantes e representados, que, a partir do terreno dos partidos (organizações de partido em sentido estrito, campo eleitoral-parlamentar, organização jornalística), refletem-se em todo o organismo estatal, reforçando a posição relativa do poder da burocracia (civil e militar), da alta finança, da Igreja e, em geral, de todos os organismos relativamente independentes das flutuações da opinião pública?[51]

No início de sua definição, Gramsci enfatiza um processo histórico em que representantes e representados se separam, ou seja, perde-se a conexão orgânica entre os grupos sociais e os partidos tradicionais que os representam em dada forma organizativa, o que gera uma "crise orgânica". Isso leva a uma maior instabilidade no regime e à possibilidade de soluções de força ou emergência de lideranças carismáticas, formas de bonapartismo ou cesarismo etc. A pergunta que segue na explicação de Gramsci é como se formam essas crises orgânicas,

---

[50] "O fio condutor que organiza todas as pesquisas de Gramsci no cárcere pode ser sucintamente caracterizado como a busca por uma adequada teoria da hegemonia operária na época das 'crises orgânicas', ou da 'revolução passiva', do 'Estado integral' burguês", Peter Thomas, "Gramsci and the Intellectuals: Modern Prince Versus Passive Revolution", em David Bates (org.), *Marxism, Intellectuals and Politics* (Londres, Palgrave Macmillan, 2007), p. 70 [Tradução nossa].

[51] Antonio Gramsci, *Cadernos do cárcere*, v.3 (trad. Carlos Nelson Coutinho, Rio de Janeiro, Civilização Brasileira, 2007), p. 60.

que debilitam os partidos (em sentido amplo) e fortalecem as burocracias e os "organismos estatais"? E assim o marxista italiano prossegue na explicação:

> O processo é diferente em cada país, embora o conteúdo seja o mesmo. E o conteúdo é a crise de hegemonia da classe dirigente, que ocorre ou porque a classe dirigente fracassou em um grande empreendimento político para o qual pediu ou impôs pela força o consenso das grandes massas (como a guerra), ou porque amplas massas (sobretudo de camponeses e de pequeno-burgueses intelectuais) passaram subitamente da passividade política para uma certa atividade e apresentam reivindicações que, em seu conjunto desorganizado, constituem uma revolução. Fala-se de "crise de autoridade": e isso é precisamente a crise de hegemonia, ou crise do Estado em seu conjunto.[52]

Precisamente aqui reside o fundamental do que queremos abordar. Embora possa haver particularidades entre países, como indica Gramsci, o que unifica o conceito é o conteúdo de "crise de hegemonia da classe dirigente", uma "crise de autoridade", exposta na separação entre representantes e representados que, a depender do seu grau, atinge elementos da autoridade estatal em seu conjunto. Nas palavras do italiano, a classe dominante deixa de ser dirigente.

Isso não quer dizer uma ausência de hegemonia. Conforme explica Fabio Frosini,

> pode-se dizer que no espaço social não existem momentos completamente isentos de hegemonia, e que uma crise orgânica não se pode pensar como a desaparição – ainda que seja só por um instante – de toda determinação hegemônica. A crise é antes a desarticulação (mais ou menos generalizada) de uma determinada estrutura hegemônica. Essa desarticulação revela às massas populares as virtualidades hegemônicas que naquela estrutura ficavam incluídas e subordinadas, ou seja, reduzidas a funções internas daquela e por essa razão não se deixam visualizar.[53]

O decisivo no conceito gramsciano de *crise orgânica* é que as raízes desse processo, da ótica de classes, não estão na classe trabalhadora, em sua emergência, luta política, em processos revolucionários ou revoluções sociais. Na verdade, as causas do processo estariam ou na classe dirigente, com a falência de um grande empreendimento, ou nas classes médias (angariando setores de massa), que passa da passividade para a atividade política com um conjunto de reivindicações. Nos dois processos, encontraríamos uma situação de crise de hegemonia mais ou menos aguda, parcialmente questionadora do regime político como um todo e

---

[52] Idem.
[53] Fabio Frosini, "¿Qué es la 'crisis de hegemonía'? Apuntes sobre historia, revolución y visibilidad en Gramsci", *Las Torres de Lucca*, v. 6, n. 11, jul./dez. 2017, p. 67.

da autoridade estatal, sem que fossem necessárias situações revolucionárias, ou seja, fenômenos clássicos de revolução e contrarrevolução.

Com esse conceito, portanto, Gramsci nos ajuda a perceber, em escala global, algo em curso nesta década: a falência de um grande empreendimento internacional (o neoliberalismo), sem que tenha se dado pela emergência da classe trabalhadora como sujeito "contra-hegemônico", de modo que o que se ressalta é a decadência das potências imperialistas em enfrentar a crise econômica. Isso abriu um marco estratégico internacional, no qual ocorrem crises políticas desse tipo específico, tais como Gramsci descreve, naturalmente envoltas pelas particularidades de cada país.

O epicentro desses processos, a nosso ver, tem sido a Europa, em países como Grécia, Espanha, Portugal, Itália, mas também na Inglaterra (com o Brexit) e França, entre vários outros exemplos, mas também podemos falar de expressões como essas em países como Estados Unidos (com a ascensão de Trump) ou Brasil (com o governo Bolsonaro).

No interior desse processo de crises orgânicas nas democracias ocidentais, queremos separar o que foi o desenvolvimento de dois grandes momentos: num primeiro, o período dos planos de austeridade, realizado nos "elos débeis" dos países de capitalismo avançado europeu e, num segundo momento, atingindo os principais imperialismos da Europa, a saber, Alemanha, Inglaterra e França e, também então, os Estados Unidos. Em sua essência, aquilo que marca os dois processos de modo decisivo reside nas *duas falências da União Europeia como parte da emergência inicial de nacionalismos econômicos.*

A crise orgânica nos elos débeis: Grécia, Espanha, Portugal e Itália

A primeira falência da União Europeia se dá nos anos de 2010 e 2011, com a aplicação dos planos de austeridade, sobretudo na Grécia, na Espanha e em Portugal. A falência está na reorientação agressiva que o imperialismo europeu, sobretudo o alemão, toma diante da crise econômica, particularmente com a articulação da Troika, composta pelo Banco Central Europeu, o Fundo Monetário Internacional e a Comissão Europeia, atuando incisivamente no contexto europeu a partir de memorandos com propostas de ajustes fiscais e planos de austeridade para os países em situação mais aguda de crise.

A orientação dos memorandos era debilitar o funcionalismo público, generalizar privatizações, realizar a reforma da previdência, inclusive em setores estratégicos, cortar benefícios sociais, reduzir salários etc. Acontece que, como parte de uma política imperialista de pressão dos órgãos internacionais aos governos nacionais, os partidos que compunham o centro do regime político em cada país sofreram crises e, no caso grego, uma decomposição abrupta, sendo o caso mais claro o do Pasok.

A evolução política da Grécia nos anos de crise deu-se da seguinte forma: o ministro Geórgios Papandreou, do Pasok subiu ao cargo de primeiro-ministro em 4 de outubro de 2009, substituindo o conservador Kostas Karamanlis. Sua entrada ocorreu depois das eleições legislativas de outubro, nas quais o resultado[54] foi de 43,9% dos votos para o Pasok e 33,5% para o Nova Democracia, ou seja, os dois principais partidos de centro-esquerda e de direita atingiram juntos mais de três quartos da votação. O governo de Papandreou durou até 11 de novembro de 2011, e foi responsável pela aplicação das medidas de austeridade do período, até que o primeiro-ministro renuncia diante da pressão do movimento operário – sendo substituído pelo governo tecnocrata de Lucas Papademos, do partido Gregos Independentes (Anel), até as novas eleições. As novas eleições legislativas se dariam alguns meses depois, em maio de 2012, e o resultado eleitoral foi uma mostra da reviravolta no regime político grego: Nova Democracia passou de 33,5% para 18,9%; o Pasok cai de 43,9% para 13,2%. A novidade aqui é o partido reformista de esquerda Syriza, que passa de 4,6% em 2009 para 16,8% em 2012, e o partido nacionalista e conservador Gregos Independentes, fruto de uma ruptura com o Nova Democracia, que atingiu 10,6% e cresce rapidamente, chegando ao governo[55]. Ainda assim, o novo governo se formou com o velho centro em junho de 2012, elegendo António's Samarás, capitaneado pela Nova Democracia em coalizão com Pasok e Dimokratiki Aristera (Dimar, um partido criado em 2010 proveniente da ala direita do Syriza).

Por fim, três anos depois, nas eleições de janeiro de 2015, o resultado é a emergência do Syriza com 36,3% dos votos e a debacle total do Pasok, com 4,6%, sendo o terceiro colocado, atrás inclusive do partido neonazista Aurora Dourada, que ficou com 6,2% dos votos. Embora o Nova Democracia tenha se mantido, a falência completa do Pasok aliada à emergência do reformista Syriza, por um lado, e de um partido neonazista, por outro, mostram a dimensão da crise orgânica na Grécia.

No caso do Estado espanhol, embora haja diferenças, a evolução política no pós-crise também expressa desde o início dos planos de austeridade importantes impactos no regime político: o presidente José Luis Rodríguez Zapatero, do PSOE era o presidente desde 2004, completando sete anos de mandato e sendo o presidente efetivo durante os primeiros planos de austeridade no país. O Psoe e o Partido Popular, pela esquerda e pela direita, respectivamente, formam o centro e os pilares do regime político do país. O resultado da eleição legislativa de 2011 já mostrava um fortalecimento expressivo da direita e uma debilitação do Psoe, sendo que o PP atingiu o resultado de 44,63% e o Psoe 28,76%,

---

[54] Os números foram aproximados para facilitar o entendimento, mas o resultado pode ser visto na íntegra no site *Hellenic Parliament*, disponível em: <https://www.hellenicparliament.gr/en/Vouli-ton-Ellinon/To-Politevma/Ekloges/Eklogika-apotelesmata-New/#Per-13>; acesso em: 29 mar. 2021.
[55] A ironia da história é que o Syriza continuaria crescendo de modo avassalador até chegar ao poder, mas o faz em aliança com os conservadores Gregos Independentes.

resultando na entrada de Mariano Rajoy[56]. A eleição de 2015, analisando também a votação para deputados, é aquela em que se expressam mais claramente os elementos de crise orgânica, com o PP se mantendo como mais votado, mas com uma queda para 28,72%; o Psoe atingindo apenas 22,01% e, aqui reside a novidade, a emergência de dois grupos, um de orientação num espectro mais à esquerda, o Podemos, com 12,67% dos votos, e o outro, uma "nova direita", o Ciudadanos, atingindo 13,93% dos votos[57]. Foi um período em que o nome de Pablo Iglesias, líder do Podemos, virou moda e buscou canalizar especialmente as transformações no país depois das greves e do 15M, o Movimento dos Indignados, modificando bastante o tabuleiro político do regime espanhol e abrindo um debate sobre essa nova forma de organização, de tipo "partido-movimento"[58].

Por fim, no caso de Portugal, algumas expressões nesse sentido também se apresentaram: nas eleições de junho 2011, o longo mandato de José Sócrates terminou com um resultado não muito alentador para os "socialistas" portugueses. Seria seguido do mandato de Pedro Passos Coelho, da direita (Partido Social-Democrata). Nas eleições de 2015, embora a direita com "Portugal à frente" tenha ganhado nos resultados eleitorais com 36,86%, e o Partido Socialista tenha atingido 32,31% dos votos, a novidade foi o Bloco de Esquerda ter atingido 10,19%[59], também parte da emergência de organizações neorreformistas no contexto da crise orgânica em países europeus. Um aspecto mais marcante dessa crise foi a rápida queda do segundo governo de Passos Coelho, pouquíssimo tempo depois da eleição, "11 dias, 5 horas e 40 minutos"[60], o que fez com que emergisse um governo socialista ainda em 2015, estancando um pouco os elementos de crise nesse partido.

O caso italiano que pontuaremos aqui é uma espécie de caso híbrido, pois a Itália tem demonstrado várias aproximações com os "elos débeis" em alguns sentidos sociais, ao mesmo tempo que apresenta mais força econômica e expressou elementos da crise orgânica mais próximo ao período que se refletiu nas potências. Tem a particularidade de ter tido um rearranjo abrupto em seu regime político

---

[56] Os dados das eleições no Estado espanhol foram extraídos de informações oficiais do site do Ministério do Interior da Espanha, disponível em: <http://elecciones.mir.es/resultadosgenerales2011/99CG/DCG99999TO_L1.htm>; acesso em: 16 jul. 2019.

[57] O resultado pode ser visto no site do Ministério do Interior da Espanha, disponível em: <http://elecciones.mir.es/resultadosgenerales2015/congreso/#/ES201512-CON-ES/ES>; acesso em: 29 mar. 2021.

[58] Ver, de Irene Martín, o artigo "Podemos y otros modelos de partido-movimiento", *Revista Española de Sociología*, n. 24, 2015; disponível em: <https://recyt.fecyt.es/index.php/res/article/view/65425/39717>; acesso em: 29 mar. 2021.

[59] Os dados podem ser vistos no site do Ministério da Administração Interna de Portugal, disponível em: <https://www.eleicoes.mai.gov.pt/legislativas2015/resultados-globais.html>; acesso em: 29 mar. 2021.

[60] Célia Marlene Miguel Fonseca, *Do poder à queda: a cobertura da imprensa à queda do governo de Passos Coelho* (mestrado em ciências da comunicação, Porto, FL-Universidade do Porto, 2016).

já nos anos 1990, com a operação Mani Pulite[61], que durou longos anos envolvendo uma série de escândalos de corrupção, prisões, reorganizações políticas e terminou, ao fim do processo, com a emergência de Silvio Berlusconi, figura de extrema direita no contexto italiano. O político neoliberal foi primeiro-ministro do país também durante a primeira fase da crise na Itália, até 15 de novembro de 2011, quando foi seguido por Mario Monti, um político tecnocrata. Como Berlusconi foi produto das transformações anteriores no regime político italiano (que havia liquidado os partidos socialista e comunista) e estando à frente dos planos de austeridade, um dos elementos da crise orgânica foi a emergência de um "governo técnico", como uma das cartas da elite dominante para conferir certa estabilidade ao país.

Já com a renúncia de Berlusconi contabilizada em 2011, o que se seguem são outras várias renúncias como expressão da crise orgânica na Itália no contexto da crise econômica[62]. Mas a novidade estava no Movimento Cinco Estrelas, comandado pelo comediante Beppe Grillo, que se apresentava como um "não partido" e proclamava oferecer uma alternativa para além da política tradicional (embora com um viés mais de direita), e atingiu cerca de 26% das intenções de voto para a Câmara na primeira eleição que participou, em 2013[63].

A expressão mais aguda da crise orgânica, no entanto, se deu mais claramente nas eleições de 2018, quando o partido democrático teve uma grande queda, alcançando apenas 6,7% dos votos, enquanto o Movimento Cinco Estrelas continuou crescendo, atingindo 32,6%, e a direita reacionária com a Liga Nordi e Força Itália (organizações reacionárias anti-imigrantes) chegando a 17,6% e 14,4%, respectivamente. A mudança abrupta no regime se expressa com a formação de uma coalizão entre o Movimento Cinco Estrelas e a Liga Nordi, formando o governo de Giuseppe Conte, um político independente que encabeça a coalizão.

Podemos dizer que nesses países, como "elos débeis" entre os países de capitalismo avançado no contexto europeu, a crise orgânica se apresenta na medida em que são expostas condições para a implementação dos planos de austeridade, com a Grécia como caso mais drástico. Tais condições levam a processos de luta de classes, com os trabalhadores na dianteira, nos anos 2009 e 2010, e nos

---

[61] Ver, de Gianni Barbacetto, Peter Gomez e Marco Travaglio, o livro *Mani Pulite: La vera storia 20 anni dopo* (Milão, Chiarelettere, 2012).

[62] O governo de Mario Monti durou até sua renúncia, já em 21 de dezembro de 2012, sendo realizadas eleições em abril de 2013, que elegem Enrico Letta, e sua gestão dura até fevereiro de 2014, quando renuncia e é substituído por Matteo Renzi, que governa até dezembro de 2016 e então renuncia diante da discussão do referendo constitucional, sendo seguido por Paolo Gentiloni, até junho de 2018, quando também renuncia.

[63] Ver, de Michael Braun, o artigo "O Movimento Cinco Estrelas: um partido de tipo especial, contra o tradicional sistema político italiano", *Friedrich Ebert Stiftung*, análise n. 15, jul. 2016; disponível em <http://library.fes.de/pdf-files/bueros/brasilien/12705.pdf>; acesso em: 29 mar. 2021.

seguintes, já a partir de 2011, com a participação dos Indignados da juventude, seja na praça Puerta del Sol, na praça Syntagma ou a Geração à Rasca em Lisboa[64].

Voltando à definição de Gramsci, não estamos falando, portanto, de uma ação histórica independente da classe trabalhadora que chacoalhasse o regime político, ou mesmo questionasse o poder, num processo revolucionário; as transformações e as reorganizações se deram a partir do processo eleitoral, como parte de um reflexo distorcido da não aceitação dos planos de austeridade e consequências da crise (incluindo expressões à direita ou à extrema direita, anti-imigrante). A chave do processo está na imposição imperialista dos planos, na falência do empreendimento neoliberal e, nesse sentido, na "primeira falência" da União Europeia – não por acaso redundando em grupos independentistas tanto de extrema direita como de esquerda, que surgem para refutá-la.

Já quanto aos países emergentes, com a chegada da crise a partir de 2013, refletida na queda de exportações chinesas, na recessão brasileira e na desaceleração em outros Brics, esses fenômenos de crise orgânica se darão também alguns anos depois, seguindo algumas das contradições que vimos no contexto europeu.

Não vamos proceder a uma análise exaustiva desses países, pois nosso intuito aqui não é descrever a crise orgânica nos distintos países, mas mostrar que parte da primeira onda da crise, nos "elos débeis" da Europa, refletiu-se também nos emergentes. Para ficarmos apenas com um exemplo, talvez o mais expressivo, tomemos o caso brasileiro, em que a crise orgânica se desenvolveu claramente após as Jornadas de Junho de 2013, que começam progressistas, com demandas sociais (transportes, saúde, educação), mas também se voltam contra o Partido dos Trabalhadores (então governo federal), e são seguidas pelas medidas de ajuste neoliberal do segundo governo Dilma, eleito em 2014, coincidindo com a recessão. Daqui surgem um conjunto de condições para debilitar o PT – partido que foi um dos pilares da "Nova República" – via operação Lava Jato (acertando outros partidos do regime político), com a crise orgânica brasileira se escancarando no *impeachment* de Dilma Rousseff em 2016 e na posterior ascensão de Jair Bolsonaro, um presidente de extrema direita, em 2018.

Em suma, também em nosso país se expressou a "falência de um grande empreendimento", no caso, o "Brasil: país do futuro", que chegou a ser a sexta economia mundial e despontavar como o "Brasil-potência" das *global players*, um discurso que escondia a extrema primarização da economia, a perda de força da indústria nacional, o fraco investimento em ciência, tecnologia e pesquisa e, especialmente, um país montado no trabalho precário e terceirizado. O que se pode ver aqui é que a combinação entre lutas da juventude e operárias, mas sem se apresentar como ação independente ou questionadora do poder, criaram uma situação similar à europeia para escancarar a crise orgânica no país.

---

[64] Ver, de Claudia Cinatti, o artigo "Lucha de clases y nuevos fenómenos políticos en el quinto año de la crisis capitalista", *Revista Estratégia Internacional*, ano 21, n. 28, set. 2012.

A crise orgânica chega às potências

Se podemos dizer que os acontecimentos de 2011 e 2012, com os planos de austeridade e suas repercussões imediatas, foram decisivos para abalar o equilíbrio do sistema político nos "elos débeis" no contexto europeu, sendo parte dos fenômenos de crise orgânica no mundo, quando observamos esses fenômenos nas potências não podemos partir dos mesmos elementos para entender como eles se desenvolveram.

Para compreendê-los, temos de entender que a "segunda falência da União Europeia" se expressa em três fenômenos interligados: a) as consequências sociais dos planos de austeridade nos "elos débeis"[65]; b) as consequências sociais da intervenção imperialista no mundo árabe e Norte da África, com especial exemplo o caso da Síria[66]; c) a perda de hegemonia política interna nas potências e a intervenção chinesa como novo fator de desequilíbrio no continente europeu[67].

Quando falamos dessas determinações, podemos retomar a expressão célebre de Marx quando trata das sociedades regidas pelo capital, ao dizer que se assemelham "ao feiticeiro que já não pode controlar os poderes infernais que invocou"[68]. Isso porque um primeiro determinante da crise nas potências está em lidar com as consequências que elas próprias impuseram aos elos débeis da União Europeia. A mais visível e talvez uma das mais decisivas seja a migração entre os países, com um forte êxodo nos anos de chumbo da austeridade nos países mais atingidos.

Segundo relatório da Organização para a Cooperação e Desenvolvimento Econômico (OCDE) de 2013, o número de imigrantes gregos e espanhóis saindo de seus países em direção à Alemanha cresceu bastante após os anos dos planos de austeridade.

> A migração dentro da União Europeia aumentou 15%, após uma queda de quase 40% durante a crise. A tendência de pessoas deixando os países mais duramente atingidos pela crise está acelerando, chegando a 45% entre 2009 e 2011. O número de gregos e espanhóis migrando para outros países da UE dobrou desde 2007, chegando a 39 mil e 72 mil, respectivamente. A Alemanha registou um aumento de 73% de

---

[65] Ver, de Kurt Vandaele, o artigo "Interpreting Strike Activity in Western Europe in the Past 20 Years: the Labour Repertoire Under Pressure", *Transfer*, v. 22, n. 3, ago. 2016.
[66] Ver, de Tarek Abo Saeid, o artigo "European Economic Crisis and Its Influence on the Arab Spring", cit.
[67] Ver, de Victor Shih, o artigo "China's Credit Conundrum", *New Left Review*, n. 115, jan./fev. 2019; disponível em: < https://newleftreview.org/issues/II115/articles/victor-shih-china-s-credit-conundrum>; acesso em: 29 mar. 2021.
[68] Karl Marx e Friedrich Engels, *Manifesto Comunista* (trad. Álvaro Pina e Ivana Jinkings, São Paulo, Boitempo, 2010, coleção Marx-Engels), p. 45.

imigrantes gregos entre 2011 e 2012, cerca de 50% para nativos espanhóis e portugueses e 35% para os italianos.[69]

Isso significa que as potências, particularmente a Alemanha[70], mas também Inglaterra em outro grau – e do outro lado do Atlântico, os Estados Unidos – começaram a receber mais e mais imigrantes como consequência da crise, já que a estabilidade maior nos países ricos garantia melhores condições sociais para os imigrantes, tornando-os um polo de atração das migrações no interior da União Europeia (ou fora, no caso dos Estados Unidos).

Figura 18. Entradas de imigrantes permanentes nos países da OCDE, 2010-2016[71]

Milhares

Estatísticas padronizadas	2010	2011	2012	2013	2014	2015	2016	Variação(%) 2016/15
ESTADOS UNIDOS	1043,3	1062,4	1031,9	990,8	1016,5	1051,0	1183,5	+13
ALEMANHA	222,5	290,8	400,2	468,8	574,5	686,0	1051,0	+53
REINO UNIDO	448,7	339,8	287,0	295,1	350,0	369,9	350,1	-5
CANADÁ	281,3	249,3	258,3	262,8	261,4	275,9	296,4	+7
FRANÇA	220,4	226,6	244,5	254,4	250,7	255,3	258,9	+1
AUSTRÁLIA	208,4	219,4	245,1	254,4	231,0	226,2	223,5	-1
ESPANHA	280,4	273,2	196,3	180,4	183,6	194,9	215,0	+10
ITÁLIA	445,3	375,3	308,1	278,7	241,8	221,6	212,1	-4
HOLANDA	91,8	100,3	100,2	105,2	117,2	123,2	138,5	+12
SUÉCIA	66,7	69,7	80,8	91,1	100,3	102,9	138,2	+34
SUÍÇA	115,0	124,3	125,6	135,6	134,6	131,2	125,0	-5
ÁUSTRIA	45,9	55,2	70,8	70,8	80,9	103,0	105,6	+3
BÉLGICA	117,0	100,9	100,1	95,6	99,0	101,3	100,2	-1
JAPÃO	55,7	59,1	66,4	57,3	63,9	81,8	95,2	+16
CORÉIA DO SUL	49,7	53,5	51,0	61,0	69,0	74,6	88,5	19
DINAMARCA	37,4	36,7	39,7	47,7	55,1	67,0	60,8	-9
NORUEGA	56,8	61,6	59,9	60,3	55,6	53,1	58,1	+9
NOVA ZELÂNDIA	48,5	44,5	42,7	45,1	49,9	54,6	55,7	+2
IRLANDA	23,5	26,3	24,3	28,2	30,5	35,5	41,9	+18
MÉXICO	26,4	21,7	21,0	55,0	43,5	34,4	34,9	+1
REPÚBLICA TCHECA	28,0	20,7	28,6	27,8	38,5	31,6	34,8	+10
PORTUGAL	41,2	34,3	27,9	26,4	30,5	31,2	34,0	+9

Fonte: OCDE. *International Migration Outlook 2018*. Disponível em: https://read.oecd-ilibrary.org/social-issues-migration-health/international-migration-outlook-2018_migr_outlook-2018-en#page1.

Isso se combina com uma outra tendência aprofundada em 2015 e potencializa o debate relacionado às imigrações: a crise dos refugiados nos países do Oriente Médio

---

[69] Jean-Christophe Dumont, Migration Picking Up But Rising Unemployment Hurting Immigrants, OCDE, 13 jun. 2013; disponível em: <http://www.oecd.org/migration/migrationpickingupbutrisingunemploymenthurtingimmigrants.htm>; acesso em: 26 maio 2019 [Tradução nossa].

[70] "Os fluxos de migração para a Alemanha aumentaram em mais de um terço em 2012 em relação a 2011, impulsionados em grande parte pelos fluxos de entrada da Europa central e oriental e, em certa medida, do Sul da Europa. Depois dos Estados Unidos, a Alemanha é agora o segundo maior país de imigração da OCDE, acima do oitavo lugar em 2009"; Jean-Christophe Dumont, "Is migration really increasing?", Migration Policy Debates, maio 2014; disponível em: <https://www.oecd.org/berlin/Is-migration-really-increasing.pdf>; acesso em: 9 abr. 2021.

[71] A tabela mostra outros países, mas fizemos um recorte dos vinte primeiros apresentados.

e Norte da África. É precisamente nesse momento em que vemos as cenas mais chocantes de milhares de refugiados tentando atravessar o Mar Mediterrâneo e encontrando todas as dificuldades, o que escancara a política socialmente degradante do capital para com esses países. O que se vê cotidianamente são muitos ataques (bombardeios incluídos) em países do Oriente Médio nas intervenções imperialistas, em paticular a partir da Primavera Árabe (tendo como principal exemplo a interminável intervenção na Síria); ao perceber os "poderes que invocou com seus feitiços", as potências fecham as portas para os imigrantes, permitindo que uma massa de pessoas morra no mar e nas fronteiras com países da União Europeia.

Segundo relatório da OCDE de 2018, "o aumento de 15% nos fluxos migratórios permanentes em 2016 foi impulsionado principalmente pelo aumento dos fluxos humanitários (+78%), mas também pelo aumento de 11% na migração para o reencontro familiar e a formação"[72]. Com um crescimento de 78% no que chamam de "fluxos humanitários", a crise dos refugiados se torna, a partir de 2015, uma nova questão na crise da União Europeia.

Ao mesmo tempo, as expressões de decomposição social do terrorismo no continente europeu também revelam essa falência da hegemonia imperialista no Oriente Médio e as consequências da política imperialista se voltando contra a própria população civil europeia. Tomemos apenas alguns exemplos nas potências no período, em que alguns dos mais trágicos episódios ocorreram. Na França, pelo menos três atentados chocaram o mundo: o atentado contra a revista *Charlie Hebdo* em janeiro de 2015, com 12 mortes[73]; os atentados a bomba com 150 mortos e mais de 300 feridos – com simbólico ataque à casa de shows Bataclan em novembro de 2015[74]; e o caminhão atropelando uma multidão em Nice, com mais de 80 mortos e dezenas de feridos, em julho de 2016[75]. Na Alemanha, 12 pessoas morreram e mais de 50 ficaram feridas após um caminhão invadir uma feira natalina no centro de Berlim, em dezembro de 2016. Na Inglaterra, a sequência de principais atentados aconteceram todos no primeiro semestre de 2017: o primeiro em março, quando um atropelamento deixou 5 mortos e vários feridos, na frente do Parlamento britânico; o segundo em maio, quando um suicida matou 22 pessoas e feriu dezenas num ataque realizado durante um show da cantora pop Ariana Grande, no Manchester

---

[72] Ver, da OCDE, o artigo "Recent Developments in International Migration Movements and Policies", *International Migration Outlook 2018*, 20 jun. 2018; disponível em: <https://www.oecd-ilibrary.org/sites/migr_outlook-2018-4-en/index.html?itemId=/content/component/migr_outlook-2018-4-en>; acesso em: 29 mar. 2021 [Tradução nossa].

[73] Ver o artigo "'Charlie Hebdo' visé par une attaque terroriste, deuil national décrété", *Le Monde*, 7 jan. 2015; disponível em: <https://www.lemonde.fr/societe/article/2015/01/07/attaque-au-siege-de-charlie-hebdo_4550630_3224.html>; acesso em: 29 mar. 2021.

[74] Ver o artigo "Fin de l'assaut au Bataclan, très lourd bilan", *Le Monde*, 14 nov. 2015; disponível em: <https://www.lemonde.fr/societe/article/2015/11/14/prise-d-otages-dans-la-salle-de-concert-du-bataclan_4809511_3224.html>; acesso em: 29 mar. 2021.

[75] Ver, de Angelique Chrisafis e Saeed Kamali Dehghan, o artigo "84 Dead After Truck Rams Bastille Day Crowd in Nice", *The Guardian*, 15 jul. 2016; disponível em: <https://www.theguardian.com/world/2016/jul/15/lorry-rams-bastille-day-crowd-in-nice-killing-at-least-70> acesso em: 29 mar. 2021.

Arena; o terceiro realizado por três homens na London Bridge, com atropelamentos e esfaqueamento, resultando na morte de 8 pessoas e ferindo dezenas.

As consequências desse processo vão no sentido do que definiríamos como "segunda falência da União Europeia". Trata-se, portanto, do escancarar da crise orgânica nas potências com as seguintes expressões: na Alemanha, a "toda-poderosa" chanceler Angela Merkel enfrenta um importante processo de crise política a partir de 2016; na Inglaterra, a inimaginável vitória da votação do Brexit acontece, derrubando David Cameron[76]; na França, os brutais atentados terroristas e a aplicação da reforma trabalhista por François Hollande em 2016 tiram o partido socialista da disputa presidencial, fazendo emergir a conservadora Marine Le Pen; do outro lado do Atlântico, nos Estados Unidos, mesmo mantendo a estrutura bipartidária, vimos a emergência do reacionário Donald Trump fazendo promessa de campanha (cumprida) de construir um muro separando o país do México, e no campo progressista, Bernie Sanders, um político do Partido Democrata que fala em "socialismo democrático" – fato que, com todos seus limites, não deixa de ser algo chamativo no coração do imperialismo mundial. Além disso, vimos já nesses anos pós-2015 a emergência de uma corrente internacional nacionalista e protecionista, um novo salto na separação com a era "globalizante" do capitalismo, a fase neoliberal.

Por fim, como determinações também relevantes coloca-se a reconfiguração da China no tabuleiro geopolítico mundial, começando a entrar com seu capital no continente europeu, as intervenções da Rússia, no sentido de desestabilizar o peso de Alemanha e França no continente, e a própria atuação dos Estados Unidos. Destes, destaca-se a China: desde a reconfiguração de sua economia interna, quando, a partir de 2012, promove a queda das exportações a fim de aumentar a exportação de capital, o investimento em tecnologia e a expansão do mercado interno, até as consequências da tentativa de entrar no continente europeu, investimento que começou como fundo da "rota da seda" em aproximadamente 40 bilhões de dólares, com promessa de Xi Jinping em 2017 de uma ampliação massiva de investimentos em infraestrutura no montante de 70 bilhões de dólares. Não é de se estranhar, portanto, que os interesses chineses entrem como um componente de desagregação da União Europeia, chocando-se diretamente com os interesses de Alemanha e França.

A crise das democracias ocidentais, somada aos tortuosos processos no Oriente Médio e Norte da África[77], está diretamente relacionada com a crise capitalista e seus efeitos, seja no impulso do capital de aplicar os planos de austeridade, levando à crise entre países na União Europeia e a processos de resistência operária, seja com as intervenções imperialistas no mundo árabe, que, embora tenham sido bem-sucedidas em frear, mudar a rota e dar um curso reacionário nos resultados da

---

[76] Seguida da consumação do Brexit no início de 2020.
[77] Poderíamos, sem muita dificuldade, em um trabalho que extrapole nossos objetivos aqui, acrescentar em uma primeira abordagem elementos de crise orgânica em países da Ásia e América Latina, definidos por nós a partir da categoria de Antonio Gramsci.

Primavera Árabe, tiveram drásticas consequências também para o continente europeu, expressas na crise dos refugiados e nos ataques terroristas. Além disso, as consequências das degradantes políticas econômicas no epicentro da crise também levaram a uma série de respostas da juventude em busca de seu futuro, aniquilado a cada decisão dos governos com seus ajustes e austeridades, com mobilizações em distintos países afetados duramente pela crise e também, direta ou indiretamente, levou à conformação de fortes movimentos feministas e negros (e outros movimentos, como LGBTs, indígenas, ambientalistas, entre outros), que foram parte da onda progressista de enfrentamento e resistência às consequências da crise, em paralelo à formação de correntes internacionais conservadoras e anti-imigrantes. Na Europa, onde circunscrevemos o principal de nossa análise, seja nos "elos débeis" europeus, seja nas potências (e incluímos os Estados Unidos nesse marco), a crise orgânica se expressou com força, demonstrando a falência da era de acumulação neoliberal e sua hegemonia política, mas também as "duas falências" do grande empreendimento dessa era que foi a da União Europeia.

V

A CRISE DAS IDEIAS E AS IDEIAS DA CRISE

Do apogeu do americanismo à decadência neoliberal

Ainda antes de lançar as *Teses sobre Feuerbach,* em 1845, e dar contornos mais acabados à concepção materialista da história, Karl Marx, em um texto publicado nos anais franco-alemães intitulado *Sobre a questão judaica,* dizia que "*toda* emancipação é uma *recondução* do mundo humano e suas relações ao *próprio homem*"[1]. A partir desse ponto de vista, podemos dizer que o período que antecede a crise de 2008 é marcado pela aguda separação entre homens e mulheres de suas vidas, a mais completa reificação, a coisificação do mundo, uma profundamente agressiva negação capitalista de toda emancipação. No período neoliberal, o grau da ofensiva ideológica do capital contra a classe trabalhadora é praticamente sem paralelos em períodos de democracia liberal. De certa forma, lembram o título de uma das mais importantes e controversas obras de György Lukács: foram décadas da *destruição da razão*. O filósofo húngaro escrevia no começo da década de 1950 sobre a história do irracionalismo na Alemanha, de Schiller a Hitler, mas termina sua obra com uma advertência, em que diz que o eixo filosófico e ideológico do irracionalismo passaria da Alemanha derrotada aos Estados Unidos fortalecido com os resultados da Segunda Guerra. Assim dizia:

> Se tivermos em conta que, desde o fim da Segunda Guerra Mundial, a hegemonia da reação imperialista mundial tem sido passada cada vez mais para as mãos dos Estados Unidos, o qual vem nesse sentido a substituir a Alemanha, seria necessário, na realidade, escrever a

---

[1] Tradução nossa da passagem: *"Alle Emanzipation ist Zurückführung der menschlichen Welt, der Verhältnisse, auf den Menschen selbst"*; Karl Marx, *Zur Judenfrage*; disponível em: <http://www.mlwerke.de/me/me01/me01_347.htm>; acesso em: 29 mar. 2021. Nas edições brasileiras, traduz-se o verbo *zürückführung* por "redução", o que acreditamos que modifica um pouco o sentido e tira a força literária da passagem.

história da filosofia naquele país para trazer à tona, com a mesma precisão com que temos feito com respeito a Alemanha, de onde provém, do ponto de vista social e no plano espiritual, as atuais ideologias do "século norte-americano", onde devem ser buscadas as raízes sociais e espirituais dessas ideologias atualmente em voga.[2]

No começo dos anos 1950, o filósofo alemão Theodor Adorno também já tornava públicas suas reflexões sobre os Estados Unidos, escritas ainda no período da guerra: a obra *Minima moralia*. Adorno busca desenvolver, em forma de aforismo, a crítica que vai da vida cotidiana aos valores mais profundos e ideológicos da sociedade norte-americana. Eis aqui certo paradoxo: ainda que Lukács seja altamente crítico da obra de Adorno, o que ele propunha como tarefa primordial em *Destruição da Razão* ia, em certo sentido, ao encontro do que Adorno buscou fazer alguns anos antes, em *Minima moralia*. Nessas reflexões, o pensador alemão aborda distintos traços do americanismo e a reificação da vida, mas não como a expressão do "irracionalismo", no sentido lukacsiano[3], da análise da tradição filosófica do país – já que nos Estados Unidos, conforme o próprio Adorno apontava, a tradição filosófica estava muito mais influenciada pelo pragmatismo, pelo positivismo e pelo estrutural-funcionalismo. Embora com uma abordagem distinta do sentido proposto por Lukács, a reflexão de Adorno é densa e bastante crítica das formas de manifestação da ideologia do capital norte-americano, já imbuídas de certa dose de entusiasmo burguês e incentivadas pelos anseios da afirmação do sistema na Guerra Fria. Acontece que, tanto nas indicações de Lukács quanto no desenvolvimento de Adorno, o "americanismo" que criticam é ainda de um capitalismo de parcial *boom* econômico, que pode ocorrer, por um lado, pela destruição das forças produtivas na guerra e, por outro, pela evolução tecnológica e produtiva, tendo como marca simbólica o toyotismo. Para exemplificar o raciocínio adorniano, podemos retomar uma passagem de 1951, quando joga com as palavras em um dos aforismos que nomeia "entre sem bater", no qual expressa como essa reificação invade o cotidiano: "A tecnificação torna entrementes os gestos precisos e rudes, e com isso os homens. Ela expulsa dos movimentos toda hesitação,

---

[2] György Lukács, *Asalto a la rázon* (Cidade do México, Fundo de Cultura Econômica, 1959), p. 618 [Tradução nossa].

[3] Até porque, embora estejamos nos aproximando um pouco de uma proposta filosófica desses autores, ambos se veem em total embate. Adorno chega a escrever que "A *Destruição da Razão* veio revelar-nos a destruição da razão do próprio Lukács. Com total desprezo pelo método dialético, o prestigiado mestre da filosofia dialética relacionava todas as correntes irracionalistas da filosofia recente com a reação e o fascismo, sem atentar, por outro lado, que, nas referidas correntes, em contraste com o que ocorre no idealismo acadêmico, o pensamento se erguia contra a coisificação da existência e da reflexão, cuja crítica fora precisamente obra sua. Para ele, Nietzsche e Freud convertiam-se, sem mais, em nazistas"; Theodor W. Adorno, "Lukács y el equívoco del realismo", em György Lukács, Theodor W. Adorno, Roman Jakobson et al., Realismo: ¿Mito, doctrina o tendencia histórica? (trad. Andrés Rivera Segovia, Buenos Aires, Lunaria, 2002), p. 25-49 [Tradução nossa]. Para crítica lukacsiana à análise de Adorno, ver José Paulo Netto, Lukács e a crítica da filosofia burguesa (Lisboa, Seara Nova, 1978) e Nicolas Tertulian, "A destruição da razão: 30 anos depois", Verinotio, n. 13, ano VII, abr. 2011.

toda ponderação, toda urbanidade. Decisivas são as exigências irreconciliáveis e como que a-históricas das coisas. Desaprende-se a fechar uma porta com suavidade e cuidado e mesmo assim com firmeza. Quando são portas de carros e geladeiras, é preciso batê-las"[4]. Do ponto de vista da irracionalidade ideológica e material, o capitalismo do pós-guerra possuía a marca de buscar aumentar as taxas de mais-valor relativo nos países imperialistas, incrementando maquinaria e novas tecnologias. Era preciso aumentar muito a produtividade do trabalho e, por um momento, combiná-la com uma faceta do "Estado de bem-estar social". Foram os tempos do *American way of life*, em que a reificação e a "tecnificação" da vida combinavam-se com um louvor histérico dos *managers* ao estilo de vida americano. O capitalismo ainda buscava se apresentar como "superior" na disputa da Guerra Fria, e o fazia baseando-se no último fôlego que teve após a destruição da guerra.

Antes dessa crítica de Adorno, ainda na década de 1930, Antonio Gramsci também versava em um de seus *Cadernos do cárcere* sobre o problema do americanismo e do fordismo. Interessante que – mesmo tendo escrito antes e, portanto, sem uma análise dos efeitos da Segunda Guerra Mundial –, em seus desenvolvimentos teóricos, Gramsci antecipa aspectos importantes, sendo sua crítica introdutória dessa reflexão, pois estabelece a conexão entre a hegemonia na fábrica fordista e as formas mais cotidianas da dominação, a hegemonia no lar, nos costumes e até na sexualidade do trabalhador.

> Deve-se observar como os industriais (especialmente Ford) se interessam pelas relações sexuais de seus empregados e, em geral, pela organização de suas famílias; a aparência de "puritanismo" assumida por esse interesse (como no caso do proibicionismo) não deve levar a avaliações erradas; a verdade é que não se pode desenvolver o novo tipo de homem exigido pela racionalização da produção e do trabalho enquanto o instinto sexual não for adequadamente regulamentado, não for também racionalizado.[5]

Já no início da sua exposição na obra citada, Gramsci se propõe a demonstrar o significado da racionalização da produção para otimizar a produtividade da força de trabalho e a extração de mais-valor. Comparando a análise dos anos 1930 com a nova fase após a Segunda Guerra, é necessário ressaltar que essa racionalização foi sendo construída por meio da força, fenômeno observado de forma visionária pelo marxista sardo ao sintetizar que "hegemonia nasce da fábrica e necessita apenas, para ser exercida, de uma quantidade mínima de intermediários profissionais da política e da ideologia"[6]. Podemos dizer que, no pós-guerra, foram decisivos para a hegemonia, além dessa força, os contornos dos mais diversos mecanismos de "persuasão", que vão

---

[4] Theodor Adorno, *Minima moralia* (trad. Gabriel Cohn, Rio de Janeiro, Beco do Azougue, 2008), p. 36.
[5] Antonio Gramsci, *Cadernos do cárcere*, v. 4 (trad. Carlos Nelson Coutinho, Rio de Janeiro, Civilização Brasileira, 2001), p. 252.
[6] Ibidem, p. 248.

desde salários um pouco menos desidratados para uma parcela do proletariado, "benefícios sociais", ofensiva ideológica e política, até o uso de habilidosa propaganda, centrando toda a vida dos operários na produção.

O fato é que as crises, como as guerras e as revoluções, desnudam as verdadeiras relações e fazem tremer a arcaica estabilidade. As desventuras do irracionalismo da vida americana, pontuadas por Lukács e desenvolvidas por Adorno em seus aforismos em *Minima moralia*, não eram formas arcaicas "plenas" da vida e do metabolismo capitalista, mas formas de transição à verdadeira "noite de trinta anos" do neoliberalismo, tendo sua raiz na crise dos 1970. Como em todos os momentos decisivos do século XX e da época imperialista do capitalismo, ao não se oferecer uma alternativa do mundo do trabalho à decadência capitalista, a crise econômica não levou ao debilitamento geral do capitalismo, mas à barbarização, à exploração, à opressão e à "ideologização" burguesas cada vez mais extremas.

É nessa nova etapa aberta com as derrotas dos levantes operários e da juventude no fim dos anos 1970 e nos anos 1980, consumada com a restauração capitalista no Leste Europeu, período marcado simbolicamente pela queda do muro de Berlim, que encontramos as verdadeiras bases para uma efetiva "destruição da razão": uma perda do sentido histórico, consagrada ideologicamente na célebre apologia do "fim da história", de Francis Fukuyama.

A ofensiva ideológica burguesa dos anos de neoliberalismo, com toda sua força na década de 1990, era uma *ofensiva reacionária* no sentido forte e amplo da expressão. O imperialismo norte-americano não pôde obter, com a crise dos 1970, a reconstituição de um novo padrão de acumulação e uma vigorosa reconstrução de sua hegemonia. Ao contrário, víamos a postergação das consequências da crise por meio de uma hiperfinanceirização e uma sobreacumulação de capitais que apenas serviram para mascarar o declínio da hegemonia norte-americana.

Nesse sentido, as ideias a serem colocadas na mesa nos anos 1990 não eram uma defesa afirmativa e enfática de um ideal burguês, da fortaleza do capitalismo, da reconstituição da família e seus sagrados princípios, em um triunfo das benesses do sistema; a ofensiva tinha, aqui sim enfaticamente, um sentido negativo em relação à "utopia" comunista, ao marxismo, à classe trabalhadora e à perspectiva da revolução social. Não podia afirmar solidamente nada, mas podia negar tudo. Se, no século XIX, Hegel falava em "fim da história" devido à Razão ter atingido o destino do seu percurso histórico no Estado racional, com suas leis racionais, nos anos 1990, o fim da história significou o fim da vontade, dos anseios, da alternativa, enfim, do sentido. Era o que podemos definir, jogando com as palavras, como *a destruição da paixão*.

Evidentemente, o triunfalismo capitalista do neoliberalismo trouxe consequências profundas para a consciência de classe dos trabalhadores e afetou teórica e estrategicamente as organizações marxistas. Escancarou-se ainda mais uma contradição que sempre esteve latente na realidade internacional: a existência de condições objetivas mais que concretas para uma transição ao socialismo, concomitante a uma imensa debilidade subjetiva de tornar realidade essa transformação social.

Se o *espírito não pode viver sem a carne*, é natural que essa ofensiva ideológica não poderia se manter indefinidamente, mas a tentativa das classes dominantes foi de postergar o máximo possível a organização da resistência dos trabalhadores. Conforme vimos no capítulo 2, a primeira quebra da suposta estabilidade se deu já no fim dos anos 1990, com a crise asiática, e depois, nas empresas *ponto.com*, culminando no estouro da bolha em março de 2000 e na crise, ou mesmo, bancarrota, de importantes empresas. Como um sintoma da crise que viria, já em 1999 ocorriam as manifestações de Seattle contra a Rodada do Milênio da Organização Mundial de Comércio (OMC). A astúcia e a ironia da história é que voltavam a aparecer palavras de ordem anticapitalistas no plano global, ainda que em escala reduzida.

Os anos 2000, portanto, foram a combinação de, na aparência, um último suspiro na economia – com crescimento mundial baseado na recuperação parcial das taxas de lucro – e, na essência, a postergação do colapso financeiro e do enorme volume de capital fictício que havia sido controlado na bolha da internet, mas que gestava a avassaladora crise do setor imobiliário norte-americano. No entanto, até a chegada da crise em 2007 e com a "ruptura" de 2008, a economia mundial ainda seguia com seu parco equilíbrio instável em manifesto.

Com o choque de realidade imposto pela crise, as soluções de ilusão econômica, artificialidade financeira e virtualidade monetária se escancararam como apenas ilusões, artificialidades e virtualidades. Ela é o reencontro do mundo real com o virtual, e a realidade capitalista, como apontamos, foi a da "noite de trinta anos" do neoliberalismo, da miséria ideológica, em que homens e mulheres encararam e encenaram a vida como um incrível deserto do real. Por isso, o significado de 2008 foi decisivo para a história contemporânea, pois, ainda que sem uma debacle catastrófica do conjunto da economia mundial à anos 1930, teve uma importância material e foi também um primeiro xeque em todo o "paradigma" ideológico anterior.

Hegel escreveu, em seu prefácio a *Princípios da filosofia do direito,* que quando uma filosofia chega com sua "luz crepuscular", é sinal de que uma forma de vida envelheceu e não pode ser rejuvenescida, apenas reconhecida[7]. Quando uma filosofia se torna cética, quando clama por uma "noite de trinta anos" neoliberal sem alternativas ou pelo abandono espontâneo do jogo, é necessária uma reviravolta no coração do sistema para reembaralhar as cartas.

O anunciar dessa nova era não veio no *cantar de um galo gaulês*, como diria o jovem Marx, mas no grito de desespero dos economistas e acionistas da bolsa de valores

---

[7] "Quando a filosofia chega com a sua luz crepuscular a um mundo já a anoitecer, é quando uma manifestação de vida está prestes a findar. Não vem a filosofia para a rejuvenescer, mas apenas reconhecê-la. Quando as sombras da noite começaram a cair é que levanta vôo o pássaro de Minerva"; Friedrich Hegel, *Princípios da filosofia do direito* (trad. Orlando Vittorino, São Paulo, Martins Fontes, 2000), p. 39.

quando se constatou a bancarrota do banco de investimentos Lehman Brothers. A era da restauração neoliberal entrava definitivamente em crise.

As três noites de trinta anos

A série de palestras de Perry Anderson, publicadas originalmente em 1983 sob o título *In the Tracks of Historical Materialism* [Nas trilhas do materialismo histórico], foram editadas na primeira edição brasileira sob o sugestivo nome de "A crise da crise do marxismo"[8]. Na verdade, naquele momento, o título do livro soou um pouco como "ideias fora do lugar", já que, efetivamente, a grande ofensiva contra o marxismo e, portanto, sua crise, ocorreriam a partir do fim dos anos 1980, ou seja, pouco tempo depois de o livro ter sido lançado. Podemos dizer, todavia, que se não encontrou um lugar, então esse título seria bastante sugestivo para expressar o pós-2008, já que precisamente aqui se encaixava bem a definição de que entramos num período de "crise da crise do marxismo". Isso não quer dizer que o comunismo voltou a ganhar força expressa em potentes partidos marxistas, nem que visões de esquerda avessas ao marxismo tenham se debilitado imediatamente. Significa que, com a entrada num período de interregno entre o momento pré-crise de hegemonia neoliberal e o pós-2016, em que a crise orgânica atinge o coração do sistema e começa a disputa geopolítica entre Estados Unidos e China, os debates em torno do marxismo também vão sofrer um processo de transformações. Este se dá por meio do escancaramento da falência dos novos projetos pós-marxistas, que se inflaram e desmancharam no ar em uma velocidade rápida; vão desde ideias sobre a possibilidade de "mudar o mundo sem tomar o poder", como as de John Holloway[9], até as distintas experiências de partidos amplos, como a defesa de um "socialismo no século XXI" (como o de Hugo Chávez na Venezuela), ou de novos movimentos sociais – o que, naturalmente, abriu espaço para o renovado interesse em Marx.

É notável o fato de termos visto, quando estourou a crise, uma explosão de buscas por sua obra *O capital* –, passando também pela revalorização da concepção de que a dinâmica capitalista leva a crises, por vezes abruptas. Soma-se a isso a denúncia das brutais formas de exploração do trabalho que se mantêm na divisão internacional do mapa, além das catástrofes da guerra e dos processos de imigração de milhões para fugir da miséria e da fome. Tudo isso faz com que se volte a pensar criticamente e se retome uma ideia fundamental mantida afastada da humanidade ao longo de três décadas: a necessidade de uma revolução social. Para entender o significado da dissociação entre a perspectiva socialista e a percepção de que é possível modificar a sociedade de cima a baixo, ou seja, da possibilidade de uma revolução, voltaremos a outros dois

---

[8] Perry Anderson, *A crise da crise do marxismo: introdução a um debate contemporâneo* (trad. Denise Bottmann, São Paulo, Editora Brasiliense, 1985).
[9] Ver, de John Holloway, o livro *Mudar o mundo sem tomar o poder: o significado da revolução hoje* (trad. Emir Sader, São Paulo, Viramundo, 2003).

momentos históricos em que essa separação (entre os objetivos e os meios revolucionários) se fortaleceu momentaneamente, para assim compreendermos a relevância da "noite de trinta anos" das décadas neoliberais e, nesse sentido, ir compormos um quadro histórico para o sentido de "ponto de inflexão" que queremos dar ao ano de 2008.

La Belle Époque

Historiadores costumam chamar de Belle Époque o período que vai do fim do século XIX ao começo do século XX, compreendendo o fim da Guerra Franco-Prussiana (1871) e o início da Primeira Guerra Mundial (1914). De outro ângulo, podemos sustentar que a marca desse período pós-1871 é a derrota da Comuna de Paris, insurreição no coração da França que se tornou emblema da primeira experiência dos trabalhadores no poder, derrotada com um banho de sangue e, não por acaso, considerada o ano de início da "bela época" da sociedade burguesa, um último suspiro de crescimento orgânico do capitalismo antes de entrar numa fase de crises, guerras e revoluções.

Foram os "trinta anos sem revolução" do fim do século XIX que fizeram os marxistas, depois de vivenciar o período agitado da *Primavera dos Povos* até a *Comuna*, terem de lidar com uma situação política a qual, em seu conjunto, expressava maior passividade. Os partidos e movimentos dos trabalhadores tinham como maior e principal referência política a social-democracia alemã, que ganhava cada vez mais força a partir do fim do século, conquistando novos sindicatos e postos parlamentares, aumentando o número de jornais e forças militantes etc. – claro, não sem contradições, especialmente após a morte de Engels, em 1895. Como se expressou, então, esse afastamento entre a perspectiva da revolução social e o marxismo durante aquele período?

Do ponto de vista teórico, um acontecimento que coincide com o último ano da vida de Engels foi decisivo nesse desvio de rota sobre o qual queremos nos deter. Trata-se da velha polêmica em torno do prefácio de 1895 ao livro de Marx *Lutas de classe na França*, escrito por Engels, que entrou por décadas para a história da teoria (e ainda hoje é utilizada essa confusão) como um texto que teria mudado a tática dos marxistas, proclamando contra a "velha época das barricadas" e recaindo em uma elaboração reformista e pacifista. O que não se conta, todavia, é que houve uma grande adulteração do prefácio, conforme explicam Emilio Albamonte e Matías Maiello no livro *Estratégia socialista e arte militar*, obra de 2020, mas a qual já pode ser considerada uma das grandes obras de estratégia no âmbito do marxismo do século XXI.

> Em termos de estratégia, um dos documentos fundamentais no debate será aquela introdução de Engels a que se refere Kautsky como precursora da "estratégia de desgaste", cujos avatares constituem toda uma metáfora da evolução do SPD [social-democracia alemã]. Para driblar a censura estatal, a "Introdução" havia sido adulterada por Wilhelm Liebknecht previamente a sua publicação, ignorando os protestos de Engels, que se

queixava de que o texto havia sido publicado "de tal maneira truncado, que eu apareço nele como um adorador pacífico da legalidade"[10]. Poucos meses depois, Engels morre e o assunto fica sem resolução.[11]

O fundamental do erro, como explicam os autores argentinos, está na mudança referente à estratégia para a tomada do poder. Do que Engels escreveu sobre o tema, só restou a seguinte passagem: "As condições da luta haviam se modificado fundamentalmente. A rebelião ao estilo antigo, a luta de rua com barricadas, que até 1848 servia em toda parte para levar à decisão final, tornara-se consideravelmente antiquada"[12]. No entanto, a parte suprimida do prefácio dizia o seguinte:

> Porventura isso significa que no futuro a luta de rua não terá mais nenhuma importância? De modo algum. Isso significa que, desde 1848, as condições se tornaram bem menos favoráveis para os combatentes civis e bem mais favoráveis para os militares. Uma luta de rua no futuro só poderá ser vitoriosa se essa situação desfavorável for compensada por outros momentos. Por isso, no início de uma grande revolução, ela ocorrerá mais raramente do que em seu decurso e terá de ser empreendida com efetivos bem maiores. Mas, nesse caso, *estes decerto preferirão o ataque aberto à tática passiva das barricadas*, como ocorreu em toda a grande revolução francesa, no dia 4 de setembro e no dia 31 de outubro de 1870 em Paris.[13]

Tomando a real conclusão que Engels tira no prefácio, podemos dizer que não é que ele considerasse a luta de rua com a tática de barricadas antiquada e muito ofensiva para a época, mas, ao contrário, tratava-se de uma tática passiva diante da necessidade de um "ataque aberto" colocada pela nova época. A consequência da deformação do prefácio é que, se Engels teria escrito em um de seus últimos textos – precisamente esse prefácio, tido como um "testamento" de um dos fundadores do marxismo –, que a tática de rua se tornara antiquada, então efetivamente se abria caminho para uma mudança no centro de gravidade da política na social-democracia alemã, transferido da luta extraparlamentar para a parlamentar.

Tardou pouco mais de uma década para que os primeiros gestos da corrente reformista da social-democracia dali derivada se consolidassem teoricamente, sendo um marco a série de artigos publicados por Eduard Bernstein no *Die Neue Zeit* [O

---

[10] Friedrich Engels, "Carta de 1º de abril de 1895 a Kautsky", em Karl Marx e Friedrich Engels, *Collect Works*, v. 50 (Londres, Lawrence & Wishart, 2010), p. 486.
[11] Emilio Albamonte e Matías Maiello, *Estratégia socialista e arte militar* (trad. Edison Urbano, São Paulo, Iskra, 2020), p. 77.
[12] Friedrich Engels, "Introdução", em Karl Marx, *As lutas de classe na França* (trad. Nélio Schneider, São Paulo, Boitempo, 2012, coleção Marx-Engels), p. 26.
[13] Idem [Destaque nosso]. Citamos a edição brasileira da Boitempo pois, diferentemente da maioria das edições anteriores, tem o mérito de colocar a parte suprimida de Engels entre colchetes no próprio texto do prefácio, o que colabora muito para o esclarecimento por parte do leitor.

Novo Tempo][14], entre 1896 e 1898, e, sobretudo, expressos na sua obra *Die Voraussetzungen des Sozialismus und die Aufgaben der Sozialdemokratie* [Os pressupostos do socialismo e as tarefas da social-democracia]. Conforme escreveu Paul Frölich: "O livro de Bernstein desembocou no conselho à social-democracia de ter a coragem 'de se emancipar de uma fraseologia que de fato está ultrapassada e [...] mostrar o que ela é na realidade: um partido socialista democrático de reforma'"[15].

O choque era inevitável e, embora as assertivas reformistas de Bernstein fossem tomadas com vistas grossas por parte da direção do partido, emergiu nesse momento o nome de Rosa Luxemburgo. Seu primeiro grande clássico, a obra *Reforma ou revolução?*, faz um duro ataque às posições de Bernstein, que propunha conduzir o curso da social-democracia para "um partido socialista democrático de reforma" e aos fundamentos econômicos dessa teoria. Estes residiam na interpretação do renomado economista Conrad Schmidt[16] sobre os livros segundo e terceiro de *O capital*, desembocando na teoria de Bernstein de adaptação do capitalismo, uma visão econômica segundo a qual seria possível ao capital, com a cartelização, a formação de extratos médios na sociedade e o advento do sistema de crédito, ter mais elasticidade em seus mecanismos econômicos e evitar crises capitalistas.

A partir do fim do século XIX, portanto, Rosa Luxemburgo começava a se enfrentar não apenas com expressões teóricas de pensadores reformistas isolados, mas com a enorme pressão que o período de relativa estabilidade social exercia na formação da social-democracia, gerando a ilusão de que, com o crescimento do número de parlamentares, sindicatos, clubes, jornais etc., seria possível, em um contexto de estabilidade do capitalismo, atingir transformações que gradualmente melhorariam as condições de vida dos trabalhadores, o que apontaria para a transformação socialista em perspectiva. Quanto maior o peso dos sindicalistas do partido e também da intelectualidade "aristocrática", maior era a pressão de buscar um caminho harmônico, para o qual Bernstein deu um primeiro desenho teórico em seus escritos do fim do século.

Tratava-se, no caso da marxista polonesa, de uma visão que indicava as antinomias do capital e, por conseguinte, o caráter incontornável de crises agudas na era do imperialismo. Rosa Luxemburgo, Lênin e outros marxistas foram enfáticos em apontá-las como uma mudança de época, no sentido das crises, guerras e revoluções ou, para usar os termos de Luxemburgo, como "socialismo ou barbárie".

Na contramão dessa pressão harmonicista e pacifista no Partido Social-Democrata da Alemanha (SPD), em 1900, uma grande crise industrial – entre a qual se destaca a do setor elétrico, que reunia os grandes cartéis[17] – apontava no sentido de questionar as teorias econômicas de Schmidt-Bernstein. A conflagração da guerra russo-japonesa na virada do século e, sobretudo, a Revolução Russa de 1905, o "ensaio geral" para

---

[14] *Die Neue Zeit* foi um jornal teórico socialista alemão do Partido Social-Democrata da Alemanha, publicado de 1883 a 1923.
[15] Paul Frölich, *Rosa Luxemburgo: pensamento e ação* (trad. Nélio Schneider e Erica Ziegler, São Paulo, Boitempo/Iskra, 2019), p. 66.
[16] Engels destacava o nome de Peter Fireman também em seu prefácio ao terceiro livro de *O capital*.
[17] Paul Frölich, *Rosa Luxemburgo* cit., p. 72.

1917, segundo os termos de Lênin, foram decisivas para contrapor a leitura reformista que emergia na social-democracia. Assim, a Belle Époque se tornou a "Époque du Imperialisme", o que significou um salto na concentração, centralização e maior exportação internacional de capitais, a formação de grandes monopólios em países de capitalismo avançado e de associações monopolistas internacionais, a partilha do mundo (e as disputas, em particular no continente africano, após o congresso de Berlim de 1884-1885), além de deflagração de guerras, como a russo-japonesa e a Primeira Guerra Mundial, e de revoluções, como na Rússia. Em outras palavras, surge um novo mundo, em que o tabuleiro internacional deparava conflitos de grande magnitude, chocando-se completamente com o espírito de "bela época" do período anterior e, portanto, com as teorias reformistas e harmonicistas que emergiram na social-democracia alemã.

O silêncio de trinta anos precedeu um desgovernado canto de crises, guerras e revoluções, e a desvinculação parcial do marxismo com a perspectiva da revolução afundou a partir da política para a guerra em 1914 e, decisivamente, na revolução de 1917.

Era de Ouro

É um exercício muito difícil imaginar o conjunto de horrores, tragédias e misérias que uma guerra mundial, essa forma suprema da barbárie, pode causar no desenvolvimento social da humanidade. É estimado em quase 50 milhões o número de mortos na Segunda Guerra Mundial. Apenas o bombardeio nuclear em Hiroshima e Nagasaki levou a pelo menos 130 mil mortes (estima-se que pode ter chegado a 240 mil). Aqui não contabilizamos os feridos, mutilados, perturbados psicologicamente, as dores dos que perderam familiares, amigos, dos que atiraram e fizeram guerra sem ver sentido no que faziam, em suma, o festival da alienação imperialista.

Ter esse quadro em mente é fundamental para compreender as condições com as quais contou o capital, que aproveitou-se dos avanços reacionários do fascismo para aumentar brutalmente a exploração da força de trabalho, e criou enormes projetos de obras públicas a partir do Plano Marshall para, assim, conseguir duas décadas de relativa expansão das forças produtivas. Usando os termos de Paul Krugman, a solução keynesiana não surgiu de uma política pública, mas da enorme reconstrução da Europa destruída pela Segunda Guerra Mundial[18].

Nesse sentido, podemos destacar esse período, sobretudo as décadas de 1950 e 1960, como o do *boom* parcial das forças produtivas e, subjetivamente, da defensiva no marxismo e seu subsequente afastamento da ideia da revolução. A peculiaridade do momento é que, diferentemente do período da Belle Époque (no qual não existiam Estados operários e governos pós-capitalistas) ou do período posterior, o

---

[18] Paul Krugman, "Introdução", em John Maynard Keynes, *Teoria geral do emprego, do juro e da moeda* (trad. Manuel Resende, São Paulo, Saraiva, 2012).

neoliberalismo (no qual justamente se dava a restauração capitalista nos ex-Estados operários), durante o pós-Segunda Guerra, na chamada Era de Ouro, existia, a União Soviética e outros Estados operários deformados, mas vigentes. A existência de Estados operários refutaria a ideia de que o marxismo se afastou do caminho da revolução?

Se tomarmos a imagem clássica do pacto de Yalta, com Roosevelt, Churchill e Stálin, fica claro que, em vez de constituir um trampolim para novos processos revolucionários, o governo soviético foi, na realidade, um freio. O acordo com os principais imperialismos do mundo mantinha a "Guerra Fria" sem ameaça militar imediata, mas também sem criar condições internacionais para o avanço da revolução dos trabalhadores.

A partir daí, distintas formas de marxismo afastadas da perspectiva da revolução se desenvolveram, começando pelos impactos que tiveram nas elaborações teóricas as derrotas históricas sofridas pelos trabalhadores a partir da década de 1930, até as expressões adaptadas ao clima do pacto de Yalta, no pós-Segunda Guerra. Perry Anderson conseguiu enxergar bem essa questão. Em um texto já clássico sobre o tema, referiu-se a essa forma de marxismo nascente como "marxismo ocidental".

> Como Sartre afirmaria mais tarde, de 1924 a 1968 o marxismo não "parou", mas seu avanço ocorreu afastado da prática política revolucionária. O divórcio entre os dois foi determinado por todo um contexto histórico. No seu nível mais profundo, o destino do marxismo na Europa foi regido pela ausência de qualquer grande levantamento revolucionário depois de 1920, se excetuarmos os ocorridos em países culturalmente periféricos, como Espanha, Iugoslávia e Grécia. Foi também, e de modo inseparável, um resultado da stalinização dos partidos comunistas, os herdeiros formais da Revolução de Outubro, o que tornou impossível qualquer trabalho teórico genuíno dentro da política, mesmo na ausência de levantes revolucionários – contra a ocorrência dos quais contribuíram os próprios partidos. A característica oculta do marxismo ocidental como um todo, portanto, é de ser um produto da *derrota*. O fracasso da revolução socialista em propagar-se para fora da Rússia, causa e consequência de sua corrupção dentro daquele país, é a base comum de toda a tradição teórica desse período.[19]

A síntese de Anderson, apesar de ter causado a cólera de muitos dos que protestaram por serem adeptos de pensadores do marxismo ocidental, é essencialmente correta se tomarmos o período sob um ponto de vista histórico, observando as derrotas da revolução, os horrores da guerra e as consequências econômicas do Plano Marshall. Isso não quer dizer que não existiram contribuições mais ou menos valiosas a aspectos do marxismo por parte desses pensadores, o que só um historicista ou economicista poderia afirmar, mas também deve ser tomado como um fato evidente que a perspectiva da revolução social no interior do marxismo foi afetada pela derrota da revolução,

---

[19] Perry Anderson, *Considerações sobre o marxismo ocidental* (trad. Fábio Fernandes, São Paulo, Boitempo, 2019), p. 62.

pelo avanço do stalinismo e as debilidades estratégicas, de modo que a pressão da realidade para se dissociar o marxismo da revolução foi um dado ontológico.

A extrema apologia do americanismo, já descrita por Gramsci e outros pensadores desde os tempos do fordismo, reinava absoluta num terreno em que o *individualismo* era soberano. Eric Hobsbawm, um dos importantes historiadores do século XX, descreveu a chamada "Era de Ouro" com a frase de Harold Macmillan, que foi eleito primeiro-ministro britânico (1957-1963) no período sob *slogan*: "Você nunca esteve tão bem". De fato, o triunfalismo europeu e norte-americano esteve baseado em um *boom* parcial da economia, que permitia a algumas camadas do proletariado dos países avançados uma relativa melhora em suas condições de vida, sobretudo porque, em termos relativos, a comparação que se poderia fazer era com o período da barbárie total, a guerra. Assim, era mais ou menos natural que um setor da população em condições de estabilidade do capital, que permitiu níveis básicos de consumo, sentisse que vivia em melhores condições. Como escreveu o historiador britânico.

> muito do grande *boom* mundial foi assim um alcançar ou, no caso dos Estados Unidos, um continuar de velhas tendências. O modelo de produção em massa de Henry Ford espalhou-se para indústrias do outro lado dos oceanos, enquanto nos Estados Unidos o princípio fordista ampliava-se para novos tipos de produção, da construção de habitações à chamada *junk food* (o McDonald's foi uma história de sucesso do pós-guerra). Bens e serviços antes restritos a minorias eram agora produzidos para um mercado de massa, como no setor de viagens a praias ensolaradas. Antes da guerra, não mais de 150 mil norte-americanos viajaram para a América Central ou o Caribe em um ano, mas entre 1950 e 1970 esse número cresceu de 300 mil para 7 milhões [...]. Os números para a Europa foram, sem surpresa, ainda mais espetaculares. A Espanha, que praticamente não tinha turismo de massa até a década de 1950, recebia mais de 44 milhões de estrangeiros por ano em fins da década de 1980, um número ligeiramente superado apenas pelos 45 milhões da Itália [...]. O que antes era um luxo tornou-se o padrão do conforto desejado, pelo menos nos países ricos: a geladeira, a lavadora de roupas automática, o telefone. Em 1971, havia mais de 270 milhões de telefones no mundo, quer dizer, esmagadoramente na América e na Europa Ocidental, e sua disseminação se acelerava. Dez anos depois, esse número quase dobrara. Nas economias de mercado desenvolvidas havia mais de um telefone para cada dois habitantes [...]. Em suma, era agora possível o cidadão médio desses países viver como só os muito ricos tinham vivido no tempo de seus pais – a não ser, claro, pela mecanização que substituíra os criados pessoais.[20]

Durante essas décadas, foi possível fazer, no interior da Guerra Fria, muita "guerra de posição" com a ideologia americanista e suas consequências nas mais distintas esferas ideológicas da vida social. Uma das imagens do americanismo e seus pontos culminantes neste período se deu no ano de 1972 quando, em uma única oportunidade da história dos campeonatos de xadrez, o gênio norte-americano Bobby Fischer bateu

---

[20] Eric Hobsbawm, *A era dos extremos* (trad. Marcos Santarrita, São Paulo, Companhia das Letras, 2004), p. 107.

o campeão mundial russo Boris Spassky e conferiu aos Estados Unidos o primeiro título mundial de xadrez, o que no tabuleiro da Guerra Fria equivalia a um importante movimento tático dentro da disputa entre Estados – vale notar, como ironia da história, que Bobby Fischer terminou sua vida perseguido pelo governo estadunidense, entre outras coisas, por não fazer jus ao *"American way of life"* e aos ditames do poder daquele país.

Os anos neoliberais, de "fim da história", nos quais a separação entre o marxismo e o horizonte da revolução social se deu de forma patente, com expressões teóricas de abandono da classe trabalhadora como sujeito social da transformação (ou, em alguns casos, até na proclamação do "fim do proletariado"), foram um terceiro período que conformam esse tripé da reação: a *Belle Époque* (após 1871), a Era de Ouro (após 1945) e o "fim da história" (após 1989). Efetivamente, o que colocou em xeque cada um desses processos foram as crises e as revoluções, como a crise da virada do século e a Revolução Russa de 1905 no primeiro caso; a crise de 1973 e os processos revolucionários já antecipados a partir de 1968 no segundo; a crise econômica de 2008 no terceiro, com a ausência de processos revolucionários do proletariado, o que permitiu que seus efeitos fossem mais rastejantes. Ainda assim, foram inflexões decisivas.

O significado de uma inflexão: crises, guerras e revoluções

Na atual fase do capitalismo, em que o capital financeiro é predominante e hegemoniza a dinâmica da economia mundial, as crises podem não seguir um processo cíclico que rompa elementos perturbadores na economia e restaure o equilíbrio anterior. A contradição entre elementos econômicos, políticos e sociais atinge, de tempos em tempos, cumes que desestabilizam a dinâmica capitalista, às vezes de maneira brusca. E quando atinge esses "cumes", picos, auges de crise, provoca-se uma transformação abrupta. Nesse sentido, vem a pergunta: qual o significado para o capitalismo em seu conjunto, para todo um período, de uma grande inflexão como a da crise de 2008?

Pensar nessa questão é refletir sobre os distintos elementos dentro da dinâmica e do metabolismo do capital que configuram um processo de inflexão. Mais do que isso, queremos frisar aqui as transformações subjetivas que nascem desses grandes processos, já que a grande contradição cada vez mais escancarada na realidade do capitalismo atual é *o imenso avanço dos aspectos objetivos da "falência" desse sistema, em paralelo à enorme debilidade subjetiva de questionamento*, resistência e proposta transformadora e revolucionária para superar a sociedade do capital.

Fatalmente, *o momento mais avassalador de uma ruptura com toda a estrutura social vigente é o processo de uma revolução*. O impacto que pode causar a passagem de uma classe a outra no poder do Estado e a mudança de todo o regime social têm consequências e um significado sem paralelos no desenvolvimento histórico. Tanto é assim que, mesmo em processos que não efetivaram a configuração completa de uma revolução social, como foi o caso da gloriosa Comuna de Paris, grandes efeitos também são produzidos, seja pelas transformações que desenvolvem, seja pelo que se vislumbra em sua tentativa.

A insurreição na capital francesa em 1871 marcou um importante divisor de águas na realidade das lutas dos trabalhadores. Além de ser a primeira experiência de insurreição proletária, brindada por Marx e Engels com enorme entusiasmo, também serviu como fonte de elaboração teórica pelos dois fundadores do socialismo científico, levando a que forjassem as bases da reflexão sobre a forma da transição revolucionária para o socialismo a partir da ação dos trabalhadores.

A insurreição e a derrota na França marcaram a história do século XIX e a própria evolução do sistema: mostraram à classe operária seu potencial revolucionário, evidenciando a capacidade de desvelar a arcaica estrutura da sociedade burguesa e conduzi-la em alguns golpes ao destino dos livros de história. Mas também mostraram que esse processo seria tortuoso, que a burguesia, particularmente no fim de seu ascenso econômico e na época imperialista, estaria disposta a tudo contra a classe trabalhadora.

Ao analisar justamente esse processo, queremos chamar atenção para um emblema do significado dessa grande ruptura em sua *dimensão subjetiva*. É conhecida a história das chamadas *petroleuses* [incendiárias], mulheres que tinham um papel de vanguarda naquela luta por incendiar prédios que seriam atacados, como forma de resistência, e morreram presas ou lutando até as últimas forças na Comuna de Paris. Simbolizam, no século XIX, o que existia de mais odioso para a sociedade burguesa: mulheres, insurgentes, à frente de uma causa social da massa trabalhadora. Dito de outra forma, mulheres como sujeitos políticos contra a "normalidade" capitalista. Seus esforços não puderam levar à vitória da Comuna, mas marcaram profundamente a história – e o prêmio foi uma grande campanha de difamação da imprensa burguesa para evitar sua influência apaixonante.

O então jovem poeta Arthur Rimbaud, um dos nomes mais expressivos da poesia francesa do século XIX, com dezesseis anos no tempo da Comuna, foi inviabilizado de participar do grande acontecimento, sendo detido e impedido de chegar a Paris, e enviado de volta para sua cidade natal. Assim, Rimbaud elabora uma das pérolas da poesia universal do período, emblema da grande transformação em curso, uma ode às mulheres combatentes da Comuna, em *As mãos de Jeanne Marie*, escrito ao final do ano de 1871, com publicação datando do segundo mês de 1872:

> Não têm das primas as mãos finas
> Nem da operária a ride tez
> Que, em fornos fétidos de usinas,
> Rescalda um sol ébrio de pez.
> São curvadoras de dorsais,
> Que de fazer o bem têm calo,
> Mais do que as máquinas, fatais,
> E fortes, mais do que um cavalo!
> Ardendo em fornalhas acesas
> E a sacudir todos seus tons

Canta essa carne Marselhesas
E jamais canta os Eleisons
Podem vos enforcar, madames,
Más, e esmagar vossas mãos ruins,
Ó nobres damas, mãos infames
Cheias de brancos e carmins.[21]

As mãos das operárias são a delicada matéria para a poesia revolucionária do simbolismo de Rimbaud. Se antes algumas expressões literárias frisavam a luta, já no interior da aristocracia, pela liberação da mulher do jugo familiar e seus sutis gestos revolucionários no interior da dominação social, aqui, as operárias aparecem como agentes do curso histórico e da plenitude poética, não como heroínas ou mártires, mas na íntima poesia de sua luta: "Desfaleceram, sonhadoras,/ Ao sol do amor que então surgia/ No bronze das metralhadoras/ Pela Paris que se insurgia!"[22]. A história se repetiria 46 anos depois na Rússia, quando, no Dia Internacional da Mulher, no mês de fevereiro segundo o calendário juliano, as operárias do setor têxtil começariam as mobilizações que, em cinco dias, varreriam o tsarismo da história e marcariam a primeira Revolução de 1917. Em outubro (também de acordo com o antigo calendário), esse processo culminaria na tomada do poder pelos trabalhadores e com o início da transição socialista, sendo o abalo revolucionário de outubro de 1917 na história do século XX incomensuravelmente o maior de todos os pontos de vista.

Mas não é apenas em processos de lutas, levantes, revoluções e insurreições que se observa um impacto decisivo positivo no curso histórico; por seu lado catastrófico e barbarizador, as guerras também podem imprimir grande efeito, mas dessa vez retrógrado, chegando a alcançar inclusive um envolvimento mundial de influência centrípeta da barbárie capitalista. Tendo isso em conta, a guerra também se apresentou como elemento disruptivo do desenvolvimento da história.

Partindo da perspectiva das ideias, podemos dizer que a máxima de Lênin de "transformar a guerra imperialista em guerra civil"[23] foi expressão de um dos mais significativos giros subjetivos do pensamento, convertendo os horrores da guerra em

---

[21] Arthur Rimbaud, *Poesia completa* (trad. Ivo Barroso, Rio de Janeiro, Topbooks, 2009), p. 163. Sobre as distintas opiniões a respeito da origem do nome Jeanne Marie, o site *aberdel.free*, voltado para a divulgação da vida e obra de Rimbaud, apresenta um texto com a seguinte visão: "Nos perguntamos se esse nome 'Jeanne-Marie' escondia alguma referência a uma pessoa real. Antoine Adam relata em um livro de Edith Thomas, *Les Petroleuses* (1963), uma hipótese interessante: uma certa Anne-Marie Menand, chamada Jeanne-Marie, foi, após os eventos, sentenciada à morte por participação na Comuna, com dificuldade de ser comutada. Outros sugeriram que Rimbaud pode ter sido inspirado no julgamento das *Petroleuses* em setembro de 1871 ou de Louise Michel em 16 de dezembro. Alguns ouviram o eco de Marianne, símbolo da República. Steve Murphy [...] prefere ver nesse nome um 'símbolo coletivo' assinalando, entre outros, o arquétipo de mulher heroica e martirizada como Joana d'Arc"; disponível em <http://abardel.free.fr/petite_anthologie/les_mains_panorama.htm>; acesso em: 29 mar. 2021 [Tradução nossa].
[22] Arthur Rimbaud, *Poesia completa*, cit., p. 163.
[23] Vladímir Lênin, *Obras Escolhidas em seis tomos*, t. 2 (trad. Antonio Pescada, Lisboa, Edições "Avante!", 1986), p. 242

seu contrário: o despertar de uma revolução. O que queremos tratar, como forma de exemplificar os resultados inflexivos também das guerras, são particularmente os efeitos que a Primeira Guerra Mundial teve como "ruptura" com a *Belle Époque*.

Tal como relacionamos o significado da poesia de Rimbaud com a Comuna, como uma outra imagem no campo das "grandes ideias", poderíamos citar o caso do desenvolvimento da psicanálise e os efeitos da guerra como elemento modelador de uma "nova forma de pensar". Ao primeiro momento, poder-se-ia dizer que o efeito material que a guerra gerou na psicanálise foi devastador. Freud escreveu a Ernest Jones, numa melancólica carta no Natal de 1916: "Eu não me iludo: a primavera de nossa ciência foi bruscamente interrompida, estamos nos encaminhando para um período ruim; tudo o que podemos fazer é manter a chama bruxuleando em alguns corações até que um vento mais favorável permita atiçá-la novamente. O que Jung e Adler deixaram do movimento agora está perecendo na luta das nações"[24]. Freud, algum tempo depois, descreveria todo o seu sentimento sintetizando que *"a ciência dorme"*[25]. No entanto, um dos grandes biógrafos do fundador da psicanálise, Peter Gay, argumenta em seu livro que, na realidade, os efeitos da guerra teriam sido contraditórios, pois provocaram imensas dificuldades e antinomias na sociedade de psicanálise, bem como no próprio pensamento de Freud, mas se revelaram um elo para ligar seus estudos sobre o mal-estar dos indivíduos diante de suas privações ao mal-estar da civilização. As condições históricas o levaram a escrever *Uma dificuldade no caminho da psicanálise,* em 1917 e, depois, *Novos caminhos da teoria psicanalítica,* que já apontam na direção da modificação do "curso" da psicanálise, observando as histerias não apenas na dimensão individual, mas em sua consequência social. No começo da década de 1920, a evolução dessa reflexão leva Freud a escrever *Para além do princípio do prazer* e *Psicologia de massas e análise do Eu,* que significam um novo passo nesse sentido – daí inclusive já começa a ser indissociável esse avanço daquele primeiro impacto negativo que produziu a Primeira Guerra na psicanálise, mas também da influência da Revolução Russa como "esfinge" indecifrável para tal sistema de pensamento. Ainda nos anos 1920, suas conclusões possibilitam uma virada generalizante e "sociológica" da psicanálise. Nesse momento, Freud já apresenta esse processo como generalização crítica de "todas as culturas atuais", quando escreve em seu célebre *O futuro de uma ilusão*:

> Se uma cultura não foi além do ponto em que a satisfação de uma parte de seus membros tem como pressuposto a opressão de outra parte, talvez da maioria – e esse é o caso de todas as culturas atuais –, então é compreensível que esses oprimidos desenvolvam forte hostilidade em relação à cultura que viabilizam mediante seu trabalho, mas de cujos bens participam muito pouco. Assim, não se pode esperar uma internalização das proibições culturais nos oprimidos; pelo contrário, eles não se dispõem a reconhecê-las, empenham-se em destruir a própria cultura, e eventualmente em abolir seus pressupostos. A hostilidade

---

[24] Peter Gay, *Freud: uma vida para o nosso tempo* (trad. Denise Bottman, São Paulo, Companhia das Letras, 2012), p. 358.
[25] Idem.

à cultura dessas classes é tão evidente que não se deu atenção à hostilidade mais latente das camadas favorecidas da sociedade. Não é preciso dizer que uma cultura que deixa insatisfeito e induz à revolta um número tão grande de participantes não tem perspectivas de se manter duradouramente nem o merece.[26]

A consumação dessa reflexão viria pouco tempo depois, com a publicação de seu clássico *O mal-estar na civilização*, na virada de década. Podemos dizer que os efeitos da guerra criaram um curso favorável à inflexão no pensamento de Freud, e as consequências da Revolução de 1917 terminaram dando subsídios a afirmações como as que descrevemos anteriormente. O trecho citado serve como uma amostra do significado subjetivo que uma inflexão histórica, como a barbárie da guerra, pode promover em um sistema. E as consequências têm ressonância ampla, como vemos, por exemplo, nas análises de Freud na década de 1930, sobretudo aquelas voltadas aos prelúdios da Segunda Guerra Mundial.

Postos esses elementos, sejam de inflexões *necessárias* (como as revoluções) ou *irracionais* (como as guerras), gostaríamos de retomar os aspectos que a crise econômica também desenvolve no conjunto da subjetividade, na percepção social e na perspectiva histórica. Evidentemente, em cada um desses elementos, como uma crise, uma guerra ou um processo revolucionário, podemos encontrar distintos níveis de capacidade – no caso de observarmos sob um ângulo global – de provocar efetivos giros, de avanço ou retrocesso.

A crise é, de certa forma, uma espécie de "pedra de toque" nesse tema, pois no geral entrelaça os demais elementos, particularmente quando tomamos essa observação durante a época imperialista. Já Marx, antes de complexificar muito a análise econômica em *O capital*, escrevia junto a Engels, no *Manifesto Comunista*: "E de que maneira consegue a burguesia vencer as crises? De um lado pela destruição violenta de grande quantidade de forças produtivas; de outro, pela conquista de novos mercados e pela exploração mais intensa dos antigos. A que leva isso? Ao preparo de crises mais extensas e mais destruidoras e a diminuição dos meios de evitá-las"[27]. Essa percepção, ainda relativamente inicial (na obra do próprio Marx) na análise da reprodução do sistema capitalista, já continha parte fundamental do segredo da sociedade e do que se generalizaria na fase seguinte, no século XX, com a época imperialista do capitalismo: a pulsão de acumulação do capital levaria à concentração e à exportação de capitais, à criação de grandes monopólios que disputariam mercados em âmbito internacional e, por conseguinte, a cada vez mais agudos conflitos interestatais, podendo desembocar em guerras e abrir espaço para revoluções.

---

[26] Sigmund Freud, *Obras completas, v. 17: Inibição, sintoma e angústia, o futuro de uma ilusão e outros textos (1926-1929)* (trad. Paulo Cesar de Souza, São Paulo, Companhia das Letras, 2014), p. 242-3.
[27] Karl Marx e Friedrich Engels, *Manifesto Comunista* (trad. Álvaro Pina e Ivana Jinkings, São Paulo, Boitempo, 2010, coleção Marx-Engels), p. 45.

Nessa perspectiva, a crise econômica coloca em xeque a estabilidade do sistema, que se produz a partir de um equilíbrio entre elementos econômicos, políticos e sociais. Quando se deu uma crise histórica, a mais aguda e avassaladora, como de 1929, os resultados nessa escala foram abismais, com revoluções e contrarrevoluções em vários lugares do mundo, grandes ações operárias e formações políticas reacionárias sem paralelos, como a ascensão do fascismo e do nazismo e, por fim e como "coroamento" dessa etapa, o maior conflito bélico mundial da história, ocorrido entre 1937 e 1945.

Como fizemos nos casos da *revolução* e da *guerra* com grandes inflexões ideológicas, em se tratando da particularidade da crise econômica e suas consequências subjetivas, queremos também exemplificar seus impactos. Para tanto, retomaremos justamente aquele nome que concentrou a mais importante "transformação adaptativa" do pensamento burguês, criando mecanismos para "salvar" o capitalismo a partir de novas ideias: John Maynard Keynes. Observemos, pois, ainda que brevemente, o prisma que coloca diante da crise.

O sonho do capital e de seus apologistas, de uma economia autorregulada na qual a dimensão política (estatal), na sociedade de classes, pudesse se ausentar ao máximo deixando que o mercado seja regulado pelas suas próprias leis, desmanchou-se no ar com os efeitos da crise de 1929. Percebeu-se que não era possível equilibrar uma economia em que o senhor é o capital financeiro, usurpador por essência de mais-valor e, nesse sentido, desregulador de qualquer equilíbrio, um "vampiro", na metáfora de Marx em *O capital*. Quanto maiores forem os efeitos do capital na sociedade, tão mais significativas serão, estando ou não em evidência, as contradições gestadas.

A crise, portanto, teve de promover uma reorientação absolutamente rápida do capitalismo se quisesse sobreviver, pois a ofensiva dos trabalhadores se colocou em evidência e, seja na esfera política, seja no plano das ideias, era preciso "um salvador". Assim descreve Paul Krugman sobre o papel de Keynes: "O que faz da Teoria geral um caso verdadeiramente único, porém, é que ela conjuga um imponente feito intelectual com uma relevância prática diante de uma crise econômica mundial. O segundo volume da biografia de Keynes, de autoria de Robert Skidelsky, chama-se *O economista como salvador*, e não há nenhum exagero nisso"[28]. No entanto, o próprio Krugman adverte que não existia uma solução idealista para as contradições do sistema, ou seja, não seria com alguma nova fórmula da política econômica que se conseguiria resolver os efeitos da crise de 1929, no máximo atenuá-los. O fato é que Keynes, para se tornar "salvador", teve de buscar compreender os elementos de perturbação do sistema que questionavam a estabilidade, isto é, os efeitos do capital financeiro na economia e as consequências de um giro na política burguesa para adequar esses efeitos. Em uma emblemática passagem no capítulo XVII da *Teoria geral*, o economista começa o argumento colocando a particularidade do dinheiro em corromper as "forças naturais" e quebrar o ciclo do pleno emprego. Assim, se os outros bens fossem abandonados a si mesmos, essas "forças naturais", no caso, as forças comuns do mercado, tenderiam

---

[28] Paul Krugman, "Introdução", em John Maynard Keynes, *Teoria geral do emprego, do juro e da moeda*, cit.

a baixar suas taxas de juros até que o pleno emprego produzisse nas mercadorias, em geral, a inelasticidade da oferta que supusemos como uma característica normal da moeda. Desse modo, à falta de moeda e de qualquer outra mercadoria com as características que atribuímos à moeda, as taxas de juros só chegariam ao equilíbrio em condições de pleno emprego.

Então apresenta sua resposta clássica, que marcou uma virada importante no pensamento econômico burguês: "Isso quer dizer que o desemprego se desenvolve porque as pessoas querem a Lua – os homens não conseguem emprego quando o objeto dos seus desejos (isto é, o dinheiro) é uma coisa que não se produz e cuja demanda não pode ser facilmente restringida. Não há outro remédio senão persuadir o público de que a Lua e o queijo[29] são praticamente a mesma coisa, e pôr a trabalhar numa fábrica de queijo (isto é, um banco central) sob o controle do poder público"[30].

Não exatamente os homens, mas os capitalistas e sua ganância talvez "queiram a Lua" e, necessariamente, encontrarão a crise econômica em sua busca – como disse Krugman, não seria com um giro teórico que se conseguiria uma solução para a crise capitalista, mas com a enorme destruição das forças produtivas da Segunda Guerra Mundial. No caso da análise da crise atual, essas contradições "polares" da economia, política e luta de classes nos anos 1930 não se apresentam da mesma forma: o acúmulo de contradições da crise dos 1970 até 2008 foram as bases da gestação da crise histórica que vivenciamos, mas justamente as particularidades de toda a etapa histórica anterior expressaram seu caráter muito particular de Grande Recessão.

O ano de 2008 marca uma inflexão histórica objetiva, mas também subjetiva: não é a transformação que Rimbaud pôde enxergar na Comuna, um processo que tem a classe operária como característica distintiva. Tampouco é uma inflexão subjetiva que o impacto de uma guerra já promoveu, como exemplificamos nas consequências do pensamento de Freud – conforme suas ideias do início dos anos 1920 atestarão, naquele momento partindo de uma descrença das "culturas atuais" até uma espécie de denúncia do conjunto das contradições da sociedade. E, sendo ainda uma crise de dimensão histórica, esse giro também se distingue da crise de 1929 em sua intensidade objetiva e suas consequências subjetivas – uma crise que não produziu um salto imediato na consciência dos trabalhadores e nem poderá produzir uma nova resposta burguesa, um novo "Keynes".

De certa forma, a crise atual é rastejante, seus efeitos se perpetuam e evoluem, é uma crise que persiste teimosamente em seus impactos graduais e sistemáticos. Podemos falar sobre o alcance dela em todos esses anos ou sobre o significado da mudança em 2008: *aqui tratamos da complexa característica de uma inflexão profunda e histórica, mas atenuada por um passado que assombra e ofusca as rápidas transformações na consciência.*

---

[29] Aqui tomamos a liberdade de alterar (com esse esclarecimento) a tradução de "requeijão" na versão citada pela palavra "queijo", que, a nosso ver, corresponde mais ao pensamento proposto por Keynes na passagem, de comparação gráfica entre a Lua e o queijo.
[30] John Keynes, *Teoria geral do emprego, do juro e da moeda*, cit., p. 213.

Particularmente no âmbito ideológico, antes da crise impactar as consciências da classe trabalhadora e da juventude mais amplamente, podemos dizer que os intelectuais, para usar a expressão de James Patrick Cannon, "como no alto de uma árvore, sacodem-se primeiro"[31]. O próprio marxismo foi o primeiro a sofrer os efeitos que, nesse caso, expressaram um novo alento para sua recriação – não em uma resposta prática efetiva, mas no questionamento de todo o entulho ideológico produzido na noite de trinta anos da restauração neoliberal.

Hegel e o fim do "fim da história"

Em suas palestras sobre a filosofia da história, escritas e ministradas pouco antes de falecer, o filósofo alemão Georg Wilhelm Friedrich Hegel concentrou uma das mais expressivas concepções sobre a história do mundo e o papel dos indivíduos, com suas ideias e paixões, para o desenvolvimento histórico. E eis que revisitar essas palestras diante de um contexto de irrupção da crise econômica de 2008, que estilhaçou as formas ideológicas passadas e suas fantasias pós-modernas, parece-nos importante para a retomada de algumas das ideias do filósofo alemão, particularmente quanto às possibilidades de transformação histórica que envolvem os homens e as coisas que ali são sugeridas e que ganham enorme atualidade se partimos do fato de que, a partir de 2008, começamos a transitar para um novo momento.

Nas novas circunstâncias do pós-crise, o "fim da história" encontrou seu fim e se expressou no plano subjetivo, político e ideológico, ou seja, no conjunto das "formas de pensar e sentir". Chocar Hegel contra Fukuyama (como signo da filosofia neoliberal) será parte de nosso intuito, mas aqui cabe uma advertência muito importante na leitura: não se trata de criar um "Hegel revolucionário" em oposição ao "Hegel público". Lukács alertava para o erro dos jovens hegelianos e a superação de Marx dessa visão:

> Uma posição generalizada do movimento jovem-hegeliano radical era a de distinguir o Hegel esotérico (que, por baixo do pano, teria sido ateu e revolucionário) do Hegel exotérico (que teria sido dócil ao poder político de sua época). [...] Marx já ia muito além de tal ponto de vista em sua tese de doutorado [...]. Marx situa-se, por um lado, muito mais à altura da grandeza de Hegel do que os jovens hegelianos, que explicam o compromisso do mestre com base na suspeita de motivos de caráter pessoal. Por outro, Marx se põe diante da filosofia hegeliana enquanto tal numa atitude muito mais crítica do que a dos jovens hegelianos, já que descobre nas insuficiências de tal filosofia a base ideológica necessária da acomodação.[32]

---

[31] James Patrick Cannon, *A história do trotskismo norte-americano* (trad. Anísio G Homem, Brasília, Centelha Cultural, 2013), p. 133.
[32] György Lukács, *O jovem Marx e outros escritos de filosofia* (trad. Carlos Nelson Coutinho e José Paulo Netto, Rio de Janeiro, Editora UFRJ, 2007), p. 124-6.

Nosso foco aqui não é buscar um "Hegel oculto", mas partir do conjunto de suas concepções da história extraindo o melhor de seu método dialético, sem, contudo, aderir ao conjunto de seu sistema histórico. Tal maneira de abordar seu pensamento é inspirada na que Engels fez ao analisar a célebre passagem do filósofo alemão, segundo a qual "o que é racional é real e o que é real é racional"[33].

"Todo o real é racional e todo o racional é real", isto não era, palpavelmente, a canonização de tudo o que existia, a benção filosófica ao despotismo, ao Estado policial, à justiça de gabinete, à censura? Assim acreditava, de fato, Frederico Guilherme III; assim o acreditavam seus súditos. Para Hegel, porém, nem tudo o que existe é real, e muito menos pelo simples fato de existir. Em sua doutrina, o atributo da realidade corresponde somente àquilo que, além de existir, é necessário: "A realidade, ao se desenvolver, revela-se como necessidade"[34].

E complementa, numa passagem genial, que consegue extrair o caráter revolucionário da dialética hegeliana no interior do invólucro místico:

Então, segundo Hegel, a realidade não é um atributo inerente a dada situação social ou política em qualquer circunstância em qualquer tempo. Ao contrário. A república romana era real, tanto quanto o Império Romano que a derrubou. Em 1789, a monarquia francesa havia se tornado tão irreal, isto é, tão despojada de toda e qualquer necessidade, tão irracional, que teve de ser varrida pela grande revolução, da qual Hegel falava sempre com o maior entusiasmo. Como vemos, o irreal, aqui, era a monarquia, e o real, a revolução. Assim, tudo o que um dia foi real torna-se irreal, perde sua necessidade, sua razão de ser, seu caráter racional; o real agonizante é, então, substituído por uma realidade nova e vital; pacificamente, se aquilo que caducou é razoável suficiente para resignar-se a desaparecer sem luta; através da força, se for rebelde a essa contingência. A tese de que todo real é racional converte-se nesta outra, de acordo com todas as regras do método discursivo de Hegel: tudo o que existe está fadado perecer.[35]

É sob esse ângulo, portanto, atendo-se à abordagem hegeliana da transitoriedade das coisas e incluindo, nesse sentido, a dimensão política, as ideias e as paixões, que buscaremos observar, no plano histórico, a reatualização (inicial em 2008, e que ganha vivacidade com o passar dos anos nessa década de crise) da possibilidade da revolução,

---

[33] Friedrich Hegel, *Princípios da filosofia do direito* (trad. Orlando Vitorino, São Paulo, Martins Fontes, 1997), p. 36. Alguns pesquisadores optam pela tradução do verbo *"wirklich"*, do original alemão, como "efetivo", de tal forma que a frase ficaria "Todo o efetivo é racional, e todo o racional é efetivo" [*"Alles was wirklich ist, ist vernünftig, und alles was vernünftig ist, ist wirklich"*]. Achamos que tal tradução seria possível, mas utilizamos uma das traduções consagradas de *"wirklich"* por "real".
[34] Friedrich Engels. *Ludwig Feuerbach e o fim da filosofia clássica alemã*.(trad. José Severo de Camargo Pereira e Maria Helena Raimo Caldas de Oliveira, São Paulo, Fulgor, 1962), p. 90-91
[35] Idem.

como perspectiva concreta no capitalismo internacional atual, diante das mazelas do mundo do capital. Em outras palavras, como essa volta da ideia da revolução social é a consumação concreta do "fim do fim da história".

A revolução nos tempos do cólera

Não é um acaso histórico que os trinta anos neoliberais tenham se constituído como o período no qual a perspectiva da política como transformação radical se reduziu a pequenos agrupamentos, espremidos pela avalanche ideológica da apologia da sociedade de consumo – e as debilidades em reagir a esse sentido são destacáveis expressões de época.

Os quase trinta anos sem revoluções, dados em um contexto de neoliberalismo e restauração capitalista na União Soviética, criaram um mundo de *estabilidade*: uma vida em que se dissociou completamente as necessidades históricas de mudança e os anseios individuais. Era o mundo da descrença, da falta de perspectiva, da desilusão e da depressão, um *mundo líquido* (para usar a expressão de Bauman)[36].

É precisamente contra *esse* mundo que Hegel ganha novamente uma enorme força e vitalidade; e suas ideias casam cada vez mais com o novo contexto agitado dos últimos anos. Indo ao nível mais teórico, a concepção histórica do filósofo alemão não se desprende de uma "providência" no caminho: para ele, o desenvolvimento histórico é a busca que o "espírito" faz por desenvolver-se racionalmente, e os indivíduos e povos caminham no sentido do desenvolvimento do mundo (o espírito universal). Nesse sentido, e essa é uma importante limitação do pensamento hegeliano, o curso histórico está vinculado a um caminho determinado (teleológico), que seria o avanço da razão na história.

Poderíamos, então, nos perguntar: o que ganha atualidade nesse pensamento numa visão marxista? Acontece que Hegel não se contenta em ver um caminho racional na história: ele acredita que os indivíduos e os povos devem buscar esse caminho, ter um *papel ativo*, pois essa seria a única forma de a *Razão* se expressar. E é justamente nesse ponto, no papel ativo dos indivíduos e dos povos, que reside o "potencial transformador" do pensamento de Hegel.

Os que anseiam por uma transformação radical da sociedade, sob os efeitos dos anos neoliberais, acostumados com a passividade de décadas sem revoluções, sofrem a pressão de uma visão cética da mudança e uma prática política inofensiva ou adaptada. É como se, por estarem acostumados a ver a água esquentando sempre gradualmente, tivessem esquecido de que em algum momento ela começa a ferver; por isso, criaram uma forma de política e de perspectiva socialista que perdeu completamente a *paixão* e a *confiança*.

Para Hegel, um povo não avança sem que exista oposição interna, conflito, luta. A consolidação da falta de perspectiva de mudança estariam nas instituições e,

---

[36] Zygmunt Bauman, *Modernidade líquida* (trad. Plínio Dentzien, Rio de Janeiro, Zahar, 2001).

fundamentalmente, no costume. A eterna repetição das mesmas coisas não pode levar a um avanço. "A morte natural do espírito do povo pode se apresentar como anulação política. É o que chamamos de costume [...]. O costume é uma atividade sem oposição, a qual só resta a duração formal e na qual a plenitude e a profundidade do fim já não necessitam se expressar."[37]

Do ponto de vista dos agrupamentos de embate com o capital na segunda metade do século XX, um dos importantes limitantes, sem dúvida, esteve na perda do anseio de fundir as ideias de transformação social entre as massas trabalhadoras. Assim, a militância se tornava uma eterna repetição das mesmas reuniões, propaganda e incapacidade política. "O relógio tem corda e segue funcionando por si só."[38] Eis o veneno do sectarismo no pensamento da esquerda, que ainda acomete pequenas organizações, retirando toda a energia revolucionária de seus objetivos, a ambição, a flexibilidade tática nas ações; em síntese, rouba a paixão de mudança dos militantes e forma espectadores do curso histórico. Mas não foram só os malefícios sectários que provocaram questionamento e, até mesmo, a atrofia política de agrupamentos que tinham como horizonte a revolução social. Também o outro lado da moeda era expressão do mesmo problema que apontamos aqui, inspirados na releitura de Hegel: "Quando o espírito de um do povo levou a cabo toda a sua atividade, cessam a agitação e o interesse; o povo transita entre a virilidade e a velhice, no gozo do que foi adquirido. A necessidade que havia surgido foi satisfeita mediante uma instituição; e já não existe"[39]. Existe uma forma ideológica e uma forma política de abarcar o anseio revolucionário e torná-lo um sopro ao vento. Acontece que as organizações que buscavam a revolução social equivocaram-se também em achar que sua abertura e flexibilidade políticas caminhariam gradativamente ao socialismo. Com uma suposta audácia superior, terminaram dentro das instituições de dominação e perpetuação da ordem. Por meio de eleições e do que o marxismo russo questionava como prática *sindicalista*, formaram o conjunto dos quadros que se tornaram porta-vozes do governo do capital.

Se tudo era líquido no mundo, assim também a esquerda se liquefez. Formou uma série de agrupamentos e partidos amplos e aderiu pouco a pouco ao regime dos dominantes. Renovou o que Rosa Luxemburgo já questionava como "oportunismo" em seu *Reforma ou revolução?*. Como tendência política, integrou-se ao regime e disputou as migalhas que iriam para manter seus privilégios, dando algumas também para os trabalhadores (pois nunca perderam o espírito de caridade). A necessidade histórica era a revolução e, ao abandonar essa estratégia em prol de novas fórmulas mágicas, o que existia de radical tornou-se adaptado aos poderes estabelecidos.

Nos dois casos, nos dois erros da esquerda da segunda metade do pós-guerra – erros que, naturalmente, já vinham de antes e ganham sua forma de manifestação própria nesse período – e que se perpetuam na maioria das organizações atuais, existe uma

---

[37] Friedrich Hegel, *Filosofía de la historia universal* (trad. José Gaos, Buenos Aires, Losada, 2010), p. 64 [Tradução nossa].
[38] Idem.
[39] Ibidem, p. 63-4.

mesma raiz: a *descrença no proletariado como sujeito da mudança* e o total *ceticismo* que se tornou passivo, conformista ou política para outros sujeitos, outras fórmulas em vão. Por assim dizer, uma descrença na própria militância, na forma partido, na ação política radical-transformadora.

Karl Marx foi quem primeiro soube aproveitar o "anseio revolucionário" de Hegel, percebendo que o motor da história não era uma providência ou um espírito que se desenvolvia a partir de homens e mulheres, e sim o próprio conflito de classes na sociedade: "A revolução é a força motriz da história"[40]. Assim, com 26 anos, Marx concluía que "a *filosofia* é a *cabeça* desta emancipação, e o *proletariado* é o seu *coração*"[41].

As ideias

As sociedades hipermodernas atuais são marcadas por um vazio. A melancolia tornou-se soberana da situação, a angústia, sua forma mais marcada de dia a dia. A divisão internacional do trabalho criou "maravilhas" nos países avançados, como se para reafirmar sua convivência com a plena miséria no "Sul" do mundo. Mas o mais dramático é que mesmo o que existe de deslumbrante no mundo capitalista atual parece que se esvai das mãos da sociedade: é como se centenas de milhões de trabalhadores criassem uma obra que se tornou maior que eles, voltou-se contra eles, e se desfez no mundo.

Karl Marx chamava esse fenômeno de "fetichismo da mercadoria", e em suas anotações de 1857 escreveu que a mercadoria, em sua dinâmica de produção nas fábricas, criaria seus consumidores. Com isso, queria dizer que a humanidade inventou um novo fetiche, um novo desejo insaciável: consumir mercadorias. O drama atual é tão grave que a forma desse fetichismo chega quase ao limite de as mercadorias ganharem a aparência de soberania do mundo, com seus *shoppings* e centros comerciais abundantes, ou com a forma dinheiro dando lugar ao cartão de crédito (o que produz uma ilusão fetichista ainda superior).

É precisamente nesse mundo de fetichismo que sempre há alguém, a cada momento, se perguntando qual é a "razão histórica de viver". Ou se o desenvolvimento histórico teria mesmo uma razão de ser. Talvez tenha sido o filósofo alemão Friedrich Hegel o mais curioso em buscar respostas a essa questão e, nesse sentido, a readquirir atualidade neste momento em que a vida perdeu o sentido para uma massa muito grande da população.

Hegel propõe uma maneira de enxergar a razão de ser da história a partir de uma dupla perspectiva: de um lado, incita a que recorramos fielmente à história, ao ato de

---

[40] Karl Marx, *A ideologia alemã* (trad. Rubens Enderle, Nélio Schneider e Luciano Cavini Mortorano, São Paulo, Boitempo, 2007, coleção Marx-Engels), p. 43.

[41] Idem, "Introdução", em *Crítica da filosofia do direito de Hegel* (trad. Rubens Enderle e Leonardo de Deus, São Paulo, Boitempo, 2005, coleção Marx-Engels), p. 156.

"tomá-la tal como é, de proceder historicamente, empiricamente"[42], isto é, que estejamos de olhos abertos ao mundo, despidos de prenoções. É necessário, em primeiro lugar, um olhar objetivo para o mundo. Se fizermos esse exercício histórico e filosófico no mundo atual, voltamos à miséria, à violência social, à desigualdade, mas também ao vazio, à angústia e à melancolia que marcam os homens e mulheres na atualidade. O quadro é triste e parece levar a uma visão pessimista da vida. No entanto, por outro lado, como diz o poético pensamento do filósofo alemão, "o verdadeiro não se encontra na superfície visível"[43]. Ele sustenta que, para encontrar uma razão na história, é necessária a reflexão do que busca essa razão, apontando que "singularmente no que deve ser científico, a razão não pode dormir e é mister empregar a reflexão. Quem olha racionalmente o mundo, o vê racional"[44]. Aqui reside a beleza e a debilidade do pensamento hegeliano. Sua conclusão é que olhar racionalmente e enxergar uma razão no mundo "se determina mutuamente", ou seja, o pensamento tem um poder ativo em encontrar uma razão no mundo. A beleza dessa ideia está em buscar, no interior dos fatos, "da soma de notícias" da história, uma razão de ser que extrapole o que vemos na superfície. O drama é que Hegel aposta muito em um movimento autônomo do mundo, numa Razão que se move por si; assim, nossa virtude estaria em compreender seu movimento.

A pista estava dada: nossa vida e seu "sentido" não podem se deslocar das condições históricas. A humanidade é, em cada época, um produto histórico de circunstâncias determinadas. No nosso caso, é o produto do desdobramento da sociedade do capital altamente desenvolvido e, nos limites máximos de suas contradições, que tem uma dimensão social, política e até mesmo ideológica, a sociedade da euforia artificial e da melancolia duradoura.

Hegel via antes o elemento ativo na conexão racional entre a reflexão dos indivíduos e a racionalidade histórica. A força dessa ideia levou a uma das principais revoluções no pensamento do século XIX, quando um dos discípulos do filósofo sintetizou positivamente o pensamento de seu mestre, combinando o forte elemento objetivo (a materialidade histórica) com a observação do elemento ativo dos indivíduos perante a história (a ação – ou *práxis*), e sintetizou na célebre frase de 1852: "Os homens fazem a sua própria história; contudo, não a fazem de livre e espontânea vontade, pois não são eles quem escolhem as circunstâncias sob as quais ela é feita, mas estas lhes foram transmitidas assim como se encontram"[45]. Era a abertura de Karl Marx em seu clássico *O 18 de brumário de Luís Bonaparte*. Esse pensamento, aparentemente abstrato, choca-se cotidianamente com os ditames ideológicos do capitalismo contemporâneo. Toda a campanha da indústria cultural em produtos como músicas, filmes, novelas e demais formas de entretenimento é no sentido de buscar dissociar os anseios individuais de

---

[42] Friedrich Hegel, *Filosofía de la historia universal*, cit., p. 24 [Tradução nossa].
[43] Idem.
[44] Idem.
[45] Karl Marx, *O 18 de brumário de Luís Bonaparte* (trad. Nélio Schneider, São Paulo, Boitempo, 2011, coleção Marx-Engels), p. 25.

uma perspectiva histórica. Em outras palavras, a guerra do capitalismo contra a juventude e as novas gerações reside em querer que elas sonhem pequeno. Aqui, o capitalismo colide com um elemento positivo do idealismo alemão. Hegel enxergava um movimento da Razão no mundo que conduzia a humanidade para uma fase mais elevada de liberdade. Mas o desenvolvimento do capitalismo estraçalhou essa visão romântica de que o mundo caminha em direção à evolução; pelo contrário, trouxe pobreza, aumento da exploração, iniciou guerras, formas políticas de opressão da população e genocídio. Nas palavras de Walter Benjamin, é como se estivéssemos avançando como um trem desgovernado e fosse necessário puxar um "freio de emergência"[46].

A perspectiva do socialismo e da revolução social apresenta-se, ainda mais nos dias de hoje, como a única concepção coerente nesse império do irracional. O socialismo é o verdadeiro herdeiro do que existe de mais forte na filosofia de Hegel, é a ligação entre o anseio individual e a perspectiva histórica de mudança da sociedade. Essa transformação social tem hoje nos trabalhadores a peça fundamental e, por isso, como disse Engels certa vez, o proletariado é o verdadeiro herdeiro da filosofia alemã.

Encontrar uma razão histórica de viver não é mais apreciar a vida como fazia a nobreza de outrora, como se evidenciou na literatura moderna: uma contemplação do que existe. A razão, nesse caso, não pode ser dissociada da paixão: razão para refletir, paixão para sonhar com outra forma de socialização, de relações, de amizades, de amores, de delírios e, acima de tudo, com o anseio de mudança.

Resgatar os grandes sonhos, a perspectiva da revolução social da sociedade; retomar o sujeito social que produz todas as coisas no mundo, os trabalhadores, os únicos que podem ser parte estratégica da mudança. Ansiar a vinculação entre a vida individual e as grandes questões da sociedade. Sonhar e atuar para transformar a vida: eis a dialética das ideias que se atualizam com a crise econômica mundial.

A paixão

Os sentimentos da nova geração parecem ser um misto de corações que palpitam com a mudança, mas também com a angústia e o tédio de um mundo cinzento hipermoderno. Os últimos anos foram momentos de acelerada transformação social e política no mundo. Desfizeram-se ditaduras, burocracias, estabilidades. A sociedade começou a enterrar o dogma neoliberal do "eterno retorno" da sociedade capitalista, sua eterna repetição, por assim dizer, de que a vida vai ser sempre assim. Ressurge efervescente um ambiente ideológico novo, de ideias, ideologias, poesia, anseio pelo futuro. As lições do passado, que antes pareciam estar escondidas, começam a irromper como um vulcão. A ideia de comunismo parecia dormir apenas para despertar com mais vigor, mais força, com sonhos renovados.

---

[46] Citado em Michael Löwy, *Walter Benjamin: aviso de incêndio. Uma leitura das teses sobre o conceito da história* (trad. Wanda Nogueira Caldeira Brandt, São Paulo, Boitempo, 2005), p. 93.

No entanto, se o peso do fantasma dos mortos pesa sobre o cérebro dos vivos, como disse Marx[47], todo tipo de resquício da psicologia neoliberal se manteve com força. Aquele monstro "mais feio, mais iníquo, mais imundo"[48], o tédio que descrevia Baudelaire, parece confundir a todo momento a psicologia dos novos protagonistas e atores do mundo pós-crise econômica de 2008. Às vezes, parece apenas que falta um sentido, que falta paixão. Lênin disse em seu *O que fazer?*: "É preciso sonhar"[49]. O imperativo complementar seria: "É preciso se apaixonar". Mas a paixão, na história da filosofia, apareceu como um termo mais ou menos ruim: os homens e mulheres não devem ter paixão. Esta aparecia oposta à capacidade racional dos humanos. "Conter as paixões" era sinônimo de evoluir racionalmente. Na política, Hobbes foi um dos grandes expoentes da necessidade de um ente superior (o Estado), um Leviatã, que controlasse as paixões humanas, se colocasse acima delas, organizasse a sociedade em outra lógica. E depois os iluministas associaram as leis e a própria moral a artifícios racionais de desenvolvimento social. Podemos dizer que uma das grandes misérias do capitalismo contemporâneo é buscar incutir a ideia de que os homens e as mulheres não devem ter paixões; ou, o contrário para dizer o mesmo, canalizar os impulsos revolucionários das pessoas ao redor da mísera ideologia de "felicidade" na família patriarcal, da submissão no trabalho e, por fim, da redenção pelo consumismo, pela sempre repetitiva pulsão de criar novas necessidades fúteis, consumir para se realizar.

Por isso, já no senso comum cultural os impulsos mais apaixonantes da juventude, seu anseio de mudança, sua gana de querer transformar o mundo, são motivo de chacota da ideologia dominante. O jovem rebelde é só um jovem, ou seja, um adjetivo pejorativo, pois é um idealista e não um conformado com o mundo como ele é. Como sintetiza o dito popular, de forma lapidar: "Ser de esquerda com menos de trinta anos é uma necessidade, com mais de trinta é uma tolice". Por isso, para essa visão, amadurecer é sinônimo de "se conformar".

Mas há muito Hegel havia estilhaçado a separação entre razão e paixão (e, em outra perspectiva, servindo contra o conservadorismo dominante atual). Para o filósofo alemão, o desenvolvimento da razão na história e a expressão mais aguda das paixões humanas não estavam em oposição, mas em sintonia. Precisamente com essa concepção, Hegel sustentava que os gestos mais intensos dos indivíduos estão em combinar o que existe de mais profundo nas necessidades históricas (do movimento da "Razão") com seu interesse mais íntimo e, portanto, advogou o que seria uma das passagens mais poéticas de sua filosofia, segundo a qual "nada de grande se realizou no mundo sem paixão".

---

[47] Karl Marx, *O 18 de brumário de Luís Bonaparte*, cit., p. 25.
[48] Charles Baudelaire, *As flores do mal* (trad. Ivan Junqueira, Rio de Janeiro, Nova Fronteira, 2006), p. 113.
[49] Vladímir Lênin, *O que fazer?* (trad. Avante! e Paula Vaz de Almeida, São Paulo, Boitempo, 2020), p. 186.

> A paixão se considera como algo que não é bom, que é mais ou menos mau; o homem – se diz – não deve ter paixões. A palavra paixão não é, no entanto, justa para o que quero expressar aqui. Refiro-me em geral à atividade do homem impulsionada por interesses particulares, por fins especiais, ou ainda, por propósitos egoístas, de tal modo que estes colocam toda a energia de sua vontade e seu caráter em ditos fins, sacrificando todos os demais fins possíveis ou, melhor dito, todo o resto. [...] Dizemos, portanto, que nada se produziu sem o interesse daqueles cuja atividade cooperou. E se chamamos paixão ao interesse no qual a individualidade inteira se entrega – a despeito de todos os demais interesses diversos que se tenha ou se possa ter – e se fixa no objeto com todas as forças de sua vontade, e concentra neste fim todos seus apetites e energias, então devemos dizer que *nada grandioso* se realizou no mundo *sem paixão*.[50]

A partir desse ângulo, Hegel irrompeu, no plano da filosofia, contra a milenar oposição entre razão e paixão, e atribuiu um caráter superior aos indivíduos que buscavam essa vinculação, entre os interesses históricos e suas paixões individuais. Aqui reside um grande dilema psicológico dos indivíduos no mundo atual. Diante da vida cética e pálida que as classes dominantes propõem, desenvolve-se a necessidade de um "suspiro": o que leva à religião e, nos dias de hoje com mais intensidade, às perturbações psicológicas, melancolia, tédio e depressão. Os indivíduos buscam não se deixar afogar, mas, apartados de uma perspectiva coletiva e histórica, acabam sofrendo as tormentas do mar da ideologia burguesa.

É que a nossa é uma época de paixões sociais. Mas a forma de desenvolvimento dessa nova época se apresenta como superação do que adveio nas origens da sociedade burguesa, em que foi necessário expressar na literatura a mais potente e avassaladora paixão nos indivíduos, como parte da constituição dessa sociedade e da formação da personalidade nela. Isso não deixa de ser uma base fundamental para sua superação, uma sociedade que combine a associação de produtores livremente associados e a emergência da personalidade, mais viva, mais poética e mais intensa no socialismo que em qualquer estágio do modo de produção capitalista. Um dos grandes artistas a descrever esse aflorar da personalidade individual, conforme aponta brilhantemente Leon Trótski, foi William Shakespeare.

> Nas tragédias de Shakespeare, que seriam impensáveis sem a Reforma, o destino antigo e as paixões medievais são expulsas pelas paixões humanas individuais, o amor, o ciúmes, a sede de vingança, a avidez e o conflito de consciência. Em cada um dos dramas de Shakespeare, a paixão individual é levada a tal grau de tensão que supera o homem, fica suspensa por cima de sua pessoa e se converte em uma espécie de destino: os ciúmes de Otelo, a ambição de Machbeth, a avareza de Shylock, o amor de Romeu e Julieta, a arrogância de Coriolano, a perplexidade intelectual de Hamlet. A tragédia de Shakespeare é individual e nesse sentido carece da significação geral do Édipo Rei, em que se expressa a consciência de todo um povo. Comparado com Ésquilo, Shakespeare representa, entretanto, um gigantesco passo adiante, e não um passo atrás. A arte de Shakespeare é mais humana.

---

[50] Friedrich Hegel, *Filosofía de la historia universal*, cit., p. 81-2.

Em qualquer caso, não aceitaremos uma tragédia na qual Deus ordena e o homem obedece. Daqui em diante, ninguém escreverá uma tragédia semelhante.[51]

Antes da filosofia, portanto, a literatura de Shakespeare consegue expressar pela via estética o aflorar da personalidade como produto dos conflitos insaciáveis na sociedade capitalista que iria emergir. Não se trata de sentimentos meramente individuais (em oposição à forma épica) que vivem as personagens de Shakespeare. Pelo contrário, a força humana que envolve completamente as ações é produto de sentimentos tão intensos a ponto de irromper contextos; são paixões que devoram a vida e lhe dão novo significado, fazem dos indivíduos mais sujeitos, liberam a personalidade, como pontua Trótski.

A sociedade burguesa, uma vez atomizadas as relações humanas, havia-se fixado durante sua ascensão um grande objetivo: a liberação da personalidade. Daí nasceram os dramas de Shakespeare e o *Fausto* de Goethe. O homem se considerava o centro do universo, e por conseguinte, da arte. Esse tema bastou durante séculos. Toda a literatura moderna não tem sido mais que uma elaboração desse tema, mas o objetivo inicial – a liberação e qualificação da personalidade – se dissolveu no domínio de uma nova mitologia sem alma quando se pôs em evidência a insuficiência da sociedade real perante suas insuperáveis contradições.[52]

A resposta de Hegel ao tratar das paixões no terreno da filosofia visa a dar outro passo: partir da intensidade das emoções (no contexto do Romantismo alemão) e ligá-las a um sentido global, racional em seu caso. A força de sua filosofia nesse ponto também traduz sua grande debilidade. A emergência da burguesia como classe e do Estado burguês como forma política (particularmente a partir de 1848) se demonstrou a todos não como a forma de elevação da humanidade, mas a principal fonte de opressão e manutenção da feroz exploração social entre classes. A sociedade capitalista coloca em choque a todo momento o impulso de liberação da personalidade contra seu desenvolvimento na medida em que se baseia na intensa exploração do trabalho, convivendo com distintas formas ideológicas de manutenção dessa exploração, formas de opressão entre as classes. Por isso, a única forma de liberar a personalidade diante da barbárie capitalista é ligar os anseios e as paixões individuais a uma perspectiva histórica, à luta pela transformação radical da sociedade, à revolução social. Imbuída dessa concepção, a ideia de Hegel de que "nada de grande se realizou no mundo sem paixão" ganha um novo significado, mais intenso e profundo, correspondente aos dilemas e às necessidades de nossa época.

Assim, se tomarmos o "fim da história" como *slogan* do período neoliberal, levando em conta os impactos econômicos da crise, as transformações no mundo do trabalho,

---

[51] Leon Trótski, *Literatura e revolução* (trad. Luiz Alberto Moniz Bandeira, Rio de Janeiro, Zahar, 2007), p. 188.
[52] Ibidem, p. 188-9.

as ações dos trabalhadores de resistência à crise, o aflorar de processos revolucionários no mundo árabe, o despertar da juventude, dos movimentos de mulheres e negro, podemos compreender que, do ponto de vista político, das ideias e das paixões, transitamos para o período do "fim do fim da história" a partir de 2008, da decadência da ave de Minerva neoliberal e dos primeiros ensaios do cantar do galo gaulês, que se evidenciam em uma geração que irrompeu a bolha ideológica de uma vida em torno de seus anseios individuais para viver uma vida ligada a grandes acontecimentos históricos, para os quais a década da crise de 2008 funcionou como uma ponte, uma interregno entre a noite (a madrugada neoliberal) e o canto de um novo período histórico.

Theodor Adorno: crítica ao capitalismo e à cultura de massas

Mercantilização da vida, superficialidade e pragmatismo

"O cisco no olho é a melhor lente de aumento"[53], escrevia de maneira provocativa o filósofo frankfurtiano Theodor Adorno, em seu clássico *Minima moralia*, que se dedica à crítica do sistema capitalista a partir da estada do filósofo nos Estados Unidos, consagrando as bases de seu pensamento junto a Horkheimer, que, como uma de suas ideias centrais, dizia que a dominação capitalista saiu das fábricas e adentrou os corpos e mentes das pessoas. O cisco no olho incomoda, nos irrita a vista e nos impede de ver da mesma forma. A crítica às distintas formas ideológicas da dominação capitalista e, sobretudo, o lugar da indústria cultural nesse processo foram parte dos principais temas de Adorno e Horkheimer. Mais do que ideias de um período passado, algumas das tendências ou *insights* que esses pensadores tiveram sobre a dominação capitalista, ao contrário de arrefecerem, parecem ter ganhado ainda mais intensidade e força nas últimas décadas.

Isso porque o auge do discurso neoliberal, que afirmará altivamente, na década de 1990, a estabilidade inquestionável do capitalismo como modo de produção, teve entre as consequências ideológicas a tentativa de enterrar os melhores valores proclamados pelo marxismo desde sua fundação: a ideia ousada de Karl Marx de constituir uma sociedade sem explorados nem exploradores, de "produtores livremente associados", sem divisão intelectual e manual do trabalho. Em síntese, uma sociedade em que a personalidade humana se desenvolveria sem fronteiras, não em oposição, mas com fraternidade e harmonia entre os indivíduos e toda a humanidade.

Ao contrário, a restauração capitalista nos países de dito "socialismo real" e a ofensiva ideológica neoliberal quiseram estilhaçar todas as ideias nesse sentido e reafirmavam, direta ou indiretamente, a "felicidade" contemporânea como

---

[53] Theodor Adorno, *Minima moralia*, cit., p. 46.

expressão da mercantilização total da vida social. Se antes já havia tornado o trabalhador um "apêndice da máquina", pela definição de Karl Marx[54], o passo seguinte foi condicionar a maneira de viver e se realizar *fora do trabalho*, colonizando as formas ideológicas e, por fim, o mais íntimo interesse, desejo, sonho dos trabalhadores, passando todos pelo crivo do capital. Assim, o ideal de riqueza, o trabalho subordinado a esse ideal, a família como miniempresa de reprodução capitalista e as relações sociais mais superficiais e pragmáticas tornaram-se o reflexo social do movimento econômico da sociedade, da lei do valor. O individualismo burguês mais mesquinho, ao contrário de ser representado como desgraça da sociedade, foi brindado aos quatro cantos em cada livro, novela, filme, música e demais formas de "comemorar" o capitalismo.

O *mundo líquido* era sinônimo da superação da modernidade, do mundo pós-moderno, pós-industrial, pós-informacional, pós-utópico. A dominação capitalista não apenas fazia das derrotas da resistência dos trabalhadores uma forma "material" da luta de classes, mas particularmente tentou a todo instante criar um mundo imaginário do triunfo da democracia dos ricos. Com o desenvolvimento tecnológico e informacional, não se tratava de esconder as mazelas do capitalismo, mas de enxurrar as mentes com a ideia de resignação humana, de que as relações sociais (miseráveis) atuais são as únicas possíveis.

Para isso, é necessário que toda informação se converta no seu contrário: uma maré ideológica que consiga a façanha de matar o "ser pensante", enquanto lhe dá a *convicção de que é pleno de convicções*: "A falsa clareza é apenas uma outra expressão do mito. Este sempre foi obscuro e iluminante ao mesmo tempo. Suas credenciais têm sido desde sempre a familiaridade e o fato de dispensar do trabalho do conceito [...]. A enxurrada de informações precisas e diversões assépticas desperta e idiotiza as pessoas ao mesmo tempo"[55]. Essa falsa clareza tem sua expressão máxima na busca da realização e da felicidade em meio à total mercantilização da vida. Os homens e as mulheres, tornados objetos vendidos no mercado de trabalho, absorvem a substância máxima do fetichismo da mercadoria em sua vida, que é observar o mundo sob a ótica da *quantidade* e, em última instância, do capital. Assim, a vida familiar – a qual Marx já denunciava no século XIX que teria se tornado "meras relações monetárias"[56] – se mercantiliza integralmente, do corpo à alma. A insuportável expressão da mercantilização dos corpos sob a égide da opressão da mulher nos distintos veículos midiáticos já não é mais tolerada passivamente.

Na mais íntima relação humana, no mais íntimo gesto de amizade e interlocução, expressa-se esse *mal-estar da civilização*, a sensação tediosa de

---

[54] Karl Marx e Friedrich Engels, *Manifesto Comunista*, cit., p. 46.
[55] Theodor Adorno e Max Horkheimer, *Dialética do esclarecimento* (trad. Guido Antonio de Almeida, Rio de Janeiro, Zahar, 1985), p. 14.
[56] Karl Marx e Friedrich Engels, *Manifesto Comunista*, cit., p. 42.

superficialidade advinda dessas décadas que precedem a transição histórica que vivemos. Assim seguem Adorno e Horkheimer:

> O animismo havia dotado a coisa de uma alma, o industrialismo coisificou as almas. O aparelho econômico, antes mesmo do planejamento total, já provê espontaneamente as mercadorias dos valores que decidem sobre o comportamento dos homens. A partir do momento em que as mercadorias, com o fim do livre intercâmbio, perderam todas as suas qualidades econômicas salvo seu caráter de fetiche, este se espalhou como uma paralisia sobre a vida da sociedade em todos os seus aspectos. As inúmeras agências da produção em massa e da cultura por ela criada servem para inculcar no indivíduo os comportamentos normatizados como os únicos naturais, decentes, racionais. De agora em diante, ele só se determina como coisa, como elemento estatístico, como *success or failure* [sucesso ou fracasso].[57]

O industrialismo "coisificou" as almas e colocou-as diante do dilema capitalista: sucesso ou fracasso dentro de nossa sociedade. A coisificação dos indivíduos, também chamada por alguns pensadores de reificação, expressou a forma ideológica da dominação, o "divide e impera" da sociedade contemporânea, a certeza de que, convencidos desse ideal infeliz de vida, os indivíduos não podem se articular em torno do centro-motor da sociedade, o conflito entre classes, e resistir a essa dominação.

Por isso, as relações têm de ser frágeis. Evidentemente, a indústria cultural é só uma base dessa tentativa de dominação, mas a disputa se dá de maneira ainda mais intensa no interior das fábricas e nos locais de trabalho, porque os capitalistas sabem bem que a subjetividade operária tende a resistir à proposta de artificialidade e superficialidade do mundo contemporâneo. Em vista disso, a reestruturação produtiva no capitalismo percebeu que para manter o domínio nas fábricas era necessário desfazer os laços entre os trabalhadores, dividindo-os ao máximo no interior do trabalho; daí a *terceirização* ser peça fundamental, pois age no sentido de inviabilizar tais laços, chegando ao ponto de criar um sistema de *rotatividade* do trabalho para que os trabalhadores não tenham tempo de se conhecer. E para aplicar todo esse plano, as burocracias sindicais foram a base "material" que buscava garantir a estabilidade dos trabalhadores perante a reestruturação produtiva e essa onda de ataques a suas condições de vida e seus direitos.

Seja por meio da mídia, seja nas imposições do trabalho, *no capitalismo a superficialidade é senhora do destino dos homens e das mulheres*. Esse é o movimento imposto, irrefreável do ponto de vista meramente individual. Por isso, o sentimento dominante advindo dos anos 1990 (de reação neoliberal) é a desilusão, pois sem a articulação como classe e resistência, forjando os laços profundos que

---

[57] Theodor Adorno e Max Horkheimer, *Dialética do esclarecimento*, cit., p. 35.

só a luta pode fornecer, a perspectiva é a do pessimismo, "os homens são obrigados finalmente a encarar sem ilusões a sua posição social e as suas relações"[58].

O drama maior não é apenas a superficialidade, mas é que esta vem casada com o *pragmatismo*. Reina a busca pela *quantidade*: de dinheiro, em primeiro lugar, e de todas as derivações disso. A enxurrada de informações cria um indivíduo tomando uma sequência de decisões no mundo, uma hiperatividade, uma busca pragmática, que só pode se encontrar com seu contrário, o vazio.

Se o amor e a amizade são duas das artes mais sublimes das relações humanas, a forma de amar hoje adquire todo o significado dessa superficialidade. O "clichê" volta mais forte: no mundo social – e agora nas redes sociais – é possível estar acompanhado de uma infinidade de pessoas e se sentir cotidianamente sozinho. Mas isso corre conjuntamente aos aplicativos de comunicação, que funcionam em ritmo alucinado, não param de trazer novas mensagens e informações, aprisionando completamente o pensamento e o inviabilizando de qualquer gesto criativo (social, artístico, político) que modifique a degradação das relações humanas.

Em suma, homens e mulheres se veem com almas coisificadas, relações superficiais e ambições pragmáticas. Essa é a miséria capitalista. Antes, nós já denunciávamos a exploração do trabalho e a desigualdade do mundo material, que, por sinal, não cessaram de aumentar. Agora, somada a isso, a denúncia anticapitalista não se refere apenas ao corpo, mas também à "alma", que o capitalismo colonizou e reduziu até criar uma sociedade da miséria intelectual, da total mesquinhez de sonhos, uma sociedade da infelicidade e da depressão. A mais desafortunada escolha subjetiva que os homens e as mulheres podem fazer é abandonar o caminho da resistência e da revolta e voltar-se à resignação, aos prazeres que o sistema pode oferecer. Mas qual seria o caminho alternativo?

Reside aí o erro fundamental de Adorno e Horkheimer. A obra máxima que escreveram e que sintetiza algumas dessas ideias, *A dialética do esclarecimento*, foi publicada dois anos depois do fim da Segunda Guerra Mundial. É indissociável de sua denúncia à dominação capitalista o espírito pessimista do pós-guerra.

Ao centrar a análise no caminho que vai da exploração material à dominação espiritual, terminaram por conferir determinação exacerbada na força da dominação das ideias, sem perceber que o caldo que as fermenta não tem uma dinâmica evolutiva e gradual, mas explosiva. Nesse sentido, os filósofos alemães decretaram, prematuramente e antes do pensamento pós-moderno, o fim do proletariado como classe revolucionária, a morte da potencialidade do conflito capaz de abrir uma crise social e colocar novamente a perspectiva de uma revolução no conjunto da sociedade, da cabeça aos pés.

---

[58] Karl Marx e Friedrich Engels, *Manifesto Comunista*, cit. p. 43.

A complexa lei histórica que Hegel identificou no mais popular dos pensamentos, segundo o qual "os extremos se tocam"[59], a base do pensamento dialético, se engessou no pessimismo dos autores. A mais sufocante superficialidade e o mais banalizado pragmatismo das relações humanas só podem produzir a mais explosiva revolta, que quando se estende do indivíduo às classes sociais, pode ser um fermento de transformação. E todas as manifestações que discutimos ao fim do terceiro e no quarto capítulo atestam que a renovada e atualíssima (pensando o período neoliberal) crítica anticapitalista de Adorno não se reatualiza também em seu ceticismo em relação aos trabalhadores e à juventude, que deu início a seu protagonismo ao longo da década da crise.

Indústria cultural: alma de uma situação sem alma

Adorno e Horkheimer diziam que o "pão com que a indústria cultural alimenta os homens é a pedra da estereotipia"[60]. Em outros termos, os padrões nutrem (e afogam) a sociedade. A vitalidade dessa tese é que ela é repetida a todo tempo, das teses acadêmicas aos muros da cidade, em sua afirmação ou como forma de protesto. Os valores do "belo", "bom", "verdadeiro", "digno" e suas formas estereotipadas foram todos incorporados pela ideologia dominante em um nível incomensurável na contemporaneidade. Karl Marx e Friedrich Engels, ainda no *Manifesto Comunista*, diziam que a burguesia destruiu as relações idílicas do passado e "afogou os fervores sagrados da exaltação religiosa, do entusiasmo cavalheiresco, do sentimentalismo pequeno-burguês nas águas geladas do cálculo egoísta"[61].

O cálculo egoísta, isto é, atitudes movidas pelo individualismo e pelo pragmatismo, são marcas indeléveis de nossa época (ainda mais agressivas na fase neoliberal) e, portanto, são parte fundamental do que deve permear as formas dominantes da cultura, a substância dos padrões. A sociedade deve se acostumar com o fato de que cada objeto particular, cada detalhe, cada peça do teatro da vida social existe em sua imutabilidade, em sua necessidade de existir e "ser para sempre": *é o que fortalece a imutabilidade das situações*, diziam os frankfurtianos. Por isso, tudo tem de ser um padrão, de forma que cada coisa se insere em um coletivo integrado e indispensável à sociedade burguesa *tal como ela é*. A avalanche de informações e formas "culturais" que os trabalhadores, sobretudo os mais jovens, são impelidos a experimentar é uma parte ativa fundamental de fomentar esses valores, levando à conclusão sobre o egoísmo do indivíduo em geral (e, portanto, à conclusão de que é necessário seguir na guerra de todos contra todos) e são uma das bases da crença de que se os humanos não podem ser sujeitos da mudança, que tudo continuará igual. Acontece que entre essas formas ideológicas e

---

[59] Ver Karl Marx e Friedrich Engels, *Acerca del colonialismo* (Moscou, Progreso, 1981), p. 9 [Tradução nossa].
[60] Theodor Adorno e Max Horkheimer, *Dialética do esclarecimento*, cit., p. 139.
[61] Karl Marx e Friedrich Engels, *Manifesto Comunista*, cit., p. 42.

o desenvolvimento real do mundo existe um abismo, nem sempre fácil de enxergar. Convivem com o "triunfo" da sociedade capitalista as formas mais bárbaras da exploração do trabalho (incluindo formas de escravidão no mundo moderno) e uma massa que ultrapassa a casa do bilhão e continua na linha da pobreza. Sob a máscara da igualdade de possibilidades se esconde a desigualdade massiva que combina prédios luxuosos e favelas nos centros urbanos; sob o véu da liberdade dos indivíduos se escondem os mais duros ataques às liberdades democráticas da existência na classe trabalhadora; ao rico é reservada a *heroína* de luxo, ao pobre, o fuzil que mata e a discriminação que humilha.

Por isso, a sociedade burguesa precisa criar seus heróis e se reinventar na arte toda especial de reafirmar o principal padrão que ela cria e recria: *a sociedade burguesa como espetáculo*. Dizia Guy Debord,

> o espetáculo é o discurso ininterrupto que a ordem atual faz a respeito de si mesma, seu monólogo laudatório. É o autorretrato do poder e na época de sua gestão totalitária das condições de existência. A aparência fetichista de pura objetividade nas relações espetaculares esconde o seu caráter de relação entre homens e entre classes: parece que uma segunda natureza domina, com leis fatais, o meio em que vivemos. [...] Se o espetáculo, tomado sob o aspecto restrito dos "meios de comunicação de massa", que são sua manifestação superficial mais esmagadora, dá a impressão de invadir a sociedade como simples instrumentação, tal instrumentação nada tem de neutra: ela convém ao automovimento total da sociedade.[62]

A forma do espetáculo, adaptando-se à realidade e sua dinâmica, criou um novo tipo de *superego* na indústria cultural atual. O moralismo maniqueísta do passado já esvaziou seu conteúdo dominador. Agora não é mais um "herói moral do bem" o que mais atrai. A arte da indústria cultural atual é transformar o mais espúrio, sem escrúpulos, mesquinho e individual, em espetáculo, em superego, em herói ou heroína.

Em última instância, são distintas formas ideológicas para fortalecer as "ilusões democráticas" da massa trabalhadora na sociedade e visar a uma mínima estabilidade política para a dominação burguesa. Se devemos ter claro que essa dominação encontra forças materiais como as burocracias sindicais (que paralisam a ação política insurgente dos trabalhadores) ou os partidos burgueses e pequeno-burgueses "democráticos", que criam diversos discursos heterodoxos para voltar a se abraçar com a hegemonia burguesa, podemos dizer que essa mesma dominação possui uma "alma" (ou parte dela) na indústria cultural.

Uma das mais premiadas séries televisivas dos últimos anos, *House of Cards*, talvez nos sirva como um exemplo gráfico do sentido mais profundo de dominação da

---

[62] Guy Debord, *A sociedade do espetáculo* (trad. Estela dos Santos Abreu, Rio de Janeiro, Contraponto, 1997), p. 20-1.

indústria cultural[63]. O personagem Francis Underwood, um político em busca de poder na Casa Branca é o "tipo ideal" (para fazer uma ironia) dos valores transmitidos consciente e inconscientemente ao público espectador. Underwood e seus aliados têm como traços marcantes a sagacidade política, inteligência, disciplina, crueldade, falta de escrúpulos, entre outros. Mas nada é mais importante e mais valoroso no íntimo do que transmitem as personagens do que o *pragmatismo como valor*. De todos os valores, o maior é a mais absoluta capacidade de não ter nenhum sentimento, nenhuma paixão, nenhuma humanidade quando se faz política.

Ao intérprete em busca de um olhar crítico, poder-se-ia atribuir a ideia de que a série é verdadeira em alguns pontos ao retratar a miséria da política burguesa. Mas, particularmente, trata-se de uma obra de arte e, dessa forma, devemos nos ater à capacidade sensível e estética da obra de se comunicar com os espectadores. Nesse caso, o venenoso pragmatismo de Underwood é mais saboroso esteticamente ao público do que a "racional" denúncia da política burguesa.

A magia da indústria cultural hoje é essa: os críticos dão a xícara da crítica fria, artificial, para ficar com o conteúdo quente de seu interior. Para as obras da indústria cultural moderna, parecer crítica e dar um sentido de sabedoria e esclarecimento ao sujeito é parte fundamental; é fingir que eles têm o controle do cérebro para ganhar seus corações: "O que é significativo não é a incultura, a burrice e a impolidez nua e crua. O refúgio de outrora foi eliminado pela industrial cultural graças a sua própria perfeição, graças à proibição e à domesticação do diletantismo, muito embora ela não cesse de cometer erros crassos, sem os quais o nível do estilo elevado seria absolutamente inconcebível"[64].

As formas cômicas ou dramáticas devem atingir a plenitude técnica e, quando numa forma mais elaborada, oferecer o sabor artificial de um dado conteúdo crítico para atingir o objetivo ideológico – o que Slavoj Žižek refletiu, de maneira inteligente, como uma espécie de anticapitalismo de Hollywood[65]. Marx dizia, em 1843, que a comédia era a última forma de expressão de uma sociedade ("formação histórico--mundana") e tinha o papel, nesse caso, de levar a humanidade a se afastar alegremente de seu passado. A indústria cultural moderna inverteu completamente esse sentido, e transformou a comédia na reafirmação (esdrúxula) da reconciliação com a sociedade atual. Ainda nas palavras de Adorno e Horkheimer: "O triunfo sobre o belo é levado a cabo pelo humor, a alegria maldosa que se experimenta com toda renúncia bem-sucedida. Rimos do fato de que não há nada de que se rir [...]. Na falsa sociedade, o riso atacou – como uma doença – a felicidade, arrastando-a para a indigna totalidade dessa sociedade [...]. O diabólico no riso falso está justamente em que ele é forçosamente uma paródia até mesmo daquilo

---

[63] Para uma análise mais detida do tema, ver meu artigo "Netflix: abandonamos a crítica cultural?", *Ideias de Esquerda*, 16 fev. 2020; disponível em: <http://www.esquerdadiario.com.br/Netflix-abandonamos-a-critica-cultural>; acesso em: 7 abr. 2021.
[64] Theodor Adorno e Max Horkheimer, *Dialética do esclarecimento*, cit., p. 112.
[65] Ver, de Slavoj Žižek, o livro *Em defesa das causas perdidas* (trad. Maria Beatriz de Medina, São Paulo, Boitempo, 2011).

que há de melhor: a reconciliação"⁶⁶. Em contrapartida, é possível fazer certo paralelo da indústria cultural (e seu peso relativo na cultura hoje) com a preocupação de Marx sobre a religião, quando escreveu sua célebre *Introdução à crítica da filosofia do direito de Hegel*. Isso porque a crítica de Marx via o recorrer à religião – ao contrário de como foi disseminado posteriormente – não apenas como a alienação, mas "o suspiro da criatura oprimida, o ânimo de um mundo sem coração e a alma de uma situação sem alma"⁶⁷ e, portanto, como uma forma de protesto contra a miséria subjetiva do mundo, canalizado em outras formas de "grilhões". Pensar assim é se chocar em dois sentidos com a crítica de Adorno e Horkheimer. Em primeiro lugar, porque é se deslocar do que existe de *elitista* na crítica deles à "cultura de massa". Mesmo nas formas mais "elaboradas" da indústria cultural ou no desenvolvimento artístico de raiz popular, existe a dimensão do conflito, da luta de classes, ou seja, mais ou menos desenvolvida, a resistência à total mercantilização da arte e da cultura – a própria indústria cultural não é nem poderia ser um todo homogêneo, possuindo obras contraditórias (e a própria repercussão de uma dada obra não é totalmente controlável pela indústria). Ignorar isso seria enxergar não uma tentativa constante de dominação ideológica e uma resistência parcialmente ativa da massa trabalhadora e da juventude, mas apenas uma massa de alienados diante da indústria cultural, sem reação. Em outras palavras, o "fim da história", declarado por certa parte da esquerda pensante.

Em um segundo sentido, é uma forma também de ler a questão sob a ótica da produção e não do consumo e, de tal maneira, não se voltar à crítica do consumidor, mas aos enormes monopólios da indústria cultural. É evidente que a novela, que propicia o romance e a sublimação daquilo de que se foi, de maneira sistemática, materialmente privado, funciona como um suspiro diante da miséria real, "o ânimo de um mundo sem coração", nas palavras já citadas de Marx.

Ao tomarmos essa lógica e a partir dessa crítica, podemos dialogar com o pensamento de Adorno e Horkheimer quando dizem: "Cada espetáculo da indústria cultural vem mais uma vez aplicar e demonstrar de maneira inequívoca a renúncia permanente que a civilização impõe às pessoas. Oferecer-lhes algo e ao mesmo tempo privá-las é a mesma coisa"⁶⁸. Assim, a crítica da indústria cultural deve conduzir ao rompimento dos grilhões ideológicos para que "a flor viva brote"⁶⁹. Para isso, é preciso compreender a resistência em dois planos, no material e também no ideológico-cultural. O que quebra o cotidiano da novela ou da série não são as milhares de impressões dos livros de Adorno e Horkheimer (os quais, de um ponto de vista evolutivo, dificilmente encontrarão os trabalhadores), mas é a luta concreta dos trabalhadores contra os pressupostos dessa sociedade e as bases materiais da dominação política (no movimento

---

[66] Theodor Adorno e Max Horkheimer, *Dialética do esclarecimento*, cit., p. 116.
[67] Karl Marx, "Introdução", em *Crítica da filosofia do direito de Hegel*, cit., p. 145.
[68] Theodor Adorno e Max Horkheimer, *Dialética do esclarecimento*, cit., p. 116.
[69] Karl Marx, "Introdução", em *Crítica da filosofia do direito de Hegel*, cit., p. 146.

operário e na juventude). Uma greve pode ter um impacto na consciência de um trabalhador muitas vezes maior do que políticas evolutivas no plano da cultura, por sua possibilidade de desenvolver a reflexão. Mas também no terreno da própria cultura esse embate é frequentemente dado e se expressa de diversas formas no cotidiano artístico. É verdade que a indústria cultural tem a incrível capacidade de tornar tudo mercadoria, mas em cada canto e em cada esfera da arte se expressam renovadas formas poéticas e estéticas, as quais colocam novas dificuldades para a indústria e a dominação capitalistas.

A indústria cultural se transformou bruscamente no pós-crise: basta pensar que o *streaming* da Netflix chegou aos Estados Unidos em 2007, expandiu-se bruscamente em 2010 no Canadá e alcança um sucesso avassalador com sua primeira série, *House of Cards*, em 2013. Assim, retomar a crítica a essa indústria, percebendo sua transformação e vendo nisso os signos dos novos tempos, também é parte fundamental de compreender o alcance da inflexão de 2008 e como essa se dá no contexto de pós-década da crise.

O retorno dos intelectuais radicais

Slavoj Žižek, em seu livro *Em defesa das causas perdidas,* coloca em questão uma das "causas" abandonadas e como a inflexão de 2008 pode recolocá-la para a esquerda: a retomada de uma intelectualidade socialista radical. É sobre isso que queremos nos deter aqui, pois pensar uma crítica anticapitalista no pós-2008 passa por também pensar o reflorescimento dessa intelectualidade.

Um dos mais célebres conceitos sobre o lugar dos intelectuais socialistas-radicais, do ponto de vista da história e do embate capital *versus* trabalho, é o de *intelectual orgânico*, elaborado por Antonio Gramsci. Em seu caderno de debate filosófico (especialmente com Bukhárin e Benedetto Croce), Gramsci advoga o caráter indissociável entre o "saber" e o "sentir", entre o conhecimento e a paixão social, entre o intelectual e as massas.

> Passagem do saber ao compreender, ao sentir, e, vice-versa, do sentir ao compreender, ao saber. O elemento popular "sente", mas nem sempre compreende ou sabe; o elemento intelectual "sabe", mas nem sempre compreende e, menos ainda, "sente". [...] O erro do intelectual consiste em acreditar que se possa saber sem compreender e, principalmente, sem sentir e estar apaixonado. [...] [O intelectual] deve sentir as paixões elementares do povo, compreendendo-as e, portanto, explicando-as e justificando-as em determinada situação histórica, bem como relacionando-as dialeticamente com as leis da história, com uma concepção do mundo superior, científica e coerentemente elaborada, com o "saber".[70]

---

[70] Antonio Gramsci, *Cadernos do cárcere*, v. 1, (trad. Carlos Nelson Coutinho, Rio de Janeiro, Civilização Brasileira, 1999), p. 221-2.

Com relação ao marxismo e a organicidade entre a teoria e a prática, que vinha dos fundadores do socialismo científico e se mantinha nos que deram continuidade ao desenvolvimento dessas ideias na virada do século XX, essa junção precisou sofrer um choque para que fosse possível a conformação de um *marxismo de intelectuais tradicionais,* para usar os termos de Gramsci. Por assim dizer, de uma forma de teoria que se *apresenta,* de certa maneira, autônoma das classes e de seus conflitos.

O pensamento intelectual marxista desgarrado de seus objetivos políticos se desenvolveu justamente na primeira grande ruptura da teoria com a prática, ocorrida ainda na década de 1920, tendo um salto de qualidade com as derrotas sucessivas que o proletariado sofreu ao longo desses anos (Revolução Alemã de 1923, Greve Geral de 1926 na Inglaterra e Revolução Chinesa de 1925-1927) e, particularmente os anos 1930.

Foram necessários sucessivos reveses na luta de classes para produzir um pensamento marxista que se afastasse da classe trabalhadora como sujeito político da transformação, um pilar fundamental dos problemas teóricos das distintas esferas que o marxismo pode abordar. Essa é a tese fundamental de Perry Anderson em *Considerações sobre o marxismo ocidental*[71]. A separação entre teoria e prática como um produto histórico foi de influência decisiva para a própria elaboração intelectual de distintas escolas ligadas ao marxismo. A generalização desse pensamento desvinculado de motivações políticas só foi possível com a expansão da universidade "de massas", principalmente a partir dos anos 1960 e como resposta às mobilizações internacionais de 1968. É importante refletir isso na medida em que queremos entender as formas que levaram ao esmagamento dos "intelectuais-radicais" no auge da ofensiva ideológica do capital durante o neoliberalismo. Para compreender esse movimento que vai levar à "generalização" do academicismo no pensamento marxista (particularmente universitário), vejamos o caso dos frankfurtianos Adorno e Horkheimer, já que são as primeiras expressões importantes do processo da separação entre teoria e prática, além de serem também um caso emblemático para pensar o ano de 1968 – e o choque do pensamento filosófico antipolítico com a realidade viva da luta.

Ceticismo e conservadorismo no "pensamento autônomo marxista"

Como muitos dos intelectuais dos anos 1920, Horkheimer também flertava com os partidos de esquerda da época. Embora o filósofo possivelmente não tenha sido membro do Partido Comunista Alemão (KPD), era mais próximo deste do que do Partido Social-Democrata Alemão durante a última República de Weimar. A derrota na Revolução Alemã de 1923 foi muito importante para que o KPD não conseguisse

---

[71] Abordaremos esse ponto no tópico final deste capítulo, quando trataremos do pós-Segunda Guerra Mundial citando a obra de Perry Anderson.

aproximar mais intelectuais para o partido, o que foi parte do processo de abrir espaço para a cisão entre teoria e prática. Com a estalinização da Internacional Comunista e o giro sectário após o VI congresso (1928), que levou à catástrofe política (abandono da frente única) em 1933, culminando na ascensão de Adolf Hitler, as condições só se agravaram e o terreno "objetivo" para o marxismo ocidental apenas aumentou. Infelizmente, ao se isolarem da política, parte desses intelectuais (entre os quais Adorno e Horkheimer) acabam abandonando o proletariado como sujeito da emancipação.

Um dos textos conclusivos desse movimento e iniciador do pensamento frankfurtiano, intitulado *Teoria crítica ou teoria tradicional*, foi escrito precisamente em 1937, às vésperas da Segunda Guerra Mundial, um ano depois da derrota da greve geral francesa e no ano da derrota da insurreição de Barcelona – a "última chance" de se evitar a tragédia imperialista da guerra. Nesse texto, os autores vão se chocar contra os distintos aspectos do método e da teoria positivista (em plena ascensão nos Estados Unidos), criar uma perspectiva conectada com outras ciências e, acima de tudo, ligada à noção de uma teoria normativa, que vise à emancipação. Tal forma de teorizar nasce em paralelo com o clássico da sociologia americana *A estrutura da ação social*, de Talcott Parsons, também de 1937.

Em especial, os anos da guerra e o mundo pós-guerra, de desilusão e reconstrução do que foi perdido, destruído, arrasado e descarregado nas costas dos trabalhadores, pareciam o palco perfeito para o intelectual frankfurtiano: uma teoria que nasce em oposição aos "desenvolvimentos" teóricos burgueses na sociologia americana, dando o perfil ao teórico crítico de um analista feroz da dominação capitalista, mas num contexto de descrente resistência do movimento operário (bastante derrotado após os anos 1930). Tal situação se aprofundava com o desenvolvimento do *Welfare State* (particularmente no pós-guerra), que criaria condições para a reificação capitalista e formas de controle ainda superiores, exercendo uma pressão ainda maior de capacidade adaptativa do capitalismo, afastando qualquer elemento revolucionário da perspectiva dos autores.

A teoria crítica de Adorno e Horkheimer parecia se encaixar, portanto, com a resignação das "décadas de ouro": era uma forma de crítica que conduzia a uma estrada sem saída. Adorno deixou textos póstumos intitulados "mensagens numa garrafa", que simbolizam exatamente a resignação com o presente para o autor, que escreveu críticas as quais se combinaram com um futuro sujeito emancipativo, cuja existência no seu tempo não seria possível.

O pensamento desengajado diante das lutas sociais

No entanto, essa forma de pessimismo (que não deixa de ser diletante à sua maneira) cobrou um preço ainda em vida, e o lugar intelectual de Adorno e Horkheimer se deslocou de sua estabilidade com os acontecimentos dos anos 1960, em particular, as explosões estudantis do período.

Nesse sentido, vamos recorrer a três episódios especificamente de Theodor Adorno para exemplificar como o filósofo, desvinculado das lutas sociais, aparentemente pungente intelectualmente no período de calmaria, entra em bancarrota teórica com a virada revolucionária da situação.

No fim de abril de 1968, na segunda aula que dava em um curso de introdução à sociologia em Frankfurt, Adorno confusamente terminou reafirmando "certa prioridade" de promover o conhecimento, justo poucos dias antes da explosão estudantil francesa do mês de maio.

> Quando seis milhões de pessoas inocentes são assassinadas por uma motivação delirante, ainda que, no sentido de uma teoria da sociedade, isso seja considerado um epifenômeno, algo de derivado e não decisivo, penso que a simples dimensão de horror possui um tal peso e um tal direito, que ela justifica, nesse caso, a exigência pragmática de, antes de mais nada, promover o conhecimento, conferindo-lhe uma certa prioridade – perdoem-me o uso dessa palavra de terrível lembrança – com o objetivo de evitar a repetição de tais acontecimentos.[72]

Incitar a prioridade do conhecimento, recorrendo aos horrores do nazismo, tinha muito efeito no pós-guerra; no entanto, às vésperas de um levante internacional estudantil e de greves operárias, tornava-se anacrônico. No dia 2 de maio, Adorno dá a quarta aula do mesmo curso e translada a contradição do acadêmico ao político, como se desvelasse pelas próprias palavras a magia que liga a postura intelectual de crítica "radical" ao nada radical reformismo político.

> Penso que, na realidade social vigente, deveríamos ser muito mais parcimoniosos com as críticas ao chamado reformismo do que era possível no século XIX e no começo do século XX. A posição diante das reformas em certo sentido é função de como avaliamos as relações estruturais no âmbito do todo, e como hoje essa transformação do todo já não parece possível na mesma imediatez em que aparecia em meados do século XIX, também essas questões se deslocam a uma perspectiva inteiramente diferente.[73]

À luz de um leitor da década de 1970, por exemplo, a resignação de Adorno se torna uma tragédia, com o apelo ao reformismo justificado na não imediaticidade da transformação do todo, precisamente num momento em que os estudantes franceses proclamavam "*soyez réalistes, demandez l'impossible*" [sejamos realistas, exijamos o impossível]. Essa seria uma tragédia teórica e teórico-política, se não se tornasse força material propriamente política. Tal passagem se refere ao conhecido episódio em que Adorno chama a polícia para reprimir estudantes que adentravam

---

[72] Theodor Adorno, *Introdução à sociologia* (trad. Wolfgang Leo Maar, São Paulo, Editora Unesp, 2008), p. 77.
[73] Ibidem, p. 99.

o Instituto de Frankfurt no calor das mobilizações em janeiro de 1969. Se na teoria o pessimismo adorniano caducou e se tornou, enquanto concepção política, um reformismo, em 1969, seu pensamento conduziu o embate entre a teoria e a realidade material aos limites do que se poderia considerar de qualquer ponto de vista um pensamento crítico. Agiu em janeiro como todos os positivistas que sempre criticou: preservando a ordem.

Herbert Marcuse, em sua correspondência com Adorno, critica o filósofo alemão no fundamental: a imutabilidade de sua teoria.

> Como tu, considero irresponsável aconselhar do alto da escrivaninha a ação àqueles que estão dispostos, com plena consciência, a fazerem quebrar-se a cabeça pela sua causa. Mas, no meu modo de ver, isso significa que, para continuar a ser nosso "velho Instituto", devemos hoje escrever e agir diferentemente dos anos 1930. Até mesmo a incólume teoria não está imune à realidade. Tão falso quanto negar a diferença entre ambas (como tu com razão censuras aos estudantes) é manter abstratamente a diferença na sua antiga configuração, quando a realidade na qual teoria e prática se incluem (ou se distanciam) se modifica.[74]

Marcuse nota até que ponto pode chegar a postura política de Adorno ao manter uma "coerência filosófica" com os anos 1930 perante as manifestações de 1968. Diante desse quadro, vale a pena contrastar a postura intelectual dos fundadores do socialismo científico com esse ângulo sobre o conhecimento de Adorno e sua postura política em 1968. Chama atenção uma passagem de Friedrich Engels. No prefácio ao terceiro livro de *O capital*, o autor se queixava de que seus interesses pelos trabalhos teóricos eram muito maiores do que poderia realizar, já que, com a morte de Marx, os debates de articulação do movimento operário internacional recaiam duplamente sobre ele. No que se refere à intensidade dessa atividade política, Engels escrevia:

> Desde os primeiros dias de nossa atividade pública, recaía em Marx e em mim boa parte do trabalho de estabelecer relações entre os movimentos nacionais dos socialistas e dos trabalhadores dos diversos países; esse trabalho aumentava na medida em que se robusteciam esses movimentos em sua totalidade. Marx assumiu, até a morte, o peso principal da tarefa; mas esta, depois mais acrescida, recaiu unicamente sobre mim. Felizmente, a relação direta entre os partidos nacionais dos trabalhadores vai se tornando a regra, e se impõe cada dia mais; apesar disso, minha ajuda é requerida com frequência muito maior que a adequada ao meu interesse pelos trabalhos teóricos. Para quem milita como eu há mais de cinquenta anos nesse movimento, os trabalhos que ele propõe constituem dever indeclinável, a cumprir sem dilação. A agitada época atual, como no século XVI, só do lado da reação se encontram teóricos puros, na

---

[74] Herbert Marcuse, "Carta de Marcuse a Adorno", *Folha de S. Paulo*, 24 ago. 1997 [4 jun. 1969]; disponível em: <https://www1.folha.uol.com.br/fsp/mais/fs240818.htm>; acesso em: 25 jun. 2019.

esfera dos interesses públicos, e justamente por isso esses senhores não são mesmo teóricos verdadeiros, mas simples apologistas dessa reação.[75]

Assim, voltamos ao conteúdo "crítico" (que dava tons vermelhos a uma das formas do que se generalizaria como "marxismo acadêmico" no pós-1968) da obra de Adorno e Horkheimer. Se por teoria crítica pudermos nos referir, como expressou o jovem Marx em uma carta de 1843, ao "autoesclarecimento das lutas e dos desejos de uma época"[76], ou seja, que a crítica deve pressupor o desenvolvimento da potencialidade latente daquilo que se critica, então a teoria de Adorno e Horkheimer terminou por morder a própria língua. Além disso, não levou a crítica da sociedade capitalista até a raiz, em todo o sentido de negação e afirmação que a natureza dialética da crítica deve conter.

Ironicamente, se antes era uma posição intelectual criticada por distintas correntes em sua época, o frankfurtianismo de Adorno e Horkheimer tornou-se certo modelo estabelecido de parte dos intelectuais de esquerda dos anos 1990. A própria intelectualidade, reconciliada com as novas condições do neoliberalismo, adaptou a "crítica radical" ao sabor do regime universitário vigente – sem dúvida nenhuma, com louváveis resistências que foram parte fundamental na conservação de aspectos da teoria bastante vivos e em combate, como a crítica da economia política, a centralidade do trabalho, a defesa do materialismo histórico contra as correntes pós-modernas etc.

Qual a transformação do ponto de vista da ideia de intelectual ligado ao *trabalho* que o mundo pós-crise coloca? Valendo-nos da crítica que expressamos até aqui, podemos entender que o novo mundo, com seus novos problemas de economia, geopolítica, lutas sociais e expressões ideológicas, cada vez mais efervescentes, questionou de maneira incisiva o *intelectual adorniano* e recolocou no tabuleiro internacional a perspectiva de *intelectuais socialistas-radicais*.

Leon Trótski: revolução social e "grande estratégia"

Ao se estabelecer a crítica do sistema em seu conjunto, duas questões cruciais se apresentam: o problema da transição a um novo ordenamento social e a questão de qual é a arquitetura almejada por essa nova sociedade. Leon Trótski ofereceu uma das respostas mais profundas para esse problema no século XX, na medida em que, em seus escritos, conseguiu encadear, na política concreta em cada país, a necessidade imperiosa da revolução social dos trabalhadores, mas não como fim em si, o socialismo em um dado país, mas como ponta de lança de um processo de emancipação

---

[75] Friedrich Engels, "Prefácio", em Karl Marx, *O capital: crítica da economia política*, Livro 3: *O processo global da produção capitalista* (trad. Reginaldo Anna, Rio de Janeiro, Civilização Brasileira, 2008), p. 14.
[76] Karl Marx, "Letter from Marx to Arnold Ruge", Deutsch-Französische Jahrbücher, 1844; disponível em <https://www.marxists.org/archive/marx/works/1843/letters/43_09-alt.htm>; acesso em: 7 abr. 2021 [Tradução nossa].

internacional dos trabalhadores, sem o qual seria impossível pensar uma sociedade estável que não fosse fustigada por todos os elementos do capital internacional vigentes. Sua teoria da revolução permanente é a expressão mais sofisticada da reflexão sobre o problema da estratégia na luta pela emancipação dos trabalhadores.

O problema da conexão entre meios e fins é uma pedra de toque na ciência política, tendo sido abordado por distintos pensadores: uma das primeiras e famigeradas expressões está em Nicolau Maquiavel. É bastante conhecida a passagem, embora utilizada de forma um pouco deslocada pelo biógrafo de Trótski, Isaac Deutscher, em que Maquiavel utiliza a imagem do "profeta armado".

> Devemos convir que não há coisa mais difícil de se fazer, mais duvidosa de se alcançar ou mais perigosa de se manejar do que ser o introdutor de uma nova ordem, porque quem o é tem como inimigos todos aqueles que se beneficiam com a antiga ordem, e como tímidos defensores todos aqueles a quem as novas instituições beneficiariam. Essa timidez nasce em parte do medo aos adversários, que têm a lei a seu lado, e em parte da incredulidade dos homens, que só creem na verdade das coisas novas depois de comprovadas por uma firme experiência. Daí resulta que, à primeira ocasião, os inimigos atacam de modo feroz, enquanto os outros se defendem timidamente, de modo que se corre perigo a seu lado. É necessário, portanto, para bem compreender esse assunto, examinar se esses inovadores dispõem de meios próprios ou dependem de outros, isto é, se para realizar a sua obra precisam pedir ou podem forçar. No primeiro caso, acabam sempre mal e não conseguem nada; mas, quando dispõem de seus próprios meios e podem forçar, é raro que fracassem. Segue-se daí que todos os profetas armados vencem, enquanto os desarmados se arruínam.[77]

Essa compreensão da política expressa na obra *O príncipe*, que já cria uma inter-relação dialética entre meios e fins e é pensada a partir do poder e dos jogos de forças que podem fazer esse poder vigente manter-se estável ou entrar em ruínas, é marca característica do pensador clássico italiano, muito mais do que seu suposto "absolutismo"[78], acepção que acaba por datar e reduzir em demasia o pensamento de Maquiavel. Dito em outras palavras, é precisamente a recolocação da questão do poder e as vias de atingi-lo (métodos) como central na época imperialista o que rejuvenesceu o pensamento do italiano e o estabeleceu como um dos pilares fundamentais do problema da política.

No decorrer do século XIX, que foi o século do parlamentarismo, do liberalismo e das reformas sociais (se fecharmos os olhos às guerras e às guerras civis), Maquiavel

---

[77] Nicolau Maquiavel, *O príncipe* (trad. Maria Júlia Goldwasser, São Paulo, Martins Fontes, 2004), p. 25.
[78] Sobre isso, Jean-Jacques Rousseau escreve, em *Do contrato social*: "É o que Samuel expôs vigorosamente aos hebreus; é o que Maquiavel fez ver com evidência. Fingindo dar lições aos reis, deu-as, grandes, aos povos. *O príncipe* de Maquiavel é o livro dos republicanos"; Jean Jacques Rousseau, *Do contrato social* (trad. Lourdes Santos Machado, São Paulo, Nova Cultural, 1991, coleção Os pensadores), p. 89.

tinha sido, há muito, considerado ultrapassado. A ambição havia se introduzido nos limites parlamentares e, com isso, foi saqueada. Já não se tratava mais da pura e simples conquista do poder por uma pessoa, mas de conquistar mandatos nos distritos eleitorais e pastas de ministérios. Maquiavel parecia ser o ideólogo de um passado longínquo. O novo tempo trouxe uma nova, mais elevada, moral política.

Mas, algo surpreendente, o século XX nos traz de volta, em muitos aspectos, os métodos da época da Renascença, e até os excede em muito na escala de suas brutalidades e crueldades.[79]

No trecho citado, Trótski demonstra que a emergência da época imperialista do capitalismo – com a exportação de capitais, a formação de gigantescos monopólios e a predominância do parasitismo financeiro – ironicamente reatualizou, de certa forma, "os métodos da Renascença". No entanto, as reflexões do "como", por quais meios, desenvolveram-se não apenas sob a obtenção do poder no interior de fronteiras nacionais; esse problema também se apresentou, em forma material, no choque entre Estados, o que ofereceu outras bases teóricas para o problema dos meios e fins, indo além da esfera da ciência política ou da filosofia: nos escritos militares, na medida em que esse problema derivava da necessidade concreta de vencer a guerra, a reflexão de estratégia se constitui como "a arte de vencer". Nos termos de Karl von Clausewitz, um dos mais expressivos pensadores militares, em sua célebre obra *Da guerra*, "a estratégia é a utilização do recontro [batalha] para atingir a finalidade da guerra. Ela tem, pois, de fixar uma finalidade para o conjunto do ato de guerra que corresponda ao objetivo da guerra"[80].

Abordando o problema da estratégia pelo ângulo da transição entre o capitalismo e o socialismo, a questão se deriva para as vias de consumar uma revolução social. A partir disso podemos trazer a questão para a atualidade. Daniel Bensaïd, em meio ao vendaval pós-moderno e reacionário do neoliberalismo, expressou esse ponto com uma constatação crucial para se pensar o tema: o debate de estratégia atingiu seu grau zero[81]. De fato, com a avalanche neoliberal e, como abordamos nos tópicos anteriores, a desconexão entre o marxismo e a revolução social, a contemplação teórica isolada da práxis só poderia se configurar em uma ausência do debate de estratégia. Para levar até as últimas consequências a questão, poderíamos dizer que uma teoria (que se pretenda marxista) que se exima da discussão estratégica estará, em última instância, resignada à contemplação mais ou menos crítica do estado atual de coisas.

Bensaïd foi além, voltando um século e retomando os debates no período prévio à Primeira Guerra Mundial, quando, em suas palavras, deram-se "os grandes debates

---

[79] Leon Trótski, Сталин [Stálin] (Moscou, Terra, 1996), s/p; disponível em: <http://lib.ru/TROCKIJ/stalin3.txt>. [Tradução Paula Vaz de Almeida].
[80] Karl von Clausewitz, *Da guerra* (trad. Maria Teresa Ramos, São Paulo, Martins Fontes, 2010), p. 171.
[81] Daniel Bensaïd, *Os irredutíveis: teoremas da resistência para o tempo presente* (trad. Wanda Nogueira Caldeira Brant, São Paulo, Boitempo, 2008), p. 21.

estratégicos sobre a emancipação social". Então, na visão do pensador francês, havia uma abordagem muito interessante sobre o problema da estratégia, pois se referia à pergunta sobre *como a humanidade irá se emancipar.*

Assim escreve Bensaïd:

> Os grandes debates estratégicos sobre a emancipação social datam, em grande medida, do período anterior à Primeira Guerra Mundial [...] Essas controvérsias são constitutivas da história contemporânea da mesma maneira que aquelas sobre a dinâmica conflituosa entre revolução e contrarrevolução no período entre as duas grandes guerras: guerra de posição e de movimento, frente única, alianças políticas, análises do fascismo, dinâmica da revolução colonial, questão nacional e internacionalismo. Para além das diferenças e das oposições frequentemente implacáveis, o movimento operário daquela época tinha ainda uma cultura e uma linguagem comuns. Hoje, trata-se de saber o que permanece dessa herança sem dono nem manual. Perry Anderson considera que, desde a Reforma de Lutero, jamais o mundo ficou tão sem alternativas à ordem dominante. A situação atual caracteriza-se sobretudo pelo desaparecimento de um movimento operário internacional independente.[82]

A afirmação retomada por Perry Anderson é forte e chega a nos dar dimensão da noite de trinta anos do período neoliberal. Em comparação com a virada do século, a segunda geração debruçou-se enfaticamente sobre o problema da estratégia, seguindo o caminho dos fundadores do marxismo. Mais precisamente, o aproximar-se da Primeira Guerra Mundial impeliu os revolucionários a buscar o caminho da transição socialista, especialmente as discussões sobre a forma de o proletariado atingir o poder político. De *Reforma ou revolução?* até os debates pós-1917 (sobretudo na Terceira Internacional até a morte de Lênin) sobre o significado da Revolução Russa, conformou-se uma imensa escola de estratégia. Bensaïd afirma que os grandes debates se deram antes da guerra, mas Leon Trótski sustentava que, a rigor, os debates se consolidaram depois.

> A ideia de uma estratégia revolucionária só tomou forma no decorrer dos anos do pós-guerra, de início graças à incontestável influência da terminologia militar. Mas seu fortalecimento não foi de modo algum por acaso. Antes da guerra falávamos apenas da tática do partido proletário; essa concepção correspondia com suficiente exatidão aos métodos parlamentares e sindicais que, então, predominavam e não ultrapassavam o limite das reivindicações e das tarefas correntes. A tática nasce de um sistema de medidas relativas a um problema particular ligado à ordem do dia ou a um terreno separado da luta de classes. Enquanto a estratégia revolucionária se estende a um sistema combinado de ações que, em sua ligação e sucessão, em seu crescimento, deve levar o proletariado à conquista do poder.[83]

---

[82] Ibidem, p. 21-2.
[83] Leon Trótski, *A Internacional Comunista depois de Lênin: Stálin, o grande organizador de derrotas* (trad. Fernando Bustamante e Paula Vaz de Almeida, São Paulo, Iskra, 2020), p. 133.

Nessa passagem, Trótski explica as razões pelas quais o conceito de estratégia revolucionária, em sua forma mais desenvolvida, só pode aparecer após o início da guerra, tendo grande avanço em seu desenvolvimento no calor dos acontecimentos de 1917 na Rússia e nos debates da Internacional Comunista. O revolucionário russo continua essa ideia traçando um quadro histórico

> Os princípios fundamentais da estratégia revolucionária foram formulados, evidentemente, desde que o marxismo colocou diante dos partidos revolucionários do proletariado a questão da conquista do poder com base na luta de classes. Mas, fundamentalmente, a Primeira Internacional apenas formulou esses princípios do ponto de vista teórico e os comprovou parcialmente graças à experiência dos diferentes países. A época da Segunda Internacional foi obrigada a recorrer a tais métodos e concepções que, como resultado, seguiram a famosa expressão de Bernstein: "o movimento é tudo, o objetivo final não é nada". Em outras palavras, o trabalho da estratégia se reduzia a nada, se dissolvia no "movimento" cotidiano, com suas consignas tiradas da tática cotidiana. Só a Terceira Internacional reestabeleceu os direitos da estratégia revolucionária do comunismo, à qual subordinou completamente os métodos táticos.[84]

Com isso, traça-se um panorama de como evoluiu o problema da estratégia entre a Associação Internacional dos Trabalhadores e a Terceira Internacional.

Quais são os dois obstáculos vencidos ao adentrarmos um marxismo de forte orientação estratégica? Parece-nos que a questão reside no problema da relação entre a massa dos trabalhadores e sua organização, ou seja, entre a classe e a política (e seu instrumento de fazer política, a forma-partido). Aqui reside precisamente a *dialética da política proletária*, isto é, qual forma pode levar as massas trabalhadoras à irrupção contra a dominação do capital e, portanto, à libertação revolucionária da exploração capitalista e, nesse sentido, à constituição de um Estado próprio de transição ao socialismo. Assim, o primeiro passo dessa *dialética* era fugir da dualidade "marxismo das massas" ou "marxismo da ação consciente", contrapondo a autoatividade das massas com a atividade política consciente.

Uma concepção que teve sua "primeira falência" já na bancarrota da Segunda Internacional era a de pensar todo tipo de ação política que residisse apenas na aglomeração da classe como um projeto político socialista "amplo", que se distanciou da preparação consciente de quadros, da conformação de uma vanguarda perspicaz, inteligente, temperada. Era a ideia de "partido-classe", que sem conformação clara de quadros marxistas entre os principais elementos da classe operária, sucumbiu às distintas pressões da realidade, terminando por ceder à opinião pública nacionalista e apoiar os créditos de guerra da Alemanha, em agosto de 1914. O erro de tal concepção encontrou, ao longo do século XX, uma porção de variantes que aprofundaram e foram muito além dos erros da social-democracia, chegando a todas as formas de autonomismo, modos anarquizantes do marxismo, horizontalismos

---

[84] Idem.

dominados por grandes caudilhos, em suma, as distintas tentativas de "mudar o mundo sem tomar o poder" e a aversão a qualquer forma de organização consciente, confluindo por vezes com os liberais na posição de que qualquer forma de organização partidária levaria à burocratização, dada a "natureza humana" corrompida das pessoas. De partido-classe fomos até as mais radicais manifestações de repulsa à política e a crença quase teleológica de que um dia a ação das massas levará ao socialismo, o que se demonstrou um fracasso.

A outra ideia vencida era o desvio semi-idealista de que o "elemento consciente", isolado das massas ou autonomamente a elas, poderia levar à transição socialista. Talvez a primeira grande figura do *conspirativismo* que ficou bem marcada no movimento operário seja Auguste Blanqui, com a ideia de organizar uma pequena vanguarda isolada das massas e lutar armados pela tomada do poder. Não deixa de ser uma proposta também bastante antiga, a qual remonta às origens do movimento operário e que também encontrou manifestação em uma série de estratégias de guerrilhas, foquismos, lutas armadas urbanas, formando, no caso de "vitórias", Estados deformados justamente por não serem produto da ação das massas em busca de sua emancipação, ou terminaram em prisões, mortes, levantes e *putschs*[85] completamente ineficazes.

A experiência dos Estados operários em geral foi parte desse desvio de rota, de isolar o elemento consciente da ação de massas (nacional e internacionalmente), ou seja, a política da classe, terminando por substituí-la por sua própria política. Daqui deriva o conceito de burocratização: o processo de desvinculamento de uma casta política das massas operárias, tendo sua mais importante expressão no stalinismo na União Soviética, mas expressando-se em quase todas as experiências de Estados operários no século XX. A exceção aqui é o próprio início da Revolução Russa: embora a literatura do século XX não tenha cansado de enfatizar o bolchevismo como uma forma moderna de blanquismo, a verdade é que a decisão de dirigir-se para a insurreição por parte dos bolcheviques se deu apenas depois do longo processo que resultou na sua política ganhando maioria no Soviete de Petrogrado em setembro de 1917, generalizando-se como a maioria da classe trabalhadora. Era a combinação entre o elemento consciente e a auto-organização das massas a partir de seus conselhos, com eleição direta de representantes que poderiam conformar a arquitetura da democracia dos trabalhadores em um Estado de transição.

Trótski sintetiza esse ponto quando escreve sobre a Revolução de Outubro em sua biografia, utilizando a linhagem psicanalítica entre o elemento inconsciente e consciente.

---

[85] Para uma reflexão sobre um caso clássico de *putsch*, a ação ultraesquerdista sem hegemonia nas massas proletárias, pode-se retomar o caso de março de 1921 na Alemanha, que resultou em importante derrota da vanguarda operária, em contraposição às possibilidades da Revolução Alemã de 1923; ver, de Leon Trótski, a obra *A Internacional comunista depois de Lênin*, cit., p. 143-8.

O marxismo se considera como a expressão consciente de um processo histórico inconsciente. Mas o processo "inconsciente" em sentido histórico-filosófico, e não psicológico, só coincide com sua expressão consciente em seus pontos culminantes, quando as massas, pelo impulso de suas forças elementares, rompem as comportas da rotina social e dão uma expressão vitoriosa às necessidades mais profundas da evolução histórica. A consciência teórica mais elevada que se tem de uma época, em um determinado momento, funde-se com a ação direta das camadas mais profundas das massas oprimidas afastadas de toda teoria. A fusão criadora do consciente com o inconsciente é o que se chama comumente inspiração. A revolução é um momento de impetuosa inspiração na história.[86]

Levando em consideração esses dois polos, nos quais erros políticos importantes foram cometidos no século XX, podemos ter em conta que o debate sobre a forma-partido está completamente atual e tem movimentado as discussões de distintos autores no contexto da crise econômica. Mas isso não é apenas no sentido de pensar uma organização em seu teor nacional, enquanto a forma organizativa que perceba a dialética entre o elemento consciente e a autoatividade das massas em termos de sua emancipação. Também podemos falar em uma "grande estratégia" se pensarmos não apenas a luta em seu sentido local, mas também internacional. John M. Collins, estudioso da ciência militar, assinala o seguinte sobre o conceito de grande estratégia: "Estratégia militar e grande estratégia estão inter-relacionadas, mas não são sinônimos. [...] *A grande estratégia controla a estratégia militar, a qual é somente um de seus elementos*"[87].

O conceito de "grande estratégia", emprestado também da linguagem militar e trazido à esfera da reflexão marxista, estabelece relação com o objetivo de ultrapassar os limites do "socialismo em um só país" ou, após a Revolução de 1917, na década de 1920, a visão stalinista de que "nove décimos já haviam sido feitos" na União Soviética. Isso porque essa visão estava na contramão completa de todo o marxismo em dois sentidos: primeiro, a revolução não poderia se enclausurar em um só país, pois especialmente na época imperialista, a dinâmica do mercado mundial, com seu comércio, suas relações interestatais, as transformações nas forças produtivas e, particularmente, os objetivos de autopreservação do capital imperialista, levaria necessariamente ao choque contra o Estado operário e a tentativa socialista, não podendo, portanto, haver "ilhas utópicas" no interior da economia mundial; e, segundo, a revolução por si só não resolve as distintas questões sociais, culturais, de costumes, todo um modo de vida forjado por centenas de anos no capitalismo, que só poderá se transformar com a sociedade revolucionando permanentemente suas condições e existência.

---

[86] Leon Trótski, *Mi vida: intento autobiografico* (trad. Gabriela Liszt e Rossana Cortez, Buenos Aires, Ediciones IPS, 2012), p. 349.
[87] John M. Collins, *Grand Strategy: Principles and Practices* (Annapolis, Naval Institute Press, 1973), p. 15, citado em Emilio Albamonte e Matías Maiello, *Estratégia socialista e arte militar*, cit., p. 444.

Do ponto de vista de uma teoria global da revolução, acreditamos que a síntese desse processo, que unifica os problemas de estratégia relacionados ao do poder político pelo proletariado e à constituição de um Estado operário em transição ao socialismo e, como parte do mesmo processo, a conexão com os desenvolvimentos internacionais, compreendendo a dinâmica da revolução em um país como parte ativa e influente em outros em escala internacional, foi melhor desenvolvida na teoria da revolução permanente. Com ela, Leon Trótski constitui uma única teoria da "estratégia" e da "grande estratégia". Emilio Albamonte e Matías Maiello fazem um grande desenvolvimento dessa questão em *Estratégia socialista e arte militar*.

> Se a estratégia revolucionária é aquela que liga os combates isolados (tática) com o objetivo político da tomada do poder pelo proletariado, a "grande estratégia" da revolução permanente é a que liga globalmente o começo da revolução à escala nacional com o desenvolvimento da revolução internacional e seu coroamento em nível mundial, assim como a conquista do poder com as transformações na economia, nas ciências e nos costumes, com o objetivo de uma sociedade de "produtores livres e associados": o comunismo.[88]

A tragédia do século XX foi o marxismo não ter conseguido conectar o elemento consciente com uma perspectiva verdadeiramente de massas; ou, de outra maneira, reivindicar uma organização ampla e massiva, mas desprovida de conteúdo estratégico para sua ação política (o que termina, sempre, em um engendro mais ou menos reformista). Isso se relaciona, de certo modo, com uma dificuldade em conectar as partes constitutivas do marxismo: uma teoria *materialista, crítica da economia política e do Estado do capital*, e um programa que tem como objetivo claros a *expropriação dos expropriadores* (como escreveu Marx em *O capital*), com uma orientação estratégica da *revolução social dos trabalhadores*, tomando essa revolução em seu caráter *permanente* e dirigida pelo objetivo final: a emancipação dos trabalhadores, o *comunismo*.

No entanto, ela se move

Como conclusão sobre os distintos aspectos da vida ideológica questionados e reelaborados, a perspectiva do socialismo e do comunismo recobra atualidade de variadas formas e em diferentes terrenos da arena internacional. Ao definir o comunismo como um "movimento real", Karl Marx e Friedrich Engels pretendiam expressar dois pontos decisivos: que não era uma ideia fechada de um gênio isolado nem um ato de vontade arbitrária. O comunismo é expressão material da formação do proletariado e o desenvolvimento de sua atividade coletiva. Na medida em que

---

[88] Emilio Albamonte e Matías Maiello, *Estratégia socialista e arte militar*, cit., p. 445.

avança historicamente, esse desenvolvimento se choca com força contra os pressupostos (exploração do trabalho) e relações materiais da sociedade existente. Um confronto que só pode levar ou à manutenção dessas relações pelo acirramento das contradições ou ao aniquilamento desses pressupostos, ou seja, ao questionamento da sociedade de cima a baixo, à revolução social.

Os objetivos comunistas, no entanto, não se restringem à revolução socialista: esta é uma primeira etapa, decisiva, do processo de emancipação dos trabalhadores. Mas esse processo só pode se dar em escala internacional, a partir de uma revolução que começa na esfera nacional, ganha dimensão internacional e se estabelece na arena mundial. Apenas dessa forma a humanidade pode colocar como horizonte, além de destruir o Estado capitalista e as relações de exploração do trabalho – objetivos imediatos da revolução social –, almejar também a criação de condições sociais em que não haja a divisão de classes na sociedade, o Estado sob qualquer forma, o valor, o dinheiro e todas as formas de opressão, desenvolvendo as forças produtivas em abundância e harmonia com os objetivos da humanidade e da natureza, criando condições para que se libere a humanidade de todas as travas e que possamos realmente alçar, como bandeiras da sociedade comunista mundial, os dizeres que Karl Marx retoma em 1871: "De cada um segundo suas capacidades, a cada um segundo suas necessidades"[89].

Tendo isso em vista, o comunismo desenvolveu uma teoria, uma concepção científica e dialética de mundo, que oferece ao proletariado um instrumento para sua emancipação: o marxismo. Essa é, portanto, a teoria da revolução proletária, ou seja, uma concepção do mundo, uma crítica da economia política, uma política e estratégia socialistas que melhor correspondem à antinomia expressa no seio da sociedade burguesa, entre as forças produtivas e as relações de produção. A rigor, é a única concepção teórica que optou por não conciliar o irreconciliável ou se partidarizar pelas visões de mundo funcionais à classe dominante. O marxismo só foi possível a partir do momento em que o proletariado começou a surgir como resposta política à contradição da sociedade capitalista.

No entanto, as barreiras históricas atuais que o comunismo deve enfrentar são complexas. O enorme paradoxo das últimas décadas, especialmente da etapa reacionária do neoliberalismo internacional, é que vivemos sob uma condição econômica que acirrou as contradições sociais – ampliou a escala da desigualdade mundial em um nível que nem os mais ferozes críticos do capital no século XIX poderiam imaginar – ao mesmo tempo que amortizou o movimento real de transformação da sociedade, na medida em que a ofensiva política contra o proletariado encontrou nas armas ideológicas um correspondente igualmente feroz. Para além de buscar debilitar e deformar no imaginário coletivo termos como "marxismo", "classe operária" e "revolução", a classe dominante internacional conseguiu algo mais: tentou converter o "comunismo" em seu contrário, de expressão avassaladora da libertação da massa

---

[89] Karl Marx, "Crítica ao Programa de Gotha", em Ricardo Antunes, *A dialética do trabalho* (São Paulo, Expressão Popular, 2004), p. 136.

trabalhadora em um termo que simboliza o totalitarismo, a falta de liberdade, a redução do indivíduo, o monolitismo cultural e, até mesmo, o conservadorismo.

É fácil perceber a importância para o capital de transformar a maior expressão de libertação das amarras que prendem a humanidade nessa imagem política de violência, ódio e barbárie, produto da deformação ocorrida em muitas das experiências dos Estados operários, as quais o capital financeiro soube utilizar internacionalmente, com sua impressionante força política, para fazer propaganda pró-capitalista e condenar o comunismo em geral. Ainda que seja absurdo para qualquer um que conheça minimamente a obra de Marx identificar seus escritos com o capitalismo selvagem chinês ou o regime autocrático de Kim Jong-un, da Coreia do Norte, a história narrada nos livros, nas telas de televisão, nos artigos e vídeos de internet acumulam uma avalanche de ideologia burguesa, que transformam efetivamente o comunismo em seu contrário: a liberdade, em cadeia; a emancipação, em alienação; a utopia, em pesadelo. E toda a geração é empurrada a crer nisso, *credo quia absurdum* (do latim, "creio porque é absurdo"), na expressão simplificada atribuída a Tertuliano.

Surge então a pergunta: pode a humanidade passar um longo tempo imersa em uma ideologia claramente deslocada da verdade? Dezenas de anos em que o capitalismo consegue se afirmar jorrando letras, *frames* e lorotas contra as ideias da emancipação dos trabalhadores não confirmariam que o comunismo fracassou? Se tratarmos o comunismo como movimento real e não como uma hipótese, como pretendeu Alain Badiou, é possível que uma verdade sobre o movimento real, que já tenha surgido na história, permaneça trancafiada por tanto tempo?

*

Stephen Hawking escreveu sobre a vida de Galileu Galilei no seu célebre livro de biografias, *On the Shoulder of Giants* [Sobre os ombros de gigantes], e fez uma curta, porém belíssima descrição de um dos maiores gênios da ciência, que protagonizou as descobertas que levaram a humanidade a enxergar as belas montanhas da lua pelo telescópio, os primeiros entendimentos sobre movimento pendular e uniformemente acelerado e a dinâmica dos corpos em queda livre – o que aperfeiçoou as análises do movimento e os princípios da mecânica.

Uma das concepções mais marcantes da teoria de Galileu foi o modo como defendeu a teoria heliocêntrica de Copérnico em seu livro *Diálogo sobre os dois máximos sistemas do mundo*, em que conclui que a Terra gira em torno do Sol. É conhecida a consequência do livro na vida de seu autor: julgado pela Inquisição da Igreja católica, foi obrigado a jurar contra sua heresia e abrir mão de suas teorias, recebendo como punição a prisão perpétua. Contam os biógrafos que, no entanto, a pena foi comutada em uma primeira prisão domiciliar, mais leve, e Galileu ficaria sob os cuidados do arcebispo Ascânio Poccolomini; no entanto, ao saberem que Galileu estava recebendo "tratamento preferencial" (justamente nesse período ele começa seu último livro, *Diálogos sobre duas novas ciências*), aumentam a punição e enviam-no já com certa idade, para nova residência mais afastada, em montanhas próximas de Florença. Para completar sua vida dura, após o julgamento, precisamente no período em que se reaproximava da filha, Virginia Celeste, ela contrai uma doença e morre pouco tempo depois, em 1634, oito anos antes do pai. Reunindo as últimas forças, consegue voltar a seu derradeiro trabalho, terminando-o em menos de um ano; mas este foi impedido pelo *Index* da Igreja de ser publicado.

Foi sob circunstâncias extremas que Galileu defendeu a teoria copernicana, enfrentou a teoria oficial da Igreja, sofreu as consequências da Inquisição e brigou até o fim da vida por fazer a humanidade mais do que caminhar: saltar para ver mais longe. Seus esforços não foram em vão: *Diálogos sobre duas novas ciências* foi considerado por muitos, incluindo Albert Einstein, a pedra angular da ciência moderna. Stephen Hawking abriu seu texto biográfico sobre Galileu Galilei retomando o que é tido por alguns como um mito, por outros, como uma verdade, mas que não deixa de ser um emblema fantástico da vida do florentino. Conta-se que, depois de Galileu fazer seu juramento ajoelhado com as mãos na bíblia, rejeitando a teoria de que a Terra se move ao redor do sol, ele teria resmungado as célebres palavras: *E pur si muove*, "no entanto, ela se move" – ou seja, Galileu teria renegado baixinho o juramento falso contra a teoria copernicana[90]. Ainda que se saiba que essa frase apareceu em um retrato a óleo de Galileu datado de 1640 e também no relato de Giuseppe Baretti sobre o episódio em 1757, sem dar demonstrações acabadas de que Galileu a teria realmente pronunciado, o mais interessante é que, mesmo se tratando de um mito, seria um mito que representaria de maneira esplêndida a vida e a luta de Galileu Galilei pela verdade.

Agora, para nós, é ainda mais instigante retomar essa passagem à luz da reflexão sobre nossa época. *E pur si muove*, a frase amplamente comentada na ciência, diz mais do que o movimento da Terra: ela diz também que, embora a classe dominante daquele momento tenha se mostrado disposta a obrigar um gênio da ciência a renegar uma verdade histórica, e embora a ideologia das instituições mais fortes politicamente (no caso, a Igreja) possa prevalecer à força por dezenas ou centenas de anos contra a verdade que já havia surgido, o que não se pode fazer é impedir o movimento do mundo.

A sutil beleza da frase de Galileu é esta: puderam fazê-lo jurar algo falso e impedi-lo de falar a verdade sobre o movimento da Terra, mas não puderam impedir o movimento real. Digam que não, vençam momentaneamente a batalha comprada nos livros e nas telas, "e, no entanto, ela se move".

Se olharmos para as três décadas neoliberais até a grande crise capitalista de 2008, podemos entender um pouco que a irracionalidade neoliberal tem seus paralelos na história. A chuva de artigos para dizer que havia acabado o socialismo real, o marxismo, a classe trabalhadora, as utopias; em suma, a própria história. O triunfalista discurso burguês de que o capitalismo venceu e o comunismo fracassou

---

[90] Stephen Hawking, *Os gênios da ciência: sobre os ombros de gigantes* (trad. Marco Mariconi, Rio de Janeiro, Elsevier, 2005), p. 52.

não pode esconder duas coisas: primeiro, que na realidade o próprio sistema capitalista, para sobreviver, levou a guerras, miséria e fome para bilhões de pessoas, à desigualdade incomensurável, à destruição da natureza, à depressão como doença de época, à perda de sentido da humanidade; e segundo, que o comunismo, a luta pela emancipação do trabalho, da humanidade, da lógica perversa do sistema em que opera a lei do valor, é uma luta justa, é uma verdade histórica incontornável.

Puderam comemorar a noite de trinta anos neoliberal, mas não puderam evitar que, objetivamente, o sistema capitalista contenha contradições insuperáveis. Puderam fazer todos os seus belos discursos de que a luta de classes e as crises capitalistas acabaram, "e, no entanto, ela se move". O mundo material capitalista foi aprofundando suas contradições até estampar nas capas dos principais jornais do mundo em 2008 novamente o caráter falho do sistema, a "crise do capitalismo".

Galileu Galilei morreu em 1642, mas apenas exatos 350 anos depois, a Igreja Católica, a partir do papa João Paulo II, ratificou a comissão de investigação que confirmava que era equivocada a punição que fizeram ao cientista. Tardou muito para essa instituição reacionária confirmar, mas mesmo ela teve de dizer que Galileu estava certo. Entretanto, sua teoria não dependeu disso e influenciou os maiores gênios a fazerem avançar a humanidade, ainda em vida e nas décadas seguintes à sua morte.

A teoria copernicana rondou como um espectro a Igreja católica durante centenas de anos, tendo Galileu, Giordano Bruno[91] e outros gênios como artífices desse espectro. A crise capitalista libertou outro fantasma, que novamente ronda a Europa e distintas partes do mundo, contra o gosto dos que quiserem fechar o ciclo histórico já há trinta anos.

---

[91] O nome de Giordano Bruno também está consagrado, sem dúvida, na história dos que lutaram em defesa da ciência. Depois de anos de cárcere, submetido a tortura psicológica e pressão da Igreja para que negasse suas ideias copernicanas, o cientista foi condenado à fogueira pelo Tribunal da Inquisição. É chamativo que a postura inflexível de caráter de Bruno estivesse acompanhada com o seguinte gesto de bravura diante dos perseguidores, quando imediatamente após a condenação de morte, afirmou: "Neste momento, cavalheiros, talvez o medo dos senhores por me darem a sentença seja maior do que meu medo a recebê-la"; citado em Clayton Reis, *Galileu Galilei: a ciência no banco dos réus* (Curitiba, Juruá, 2018), p. 122.

POSFÁCIO

Edison Urbano

O livro que o leitor acaba de ler compreende um período muito particular em toda a longa trajetória do capitalismo como modo de produção dominante em escala mundial.

Se as várias formas de capital são formas das relações sociais assumidas ao longo de distintas fases e em diversas civilizações há milênios, apenas uma forma dentre estas se tornou econômica e socialmente dominante, primeiro em um pequeno punhado de nações europeias, para daí se expandir com potência avassaladora para os quatro cantos do mundo. Ao fazê-lo, constituiu as bases para o capitalismo em sua fase superior, na forma do *imperialismo* (entendido como etapa particular desse modo de produção), que é ao mesmo tempo o prelúdio de sua superação em larga escala e, portanto, uma *época de crises, guerras e revoluções*.

O estudo de Iuri Tonelo, partindo da clivagem representada pelo ano de 2008, trata em profundidade os dez anos que se seguiram a essa mais recente irrupção em larga escala da irracionalidade do atual sistema econômico. Delimitado assim no tempo, seu escopo de análise se estende até meados de 2018.

Uma das teses centrais do livro é que a explosão de 2008 deu nova atualidade à definição clássica do nosso período histórico como sendo justamente essa época de crises, guerras e revoluções. É certo, no entanto, que os efeitos dessa crise não foram, em nenhum terreno (econômico, social, político) algo simultâneo ou homogêneo.

Talvez seja possível ver nisso até alguma ironia, mas o fato é que a narrativa do livro e a densa análise que a acompanha se interrompem na iminência de uma catástrofe social que, na sua feição imediata, não poderia ser ali prevista. É que, muito mais do que a própria derrubada econômica, foi precisamente a *pandemia*, com seu elemento inesperado, que chocou a humanidade como um todo com a experiência de massas de uma grande catástrofe em escala planetária.

Em outras palavras, a pandemia trouxe *sofrimentos inauditos* para os povos de todos os países (inclusive para aqueles que pagaram um alto preço em supressão de liberdades em troca de índices de mortalidade declaradamente menores).

Se, na esteira da crise de 2008, "os tempos se aceleraram" e, após décadas de triunfalismo burguês, as características mais estruturais da época imperialista voltaram à tona e se atualizaram, então é preciso ver a pandemia não como algo externo a esse movimento profundo da história, mas pelo contrário; como sua confirmação por outra via.

A pandemia surgiu como uma catástrofe, mas nem vai destruir a humanidade nem vai, no extremo oposto, gerar por si só um "novo mundo da solidariedade", como algumas mentes utopistas chegaram a proclamar num primeiro momento. Mas ela trouxe sofrimentos inauditos, superiores aos habituais, porque aguçou todas as misérias e iniquidades do sistema irracional em que vivemos. Ela deixará marcas; a dor e também a revolta que gera são partes daquilo que molda as subjetividades que protagonizarão, mais cedo do que tarde, os próximos embates decisivos da luta de classes.

De todo modo, se muita coisa evidentemente é distinta neste início de 2021, o estudo do período que ficou para trás nos dá pistas decisivas para pensar o futuro.

Uma questão metodológica decisiva

O autor nos adverte desde o início que esta obra não ficará restrita ao terreno econômico nem será exaustiva nesse campo da análise. Para o bem do leitor, pois é justamente na atenção dada às formas de desdobramento da crise para os mais diversos âmbitos "extraeconômicos" da vida social e na insistência para a conexão dialética entre os elementos de "causa e efeito" envolvidos que se expressa provavelmente a contribuição principal do livro.

As investigações aqui traçadas buscam desvendar as relações entre economia, política e luta de classes, na forma em que se manifestaram no período posterior a 2008, especialmente no marco de uma crise capitalista que foi contida no seu todo (mediante intervenções estatais inauditas etc.), mas que não pôde deixar de se manifestar nos outros âmbitos, tanto o da "política" – estatal-institucional – quanto o da "contestação das ruas" – isto é, dos movimentos de massas, ainda que na maior parte das vezes não plenamente desenvolvidos do ponto de vista de sua diferenciação de classes interna, e, portanto, sem protagonismo especificamente proletário bem demarcado.

Acompanhar analiticamente esse primeiro "desabrochar em lutas" (e crises políticas) da primeira década após a explosão de 2008 constitui grande parte da contribuição do livro, mas não a única. O movimento de conjunto do texto de Iuri Tonelo é claro, assim como é feliz a forma de exposição encontrada. Primeiro, a dinâmica concreta da crise de 2008, ponto focal de toda a análise. Depois, seus fundamentos, remontando a seus antecedentes na crise dos anos 1970 e na forma como o capitalismo respondeu a ela. Depois, as transformações no "mundo do trabalho", a nova reestruturação produtiva em curso, objeto privilegiado das investigações do autor. Em seguida, as expressões "não especificamente proletárias" das respostas sociais à crise (mesmo tendo sempre no proletariado um componente seu, ainda que diluído enquanto categoria e sujeito social). E, finalmente, as repercussões de todo o processo no âmbito propriamente ideológico.

A atualidade de Marx e de suas análises sobre a crise já havia sido tema de um trabalho anterior de nosso autor. Resgatá-la à luz de uma obra engajada, na qual aquela atualidade é demonstrada não apenas como ferramenta explicativa, mas como instrumento de intervenção, mostra o quanto o presente livro está distante do mero exercício de erudição acadêmica.

Ao contrário da crise de 1929, que deparava um mundo em que o poder de atração da perspectiva comunista era, sem dúvida, *crescente* para o conjunto do proletariado mundial – ao mesmo tempo que contraditoriamente a reação stalinista estivesse se consolidando e até ganhando os primeiros traços de contrarrevolução aberta, porém ainda oculta aos olhos do mundo –, a crise de 2008 depara um mundo vindo de um período que denominamos como "Restauração Burguesa"... Trinta anos sem revolução, trinta anos de retrocesso do comunismo como fator real na consciência das massas enquanto alternativa à exploração capitalista.

Se a afirmação (bem fundamentada) da relação entre economia, política e luta de classes já está longe de ser algo trivial, seja para o público em geral, seja para os supostos especialistas, o livro de Iuri vai além de um exercício bem-sucedido de demonstração no plano concreto da força daquela armação metodológica.

É que aqui encontramos também, ainda que por vezes somente em pinceladas mais ou menos rápidas, um estudo condensado de alguns dos desdobramentos mais emblemáticos dentre o multifacetado panorama dos fenômenos por meio dos quais a crise aberta em 2008 expressou, por assim dizer, *por outras vias*, sua profundidade estrutural e seu caráter histórico.

Faz falta para nós, e em larga medida inclusive em nível internacional, um balanço aprofundado de cada um dos fenômenos sociais ou da luta de classes analisados no livro – Primavera Árabe, movimento de mulheres, Black Lives Matter etc. Do ponto de vista de um projeto emancipatório universal, compreender cada um desses processos e buscar tirar lições específicas e gerais a partir deles é tarefa tão apaixonante como difícil.

O livro de Iuri Tonelo não nos exime da busca por esse estudo mais "intensivo" nos diversos terrenos, e seria bem complementado por uma série de pesquisas a um tempo mais parciais e mais aprofundadas para além dos elementos aqui apresentados. Mas ao apresentá-los em seu conjunto, o autor conseguiu nos oferecer as grandezas e os limites de todos os processos da primeira década de resposta de massas às opressões e à exploração intensificadas pela voracidade do capital em crise.

Lembrando que o próprio capital não encontrou saída de fundo para as contradições estruturais que vieram à tona em 2008, é salutar ter em mente aquelas grandezas e aqueles limites para compreender e antever as novas formas que a luta de classes tende a adquirir nessa segunda década inaugurada com a catástrofe da pandemia, bem como para nos prepararmos para elas.

Os últimos desdobramentos da crise

No Brasil de Bolsonaro, e a poucos meses da transição estadunidense que deu a presidência a Joe Biden, sem eliminar nada do que significou a inflexão de Trump, é bom lembrar que esses fenômenos políticos aberrantes não caíram do céu nem são um castigo divino, embora o pareçam. É que eles são, precisamente, a expressão política da profundidade da crise que eclodiu em 2008 e da falta de saída capitalista de fundo para ela.

A ascensão da China já não era um fenômeno novo nos anos em que a obra de Iuri foi escrita; mas, sem dúvida, esse processo seguiu crescendo e ganhou outra dimensão, que marcará de forma cada vez mais forte os anos vindouros. O que não significa imaginar que seguirá se desenvolvendo num "espaço vazio", pelo contrário: é a clareza sobre a configuração *imperialista* (no sentido de Lênin) do sistema do capitalismo mundial que permite compreender que todo novo avanço da China no terreno econômico e geopolítico se dará com maior atrito e conflitos não só com os Estados Unidos, mas com o conjunto do sistema de potências já estabelecidas na hierarquia de poderes da ordem internacional. Por sua vez, essa escalada de conflitos, que potencialmente podem chegar à via militar, não elimina a interdependência econômica entre os distintos Estados e entre os grandes monopólios com suas cadeias de valor globais.

Essa imbricação entre, por um lado, a inescapável interdependência econômica e tecnológica e, por outro, a disputa por espaços cada vez mais exíguos (em termos relativos) para a valorização do capital superacumulado dá a tônica do que devemos esperar para o futuro: que as crises e os conflitos interestatais devem apenas se incrementar no próximo período.

Outro tanto se pode dizer da luta de classes, tomada em escala internacional. Se o livro de Iuri Tonelo analisa aquilo que podemos chamar de "primeira onda" da luta de classes pós-2008, marcada especialmente pela Primavera Árabe e pelos processos que a sucederam, o fato é que já estávamos assistindo a uma "segunda onda" em 2019, sinalizada em fins de 2018 pelo curioso fenômeno dos "coletes amarelos" na França (dezembro de 2018) e que no ano seguinte percorreu com o espectro da *revolta* (e não ainda o da *revolução*) os mais diversos territórios, desde Hong Kong até o Iraque e o Líbano, da França ao Chile e ao Equador, para nomear alguns. A pandemia criou um cenário de catástrofe e paralisou essa segunda onda, do ponto de vista internacional. No entanto, foi durante a própria pandemia que veio à tona um novo movimento de massas no coração dos Estados Unidos, com a ampla repercussão política e ideológica que possuem os processos ocorridos naquele país o qual, apesar de tudo, ainda é de longe a potência dominante no planeta.

O fato de que o Black Lives Matter, um dos últimos fenômenos de resistência social (que se volta contra os absurdos atuais, mas aponta para absurdos estruturais), tenha sido a principal figura da luta de classes a despontar no ano seguinte à conclusão do livro, e justo em meio à pandemia e ao isolamento social, é só uma pequena pista do quanto as ideias aqui colocadas estão fadadas à atualidade total em face dos processos vindouros de levantamento das massas contra o sistema opressor governado pelo desejo vampiresco de acumulação do capital.

Um chamado à atualidade do marxismo e da luta internacionalista

Finalizamos estas breves linhas com a certeza de que estamos entre duas grandes crises (a pandemia não conta de maneira independente nesse contexto específico). Entender não só a estrutura da crise, mas a crise da estrutura é chave para ver em seus desdobramentos seus "efeitos" não só como relação de causa e consequência, em que um e outro são "externos", mecanica e mutuamente, mas como partes do mesmo, que nos dizem mais sobre o mundo que nos trouxe até aqui, e o que podemos esperar ver.

Já deixamos sugerido antes que um dos maiores méritos do livro é, sem dúvida, o trânsito permanente entre a descrição da realidade contemporânea em suas diversas esferas e o cânone da crítica da economia clássica; em outras palavras, entre o mundo atual, cotidiano, palpável a todos na multiplicidade de manifestações da vida social, e as bases de granito da nova forma de compreender esse mundo e os mundos pregressos, na obra inigualável de Karl Marx.

Esse movimento, recorrente no texto, ao mesmo tempo que nos convida a uma leitura mais profunda dos mesmos processos econômicos e políticos que vivenciamos tão recentemente, em contrapartida, ainda que não seja esse seu objetivo central, também aproveita os diversos momentos da análise para introduzir o leitor na obra direta de Marx, daí inclusive certo potencial "didático" não negligenciável na obra.

Talvez o fato mais instigante seja que esse movimento da realidade à teoria e vice-versa é um convite aos espíritos jovens (de todas as idades) para exercitarem esse mesmo movimento nas próprias visões e carregá-lo para a vida prática. E aí sim, certamente, o livro terá alcançado o que aparece finalmente como seu objetivo não de todo declarado: em perspectiva decisivamente extra-acadêmica, a afirmação rigorosa e apaixonada da possibilidade de combater e superar o capitalismo mundial, por meio da luta de classes do proletariado e seus aliados. Apesar de todo o ceticismo ainda reinante, em parte fruto das derrotas do passado, em parte alimentado das maneiras mais criativas pelos defensores, camuflados ou não, da ordem atual... *no entanto, ela se move.*

BIBLIOGRAFIA

ACHCAR, Gilbert. *The People Want*. Berkeley, University of California Press, 2013.

ADORNO, Theodor. *Introdução à sociologia*. Trad. Wolfgang Leo Maar, São Paulo, Editora Unesp, 2008.

_____. *Minima moralia*. Trad. Gabriel Cohn, Rio de Janeiro, Beco do Azougue, 2008.

_____; HORKHEIMER, Max. *Dialética do esclarecimento*. Trad. Guido Antonio de Almeida, Rio de Janeiro, Zahar, 1985.

AGÊNCIA EFE. China apresenta nova Rota da Seda com investimento bilionário. *G1*. 14 maio 2017.

ALBAMONTE, Emílio; MAIELLO, Matías. Nos limites da restauração burguesa. *Revista Estratégia Internacional*. São Paulo, Iskra, n. 5, jul. 2011, p. 11-42.

_____. *Estratégia socialista e arte militar*. Trad. Edison Urbano, São Paulo, Iskra, 2020.

ALFONSO, Daniel; MATOS, Daniel. *Questão negra, marxismo e classe operária no Brasil*. São Paulo, Iskra, *2013*.

ANDERSON, Perry. *A crise da crise do marxismo*: introdução a um debate contemporâneo. Trad. Denise Bottmann, São Paulo, Editora Brasiliense, 1985.

_____. *Considerações sobre o marxismo ocidental*. 2. ed, trad. Fábio Fernandes, São Paulo, Boitempo, 2019.

ANDREWS, Edmund; MERCED, Michael; WALSH, Mary. Fed's $85 Billion Loan Rescues Insurer. *The New York Times.* Nova York, 16 set. 2008.

ANKER, Morten; SONNERBY, Per. Russian revenue management under Vladimir Putin. *RUSSCASP,* Oslo, jun. 2008.

ANTUNES, Ricardo. *Adeus ao trabalho?*: Ensaio sobre as metamorfoses e a centralidade do mundo do trabalho. São Paulo, Cortez, 2008.

_____. Marx percebe um processo de industrialização do setor de serviços. *Revista Ideias de Esquerda,* 13 out. 2017.

_____. *O privilégio da servidão*: o novo proletariado de serviços na era digital. 2 ed., São Paulo, Boitempo, 2018, coleção Mundo do Trabalho.

_____. *Os sentidos do trabalho*: ensaio sobre a afirmação e a negação do trabalho. São Paulo, Boitempo, 2009.

_____; BRAGA, Ruy (orgs.). *Infoproletários*: degradação real do trabalho virtual. São Paulo, Boitempo, 2009, coleção Mundo do Trabalho.

ARISTÓTELES. *Política.* Trad. António Campelo Amaral e Carlos de Carvalho Gomes, Lisboa, Vega, 1998.

ARRIGHI, Giovanni. *Adam Smith em Pequim*: origens e fundamentos do século XXI. Trad. Beatriz Medina, São Paulo, Boitempo, 2008.

ASIA PACIFIC MISSION FOR MIGRANTS. Migrant Unionism in Hong Kong: A Case Study of Experiences of Foreign Domestic Workers in Union Organizing. *APMM.* Hong Kong, set. 2013.

BACH, Paula. Estancamiento secular, fundamentos y dinámica de la crisis. *Revista Estratégia Internacional.* Ano 24, n. 29, jan. 2016, p. 179-202.

_____. Fin del trabajo o fetichismo de la robotica? *Revista Ideas de Izquierda.* N. 39, Buenos Aires, jul. 2017.

_____. Las medidas de contención devienen eslabones débiles. *Revista Estratégia Internacional.* Ano 19, n. 27, Buenos Aires, mar. 2011.

_____. O boom de la pós-guerra. *Revista Estratégia Internacional.* N. 7, Buenos Aires, mar./abr. 1998.

BADIOU, Alain. *A hipótese comunista.* Trad. Mariana Echalar, São Paulo, Boitempo, 2012, coleção Estado de sítio.

BANCO MUNDIAL. *PIB anual dos BRICS (Brazil, Rússia, Índia, China e África do Sul) (1970-1990).* World Bank national accounts data, and OECD National Accounts data files. 2021.

_____. *PIB anual dos Estados Unidos*. World Bank national accounts data, and OECD National Accounts data files. 2021.

_____. *PIB anual mundial (1970-1990)*. World Bank national accounts data, and OECD National Accounts data files. 2021

BARBACETTO, Gianni; GOMEZ, Peter; TRAVAGLIO, Marco. *Mani Pulite*: La vera storia 20 anni dopo. Milão, Chiarelettere, 2012.

BASSO, Pietro. As emigrações são sempre forçadas. *Esquerda Diário*. 30 set. 2015.

BATES, David Bates (org.). *Marxism, Intellectuals and Politics*. Londres, Palgrave Macmillan, 2007.

BAUDELAIRE, Charles. *As flores do mal*. Trad. Ivan Junqueira, Rio de Janeiro, Nova Fronteira, 2006.

BAUMAN, Zygmunt. *Modernidade líquida*. Trad. Plínio Dentzien, Rio de Janeiro, Zahar, 2001.

BAUMEISTER, Christiane; KILIAN, Lutz. Understanding the Decline in the Price of Oil since June 2014. *Journal of the Association of Environmental and Resource Economists 3*. N. 1, 2015, p. 131-158.

BBC News. *Greece's Austerity Measures*. 5 maio 2010.

BENTOLILA, Samuel; JANSEN, Marcel. La reforma laboral de 2012: Una primera evaluación. *Apuntes Fedea Laboral*. N. 14, fev. 2012.

BENJAMIN, Walter. *Magia e técnica, arte e política*: ensaios sobre literatura e história da cultura. 8. ed., trad. Sérgio Paulo Rouanet., São Paulo, Brasiliense, 2012.

BENSAÏD, Daniel. *Marx, manual de instruções*. Trad. Nair Fonseca, São Paulo, Boitempo, 2013.

_____. *Os irredutíveis*: teoremas da resistência para o tempo presente. Trad. Wanda Nogueira Caldeira Brant, São Paulo, Boitempo, 2008.

BIAU, Daniel. *The Bridge and the City*. Plantatio, FL, Llumina Press, 2015.

BLACKBURN, Robin. The Subprime Crisis. *New Left Review*. N. 50, mar./abr. 2008.

BLASCOS, Elíes; PÉREZ, Matilde. Desempleo y reforma laboral en España durante la Gran Recesión. *Cahiers de civilisation espagnole contemporaine: de 1808 au temps présent*. 13 jul. 2015.

BNP Paribas Investment Partners temporaly suspends the calculation of the Net Asset Value of the following funds: Parvest Dynamic ABS, BNP Paribas ABS EURIBOR and BNP Paribas ABS EONIA. *BNP Paribas*. 9 ago. 2007.

BOURGUINAT, Henri. *Finance internationale*. Paris, Puf Économie, 1992.

BRAUN, Michael. O Movimento 5 Estrelas: um partido de tipo especial, contra o tradicional sistema político italiano. *Friedrich Ebert Stiftung.* N. 15, jul. 2016.

BRENNER, Robert. A Way Out of the Global Crisis? *Hankyoreh.* 4 fev. 2009. New Year's series.

_____. *O boom e a bolha.* Trad. Zaida Maldonado, Rio de Janeiro, Record, 2003.

BRESCIANI-TURRONI, Constantino. *Economia da inflação*: o fenômeno da hiperinflação alemã nos anos 20. 2. ed., Rio de Janeiro, Expressão e Cultura, 1989.

BRITO, Barbara Brito. La pelea contra la opresión de la mujer y la lucha contra la explotación son indisociables. *El ciudadano.* 2018.

CALEIRO, João Pedro. Trump afirma ter inventado expressão econômica dos anos 30. *Revista Exame.* 11 mai. 2017.

CALLINICOS, Alex. Contradictions of Austerity. *Cambridge Journal of Economic.* V. 36, n. 1, Oxford, jan. 2012.

CAMP, Jordan. Black Liberation and Left Renewal. *Jacobin.* 19 mar. 2017.

CAMPOS, Augusto; CAMPOS, Haroldo de; SCHNAIDERMAN, Boris. *Poesia Russa moderna:* nova antologia. São Paulo, Brasiliense. 1985.

CASTELLS, Manuel. *Redes de indignación y esperanza:* los movimientos sociales en la era de Internet. Madri, Alianza Editorial, 2012.

CHAMBERLAIN, Prudence. *The Feminist Fourth Wave*: Affective Temporality. Berna, Springer International Publishing, 2017.

CHESNAIS, François. *A finança mundializada.* Trad. Paulo Nakatami Rosa Marques, São Paulo, Boitempo, 2005.

_____. *A mundialização do capital.* Trad. Silvana Finzi Foá, São Paulo, Xamã, 1996.

_____. La Récession mondiale: moment, interprétations et enjeux de la crise. *Carré Rouge.* N. 39, 2008.

_____. *Mundialização financeira:* gênese, custos e riscos. Trad. Carmem Cristina Cacciacarro, Luís Leiria, Silvana Foá e Valéria Coêlho da Paz, São Paulo, Xamã, 1998.

CHINGO, Juan. La difícil vuelta a un nuevo equilibrio capitalista. *Revista Estrategia Internacional.* N. 26, Buenos Aires, 2010.

_____. El fin de las "soluciones milagrosas" de 2008 y el aumento de las rivalidades en el sistema mundial. *Estratégia Internacional.* Ano 21, n. 28, Buenos Aires, set. 2012.

CHOUDRY, Aziz; HIATSHWAYO, Mondli Hiatshwayo. *Just Work?* Migrant Workers' Struggles Today. Londres, Pluto Press, 2016.

CHRISAFIS, Angelique; DEHGHAN, Saeed. 84 Dead After Truck Rams Bastille Day Crowd in Nice. *The Guardian*. 15 jul. 2016.

CINATTI, Claudia Cinatti. Lucha de clases y nuevos fenómenos políticos en el quinto año de la crisis capitalista. *Revista Estrategia Internacional*. Ano 21, n. 28, Buenos Aires, set. 2012.

CLAUSEWITZ, Karl. *Da guerra*. Trad. Maria Teresa Ramos, São Paulo, Martins Fontes, 2010.

COBET, Daniela. Rétrospective 2016: Le 'joli mai' de la classe ouvrière contre la Loi travail. *Revolution Permanente*. 22 dez. 2016.

COCHRANE, Kira. The Fourth Wave of Feminism: Meet the Rebel Women. *The Guardian*. 10 dez. 2013.

COGGIOLA, Osvaldo. *A revolução árabe e o Islã:* entre pan-arabismo, pan-islamismo e socialismo. São Paulo, 2016.

COSTA, Simone. *A geopolítica da crise:* a política dos Estados Unidos para a primavera árabe no Egito. Doutorado em economia política internacional, Rio de Janeiro, UFRJ, mar. 2020.

_____. *Uma análise da ascensão chinesa a partir da teoria do imperialismo*. Mestrado em ciências sociais, Marília, FFC-UNESP, 2014.

D'ATRI, Andrea; LIFF, Laura. A emancipação das mulheres em tempos de crise mundial. In: D'ATRI, Andrea; ASSUNÇÃO, Diana (orgs.). *Feminismo e marxismo*. São Paulo/Brasília, Iskra/Centelha Cultural, 2017.

D'ATRI, Andrea; MURILLO, Celeste. 8 de marzo: Cuando la tierra tembló. *Revista Ideas de Izquierda*. N. 36, mar. 2017.

DAVIES, Gavyn. Is Economy Growth Permanently Lower?. *Financial Times*. 26 out. 2014. Opinião.

DEBORD, Guy. *A sociedade do espetáculo*. Trad. Estela dos Santos Abreu, Rio de Janeiro, Contraponto, 1997.

DIRECTORATE-GENERAL FOR ECONOMIC AND FINANCIAL AFFAIRS. *The economic adjustment programme for Greece*. Occasional Papers, n. 61, maio 2010.

DONADIO, Rachel. Greece and Italy Seek a Solution from Technocrats. *New York Times*. Nova York, 10 nov. 2011.

DUARTE, Juan. Jazz como denúncia do racismo policial. *Esquerda Diário*. 14 jul. 2016.

DUMÉNIL, Gérard; LÉVY, Dominique Lévy. *A crise do neoliberalismo*. Trad. Paulo Castanheira, São Paulo, Boitempo, 2014.

DUMONT, Jean-Christophe. Is Migration Really Increasing?. *OCDE*. Maio 2014.

_____. Migration Picking up but Rising Unemployment Hurting Immigrants. *OCDE.* 13 jun. 2013.

ENGELS, Friedrich. *Anti-Dühring.* Rio de Janeiro, Paz e Terra, 1979.

_____. Carta de 1 de abril de 1895 a Kautsky. In: MARX, Karl; ENGELS, Friedrich. *Collect Works.* V. 50, Londres, Lawrence & Wishart, 2010.

_____. Carta de Engels a Joseph Bloch, setembro de 1980. In: DANTAS, Gilson; TONELO, Iuri (orgs.). *O método em Karl Marx (antologia).* São Paulo/Brasília, Iskra/Centelha Cultural, 2016.

_____. Introdução. In: MARX, Karl. A *guerra civil na França.* Trad. Rubens Enderle, São Paulo, Boitempo, 2011, coleção Marx-Engels.

_____. *Ludwig Feuerbach e o fim da filosofia clássica alemã.* Trad. José Severo de Camargo Pereira e Maria Helena Raimo Caldas de Oliveira, São Paulo, Fulgor, 1962.

_____. Prefácio. In: MARX, Karl. *As lutas de classes na França de 1848 a 1850.* Trad. Nélio Schneider, São Paulo, Boitempo, 2012, coleção Marx-Engels.

_____. Prefácio. In: *O capital,* Livro 3, v. 4: *O processo global de produção capitalista.* Trad. Reginaldo Sant'Anna, Rio de Janeiro, Civilização Brasileira, 2008.

EUROSTAT STATISTICS EXPLAINED. *Unemployment statistics and beyond.* Eurostat, abr. 2020.

FAHIM, Kareem. Egyptian Hopes Converged in Fight for Cairo Bridge. *The New York Times.* Nova York, 28 jan. 2011.

FINE, Ben; HARRIS, Laurence. *Para reler O capital.* Trad. Waltensir Dutra, Rio de Janeiro, Zahar, 1981.

FINE, Ben; RUSTOMJEE, Zavareh. *The Political Economy of South Africa*: From Minerals-Energy Complex to Industrialisation. Londres, Hurst & Company, 1996.

FINE, Janice. *Worker Centers:* Organizing Communities at the Edge of the Dream. Ithaca, Cornell University Press, 2006.

FLAUBERT, Gustave. *A educação sentimental.* Rio de Janeiro, Jackson Inc, 1959.

FONSECA, Célia. *Do poder à queda:* a cobertura da imprensa à queda do Governo de Passos Coelho. Mestrado em ciências da comunicação, Porto, FL-Universidade do Porto, 2016.

FONTANELLA-KHAN, Amana. Wear a Pink Sari and Carry a Big Stick, The Women's Gangs of India. *Slate.* 19 jul. 2010

FOX NEWS INSIDER. *Live Video: Crowd Roars as Mubarak Steps Down.* 11 fev. 2011.

FRASER, Nancy. *Fortunes of Feminism:* From State-Managed Capitalism to Neoliberal Crisis. Londres, Verso, 2013.

FOX NEWS INSIDER. Live Video: Crowd Roars as Mubarak Steps Down. 11 fev. 2011

FRED DATA. *Global Price Index of All Commodities*. Economic Research. Federal Reserve Bank of St. Louis, 2021.

FREUD, Sigmund. *Obras completas*, v. 17: *Inibição, sintoma e angústia, o futuro de uma ilusão e outros textos (1926-1929)*. Trad. Paulo Cesar de Souza, São Paulo, Companhia das Letras, 2014.

FRIEDMAN, Milton. *There's No Such Thing as a Free Lunch*. Chicago, Open Court Publishing Company, 1975.

FROSINI, Fabio. ¿Qué es la "crisis de hegemonía"? Apuntes sobre historia, revolución y visibilidad en Gramsci. *Las Torres de Lucca*. V. 6, n. 11, jul./dez. 2017.

FRÖLICH, Paul. *Rosa Luxemburgo*: pensamento e ação. Trad. Nélio Schneider e Erica Ziegler, São Paulo, Boitempo/Iskra, 2019.

FUENTE, Maria. Crisis, Austerity and Poverty from a Gender Perspective. *Barcelona Societat*. Set. 2017.

GALHARDO, Ricardo. Lula: crise é tsunami nos EUA e, se chegar ao Brasil, será "marolinha". *O Globo*. Rio de Janeiro, 4 out. 2008. Economia.

GAY, Peter. *Freud*: uma vida para o nosso tempo. Trad. Denise Bottman, São Paulo, Companhia das Letras, 2012.

GOETHE, Johann Wolfgang. *Fausto*. Trad. Jenny Klabin Sagall, São Paulo, Editora 34, 2004.

GÓMEZ, Manuel; ALCAIDE, Soledad; ARANDA, José Luis. La jornada de huelga general culmina con manifestaciones masivas en toda España. *El País*. Madri, 29 mar. 2012.

GONTIJO, Claudio. Raízes da crise financeira dos derivativos subprime. *Texto para discussão*. N. 342, Belo Horizonte, FACE-UFMG, dez. 2008.

GORZ, André. *Adeus ao proletariado*. Trad. Angela Ramalho Vianna e Sergio Goes de Paula, Rio de Janeiro, Forense, 1982.

GOWAN, Peter. Crisis in the Heartland. *New Left Review*. N. 55, jan./fev. 2009.

GRAMSCI, Antonio. *Cadernos do cárcere*, v.1: *Introdução ao estudo da filosofia. A filosofia de Benedetto Croce*. Trad. Carlos Nelson Coutinho, Luiz Sergio Henriques e Marco Aurélio Nogueira, Rio de Janeiro, Civilização Brasileira, 1999.

_____. *Cadernos do Cárcere*, v. 3: *Notas sobre o Estado e a política*. Trad. Carlos Nelson Coutinho, Luiz Sergio Henriques e Marco Aurélio Nogueira, Rio de Janeiro, Civilização Brasileira, 2007.

_____. *Cadernos do cárcere*, v. 4: *Temas de cultura. Ação católica. Fordismo e toyotismo*. Trad. Carlos Nelson Coutinho, Luiz Sergio Henriques e Marco Aurélio Nogueira, Rio de Janeiro, Civilização Brasileira, 2001.

_____. *Quaderni del carcere:* Edizione critica dell' Istituto Gramsci a cura di Valentino Gerratana. Torino, Einaudi Tascabili, 2001.

GRESPAN, Jorge. *O negativo do capital.* São Paulo, Ideias Baratas, 2012.

GROSMANNN, Henryk. *La ley de la acumulación y del derrumbe del sistema capitalista.* Cidade do México, Siglo Veintiuno, 1979.

HAMANN, Kerstin; JOHNSTON, Alison; KELLY, John. Striking Concessions from Governments: Explaining the Success of General Strikes in Western Europe, 1980-2009. *Comparative Politics.* N. 46, out. 2013.

HARVEY, David. *Condição pós-moderna*: uma pesquisa sobre as origens da mudança cultural. 21. ed., trad. Adail Ubirajara Sobral e Maria Stela Gonçalves, São Paulo, Loyola, 2011.

_____. *Los limites del capitalismo y la teoria marxista.* Trad. Mariluz Caso, Cidade do México, Fondo de Cultura Económica, 1990.

_____. *O neoliberalismo*: história e implicações. 5. ed, Trad. Adail Sobral e Maria Stela Gonçalves, São Paulo, Loyola, 2008.

HASSAN, Amro; BORGER, Julian. Young Woman Beaten and Dragged by Egyptian Soldiers Wants Anonymity. *The Guardian.* 18 dez. 2011.

HAWKING, Stephen. *Os gênios da ciência*: sobre os ombros de gigantes. Trad. Marco Mariconi, Rio de Janeiro, Elsevier, 2005.

HEGEL, Friedrich. *Filosofia de la historia universal.* Trad. José Gaos, Buenos Aires, Losada, 2010.

_____. *Princípios da filosofia do direito.* Trad. de Orlando Vittorino, São Paulo, Martins Fontes, 2000.

HELLENIC PARLIAMENT. *Final Composition of 13th Parliamentary Term.* 4 out. 2009.

HILA, Ana Belén. Juventud, trabajo y desempleo en los prolegómenos de la crisis económica en España. Reflexiones críticas. *Acta Sociológica.* N. 63, maio/ago. 2014.

HILFERDING, Rudolf. *O capital financeiro.* Trad. Reinaldo Mestrinel, São Paulo, Nova Cultural, 1985.

HOBSBAWM, Eric. *A era dos extremos.* Trad. Marcos Santarrita, São Paulo, Companhia das Letras, 2004.

_____. *A era dos impérios.* Trad. Sieni Maria Campos e Yolando Steidel de Toledo, São Paulo, Paz e Terra, 2009.

HOLLOWAY, John Holloway. *Mudar o mundo sem tomar o poder*: o significado da revolução hoje. Trad. Emir Sader, São Paulo, Viramundo, 2003.

HUNG, Ho-fung. *The China Boom*: Why China Will Not Rule the World. Nova York, Columbia University Press, 2016.

HUSSON, Michel. La Crise mise en perspective. In: *Par ici la sortie: Cette crise qui n'en finit pas*. Paris, Les liens qui libèrent, 2017.

_____. Lo que está en juego en la crisis. Madri, *El Viejo Topo*, 2008.

_____. Une crise systémique globale et durable. *Worker's Liberty*. 14 maio 2008.

HUWS, Ursula. *A formação do cibertariado*: trabalho virtual em um mundo real. Trad. Murillo van der Laan, Campinas, Editora Unicamp, 2018.

_____. Tenho a sensação de que essa nova classe operária está começando a se mover. *Revista Ideias de Esquerda*. N. 2, ago./set. 2017, p. 28-32.

_____. Vida, trabalho e valor no século XXI: desfazendo o nó. *Caderno CRH*. V. 27, n. 70, jan./abr. 2014.

INDEXIMUNDI. *Petróleo bruto Brent Preço Diário* (dez. 2005 – nov. 2020). Descrição: Crude Oil (petroleum), Dated Brent, light blend 38 API, for U.K., E.U. dólares por barril. 2021.

INSTITUTO NACIONAL DE ESTADÍSTICA. *Encuesta de Población Activa (EPA): Cuarto trimestre de 2011*. Espanha, INE, 27 jan. 2012.

INTERNATIONAL BUSINESS TIMES. "Occupy Wall Street" to Turn Manhattan into "Tahrir Square". 17 set. 2011.

JOHSUA, Isaac. *La crisis de 1929 y el emerger norteamericano*. Trad. Ana Julia Hurtado, Buenos Aires, IPS, 2012.

JONES, Brian. Black Lives Matter and the Struggle for Freedom. *Monthly Review*. 1 set. 2016.

KARYOTIS, Giorgios; RÜDIG, Wolfgang. The Three Waves of Anti-Austerity Protests in Greece: 2010-2015. *Political Studies Review*. V. 16, n. 2, maio 2018, p. 158-69.

_____. Who Protests in Greece? Mass Opposition to Austerity. *British Journal of Political Science*. V. 44, n. 3, 2014.

KEYNES, John. *Teoria geral do emprego, do juro e da moeda*. Trad. Manuel Resende, São Paulo, Saraiva, 2012, coleção Clássicos da Economia.

KLIMAN, Andrew. A Crisis for the Centre of the System. *International Socialism*. N. 120, Londres, 2008.

_____. *The Failure of Capitalist Production*. Londres, Pluto, 2011

KRISHNAM, Kavita. Cultura do estupro e machismo na Índia em globalização. *Revista Internacional de Direitos Humanos*. V. 12, n. 22, 2015.

KOUTANTOU, Angeliki; TAGARIS, Karolina. Greece's Dark Age: How Austerity Turned Off the Lights. *Reuters.* 6 abr. 2017.

KOVRAS, Iosif. The Parliamentary Election in Greece, October 2009. *Electoral Studies.* N. 29, 2010, p. 276-96.

KRUGMAN, Paul. *¡Acabad ya con esta crisis!.* Barcelona, Crítica, 2012.

LA IZQUIERDA DIARIO. *Huelga "Robin Hood" de los trabajadores de la electricidad en Francia.* Madri, 2 jun. 2016.

LANFREDI, Leandro; BARBIERI, André. O agronegócio na economia e política brasileira em meio à guerra comercial. *Esquerda Diário.* 29 jun. 2018.

LAPAVITSAS, Costas. Political Economy of the Greek Crisis. *Review of Radical Political Economics.* Londres, set. 2018.

LE MONDE. *"Charlie Hebdo" visé par une attaque terroriste, deuil national décrété.* Paris, 7 jan. 2015.

_____. *Fin de l'assaut au Bataclan, très lourd bilan.* Paris, 14 nov. 2015

LÊNIN, Vladímir. *Imperialismo*: fase superior do capitalismo. São Paulo, Alfa-Omega, 1982.

_____. *Obras escolhidas em seis tomos.* Trad. Antonio Pescada, Lisboa, Edições Avante!, 1986.

_____. *O que fazer?.* Trad. Avante! e Paula Vaz de Almeida, São Paulo, Boitempo, 2020.

LINHART, Daniéle. Um assalariado sem submissão é posspivel. *Le Monde Diplomatique Brasil.* N. 120, 6 set. 2017.

LIY, Macarena. China alardeia seu poderio e anuncia o começo de uma "nova era comunista". *El País.* Pequim, 18 out. 2017.

LÖWY, Michael. *Walter Benjamin: aviso de incêndio.* Uma leitura das teses sobre o conceito da história. Trad. Wanda Nogueira Caldeira Brant, São Paulo, Boitempo, 2005.

LUKÁCS, György. *Asalto a la Rázon.* Cidade do México, Fondo de Cultura Económica, 1959.

_____. *Lenin.* Buenos Aires, RyR, 2007.

_____. *O jovem Marx e outros escritos de filosofia.* Trad. Carlos Nelson Coutinho e José Paulo Netto, Rio de Janeiro, Editora UFRJ, 2007.

LUPE, Santiago. Estado Español: a dos años del 15M – de los indignados a la caída del régimen de 1978. In: MOISSEN, Sergio (org.). *#Juventudenlascalles.* Cidade do México, Armas de la Crítica, 2014.

LUXEMBURGO, Rosa. *A acumulação de capital*: contribuição ao estudo econômico do imperialismo. Trad. Marijane Vieira Lisboa e Otto Erich Walter Maas, São Paulo, Nova Cultural, 1985.

_____. *Reforma ou revolução?* São Paulo, Expressão Popular, 1999, coleção Clássicos do marxismo.

MAEDA, Patrícia. *A era dos zero direitos:* trabalho decente, terceirização e contrato zero-hora. São Paulo, LTR, 2017.

MAIAKÓVSKI, Vladímir. A plenos pulmões. In: SCHNAIDERMAN, Boris; Campos, Augusto; Campos, Haroldo (orgs.). *Poemas*. (Trad. Boris Schnaiderman, Augusto de Campos e Haroldo de Campos, São Paulo, Perspectiva, 2011.

MANESCU, Cristiana; NUÑO, Galo Nuño. Quantitative Effects of the Shale Oil Revolution. *Energy Policy.* V. 86, nov. 2015

MANDEL, Ernest. *A crise do capital*: os fatos e a sua interpretação marxista. Trad. Huarez Guimarão e João Machado Borges, São Paulo/Campinas, Ensaio/Editora da Unicamp, 1990.

_____. *El capital: cien años de controversia em torno da obra de Marx.* Cidade do México, Siglo Veintuno, 1985.

_____. *Introdução à teoria econômica marxista.* Porto, Afrontamento, 1975.

_____. Marx, la crise actuelle et l'avenir du travail humain. *Revue Quatrième Internationale.* N. 20, maio 1986.

_____. *O capitalismo tardio.* Trad. Carlos Eduardo Silveira Matos, Regis de Castro Andrade e Dinah de Abreu Azevedo, São Paulo, Abril Cultural, 1982.

MAQUIAVEL, Nicolau. *O príncipe.* Trad. Maria Júlia Goldwasser, São Paulo, Martins Fontes, 2004.

MARCUSE, Herbert. Carta de Marcuse a Adorno. *Folha de S. Paulo.* 24 ago. 1997. Mais!

MARTÍN, Irene. Podemos y otros modelos de partido-movimiento. *Revista Española de Sociología.* N. 24, 2015.

MARX, Karl. *A guerra civil na França.* Trad. Rubens Enderle, São Paulo, Boitempo, 2011, coleção Marx & Engels.

_____. *A ideologia alemã.* Trad. Rubens Enderle, Nélio Schneider e Luciano Cavini Mortorano, São Paulo, Boitempo, 2007, coleção Marx-Engels.

_____. Crítica ao Programa de Gotha. In: ANTUNES, Ricardo. *A dialética do trabalho.* São Paulo, Expressão Popular, 2004.

_____. *Crítica da filosofia do direito de Hegel.* São Paulo, Boitempo, 2004, coleção Marx-Engels.

_____. *Grundrisse: manuscritos econômicos de 1857-1858*: Esboços da crítica da economia política. Trad. Nélio Schneider, São Paulo/Rio de Janeiro, Boitempo/UFRJ, 2011, coleção Marx-Engels.

_____. Letter from Marx to Arnold Ruge. 1844; disponível em <https://www.marxists.org/archive/marx/works/1843/letters/43_09-alt.htm>.

_____. *Manuscritos econômico-filosóficos*. Trad. Jesus Ranieri, São Paulo, Boitempo, 2004, coleção Marx-Engels.

_____. *O 18 de brumário de Luís Bonaparte*. Trad. Nélio Schneider, São Paulo, Boitempo, 2011, coleção Marx-Engels.

_____. *O capital*: crítica da economia política. Livro 1, v. 1: *O processo de produção do capital*. São Paulo, Nova Cultural, 1988.

_____. *O capital*: crítica da economia política. Livro 1, v. 1: *O processo de produção do capital*. Rio de Janeiro, Civilização Brasileira, 2006.

_____. *O capital*: crítica da economia política. Livro 1: *O processo de produção do capital*. Trad. Rubens Enderle, São Paulo, Boitempo, 2013, coleção Marx-Engels.

_____. *O capital*: crítica da economia política, Livro 2: *O processo de circulação do capital*. Trad. Rubens Enderle, São Paulo, Boitempo, 2014, coleção Marx-Engels.

_____. *O capital*: crítica da economia política. Livro 3, v. 2: *O processo de circulação do capital*. Rio de Janeiro, Civilização Brasileira. 2008.

_____. *O capital*: crítica da economia política. Livro 3: *O processo de circulação do capital*. Trad. Rubens Enderle, São Paulo, Boitempo, 2017, coleção Marx & Engels.

_____. *Para a crítica da economia política*. São Paulo, Abril Cultural, 1974.

MARX, Karl; ENGELS, Friedrich. *Acerca del colonialismo*. Moscou, Progreso, 1981.

_____. *Manifesto Comunista*. Trad. Álvaro Pina e Ivana Jinkings, São Paulo, Boitempo, 2010, coleção Marx-Engels.

_____. *The Russian Menace to Europe*. Londres, Paul Blackstock and Bert Hoselitz, 1953.

MASO, Juan Dal. *O marxismo de Gramsci*. Trad. Danilo Paris, São Paulo, Iskra, 2019.

MCNALLY, David. From Financial Crisis to World-Slump: Accumulation, Financialisation, and the Global Slowdown. *Historical Materialism*. Jun. 2009.

MÉSZÁROS, István. *A crise estrutural do capital*. 2. ed., trad. Francisco Raul Cornejo, São Paulo, Boitempo, 2009.

_____. *O século XXI: socialismo ou barbárie?* Trad. Paulo Castanheira, São Paulo, Boitempo, 2003.

_____. *Para além do capital*: rumo a uma teoria da transição. Trad. Paulo Castanheira e Sérgio Lessa, São Paulo, Boitempo, 2002.

MENDES, Lucas. Protesto de imigrantes reúne um milhão nos EUA. *BBC Brasil*, 2 maio 2006.

MINISTÉRIO DA ADMINISTRAÇÃO INTERNA DE PORTUGAL. *Eleições legislativas de 2015*: resultados globais. 4 out. 2015.

MINISTÉRIO DO INTERIOR DA ESPANHA. *Elecciones 2011*: resultados generales. 21 nov. 2011

_____. *Elecciones 2015*: resultados generales. 21 dez. 2015.

MUNRO, Ealasaid. Feminism: A Fourth Wave? *Political Insight*. 2013. p. 22-5.

NATIONAL CRIME RECORD BUREAU. *Estatistics 2012*. Governo da Índia, 2012.

NATIONAL EMPLOYMENT LAW PROJECT. *Fight for $15: Four Years, $62 Billion*. Dez. 2016.

NEWCOMER, Eric. In Video, Uber CEO Argues With Driver Over Falling Fares. *Bloomberg*. 28 fev. 2017.

OCASIO, Kimberly; GERTNER, Leo Gertner. Fighting for the Commom Good: How Low-Wage Worker's Identities Are Shaping Labor Law. *The Yale Law Journal*. V. 126, 24 abr. 2017.

OCDE. Recent developments in international migration movements and policies. *International Migration Outlook 2018*. 20 jun. 2018.

OFFE, Claus. Trabalho como categoria sociológica fundamental. In: *Trabalho e sociedade*, v. 1: *a crise*. Rio de Janeiro, Tempo Brasileiro, 1989.

OPRINARI, Pablo. El #yosoy132: un nuevo despertar de la juventud mexicana. In: MOISSEN, Sergio (org.). *#Juventudenlascalles*. Cidade do México, Armas de la Crítica, 2014.

PEKER, Luciana. La revolución de las hijas. *Pagina 12*. Buenos Aires, 5 maio 2019.

PIKETTY, Thomas. *O capital no século XXI*. Trad. Mônica Baumgarten de Bolle, Rio de Janeiro, Intrínseca, 2014.

POULANTZAS, Nicos. Teoría e historia en la interpretación de El capital. In: *Estudios sobre El capital*. Cidade do México, Siglo Veintiuno, 1987.

REIS, Clayton. *Galileu Galilei:* a ciência no banco dos réus. Curitiba, Juruá, 2018).

RIMBAUD, Arthur. *Poesia completa*. Trad. Ivo Barroso, Rio de Janeiro, Topbooks, 2009.

ROBERTS, Michael. *The Long Depression*. Chicago, Haymarket Books, 2016.

RODRÍGUEZ, Ignacio. La política en los gobiernos de José Luis Rodríguez Zapatero. In: ZUBELDÍA, Carlos; BARCO, Diego (orgs.). *España en democracia:* Actas del IV Congreso de Historia de Nuestro Tiempo. Logronho, Universidad de la Rioja, 2014. p. 97-109.

ROSDOLSKY, Roman. *Gênese e estrutura de O capital de Karl Marx.* Rio de Janeiro, EdUERJ/Contraponto, 2001.

ROUBINI, Nouriel. *A economia das crises*: um curso-relâmpago sobre o futuro do sistema financeiro internacional. Rio de Janeiro, Intrínseca, 2010.

SACCHI, Diego. Conductores de Uber en EE. UU. y Reino Unido van a la huelga por sus derechos laborales. *La Izquierda Diario.* Buenos Aires, 8 maio 2019.

SAEID, Tarek. European Economic Crisis and its Influence on the Arab Spring. *Forum Scientiae Oeconomia.* V. 1, n. 2, 2013.

SANTANA-PEREIRA, José. Eleições em tempos de crise: austeridade, troica e derrota anunciada do PS nas legislativas de 2011. In: LISI, Marco (org.). *As eleições legislativas no Portugal democrático (1975-2015).* Lisboa, Assembleia da República, 2015.

SANTOS, Vinícius. *Trabalho imaterial e a teoria do valor em Marx.* São Paulo, Expressão Popular, 2013, coleção Trabalho e Emancipação.

SARTRE, Jean-Paul. *Crítica da razão dialética:* precedido por questões de método. Trad. Guilherme João de Freitas Teixeira, Rio de Janeiro, DP&A, 2002.

SCHUMPETER, Joseph. *Capitalismo, socialismo e democracia.* Trad. Luiz Antonio Oliveira de Araujo, São Paulo, Editora Unesp, 2017.

SHAFI, Shoukati. Delhi Grieves After Death of Gang-Rape Victim. *Aljazeera.* 29 dez. 2012.

SHIH, Victor. China's Credit Conundrum. *New Left Review.* N. 115, jan./fev. 2019.

SILVA, Leonardo. *Trabalho em grupo e sociabilidade privada.* São Paulo, Editora 34, 2004.

SMITH, Helena. Shocking Images of Drowned Syrian Boy Show Tragic Plight of Refugees. *The Guardian.* Atenas, 2 set. 2015.

SMITH, Stephan. *Red Petrograd:* Revolution in the Factories (1917-1918). Cambridge, Press Syndicate, 1983.

SOUTO MAIOR, Jorge Luiz. Impactos do golpe trabalhista (a Lei n. 13.467/17). *Esquerda Diário.* 29 ago. 2017.

STATISTA. *Economically Active Population vs Number of Employed Persons in China from 2009 to 2019.*

STATS. *China Statistical Yearbook.* Governo da China, 2016.

STOP AUSTERITY. *Youth Unemployment and Austerity.* 27 jul. 2016.

STIGLITZ, Joseph. *El consenso post-consenso de Washington.* 2004. Disponível em: <http://policydialogue.org/files/events/Stiglitz_Post_Washington_Consensus_Paper.pdf.>.

SWEEZY, Paul. *Teoria do desenvolvimento capitalista.* Trad. Waltensir Dutra, São Paulo, Nova Cultural, 1986.

SYAL, Rajeev. "McStrike": McDonald's workers walk out over zero-hours contracts. *The Guardian.* 1 maio 2018.

TAYLOR, Keaanga-Tamahtta. *Un destello de libertad:* de #Blacklivesmatter a la liberación negra. Trad. Ezequiel Gatto, Madri, Traficantes de Sueños, 2017.

TEDENEKE, Alem. The Black Lives Matter Movement Explained. *Fórum Econômico Mundial.* 11 ago. 2016.

THE ECONOMIST. *Brazil takes off.* 12 nov. 2009.

_____. *Has Brazil blown it?.* 27 set. 2013.

THERBORN, Göran. Class in the 21st century. *New Left Review.* N. 78, nov./dez. 2012".

THOMAS, Peter. Gramsci and the Intellectuals: Modern Prince Versus Passive Revolution. In: BATES, David. *Marxism, Intellectuals e Politicals.* Londres, Palgrave -Macmillan, 2007, p. 68-85.

TIMMONS, Patrick. Migrant Parents Separated from Children: "We came because we didn't want to be killed". *The Guardian.* El Paso, 19 jun. 2018.

TONELO, Iuri. *A crise capitalista e suas formas.* São Paulo, Iskra, 2016.

_____. Netflix: abandonamos a crítica cultural?. *Ideias de Esquerda.* 16 fev. 2020.

_____. No puedo respirar, el emblemático grito de Eric Garner. *La Izquierda Diario.* 9 dez. 2014.

TRÓTSKI, Leon. *A Internacional Comunista depois de Lênin:* Stálin, o grande organizador de derrotas. Trad. Fernando Bustamante e Paula Vaz de Almeida, São Paulo, Iskra, 2020.

_____. *El capitalismo y sus crisis.* N. 12, Buenos Aires, IPS, 2008, coleção Obras Escogidas.

_____. *Literatura e revolução.* Trad. Luiz Alberto Moniz Bandeira, Rio de Janeiro, Zahar, 2007.

_____. *Mi vida:* intento autobiografico. Trad. Gabriela Liszt e Rossana Cortez, n. 2, Buenos Aires, IPS, 2012, coleção Obras Escogidas.

_____. Интеллигенция и социализм [A *intelligentsia* e o socialismo]. In: *Сочинения,* v. 20, *Проблемы культуры. Культура старого мира* [Problemas de cultura. Cultura do velho mundo]. Moscou-Leningrado, 1926.

_____. *Сталин* [Stálin]. Moscou, Terra, 1996.

TRUE, Jacqui. *The Political Economy of Violence Against Women*. Oxford, Oxford University Press, 2012.

TV FOLHA. "Jamais achei que ele fosse atirar", diz repórter da Folha atingida durante protesto. *Folha de S. Paulo*. 16 jun. 2013. Cotidiano.

VANDAELE, Kurt. Interpreting Strike Activity in Western Europe in the Past 20 years: the Labour Repertoire under Pressure. *Transfer*. V. 22, n. 3, ago. 2016.

VELEZ, I. Les Jeunesses socialistes a Petrograd en 1917. *Cahiers Leon Trotsky*. N. 24, Grenoble, Institut Leon Trotsky, dez. 1985.

WALLERSTEIN, Immanuel. *O declínio do poder americano:* os Estados Unidos em um mundo caótico. Trad. Elsa T. S. Vieira, Rio de Janeiro, Contraponto, 2004.

WILLIANSON, John. What Washington Means by Policy Reform. In: WILLIANSON, John (org.). *Latin American Adjustment: How Much Has Happened?* Washington, Institute for International Economics, 1990.

WOLFF, Simone. O "trabalho informacional" e a reificação da informação sob os novos paradigmas organizacionais. In: ANTUNES, Ricardo; BRAGA, Ruy (orgs.). *Infoproletários:* degradação real do trabalho virtual. São Paulo, Boitempo, 2009, coleção Mundo do Trabalho.

WONG, Julia. Uber CEO Travis Kalanick Resigns Following Months of Chaos. *The Guardian*. São Francisco, 21 jun. 2017.

ŽIŽEK, Slavoj. A tinta vermelha: discurso de Žižek no Occupy Wall Street. *Blog da Boitempo*, 11 out. 2011.

_____. *Em defesa das causas perdidas*. Trad. Maria Beatriz de Medina, São Paulo, Boitempo, 2011.

_____. *Primeiro como tragédia, depois como farsa*. Trad. Maria Beatriz de Medina, São Paulo, Boitempo, 2011.

Mural do artista Eme Freethinker em memória de George Floyd no Mauerpark, em Berlim, Alemanha.

Publicado em maio de 2021, mês seguinte à condenação histórica do policial estadunidense Derek Chauvin pelo assassinato de George Floyd, crime que desencadeou uma onda global de manifestações pelo fim da brutalidade policial contra vidas negras, este livro foi composto em Adobe Garamond Pro, corpo 10,5/12,6, e impresso em papel Avena 80 g/m² pela Rettec, para as editoras Boitempo e Iskra, com tiragem de 3 mil exemplares.